세상을 따라잡는 복음

- 급변하는 세상 문화 속에 어떻게 복음을 전할까? -

세상을 따라잡는 복음

지은이 · 데이비드 헨더슨

초판 1쇄 찍은날 · 2003년 5월 16일

초판 1쇄 펴낸날 · 2003년 5월 26일

펴낸이 · 김승태

출판본부장 · 김춘태

편집 · 예영B&P

표지디자인 · 이쥴희

등록번호 · 제2-1349호(1992. 3. 31)

펴낸곳 · 예영커뮤니케이션

　　　110-616 서울 광화문우체국 사서함 1661

　　　(출판유통사업부) T. (02)766-7912 F. (02)766-8934 E-mail:jeyoungsales@chollian.net

　　　(출판사업부) T. (02)766-8931 F. (02)766-8934 E-mail:jeyoung@chollian.net

ISBN　89-8350-254-1　　　03230

값　14,000원

■잘못된 책은 언제든지 교환해 드립니다.

세상을 따라잡는 복음

– 급변하는 세상 문화 속에 어떻게 복음을 전할까? –

데이비드 헨더슨 지음 / 헤이든 로빈슨 추천 / 임종원 옮김

예영커뮤니케이션

International Member of the
Evangelical Christian
Publishers Association

예영커뮤니케이션은
복음주의기독출판협회(ECPA)의 국제 회원사로서 기독교 출판을 통하여
세계복음화를 위한 지상 명령의 실현을 위해 동참하고 있습니다.

차 례
c·o·n·t·e·n·t·s

c·o·n·t·e·n·t·s

추천사
f·o·r·e·w·o·r·d

바울 한 사람에 의해 1세기라는 토양에 그리스도의 십자가가 심겨졌다. 오늘날에도 수많은 장애물에 부딪히는 것이 현실이라면, 그도 역시 그랬을 것이다. 마귀는 문화를 오염시켰다. 사람들은 복음에 적대적이다. 이방인들은 그리스도인들을 우스꽝스럽게 여겼다. 그들은 신자들을 향해 대부분의 사람들이 섬기는 신들을 숭배하지 않는 무신론자라고 비난했다. 그리스도인들은 비밀리에 만날 뿐만 아니라 '그리스도의 몸을 먹는다'고 말하며 서로 사랑하기 때문에, 이방인들은 그리스도인들에게 야만인이라거나 부도덕한 사람들이라고 욕을 퍼부었다. 그러나 정작 그들 자신은 도덕이 땅에 떨어진 삶을 살고 있었던 것이다. 지위 고하를 막론하고 사회 전반에 걸쳐 매춘과 동성애, 간음과 여자 어린아이의 살해 등이 당시에는 널리 퍼져 있었다. 사랑과 순결에 바탕을 둔 윤리를 경멸하는 문화 속에서 바울은 사역을 했던 것이다. 비록 유대인들이 이방인들의 부도덕한 삶과는 달리 구약성경의 가르침에 따라 종교적인 생활을 영위하기는 했지만, 그들도 역시 대개는 바울 사도의 사역에 커다란 방해꾼들이었다. 그들은 같은 유대인인 바울을 자신들의 율법을 약화시키는 배반자 정도로 생각했다.

그럼에도 바울은 아주 위대한 영적인 쾌거를 이루었다. 당연히 하나님의 보호하심이 그의 배후에 있었고, 그것은 모든 그리스도인에게도 마찬가지이다. 어떻게 바울은 그 당시 사회의 지배적인 사고 방식을 무너뜨릴 수 있었을까? 고린도전서에서 바울은 자신의 전략을 다음과 같이 말한다. "내가 모든 사람에게 자유하였으나 스스로 모든 사람에게 종이 된 것은 더 많은 사람을 얻고자 함이라 유대인들에게는 내가 유대인과 같이 된 것은 유대인들을 얻고자 함이요 율법 아래 있는 자들에게는 내가 율법 아래 있지 아니하나 율법 아래 있는 자같이 된 것은 율법 아래 있는 자들을 얻고자 함이요 율법 없는 자에게는 내가 하나님께는 율법 없는 자가 아니요 도리어 그리스도의 율법 아래 있는 자나 율법 없는 자와 같이 된 것은 율법 없는 자들을 얻고자 함이라 약한 자들에게는 내가 약한 자와 같이 된 것은 약한 자들을 얻고자 함이요 여러 사람에게 내가 여러 모양이 된 것은 아무쪼록 몇몇 사람들을 구원코자 함이나"(고전 9:19~22). "나는 복음을 전하기 위해서라면 어느 누구의 사고 방식이나 삶의 방식도 따를 수 있다. 나는 죄를 짓는 것 말고는 사람들이 예수 그리스도를 믿게 하는 일이라면 무엇이든 할 수 있다."고 그는 말하고 있다.

오늘날의 그리스도인들이 처한 상황은 1세기와 별로 다를 바가 없다. 사실, 우리는 기독교 이전(pre-Christian) 문화의 시대에 살고 있다. 우리 사회에서 대부분의 성인 남녀는 하나님을 아는 지식을 별로 갖고 있지 않다. 그리스도인들은 정치적 급진주의자들로 취급되어, 동성연애자들을 무조건 비난하며 미혼모들에게 전혀 동정심을 보이지 않는 사람들로 그려진다. 30년 전에는 도덕적으로 비난받던 삶의 방식을 당연한 것으로 인정하고 포용하는 사람들과 이제 우리는 함께 살고 있다. 대중 매체가 우리를 오해하고 잘못 전달할 때면 오히려 움츠러든다.

우리가 주목하고 있지 않은 사이에 세상은 변했으며, 결국에는 뒤처지게 되었다. 그리스도인들은 '그 옛날의 좋은 시절들'을 떠올리면서, 기독교적인 가치를 존중하며 교회를 소중하게 여기던 사회를 그리워할 수도 있다. 그러나 사회의 문화가 그런 식으로 원상 회복되기를 기다리고만 있는 것은 부질없는 일에 지나지 않으므로, 과거의 좀더 기독교적인 시대에 했던 것처럼 우리는 사회에 마땅히 외쳐야 할 것을 말해야만 한다.

고대 세계에서의 바울처럼, 오늘날의 그리스도인들은 우리의 이웃과 더불어 살아가야 하고 또한 그들을 이해해야 한다. 우리는 그들에게 예수를 전하기 위하여 기꺼이 다른 사람들의 사고 방식에 적응하여야 한다. 그것은 어쩌면 모험을 거는 일이며, 고통스러울 수도 있다. 그것은 우리가 하고 싶지 않은 질문들을 끊임없이 하도록 만든다. 그들은 어떻게 생각하나? 그들은 무엇을 소중히 여기나? 우리의 믿음을 저버리지 않고서 어떻게 그들의 믿음과 조화를 이룰 수 있을까? 어떤 것을 타협할 수 있으며, 어떤 것은 그렇지 않은가? 오늘날의 사람들에게 어떻게 복음을 전해야 그들이 쉽게 이해할 수 있을까? 사려 깊은 그리스도인들이라면 바로 이러한 질문들과 씨름하도록 데이비드 헨더슨은 여기에서 도전하고 있다.

이 책을 읽는 동안 시간을 투자하여 많은 생각을 해보라. 그렇게 함으로써 당신은 이웃과 자녀들과 손자들에게 예수를 더욱 잘 전할 수 있게 될 것이다. 가장 놀라운 사실은 이 책을 읽는 동안 당신은 자신에 대해 가장 깊이 이해할 수 있으리라는 것이다.

– 헤이든 로빈슨(Haddon Robinson)

감사의 말
a·c·k·n·o·w·l·e·d·g·m·e·n·t·s

당신께서 나에게 명예를 주신다면,
사람들은 그 명예가 당신께로부터 왔음을 알게 될 것입니다.

– 조지 허버트(George Herbert)

솔직히 인정하자면, 나는 18세기의 역사가인 에드워드 기본(Edward Gibbon)의 생각에 상당히 동의한다. 그는 자신의 책 첫머리에서 말하기를 "사전 지식이 없는 상태에서, 사고 훈련이 형성되지도 않고서, 작문하는 기술을 연마하지 않은 상태로 나는 책을 써야겠다고 결심했다."는 것이다.

다행히 어느 누구도 혼자만의 힘으로 책을 저술하지는 않는다. 수십 권의 책이 하나의 시내를 이루기 위해 모여들고, 연이어 다른 책들이 강을 이루는 데 참여한다. 이것은 본서도 수많은 다른 책들의 영향을 받아 만들어졌다는 것을 의미한다. 다른 책의 특성이나 사례들, 통찰력, 격려와 같은 기여가 없었다면, 이 책은 메마른 시내에서 단지 졸졸 흐르는 물방울에 불과했을 것이다.

성경의 진리를 들고 이 세상에 나아가 그들을 이해시키고자 한 나의 열정은 여러 가지 중요한 영향을 받아 단련되었는데, 그들에 대해 나는 마음속 깊이 감사한다.

로이 클레멘츠(Roy Clements) 박사, 헤이든 로빈슨(Haddon Robinson) 박사, 권 월터스(Gwyn Walters) 박사와 같은 설교가들의 세련된 선포와 통찰력 있는 가르침은 나에게 세상에 진리를 전하기 위해 사용해야 할 방법에 관한 영상을 샘솟게 했다. 나에 대한 그들의 심대한 영향력을 드러낼 뿐만 아니라 경건한 스승이자 친구인 그들에게 경의를 표하고, 말씀에 대한 그들의 신실한 사역을 경축하기 위하여 나는 이 책을 쓰고 있다.

나는 데이비드 웰즈(David Wells) 박사의 강의를 들으면서, 흔히 그 속에서 우리 자신을 발견하게 되는 사상계(thought-world)에 대한 그의 예리한 호기심을 본보기로 삼게 되었고, 주변의 문화에 대해 이해해 보려는 욕구를 가지게 되었다. 계속하여 그와 사귀면서 그러한 욕구가 심화되었다.

나는 또한 지역 목회자 장학 기금(the Parish Pulpit Graduate Fellowship Award)의 많은 익명의 후원자들에게 빚을 지고 있다. 그들의 비전과 관대함으로 나는 1년간 케임브리지에서 공부할 수 있었고, 거기에서 우리 문화에 대한 이해가 깊어져 이 책으로 열매 맺게 되었다.

이 책이 만들어지는 동안 많은 사람들의 손길과 생각에서 커다란 도움을 얻었다.

특히 헤이든 로빈슨 박사에게 감사드린다. 그의 격의 없는 정직함 때문에 처음 자료에 접근할 때의 비효율성이 감소되었고, 그의 끈기 있는 충고 때문에 많은 생각들이 바뀌어 책 전체를 구성하는 데 도움이 되었다.

또한 시드 버젤 박사, 윌리엄 디어니스 박사, 조지 갤럽 박사, 댄 스믹, 론 앨리슨, 스티브와 로이스 래비 부부, 존 그래프에게 깊이 감사한다. 그들은 초고를 쓸 때의 어려움을 헤쳐나갈 수 있도록 해주었으며, 내용에 대해 확인을 해준다든지 더 좋은 원고를 쓸 수 있도록 귀중한 제안을 해주었다.

책을 쓰는 동안 데이비드 웰즈 박사는 시간을 들여서 여러 가지 자료들을 나누어 주었고, 친절하게도 많은 귀중한 도서 목록을 가르쳐 주었다. 웰즈 박사님에게 감사드리는 동시에, 콜로라도스프링스에 있는 맥킨리-화이트 서적상의 귀중한 직원들에게도 고마움을 표하고 싶다. 그들은 출처가 불분명한 책들을 추적하는 데 가장 현명한 도움을 주었다.

제프 베한, 제오프 패들, 매트 뮬하우젠, 말콤 스프링스, 그리고 스콧 블랭카드 등은 불완전한 책이 제 모양을 갖추도록 기술적이고 정신적인 지원을 끈기 있게 해주었다. 여러분들이 나를 도우면서 보여 주었던 역량에 참으로 감사를 드린다. 많은 사람들, 특별히 로열과 보스의 두 가정과 좋은 친구인 글렌 파우가 나에게 쏟아부었던 끊임없는 격려에 감사한다. 여러분은 나의 영혼을 고무시켰으며, 여러분의 각별한 관심과 열심이 나를 이끌어 주었다.

이 책에 실려 있는 모든 것은 콜로라도스프링스에 있는 계약장로교회의 많은 분들이 지원을 아끼지 않은 덕분이다. 이 교회의 빌 티버트(Bill Tibert) 목사와 장로님들은 급변하는 세상을 이해하며 세상을 향해 도전해 볼 수 있는 멋진 사역 발판을 마련해 주었을 뿐만 아니라, 열성적으로, 그리고 친절하게 내 연구를 지원해 주었으며, 이 책을 쓸 수 있도록 3개월 동안 사역에 대한 책임을 면제해 주었다.

나는 또한 폴 엥글에게 깊이 감사드린다. 그는 정중한 격려와 더불어 끈기 있게 방향을 제시해 주었을 뿐만 아니라, 책을 만들 때 초기의 원고들을 살펴보고 많이 개선시켜 주었으며, 알려지지 않은 저자와 함께 작업을 하는 위험을 감수했다. 편집을 담당한 브라이언 핍스, 그림을 그려준 세릴 반 안델, 그리고 책을 만드는 일에 기쁨으로 함께 한 베이커 출판사(Baker Book House)의 다른 모든 분들에게도 감사드린다. 출판계의 경향이 경제적인 고려만을 앞세우지만, 베이커 출판사는 하나님 나라의 사역을 우선하여 열정을 보이고 있으며 사업적인 측면은 부차적으로 고려한다는 점에서 박수 갈채를 받고 있다.

브랜든, 신, 몰리, 코리, 날마다 지하실에서 책 더미에 둘러싸인 채 컴퓨터를 두들기면서 처박혀 있을 때 너희들은 얼마나 나를 재미있게 해주었는지 모른다. 너희들이 인내하며 끝까지 용납하고 포용해 준 것에 감사한다. 마지막으로, 끊임없는 격려의 말과 함께 겪어야만 했던 희생의 시간들, 애정 어린 보살핌과 이해의 눈길, 뒤치다꺼리와 차를 끓여 주는 등의 섬김에 대해 아내인 샤론 조이에게 감사한다. 이 책이 나의 스승들과 하나님 나라를 향한 열정 때문에 쓰여진 것은 사실이지만, 실제로는 당신의 덕이 가장 컸소. 말할 수 없을 정도로 당신을 사랑한다오.

오직 주님께만 영광을(Soli Deo Gloria)

발송인에게 반송

지난해 가을에 신시내티에 사는 한 친구가 생일을 맞이했을 때, 나는 선물을 보내고 싶었다. 대개 나는 연말연시가 되면 양손에 선물 꾸러미들을 든 채로 우체국에 줄을 서게 된다. 번번이 생일이 한참 지나서야 그 날을 기억하곤 하기 때문이다. 그러나 이번에는 사정이 좀 달랐다. 나는 서둘러서 그리고 세심하게 선물을 고르러 나섰고, 드디어 그가 좋아할 게 분명한 선물을 찾아냈다. 그것을 잘 포장하여 주소를 적고, 제대로 발송을 했다.

그런데 그것은 제 주인을 찾아가지 못했다. 생일날 친구에게 전화를 걸어 확인해 보았더니, 그는 내가 보낸 선물을 받지 못했다는 것이다. 일주일 후에 다시 전화를 했지만 흔적조차 찾을 수 없었다. 다시 한 주가 지나서야 그 꾸러미는 마침내 모습을 드러냈는데, 글쎄 우리 집 대문간에 와 있는 게 아닌가. "발송인에게 반송. 수취인 불명"이라는 도장이 찍힌 채.

맙소사! 나는 크게 소리를 지르고야 말았다. 주소록에서 직접 주소를 찾아 적어 넣었었다. 선물이 그곳에 도착했어야만 했는데. 주소록을 다시 한 번 확인했다. 그러면 그렇지. 나는 정확하게 그 주소를 옮겨 적었다. 그러고는 내가 아주 정확했다는 것과 우편 업무가 엉망이라는 것을 확신하면서, 친구에게서 온 마지막 편지를 찾아내 주소를 살펴보았다. 그런데 주소가 다른 게 아닌가! 친구는 이사를 갔지만, 나는 그 사실을 놓치고 있었던 것이다.

택배 사업은 아주 어린 아이가 휘갈겨 쓴 것 같은 주소를 들고서도 추적할 수만 있다면 찾아다니는, 수백 번이고 트럭이나 비행기나 사람들이 오가면서 찾아다니는 경쟁력 있는 사업이 되었다. 그러나 택배 사업과 같은 복잡한 일도 따지고 보면 아주 간단한 업무이기도 하다. 즉, 꾸러미를 가져다가 두 가지 질문만 하면 된다. 어디로 가는 것이며, 어떻게 전달할 것인가?

이 책도 똑같은 질문에 대답하기 위한 것이다.

우리는 하나님의 말씀을 드러내기 위해 조심스럽게 사역해 왔다. 지금 우리는 말씀 구절들을 잘 선택한 뒤 거기에서 발견되는 통찰들을 포장하여 전국의 강단과 레스토랑의 식탁과 이웃에게 보내고 있다.

그러나 우리 주변 세계의 주소는 늘 바뀌고 있다. 미국 문화의 구조는 급격히 변화하기 때문에, 우리가 아주 조심스럽게 선택한 말씀들이 세상에 제대로 전달되는지 주의를 기울여야 한다.

나와 아주 친한 친구 하나는 미국 전역에서 선도적인 교회 지도자들이 모인 집회에서 말씀을 전하도록 초청을 받았다. 그는 설교를 마치고 내 옆자리로 돌아왔을 때 자신이 아주 실망스럽고 쓸데없는 짓을 했다는 표정을 지었다. 그는 내게 기대어 속삭이기를, "나는 사람들이 겨우 두 걸음밖에 내딛지 않은 것 같은 느낌이야. 그리고…." 그러고는 양손을 힘없이 떨어뜨렸다. 그는 더 이상 말을 이을 필요가 없는 듯했다.

세상은 급변하고 있지만, 바뀐 주소록을 보내 주지는 않는다. 우리는 계속하여 옛날 주소로 똑같은 말씀을 전하고 있으나, 그 집에는 아무도 없다.

"그런즉 저희가 믿지 아니하는 이를 어찌 부르리요? 듣지도 못한 이를 어찌 믿으리요? 전파하는 자가 없이 어찌 들으리요?"라고 로마서 10장 14절에서 바울은 묻고 있다.

바울은 연이어 이런 질문을 던지면서 한 가지를 더 묻고 싶었을 것이다. "그리고 우리가 무슨 말을 하는지 알지 못하면 그들이 어떻게 이해할 수 있으리요?"

이 책은 세상이 얼마나 급변하고 있는지, 그리고 그에 어떻게 대처할 것인지를 발견할 수 있도록 돕기 위해 여러 가지 시도를 하고 있다.

제1부에서는 의사소통의 과정을 살펴볼 것이다. 우리 스스로를 이해시키려고 할 때 효과적인 방법은 무엇인가? 어떻게 친밀한 의사소통을 할 수 있을까? 우리의 믿음을 나누고, 가르치고, 전하는 데 있어서 가장 성경적인 방법은 무엇인가? 제1부에서는 성경의 진리를 신실하게 전하기 위한 노력으로 가장 흔히 사용하는 좀 지나친 두 가지 방법을 이야기하면서, 현대 세계에 적합한 성경적인 의사소통의 본보기를 제시한다. 그것은 예수님의 삶과 사역에 근거하고 있으며, 나는 그것이 영원한 하나님의 말씀과 끊임없이 변화하는 세상을 통합하는 데 도움을 줄 것이라 믿는다.

내가 이 책을 쓸 때, 복음주의 진영에서는 적절성(relevance)에 관한 논쟁에 휘말려 소용돌이치고 있었다. 도대체 교회 성장 사업이란 무엇인가, 그리고 구도자 중심의 사업이란 무엇인가? 한편에서는 그것은 어떤 대가를 치르더라도 무조건 말씀을 듣고 나아가야 한다는 뜻이라고 주장하는 사람들이 있다. 필요에 처한 사람들을 만나고, 청중에게 맞는 메시지를 전하고, 긍정적이고 간결하며 격려가 되고 대립적이지 않은 메시지를 전하는 것. 교회 성장주의자들은 오늘날 성경의 진리를 가장 효과적으로 전하기 위해서 가장 유효하고 필수적인 단계가 바로 이런 것들이라고 주장한다.

반면 다른 편에서는 필요에 따른, 청중에게 맞는 메시지는 기독교의 진리를 타협하는 것이라고 주장한다. 우리는 주변 세계를 쫓아가려고 애쓸 필요가 없다는 것이다. 정통과 이단 사이는 쉽게 넘나들 수 있는 종이 한 장 차이라는 것이다. 우리는 메시지를 통해 인기를 얻기보다는 순수성을 지키려는 데 더욱 관심을 쏟아야 한다는 것이다.

제1부에서는 양 진영의 주장을 모두 살펴볼 것이며, 양 진영이 그들의 관심사에 대응하는 의사소통의 방법에 주목해 볼 것이다.

이 책의 중심 내용은 제2~7부에 있는데, 우리가 전하는 말씀의 범위를 벗어난 지경에까지 급변해 버린 서구 문화의 급격한 변화를 다룬다. 이에 관한 설득력 있는 연구로부터, 성경의 진리를 전하고자 할 때 고려해야 할 우리 문화의 가장 중요한 6가지 특징을 살펴볼 것이다. 이것들은 우리 문화의 다른 어떤 측면보다도 더 심각하게 우리가 보고, 듣고, 생각하고, 관계를 맺고, 믿는 방식을 형성해 왔다. 제2~7부에서는 이들 각각의 문화 변화(culture shifts)를 살펴보고, 그것들에 대해 무엇을 해야 하는지를 탐색해 볼 것이다.

여기에서 말하는 많은 것들은 우리에게 너무나 친숙하게 자리잡고 있어서 우리가 그 영향력을 간파해 내기가 아주 어렵다. 우리는 곧잘 문화의 전체적인 특성을 주목하지 않는 경향이 있는데, 그것들이 숨겨져 있기 때문이 아니라 언제든지 너무 쉽게 접하는 것이기 때문이다. 우리 문화의 참 모습을 보기 위해서는 가끔씩 몇 발자국 뒤로 물러서야만 한다.

이 책은 서부 아프리카로 여름 선교 여행을 한 경험과 영국의 케임브리지 대학에서 1년간 연구한 경험으로부터 씨앗이 뿌려진 것이다. 미국을 떠난 직후부터 그 기간 동안 나타난 또 다른 문화를, 우리가 아주 당연한 것으로 여기는 그런 것들을 나는 새로운 방식으로 볼 수 있었다.

문화의 6가지 특징들 중 각각은 성경의 진리를 전하는 사람들로서 우리가 일하는 방법에 급격한 영향력을 발휘했다. 성경의 권위에 대한 우리의 헌신은 이러한 특징들에 직면하여 무엇을(what) 전해야 하는지에 대해 묻도록 요구하고, 청중에게 민감하고자 하는 우리의 헌신은 어떻게(how) 그것을 가장 잘 전달할 것인지에 대해 묻도록 주의를 환기시킬 것이다.

이런 이유로, 각 부(part)는 어떻게 말하고, 어떻게 우리의 믿음을 나누며, 무엇을 전할 것인지에 대한 실제적인 제안으로 끝난다. 각 부가 가능한 한 도움이 되도록 하기 위해서, 이들을 두 장으로 나누어 놓았다. 첫번째 장에서는 각 문화의 특성들에 대한 배경을 설명하며, 말하자면 소비지향주의나 탈현대주의(postmodernism) 등이 어떻게 현재의 위치에 도달했는지와 그것이 오늘날 우리에게 어떤 영향을 미치는지에 대해 설명할 것이다. 두 번째 장에서는 문화의 그러한 특징들에 직면하여 무엇을 어떻게 전할 것인지에 대해 실제적인 제안을 할 것이다. 여러분은 이 책을 어떤 방식으로든—전체를 읽어 보든지, 분석에 초점을 맞추어 보든지, 실제적인 문제에 집중하든지—가장 유용하게 사용하기를 바란다.

당신이 목사이든, 선교 단체의 사역자이든, 학생이든, 의식 있는 그리스도인이든 간에, 내가 가장 바라는 것은 현재의 위치에서 우리 모두가 세계를 공부하는 학생이 되는 것이다. 이를 위한 최선의 방법은 나의 책 위를 걸어나가 누군가에게로 향하는 것이다. 많은 책들은 렌즈와 같이 세계에 초점을 맞추게 하기 때문에, 읽을 만한 가치가 있는 것들이 엄청나게 많다. 책마다 각 장의 끝이나 마지막에는 읽을거리에 대한 정보들이 있다. 이들을 좇아가 탐구해 보라. 다른 저자들의 작품으로 뛰어들 때마다 여러분에게는 풍성한 보상이 기다리고 있는데, 그들은 나보다 훨씬 더 효과적으로 우리 문화의 다양한 측면들을 조명하고 있다.

이 책은 우리 나라와 세계의 전체 문화에 대한 지도이다. 그러나 당신만이 대답할 수 있는 질문은, 이렇게 폭넓은 문화의 변화를 회중이나 관계 집단, 당신이 복음을 전하고자 열심히 애쓰는 사람들의 개인적인 삶에 어떻게 적용할 수 있을까 하는 것이다. 그리고 당신이 하나님의 말씀을 전하는 방식이 어떻게 효력을 발휘할 수 있을까 하는 것이다. 나는 당신이 이들 질문에 나보다 훨씬 더 잘 대답할 수 있으리라 믿는다. 그리고 그것이 이 책의 목표이다. 당신이 변화하는 문화 전체와 함께 호흡을 같이하여, 하나님께서 당신을 있게 한 바로 그곳에서 더욱 효과적으로 말씀을 전하는 방법을 터득하도록 하는 것 말이다.

하나님의 말씀과 세상을 통합하기 위해 노력할 때, 하나님의 은혜가 당신에게 함께 있기를 기도한다.

제 1 부
들을 귀 있는 자를 찾아라

사랑하는 하나님,
재미있는 이야기 하나 들어 보실래요?
아주 지루하고, 길기만 하고,
잠자기 바로 전에 듣는 것이 뭐게요?
모르시겠다고요? 정답은 설교예요.
— 당신의 친구, 프랭크(11살)

나는 기독교 신앙이 점점 지루해져
그곳으로부터 빠져 나갈 구실만을 찾게 되었다.
우리는 지루함이라는 치명적인 독가스를
과소평가하는 경향이 있다.
그것은 의사소통의 무덤일 뿐만 아니라
생명과 희망도 빼앗아 가 버린다.
— 헤이든 로빈슨

제1장

적절성이라는 좁은 길을 걸어가기

과학자이며 발명가인 에멧 브라운 박사가 일촉즉발의 위기에 몰려 있었다. 높이가 지상에서 15미터나 되는 다 허물어져 가는 석조 건물의 튀어나온 부분에 앉아서, 그는 온 힘을 다해 두 개의 전선을 연결하려 하고 있었다. 손이 닿을 듯 말 듯하게 매달려 있는 위쪽의 전선은 힐 밸리 시계탑의 지붕으로 치달아 있었다. 몇 초만 지나면 정확하게 밤 10시 4분이 되는 시계탑의 끝에는 피뢰침이 붙어 있었는데, 그곳에서 강한 번갯불이 치곤 했다. 그가 오른손에 들고 있는 다른 전선은, 안뜰을 가로지르며 내려가 건너편 길거리에까지 약 3미터 높이로 노출된 채 쭉 뻗어 있었다.

두 가닥의 전선을 제 시간에 연결시킬 수 있을지는 전적으로 브라운 박사의 능력에 달려 있었다. 왜냐하면 브라운 박사가 바람과 비와 씨름하고 있을 때, 개조된 드로리안 경주차가 머리 위를 지나가는 전선을 향해 질주해 오고 있었기 때문이다. 만일 번개가 치면서 발생하는 엄청난 전류가 그 차가 지나가기 전에 도달했다면, 운전자인 마티 맥플라이는 1955년에 영원히 이 세상을 떠났을 것이다. 그리고 번갯불, 시계탑의 종, 허물어져 가는 콘크리트, 호기심 어린 경찰관, 쓰러지고 있는 나무들, 시동이 제대로 걸리지 않는 모터—이 모든 일이 그가 속해 있던 미래로 돌아가려는 마티의 시도를 방해하려는 것처럼 일시에 일어나고 있었다.

〈백 투 더 퓨처(Back to the Future)〉라는 영화에서 이야기가 숨가쁘게 진행되는 이 장면처럼, 목사가 강단 위에 설 때마다 또는 어떤 이웃이 그의 비그리스도인 친구에게 성경을 펼 때마다 이를 방해하는 이런 드라마 같은 일들이 일어난다. 하나님께서는 말씀하고 계신다. 삶을 뒤바꾸는 은혜와 세상을 변혁시키는 능력의 말씀은 하늘의 번갯불처럼 인류의 역사 속으로 파고든다. 그것들은 하나님의 마음으로부터 직접 나온 말씀이며, 그것들은 하나님께서 창조하신 세상에 진리와 사랑을 전하기 위해 조심스럽게 선택된 것이다. 그런데 세상은 산만하고, 지루하며, 잠을 못 이뤄 하품을 하면서도 번개처럼 질주하고 있다. 끊임없이 변화하는 인간성에 영원성을 접목하려는 시도에 대하여 모든 존재가 합력하여 반대하고 있는 상황, 바로 그것이 지금 우리가 처해 있는 상황이 아닌가?[1]

도대체 성경의 진리를 적절하게 전한다는 것은 무슨 의미인가? 우리는 어떻게 하면 이 바쁘고 재미없는 세상에서 사람들이 하늘 나라에 대하여 귀를 귀울이도록 할 수 있을까?

미국에서는 유명한 토크쇼 진행자들에 의해 사람들의 경험이 강요되곤 한다. 품위 있고 세련되게 단장한 모습으로 그들은 우리에게 끊임없이 무언가를 던지고, 팔고, 시험하고, 설득한다. 눈이 오나 비가 오나, 하루 종일 지루하게 재잘거린다.

모두가 말들이 많은 세상에서, 정말로 무언가를 말해야 할 사람들은 어떻게 하고 있는가? 그리스도인들은 얼마나 성경의 진리에 귀를 기울이고 있는가?

이 문제는 어떤 처지에 있든지 비슷하다. 뜨거운 고지대 주택지의 레스토랑에 앉아 있는 사업가는 주중의 일상이나 주말의 탈출에 대해 흥

분하며 이야기한다. 나무 담장 너머에까지 지껄이는 소리가 들리기도
하고, 이웃집에서 내는 잔디 깎는 기계의 소음을 듣기도 한다. 또는 친
숙한 사람들이지만 별로 열중하지도 않는 신도들을 앞에 두고 강단에
서기도 한다.

어떻게 하면 휴튼(E. F. Hutton, 미국에서 70, 80년대에 놀라운 성공
을 거둔 증권 기업인으로, '휴튼이 얘기하면 사람들은 경청합니다.' 라
는 광고 카피가 있을 정도이다.)처럼 될 수 있을까? 사람들이 잘 들을 수
있도록 우리는 어떻게 말해야 할까? 우리와 함께 이 세상을 살아가는
증권 중개인, 학생들, 상점 점원 같은 사람들과 하나님의 말씀 사이에
존재하는 간격을 어떻게 메울 수 있을까?

우리는 세상으로 하여금 강제로 믿게 할 수는 없다. 그러나 우리가 세
상이 잘 들을 수 있는 그런 방법으로 말씀을 전할 수 있다는 것은 확실
하다.

죄송합니다만, 전화 잘못 거셨습니다

폴은 얼굴 가득 미소를 짓고 있었지만, 우리가 말을 건네자 이내 얼굴
이 굳어졌다. 그는 믿지 못하겠다는 뜻으로 고개를 가로저으며, 계산대
너머로 내가 주문한 구운 쇠고기 샌드위치를 건네 주었다. "데이비드,
나는 아직도 이해할 수가 없어요. 당신은 좋은 직장을 그만두고 단지 목
회자가 되는 데 돈을 모두 써 버렸죠? 왜죠? 저는 알 수가 없군요."

자주 열리는 세미나에 참석하러 가는 길에 거의 매번 폴이 일하는 스
낵 코너에 들르곤 했다. 그는 쉬지 않고 일을 했는데, 그가 샌드위치 사
업에 관심이 있기 때문이 아니었다. 폴은 그리스 이민자라는 힘든 하층
민의 삶에서 벗어나기 위해, 크게 히트를 치고 많은 돈을 벌기 위해 '그
것을 만들고' 있는 것이다. 그래서 내가 편하게 돈을 벌 수 있는 P&G 회

사의 마케팅과 관리 업무를 담당하던 위치에서 떠나 사역을 한다는 사실에 대해 그는 전혀 이해할 수 없었다. 그래서 그는 나를 볼 때마다 이 이야기를 했다.

그러나 나는 폴이 원하는 대답을 한 번도 해주지 못했다. 나는 내 삶의 변화에 대해 쉽고 간단한 설명을 할 수가 없었고, 그것은 무신론자였던 대학생 시절에 그리스도께 내 삶을 드린 변화에 관한 것이었다. 더구나 그에게 그리스도의 제자가 된다는 것이 의미하는 바에 대해서도 설명할 수 없었다. 그렇다고 내가 전혀 노력을 하지 않은 것은 아니었다. 밤늦게 계산대 앞에서나 우리 집의 식탁에 마주 앉아서 이야기를 나누기도 했지만, 그러한 시도는 늘 곁길로 나가거나 진흙탕 속으로 빠져들곤 했다.

폴이 진정한 관심을 보이지 않은 것은 아니었다. 오히려 내가 문제였다. 제대로 하지 못한 것은 나였다. 소위 기독교라는 것이 의미하는 바에 대해 그에게 적절한 방법을 찾아서 설명해 줄 수가 없었던 것이다. 거듭해서 나는 내 입장에서 그리스도인의 삶에 대해 이야기하려 들었고, 애초부터 그것은 나에게는 의미심장한 것이었으나 폴에게는 아무것도 아니었다.

이렇듯 무엇을 전하려는 우리의 시도는 대체로 문화적인 요소들을 간과해 버리는 경우가 많다. 사람들이 복음에 대해 듣지 않는 것이 아니다. 미국에는 기독교의 기본 진리에 대한 이야기를 들어 보지 못한 사람들이 거의 없다. 문제는 그들이 폴처럼 그것을 의미심장하게 받아들이지 않는다는 점이다.

복음의 진수를 맛보지 못한 사람들은 단지 교회 밖에만 있는 것이 아니다. 그들 중 많은 사람들이 주일 아침에 우리와 함께 교회의 좌석을 차지하고 앉아 있다. 매주마다 자신의 신실함을 나타내 보이려는 하나님을 두려워하는 사람들은, 격려의 말을 듣고서 마음에 힘을 얻어 콧노래를 부르며 집으로 돌아오기를 너무나 원하고, 지혜의 말을 듣고서 자신들이 삶을 제대로 살아가도록 도움을 얻고 싶어한다. 그러나 그들은 빈손으로 교회를 떠난다. 그들에게는 설교가 아무런 연관성이 없고, 의미도 없다.

어디에서 이런 괴리감이 생겨났을까? 성경을 펼칠 때 사람들은 왜 눈을 감게 되는가?

사회는 빠르게 변화하고 있다. 그러므로 어제의 이야기를 내일에 가서 말한다면, 그것은 시끄러운 세상에 또 하나의 소음을 내는 것에 불과하며, 모든 사람에게 해당되는 이야기 정도라면 아무도 듣지 않는다.

사무실에서 지루한 하루의 일과를 마친 두 여자가 카푸치노 커피를 마시기 위해 발길을 옮기고 있다. 그들은 낮은 월급과 끊임없이 해치워야 하는 업무, 직장인과 부모로서 종일 부딪혀야 하는 도전들에 대해 한탄하고 있다. 이야기가 무르익자, 한 사람이 다른 사람에게 말한다.

"앤, 내 말 좀 들어봐. 물어볼 게 있어. 그게 뭔지는 모르겠지만 나에게는 없는 어떤 것이 너에게는 있는 것 같아. 사는 게 내겐 너무 힘들어. 어떤 때는 견딜 수 없을 것 같아. 하지만 네게는 평안이 있어. 나보다도 인생을 훨씬 더 잘 살아가는 것 같아. 그 이유가 뭐지?"

앤은 친절하게 대답했다. "수, 나에게 물어줘서 참 기뻐. 자신의 연약함을 드러내는 것이 얼마나 어려운 일인데. 그게 바로 내가 가끔씩 네게 말하려고 했던 거야. 내가 교회에 나가는 것 알고 있지? 그리고 사무실 책상 위에 있는 성경책도 보았을 거야. 네가 내게서 보았던 것이 무엇이든지 그건 예수 그리스도를 믿는 내 신앙의 결과였을 거야. 신앙에 관해 말해도 되겠니?"

"물론이고 말고!" 수는 의자를 당겨서 친구가 하는 말에 귀를 기울였다. 하지만 그녀에게 들려오는 소리는 외국어 같기만 했다.

"내가 구원받은 것은 4년 전쯤이었어. 알다시피, 나는 아주 커다란 시험을 겪고 있었지. 그런데 친구 한 명이 내가 당하고 있는 고난은 내가 죄인이며 하나님께 반역한 결과임을 깨닫도록 도와주었지. 이사야 53장

6절은 '우리는 다 양 같아서 그릇 행하여 각기 제 길로 갔거늘' 이라고 말하거든."

앤은 예수 그리스도 안에서 진정한 하나님의 은혜를 경험했다. 그녀의 인생이 뒤집힌 것이다. 그것은 물론 수에게 관심이 가는 이야기였다. 그러나 수는 이제 더 이상 듣지 않았다. "구원받는다고? 시험들? 죄인? 이사야?" 그러한 것들이 그녀에게는 아무런 의미가 없었다. 앤이 사용한 말들 때문에, 수는 앤이 설명한 기독교와 자신의 삶 속에 있는 어려움들을 연결시킬 수가 없었다. 그녀는 손가락으로 식탁을 두들기며 시계를 들여다보기 시작했고, 더 이상 참을 수가 없어 커피숍을 둘러보기도 하면서 앉아 있게 되었다.

그렇다면 이제 빌의 경우를 생각해 보자. 그는 지하 작업장에서 고된 연장일을 하는 노동자로서 죽도록 일과 싸움을 하고 있는데, 그 결과로 웬만큼 살게 되었다. 어느 날 아침 그가 잠자리에서 일어났을 때, 자신이 매일 시간을 낭비하며 떠밀려서 살아가는 삶에 대해 다소 죄책감을 느껴, 이제 뭔가 하나님 앞에 결단을 내릴 때라고 생각했다고 가정해 보자. 그래서 그는 벽장 구석에서 먼지가 앉은 양복을 꺼내 겨우 껴입고는 동네에 있는 교회를 찾아갔다. 그는 백발의 스미스 부인 옆에 있는 빈자리를 찾아 슬며시 앉았다. 목사가 설교를 하려고 일어서자, 빌은 무언가를 들으려고 무척 애를 썼다. 어떤 말이라도 그가 요즘 점점 느끼고 있는 커다란 내적인 갈등을 해결해 줄 것 같았다.

목사는 성경을 펴고 자신의 설교 노트를 꺼내 설교를 하기 시작한다. "오늘 우리는 계속해서 야고보 사도의 서신을 본문으로 삼아 그리스도인의 교제에 대하여 가르쳐 주는 단락을 살펴보겠습니다. 특별히 야고보는 분리주의적 태도를 지적하고 있는데, 이는 그리스도의 몸을 아주 쉽게 나뉘게 만듭니다. 야고보서 3장 13절을 봅시다…"

빌은 실망스런 얼굴로 이를 깨물었다. 그리고는, 이 교회에 괜히 나왔구나 하면서 스스로를 질책했다. 그래도 다른 교회에 한 번 더 나가 봐야겠다는 생각을 하면서 점심 식사에 마음이 쏠리기 시작했다. 30년이 넘도록 규칙적으로 교회를 다닌 스미스 부인도 사정이 많이 다른 것 같지는 않았다. 오늘의 본문이 자신들의 삶과 도대체 무슨 관련이 있는지 그들은 거의 알지 못했다. 자존심이 강한 상사와 어려움을 겪는 빌이나, 여성 조합에서 함께 일하는 존스 부인과 갈등을 겪고 있는 스미스 부인 모두에게 말이다.

여기서 문제가 되는 것은 적절성(relevance)이다. 수는 앤의 말이 자신의 내적인 공허감이나 자신의 마음을 사로잡고 있는 갈망과 충족되지 않는 기대감에 대해 해답을 간직하고 있다는 사실을 깨닫지 못했다. 그리고 빌도 역시 목사의 말이 직장에서 겪는 그의 갈등에 아주 적절하게 적용될 수 있다는 사실을 깨닫지 못했다. 목사가 적용 단계를 설교할 때쯤에는, 빌은 이미 가 버리고 없었다.

설교가 사람을 집으로 쫓아 버렸다

훌륭한 의사소통은 적절한(relevant) 의사소통이라고 할 수 있다. 그런데 여기서 적절하다는 말은 무슨 의미인가?

중세의 라틴어 'relevare'는 '관계가 있다'는 뜻이다. 어떤 것이 나의 형편과 관련이 있을 때, 나의 의문이나 갈등과 연관이 있을 때, 적절하다고 할 수 있다.

어떤 것이 나에게 적절하기 위해서는 실제로 두 가지가 필요하다. 첫째, 말이든, 책이든, 편지든, 지침서든 그것이 무엇이든 내 삶에 타당한 것이어야 한다. 그것은 내가 씨름하고 있는 문제들을 언급하는 것이어야 하고, 내가 묻고 있는 질문에 대한 대답이어야 하고, 나의 필요를 충족시켜 주어야 한다.

그러나 그것으로 충분하지 않다. 어떤 것의 타당성을 내가 깨달아 이해하지 못하면 내게 적절하지 않게 된다. 내가 연관성을 찾아 내지 못하면, 내 삶과 이 책이나 대화의 내용을 연결시키지 못하면, 그것은 별 도움을 주지 못하고, 전혀 적절한 것이 아니다.

나는 이러한 두 측면을 실제적인 적절성(actual relevance)과 기능적인 적절성(functional relevance)이라고 부른다. 실제적인 적절성은 그 내용이 내 삶과 어떤 관련이 있느냐의 문제이다. 반면, 기능적인 적절성은 내가 그 관련성을 파악해 낼 수 있느냐와 관계가 있다.

그러므로 내가 말하고 있는 것이 누군가에게 부적절하다면 이 두 가지 경우 가운데 하나이다. 그것이 실제로 부적절하든지, 단지 부적절하게 보이는 것일 뿐이든지. 빌과 수에게는 그들이 들었던 말들이 자신들의 경험과는 아무런 상관이 없었다. 그러한 말들은 전에 전혀 들어 보지 못한 것이나 마찬가지이기 때문에 기능적으로 부적절했다.

최근의 여행에서 비행기 안전 수칙이 적혀 있는 카드가 내 앞자리에 비치된 것을 보았는데, 이렇게 적혀 있었다. "당신이 만약 출입구가 있는 줄의 자리에 앉게 되면, 이 카드를 이해할 수 없을 수도 있고, 이 지침들을 충분히 숙지하지 못할 수도 있으니, 승무원에게 말씀해 주십시오." 그것은 아주 비효과적인 방식으로 전달되었지만 중요한 정보였다. 그것은 전에 전혀 들어 보지 못한 것이나 마찬가지이다.

바울은 이미 2천 년 전에 이런 실제적인 적절성과 기능적인 적절성의 차이를 알고 있었다. 고린도전서에서 바울은 교회에서 이야기되는 것은 무엇이든지 교회를 세우는 것이어야 한다고 가르친다. 그러나 서로가 하는 말들을 이해하지 못한다면 이런 일은 일어나지 않을 것이다. "이와 같이 너희도 혀로써 알아듣기 쉬운 말을 하지 아니하면 그 말하는 것을 어찌 알리요 … 그러므로 내가 그 소리의 뜻을 알지 못하면 내가 말하는 자에게 야만(a foreigner)이 되고 말하는 자도 내게 야만이 되리니"(고전 14:9, 11).

성경의 적절성

그리스도인을 하나로 묶어 주는 확신 가운데 하나는 성경이 우리의 문제에 대해 말씀한다는 사실이다. 그러므로 성경은 실제적인 적절성을 가지고 있다.

우리는 하나님께서 말씀하신 것을 믿으며, 그분이 말씀하신 것은 너무나 중요하다. 그것은 우리가 하나님을 만날 수 있는 곳은 성경이기 때문이다. 그리고 그곳에서 우리는 처음으로 자신을 분명하게 바라볼 수 있다.

거의 2천 년 동안, 성경은 신앙과 인생의 질문에 대한 해답을 찾는 곳이라는 확신을 우리에게 주어 왔다. 우리의 경험, 사색, 묵상, 통찰, 그리고 지적인 결론은 충분하지 않다. 우리는 하나님의 말씀을 언급하는데, 이는 오직 성경의 진리만이 진실로 인간의 내면적인 필요와 갈망을 충족시켜 줄 수 있기 때문이다. 오직 하나님의 말씀만이 삶을 변화시키기에 충분한 진리를 드러내고 있다. 그리고 오직 성경에 기초한 의사소통, 즉 하나님의 거대한 자기 노출로 가득한 성경책에 근거하여 말하고 글을 쓰는 것은 진정으로 적절하다.

하지만 여기에 곤란한 점이 있다. 바로 그 적절성이 오늘날의 세상 사람들에게 항상 분명한 것은 아니다. 이 땅을 뒤흔들고 있는 문화적인 변화에 비추어 볼 때, 세상이 성경의 적절성을 깨닫기가 점점 힘들어진다는 것이 본인의 논지이다. 성경은 오늘날에는 아주 보편적인 가치의 영역에 속하는 많은 것들을 이질적이고 부적절한 것으로 질타하고 있다. 그러기에 성경은 오늘날 실제적인 적절성의 측면에서 정상의 위치를 상실해 가고 있고, 그의 기능적인 적절성도 점점 추락하고 있다.

성경의 진리를 전하기 위한 우리의 노력을 세상이 무력화시키고 있다는 인식은 그리스도인 전도자들에게 두 가지 상반된 반응을 나타내도록 만든다. 둘 다 올바른 관심을 보이고는 있지만, 엄청난 혼란스러움을 조장해 거의 폭발할 지경이다. 그리고 그들은 둘 다 같은 결론을 내린다. 즉, 기독교의 핵심을 왜곡시키는 것이다.

내가 당신과 타협을 해야 하나

첫번째 실수는 청중을 향한 관심과 성경 말씀을 향한 관심이 중첩될 때 일어난다. 그러한 실수는 듣는 이들에게 유익을 끼치고 기독교가 매력적으로 보이도록 하기 위한 강한 열망으로 인해, 복음을 듣는 사람들에게 그 내용을 맞추려고 할 때 발생한다. 〈그림 1〉은 이를 설명하고 있다.

이런 실수를 하는 사람들은 너무나 케케묵은 장애물 때문에 기독교가 현대인들에게 매력을 갖지 못하므로 엄청나게 수정해야 한다고 생각한다. 그래서 그들은 현대의 청중들에게 맞도록 성경을 조정한다. 성경을 적절하게 만들려는 노력으로 원래의 의미를 수정하기도 한다. 그들은 성경 내용을 현대식으로 바꾼다.

교회에서 사람들이 성경을 짜 맞추는 가장 흔한 방법들 중의 하나는, 성경을 일련의 보편적이고 초시간적인 원리로 축소시키는 것이다. 평화, 정의, 사랑, 억압으로부터의 자유 등. 자유롭고 진보적인 경향의 사람들은 기독교의 배타성, 하나님의 거룩한 독특성, 죄, 평생 동안의 결혼 서약과 같은 많은 특정한 개념들을 중세 시대로부터 전수된 낡아빠진 것으로 간주하여, 현대의 개화된 시대에는 맞지 않다고 생각한다. 그래서 그들은 성경의 많은 부분들을 도려내어 윤리적이고 영적인 지침들만 남겨 놓는다.

그들의 가정은 비록 틀린 것이긴 하지만, 어떤 것이 친숙하지 않고, 불편하며, 이해하기 어렵다면, 그것은 부적절하므로 도려내야 한다는 것이다. 그러나 이러한 경향은 단순히 만연해 있는 시대의 분위기를 반

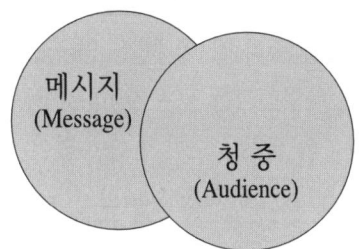

〈그림 1〉 성경을 조정 - 청중에 대한 관심이 성경에 대한 관심을 가린다.

영하는 것은 아니다. 이처럼 성경을 대하는 태도를 가지고서는 하나님을 만날 수 없다. 그 속에서 우리는 단지 자신만을 볼 뿐이다.

좀더 정통적인 성향의 그리스도인들은 위와 같은 사람들에게 쉽게 손가락질을 한다. 그러나 우리들 중에도 기독교를 적절한 방법으로 전파하기 위한 열심에 지나치게 사로잡힌 나머지, 아주 유사한 일을 무심코 저지르는 사람들이 있다.

정말일까?

사실이다. 당신과 나도 '구도자'의 입맛에 맞추기 위해 성경 전체의 메시지를 마음대로 요리할 수 있다. 우리의 최우선적인 목표가 불신자들이 그리스도께로 쉽게 나오도록 하는 것이라면, 회개, 대속, 순종, 공동체, 책임과 같은 이야기를 생략하기가 얼마나 쉬울지 생각해 보라. 십자가를 지는 것이라든지, 바늘귀로 들어가는 일은 오늘날의 청중들이 쉽게 납득할 수 있는 것이 아니다. 그들에게 매력 있는 메시지를 전하기 위하여, 우리는 복음의 메시지를 쉽게 사람들을 즐겁게 하는 상투적인 이야기로 축소시킬 수 있다. 성경의 내용을 오늘날의 상황에 맞게 바꿈으로써 비록 청중은 얻을 수 있을지 모르지만, 때로는 아주 많은 사람들이 몰려 오기도 하겠지만, 그것은 필연적으로 반드시 선포해야 할 메시지를 잃어버리게 만든다.

교회는 청중에게 민감해지는 것과 청중에게 이끌려 다니는 것과의 차이를 직시해야 한다. 청중에게 민감한 것은 오늘날 교회를 다니지 않는 청중들이 성경의 말씀을 좀더 잘 이해할(understand) 수 있도록 돕기 위해 할 수 있는 일은 무엇인지를 묻는 것이다. 청중에게 민감하기 위해서는 먼저 하나님 말씀의 권위에 대한 헌신이 있어야 한다. 무엇을 말해야 하고 무엇을 말하지 말아야 할지에 대한 최후의 결정권은 하나님에게 있다.

반면, 청중에게 이끌려 다니는 것은 복음이 좀더 수용적(acceptable)이기 위해서 무엇을 바꾸어야 할지를 묻는 것이다. 교회에 다니지 않는 사람들에게 공격적이지 않으면서도 쉽고, 안전하며, 편안하고, 충돌하지도 않으면서 말이다. 청중에게 이끌려 다니는 것은 청중의 권위를 존중하기 때문에 거기에서 시작되고 모든 것이 그곳으로 귀결된다. 결정권이 청자들에게 주어진다.

이렇게 서로 다른 두 가지 접근 사이의 경계선은 쉽게 교차된다. 다음은 우리가 무심코 저지르는 변경의 몇 가지 방식들이다.

도깨비 방망이와 백과사전

우리가 타협하는 한 가지 절묘한 방법은 성경을 거대한 도깨비 방망이인 것처럼 이야기한다는 것이다. 성경의 어떤 부분을 펼치면 지혜롭고 유용한 말들, 훨씬 더 나은 삶, 결혼, 사업, 재정적인 필요에 대한 깊은 통찰을 발견할 것이다. 그러나 우리의 인생을 포기하고 스스로를 부인하고 그리스도를 따르려고 할 때, 성경이 의미하는 것을 전체적으로 꿰지 않은 채 섣불리 삶의 원리로 삼고자 한다면, 우리는 기독교를 왜곡하는 것이다. 우리는 성경을 확 던져 버리고는 어느 새 자신을 중심에 두게 된다.

또한 우리는 종종 성경을 다룰 때 최종적인 방법론이나 실제적인 지혜나 통찰을 얻기 위한 백과사전처럼 다룬다. 그러나 성경은 어쩌면 소설과 흡사한 면이 있다. 브리태니커 백과사전이라면 원하는 곳은 어디든지 펼쳐서, 몇 단락을 읽고, 내게 유용한 정보를 집어낸 뒤, 그것을 덮는다. 하지만 소설책은 그렇게 하지 않는다. 독자는 모든 문단과 표현과 대화와 국면의 전환을 전체적인 구도에서 연결시켜야 한다. 그러지 않으면, 무슨 말인지 잘 알 수 없다. 적어도 그 소설이 의도하는 바를 제대로 알지 못한다.

성경은 하나하나가 그 나름대로의 의미를 갖고 있는 유교의 경구들을 모아 놓은 책도 아니다. 그것은 하나의 주제를 전체에 펼쳐놓은 것이다. 그것은 어떤 이야기 모음집이 아니다. 그것은 한 이야기, 즉 예수 그리스도 안에서 하나님께서 냉담하고 자기 도취에 빠진 인간들에게 오셔서 그러한 무관심하고 무정한 사람들이 그분과 올바른 관계를 맺도록 하려는 하나님의 열심에 관한 이야기이다.

성경적(biblical)이라는 용어는 재정의되어야 할 필요가 있다. 그 말은 단순히 '성경책의 어느 쪽에 그 내용이 있다'는 것을 의미하지는 않는다. 처음부터 끝까지 단일한 사상 체계를 유지하는 성경이 쓰여진 방식으로 비추어 볼 때, 성경적이라는 말은 '성경이 말하고 있는 것과 일치한다'는 의미로 사용되어야 한다. 성경은 예수 그리스도와 자신이 창조하신 인간들을 통하여 알려지고 사랑받고 섬김을 받았던 하나님의 멈출 수 없는 열정에 관한 것이다.

복음주의 진영의 마음씨 좋은 많은 사람들은 이런 사실을 놓쳐 버린다. 그들은 필요라는 부분을 따로 떼어놓은 다음, 그 필요를 충족시키는 것처럼 보이는 부분을 성경에서 끄집어낸다. 그러나 그러한 필요를 가진 개인들은 여전히 충족되지 못한 채로 남아 있다. 한 개인의 삶은 도전을 받지 못한 채로 남아 있고, 그의 야망은 점검받지 못한 채로 남아 있고, 죄 많은 본성에 대하여는 언급되지 않은 채로 남아 있고, 각 개인의 성품 속에 숨겨진 기질들이 드러나지 않은 채로 남아 있다.

그러므로 이것은 하나님께서 우리를 움켜쥐고 있다기보다는 우리가 실제적인 문제들을 스스로 움켜쥐고 있음을 보여 주는 모습이 아닐까?

그리스도에 의해 사용되기보다는 우리가 믿음을 사용하고 있지는 않은 가? 성경의 진리를 전달하면서도 사람들에게 그들 존재의 중심에 예수 그리스도와 만나지 못한 채로 남아 있게 하는 것이 가능한가?

역사를 통해서 일하고 계신 하나님의 목적이라는 관점에서 볼 때, 어떤 사람이 자신의 일을 효과적으로 잘 해내지만 사람들의 마음에 감동을 주지 못한다면, 그것이 잘 하는 일일까? 근본적인 가정의 문제를 안고 있는 여인을 도와주면서, 사랑의 하나님에 대해 반항적인 그녀의 태도에 관해서는 아무런 언급도 하지 않는다면, 궁극적으로 그것은 무엇을 섬긴 것인가? 어떤 사람의 자존감을 높여 주면서도 그 사람의 인생에 대한 하나님의 목적을 지적해 주지 않는다면, 그것은 무엇을 도운 것인가?

우리가 사람들에게 자기 중심적인 성향을 북돋아 주는 방식으로 성경의 여러 부분을 전해 주었을 때, 과연 하나님께서 기뻐하시겠는가? 그들이 생각하기를 하나님의 필요성을 깊이 느끼지 못하고, 그저 자신의 방식대로 살아가도 별 문제 없다는 식으로 격려하여, 고맙다는 인사를 듣기만 한다면 그것이 도대체 뭐란 말인가? 그럼에도 이런 태도는 좀더 나은 경력이나 더 강한 자아상이나 더욱 절친한 친구를 만들기 위해서 우리가 성경 전체를 손쉽게 자기를 도와주는 일련의 마술쯤으로 격하시키는 바로 그 모습이다.

우리가 하나님의 말씀을 선포할 때마다, 우리의 신앙을 나눌 때마다, 인류를 향한 하나님의 전반적인 계획을 이야기하거나 꼭 예배 형식을 취해야만 한다는 말이 아니다. 우리는 그렇게 하지도 않는다. 일상의 삶을 살아가는 데 아주 유용하고 실제적인 가르침이 성경에 없다고 말하는 것이 물론 아니다. 성경은 많은 부분에 그런 내용을 포함하고 있다.

그러나 기독교가 인간의 삶에 얼마나 적절한 것인지를 보여 주고자 애쓰는 마음씨 좋은 목회자들이나 설교자들, 그리고 평신도들은 성경의 전체적인 내용을 서로 단단히 묶고 있는 일관된 사상의 끈을 무심코 끊어 버린다.

내가 한때 섬기던 교회에서는 황금 시간대(Prime Time)라는 전도 행사를 했다. 황금 시간대라는 행사의 각 프로그램은 중심 주제를 두고 한 바퀴를 둘러보도록 되어 있었고, 그 중에 어떤 것들은 교회를 다니지 않는 사람들이 그 문제와 씨름하리라고 생각되는 것들이었다. 우리는 환경, 신체적인 건강, 자존감, 직장 생활, 데이트와 결혼 등과 같은 주제의 쇼를 보여 주었다.

모두가 단막극과 현대 음악과 메시지를 혼합한 90분짜리 쇼로, 다음의 세 가지를 달성하고자 하는 목적이 있었다. 먼저, 이러한 주제나 문제들을 소개하며, 둘째로는 이것들에 대한 세상적인 관점을 보이고, 그런 다음에는 짤막하게 마치는 메시지를 전하면서 이와 같은 문제들에 대한 기독교적인 관점은 무엇인지를 나누는 것이다.

이러한 문제에 대한 세상적인 관점에서 성경적인 관점으로 넘어가 메시지를 전하는 과정에서, 우리는 '성경적인' 방법으로 그러한 주제를 다루지 않으려는 유혹을 받게 된다. 우정에 관한 프로그램에서 나는 친구가 되는 법에 관한 실질적이고 훌륭한 제안을 담고 있는 사무엘상 18장과 디도서를 본문으로 몇 가지를 강조하고 있었다. 즉, 귀찮게 잔소리로 볶아대지 마라, 잘 경청하라, 충고를 받아들여라, 짤막하게 말하라, 다른 사람을 먼저 생각하라, 말을 조심하라 등이다. 여기에서 사람들은 자신의 친구 관계를 색다르게 할 수 있는 현실적인 비결을 약간 들을 수 있었을 것이다.

그러나 정말로 내가 성경적으로 말씀을 전했는가? 성경의 실제적인 맥락과 기독교의 핵심과는 아무 상관도 없는 메시지를 단순히 말했을 뿐이었다.

그분을 친구라고 말하면서 옛날의 한 목수에 대해 소개하는 것으로 그 시간을 사용했다면 어땠을까? 우리와 함께 하시는 하나님으로, 위대하고 은혜로우신 친구로 예수님을 소개할 수도 있었다. 우리를 친구로 삼기 위해 그분이 걸어가셨던 길, 우리를 하나님께로 다시 돌아가게끔 하기 위해 자신의 생명을 희생하셨던 그분의 삶을 이야기할 수 있었던 것이다. 나는 또한 우리의 삶을 완전히 뒤바꾸시는 사역에 대해 전하면서, 그분이 마음에 품고 계시는 것은 우리가 그분을 닮도록 하셔서 그분과 영원을 나누기에 충분한 친구로 변화되는 것이라고 말할 수 있었다.

그런 다음에 나는 성경적인 관점에서 친구가 된다는 것이 우리에게 어떤 의미인지를 말할 수 있었다. 우리의 친구 관계가 부드러워지도록 하기 위해 몇 가지 원리를 적용하고 앉아 있는 자기 중심적인 남녀가 아니라, 살아 계신 하나님에 의해 변화되어 이 세상에 보내진 사람들로, 우리를 위해 자신을 내어주신 분 때문에 다른 사람을 위해 자기의 목숨을 기꺼이 내어놓는 사람들이 되는 것 말이다. 문제될 것도 전혀 없으며 잃어버릴 것도 전혀 없는, 그래서 다른 사람을 위해서라면 자신의 방식을 기꺼이 포기할 준비가 되어 있는 사람 말이다. 그리고 내게 진정한 친구가 되도록 자유를 준 성경적인 관점이 무엇이었는지를 나누고, 그런 뒤에 몇 가지 실질적인 비결들을 나눌 수 있었을 것이다.

차이점을 한번 확인해 보라. 두 방법 모두가 성경으로부터 출발했지만, 단 한 가지만이 정말로 성경적이고 전체적인 맥락에 진실로 충실했다고 말할 수 있다.

성경은 유용한 지침들을 잘 포장해 둔 자기만을 위한 지침서가 아니다. 성경은 자기 중심적인 인간이 자신을 내어주는 하나님과 직면하도록 인도하는 문이다. 그러나 성경이 전달하고자 하는 내용에 훨씬 못 미치도록 우리가 말씀을 전하고 있는 것이 현실이다.

자판기 하나님

구도자들에게 기독교가 매력적인 것으로 받아들여지게 하려는 엄청난 유혹 때문에, 예수님을 통해 하나님과의 관계를 맺는 신앙 대신에 우리의 모든 필요를 충족시켜 주는 하늘에 계신 거룩한 자판기 하나님을 소유하는 것처럼 소개하게 된다. "불행하십니까? 매력적이지 못합니까? 성공하지 못했습니까? 결혼을 못했습니까? 일이 잘 안 됩니까? 예수님께로 오십시오. 그분은 당신이 구하는 모든 것을 주실 것입니다."

하나님은 우리의 필요를 충족시키는 일을 가장 우선적으로 하는 분이 아니라는 것을 우리는 잊어버린다. 그분을 그렇게 만들 때, 우리는 그분에게 합당한 자리에서 우리 삶의 중심으로 그분을 끌어내리는 것이며, 대신 우리를 그분의 자리에 앉히고야 마는 것이다. 하나님은 하나님으로서 고유한 영역의 일을 하시는 분이다. 기독교는 하나님을 단지 사람들의 필요를 채우시는 분으로 축소시킬 수 없으며, 그렇게 시도하고자 한다면 우리는 기독교의 핵심 진리를 똑같이 왜곡하게 된다.

하나님의 예정표에는 온 땅에 그분의 영광을 드러내는 것과 그분의 나라를 확장하는 일밖에 없다. 거기에는 사람들이 그분 앞에 무릎꿇고 절하며, 찬양과 헌신과 의뢰와 봉사를 하도록 부르고 있다. 그곳에는 스스로를 위해 무가치한 삶을 살았던 인간들에게 그분을 위해 살아가도록 하는 초청이 있다. 그 예정표에는 그분을 따르는 사람들이 그리스도를 닮아 깊은 신뢰와 좋은 성품을 지닌 개개인으로 변화되어 영원을 살면서 하나님을 기쁘게 하는 내용도 포함되어 있다.

오늘날에는 청중의 필요에 민감하게 반응하는 교회의 흐름이 주류를 이루고 있다. 우리가 이러한 필요들을 확인하여 말씀을 전하는 일에 힘을 쏟는다면, 우리의 의사소통은 청중에 이끌리게 된다. 우리의 말씀 선포가 이러한 관점에서 걸러진다면, 성경의 75%는 청중의 필요를 충족시켜 주지 못하는 것이다. 어쩌면 그러한 일을 위한 여지는 전혀 없는지도 모르겠다.

그리스도인으로서 살아가는 삶의 기본 자세가 단순히 자신의 필요를 채우기 위해서라면, 그것은 자동적으로 우리를 역사 속에서 면면히 이어져 온 믿음의 사람들이 신앙을 이해했던 방식과는 거리가 멀어지게 한다. 왜인가? 그것은 하나님께서 더 이상 중심 무대를 차지하고 계시지 않기 때문이다. 성경의 구석구석에서 나오는 은혜로운 말 대신에, 자기 사랑, 자신감, 자기 성취와 같은 말들이 교회의 말씀 선포에 지배적이게 된다. 한편, 성경에 나오는 '자기'가 들어가는 다른 단어들로는 자기 복종, 자기 희생, 자기 부인, 자제 등이 있는데, 이런 말들은 교회에서 슬그머니 사라지고 있다. 아주 거대하며 지극히 작기도 한 자기(self)라는 말이 거룩하신 하나님, 타락한 자아, 예수 그리스도 안에 있는 과분한 은혜의 선물, 사람의 삶 전체를 향한 하나님의 부르심과 같은 개념들을 몰아내고 있다. 이런 일이 일어나면, 우리가 설교를 하고 신앙을 나누기는 하지만, 우리가 전하는 것은 진짜 기독교가 아니다. 기독교에는 자기가 앉을 수 없는 한 자리가 중심에 있다. 그곳은 하나님 한 분에게만 합당한 자리이다.

여기에 좋은 기준이 하나 있다. 물론 청중이 있는 곳에서 시작하는 것은 중요하다. 그것은 아주 기본적인 의사 전달의 원리이다. 사람들이 있는 곳으로부터 시작하되, 그들이 있기를 바라는 곳에서 시작하지 마라. 우리의 이야기는 일상 생활에서 그들의 문제와 관심사를 다룰 수밖에 없다. 그럴 때라야만 듣는 사람들이 성경의 기능적 적절성에 공감할 수 있기 때문이다. 헤이든 로빈슨이 말하기를, 우리는 본문에서 출발하여 청중을 향하여 말씀을 전해야지, 청중에 맞추어서 성경을 전해서는 안 된다는 것이다.[2]

정말 이것이 열쇠이다. 우리는 듣는 사람들이 압박을 느끼는 문제로부터 출발할 필요는 있지만, 거기에 머물러 있으면 안 된다. 그 문제에 관한 사람들의 경험에서 하나님의 관점으로 옮겨가야 하고, 그런 뒤에는 하나님의 원대한 목적이라는 틀 안에서 그것을 고려해야 한다. 하나님의 심중에 있는 최고의 관심사는 무엇일까? 그분의 말씀 안에서 하나님께서 우리를 분명하게 부르신 것은 무엇일까? 하나님께서 요즘 주목하시는 것은 무엇일까? 그리스도인인 우리를 향한 하나님의 목적은 무엇일까? 이러한 질문들을 어떻게 받아들이는가 하는 자세에 따라 삶의 목표를 설정하는 방법과 이유나, 자녀를 양육하고 가정 생활을 하는 방식이나, 과거를 다루는 방법이 달라진다.

필요에 대처하는 예민함 때문에 우리를 향한 하나님의 총체적인 계획에 관한 좀더 진지하고 깊은 질문을 하게 되었다면, 그것은 다행스런 일이다. 문제는 그러한 필요들에 송두리째 사로잡혀 스스로를 기독교의 기본 진리와 타협하는 자리로 내모는 것이다. 성경이 그 방향을 결정하고 그 대화의 흐름을 잡아 가도록 맡겨야 한다.

주께서 말씀하시기를

두 번째 실수는 첫번째의 것과는 반대의 경우이다. 성경의 순수성을 지나치게 강조하다 보니 청중에 대한 관심이 기려지게 된다는 것이나

이러한 실수는 성경의 적절성을 과신하여 생기는 것으로, 오늘날 보통 사람들에게 의미 있는 언어로 그 내용을 전달하지 못하게 된다. 그저 사람들의 머리를 향해 총알을 발사하듯 쏘아댄다.

하나님의 말씀은 모든 문화의 장벽을 뛰어넘어 전 인류에게 적절성이 있다. 그것은 개개의 특정한 문화에 특별한 의미로 해석되어 말과 개념

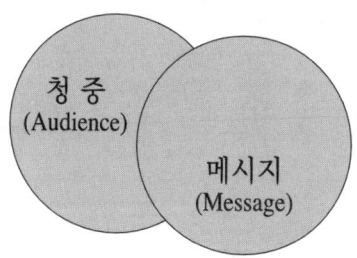

〈그림 2〉 전달에 실패－성경에 대한 관심이 청중에 대한 관심을 가린다.

이 전달되고 선포될 경우에 그렇다. 맥도날드 가게에 앉아 있으면서 두드러지게 회개나 십일조나 성화나 교제와 같은 말들을 주고받는 대화에 귀를 기울이지는 않는다. 거기에서는 병을 재활용한다든지(redeem), 죽어가는 나무를 구한다든지(save), 법정에서 증언(testimony)을 한다든지, 신실하게(stewards) 순찰을 돌아야 한다든지, 모임에 늦게 얼굴을 내민 것을 합리화(justification)하는 등의 이야기를 한다. 그런데 이러한 말들이 교회에서 사용되면 어떤 의미를 가지는가?

우리가 증거하는 내용은 성경적이어야 한다. 성경 구절을 말한다고 해서 자동적으로 우리의 말에 적절성이 보장되는 것은 아니다. 우리가 연결 고리, 즉 한 사람의 삶의 자리까지 내려가 하나님의 계시된 진리를 전하지 않는다면, 성경을 나누기 위한 노력은 시간 낭비일 뿐이다. 우리는 그러한 언어를 가정에 적절한 말로, 상황에 적절한 말로, 전하고자 하는 사람들에게 적절한 말로 바꾸어야만 한다.

잠깐, 하나님 말씀의 능력을 이야기하는 성경 말씀들이 있지 않은가? 그러한 구절들은 하나님의 말씀이 하나님의 감동으로 된 것으로(딤후 3:16), 살았고 운동력이 있어(히 4:12), 세세토록 있도다(벧전 1:25)라고 말한다. 또한 하나님께서는 이사야를 통하여 약속하시기를, 여호와의 말씀은 "헛되이 내게로 돌아오지 아니하고 나의 뜻을 이루며 나의 명하여 보낸 일에 형통하리라"(사 55:11)고 말한다.

이러한 구절들로 의기양양해져서, 우리는 성경 말씀을 오늘날의 청중이 알아듣도록 하기 위해 굳이 애를 쓸 필요가 없다고 단정지을 수도 있다. '성경은 나의 도움이 없어도 스스로 말할 수 있어. 정말 고마운 일이지. 우리의 임무는 그것을 선포하고, 나누고, 전하는 것이지, 그것을 변경하는 게 아니야.'

그러나 지금 내가 말하고자 하는 것은 성경 말씀을 변경하는 것이 아니라, 그것을 일상 생활의 언어와 이미지와 경험과 관용어로 포장하는 것을 말한다.

느헤미야서를 보면 이런 개념이 대단히 유효했음을 알 수 있다. 오랜 시간이 지난 후, 이스라엘은 포로 생활에서 풀려나 고국으로 귀환하게 된다. 이제 예루살렘 주변의 성벽 재건 작업을 마무리짓고 새롭게 시작하려는 열망으로, 그들은 기대에 부푼 채 성읍 출입문 중의 하나로 모여들었다. 에스라와 레위인들이 서서 하나님의 말씀을 펴고, 말씀에 거의 친숙하지 않았던 백성들에게 그것을 읽어 주기 시작한다. 그들이 한 것이 우리의 완벽한 본보기이다. "하나님의 율법책을 낭독하고 그 뜻을 해석하여 백성으로 그 낭독한 것을 다 깨닫게 하매"(느 8:8).

그것은 타협인가? 아니면 단지 효과적인 의사소통인가?

이전에 염두에 두었던 문제들을 생각해 보라. 사람들이 외부에서 교회로 들어왔을 때, 그들은 왜 종종 무슨 소리인지 잘 알아듣지 못하는가? 그리고 집을 방문하면서 전도를 할 때, 대부분의 사람들이 짜증스런 얼굴을 한 뒤 문을 닫아 버리는 이유는 무엇인가?

하나의 분명한 설명은 사람들의 마음이 냉담해져서 하나님의 녹이시는, 확신을 주시는, 새롭게 만드시는 능력에 문을 닫고 산다는 것이다. 그러나 우리의 신앙을 함께 나누고자 하는 시도에 대해 사람들이 별로 반응하지 않는 이유가 단지 그들의 냉담한 마음 때문이라고만 결론을 짓는다면, 그것은 의사소통의 과정에서 아주 중요한 다른 요소들을 간과하게 된다. 그 이유는 우리가 선택하는 언어가 듣는 사람들로 하여금 실제 생활과 연결되도록 하지 못하는 아주 빈약한 것이기 때문에 청중들에게 무의미하게 들린다는 점이다.

의사소통을 연구하는 학자들은 거의 50년 동안, 다른 사람들의 귀에 전해지는 말들은 우리가 마음에 품고 있는 정확한 의미로 요술을 부리는 것처럼 전달되지 않는다는 점을 누누이 지적했다. 말이란 것은 레이저 광선이라기보다는 눈덩이와 더 흡사하다. 우리가 청중을 향해서 어떤 말을 하면, 많은 부분이 여과되어 실제로 전달되는 것은 처음 의도의 극히 조그만 부분이다. 말이란 분명치 않고, 뉘앙스가 다르고, 뚜렷하지 않고, 애매 모호하다. 그 주변에 무엇이 있느냐에 따라 그 색깔과 모양이 달라지는 어떤 접착제처럼, 말이란 것도 마찬가지이다.

의사소통이란 언제나 전달 과정이라는 게 있다. 하나님의 살아 있고 운동력 있는 감동으로 된 말씀에 관한 의사소통에도 말이다. 항상 말하는 그 어떤 것도 언어 체계 속에서 재해석되고, 그 말을 듣는 사람들의 경험 속에서 여과된다.

하나님의 말씀이 전달되거나 번역될 필요가 없었다면, 우리는 여전히 오래된 번역본을 그대로 사용할 것이다. 초창기의 번역본들이 이제는 거의 읽혀지지 않는다는 사실은, 고유한 문화 속에 살고 있는 각 세대마다 자신들의 언어로 성경의 진리를 받아들이는 것이 훌륭한 기억 방법임을 보여 준다. 포시스(P. T. Forsyth)는 다음과 같이 말한다. "불변하는 복음의 진리는 각 시대에 맞게 적절하고 평이한 언어로 전해져야 한다."[3]

다른 세상으로 들어가기

그러면 그러한 번역이 필수적인가? 성경은 그 나름대로의 사상 세계가 있다. 내적인 함축성(self-contained)과 내적인 연관성(self-referential)의 세계로 가득 차 거기에 익숙하지 않은 사람들에게는 아주 혼란스러울 수도 있다. 성경에는 그 나름의 역사와 지리와 인물들과 세계관과 언어가 있다. 성경은 그 나름의 역사와 문학에 빠져드는 사람들에게, 그 나름의 독특한 강조점과 뉘앙스에 고양된 사람들에게, 그 나름의 독특한 삶과 신앙에 대한 안목을 배운 사람들에게는 원래의 의미가 그대로 이해될 수 있다. 성경은 우리의 우주를 이해하는 유일한 대안이며, 성경이 말하고 있는 모든 것은 우리가 주변에서 일어나고 있는 일들을 보고 생각하고 말하고 이해하는 방식과 맞물려 있다.

겉으로 보기에는 간단하고 단순해 보이는 '은혜(grace)'라는 단어를 생각해 보자. 어떤 한 측면에서 은혜라는 말은 취학 전인 내 딸도 이해할 수 있을 만큼 아주 쉽다. 그것은 한 발레리나 또는 가젤이라는 영양(羚羊)의 움직임을 묘사할 때 쓰이는 말이기도 하다. 그러나 성경에서 이 말처럼 기독교의 중심적인 메시지를 전하는 것도 없을 것 같다. 이에 대한 자세한 설명을 하지 않고 대충 넘어간다면, 우리는 그 말의 중대한 여러 가지 의미들을 놓치고 말 것이다. 바로 이것이 은혜와 같은 단어를 마주칠 때마다 우리가 그 의미를 곰곰이 생각해 보는 이유이다. "하나님은 언제나 우리와의 관계 가운데 주도권을 가지고 계십니다. 언제나. 그것은 언제든지 그분으로부터 시작됩니다. 그것이 바로 은혜입니다."라고 우리는 말할 수 있다. 또는 "은혜란 마땅히 받을 만한 자격도 없는 우리에게 하나님께서 부어 주시는 것이며, 마땅히 받을 만한 것은 허락하지 않으시는 것을 의미한다."고 말할 수도 있다.

성경의 언어를 단순히 말로 표현해 내기란, 그 용어가 흠정역(King James Version)에 나오는 것이든 중학생 수준의 영어로 구사되는 것이든, 충분하지 않다. 어떤 형태로든 설명을 붙여야 하며, 전형적인 옷을 입고 있는 성경의 사상들을 어떤 방식으로든 들춰내야 하며, 우리가 그러한 내용을 이야기할 때 듣는 사람들에게 의미심장하게 전달될 수 있는 말로 적절히 준비되어야 한다. 오늘날 가장 신선하게 성경을 전하는 사람들 중의 하나인 헤이든 로빈슨은 다음과 같이 말한다. "설교단의 언어는 폴크스바겐 광고에 사용된 언어로 전해져야지, 학술적인 언어가 되어서는 안 된다."[4]

우리는 익숙하지 않은 생각을 신실하게 전하기 위해 친숙한 방법을 찾아야만 한다.

내가 설교를 하고, 글을 쓰며, 신앙을 나눌 때 목표로 하는 오직 한 가지는, 나의 말에서 기독교적인 용어를 될 수 있는 한 많이 드러내지 않는 것이다. 그러나 우리가 사용하는 대부분의 전문적인 용어는 곧바로 성경으로부터 연유한 것이라는 사실이 도전을 주고 있다. 여기서 한번 곰곰이 생각해 보자. 거듭난다, 구원받는다, 간증, 친교, (하나님의) 주권. 우리는 엄청나게 많은 용어들을 찾아낼 수 있을 것이다. 이것들은 성경의 언어이긴 하지만, 오늘날 교회를 다니지 않는 사람들에게는 아무런 의미가 없는 것들이다.

별다른 설명을 하지 않는다면 사람들에게 별 의미가 없거나 전혀 의미가 없는 케케묵은 말들이나 예화들을 사용할 때, 우리는 어떻게 그것들을 전달해야 할까? 기독교란 쉽게 알 수 있는 게 아니라고 말하면서 오늘날의 사람들에게 아무런 유익을 주지 못하고 있지는 않은가? 더 나쁘게는 기독교가 단지 그 울타리 안에서 같은 목표를 향해 나아가며 비밀스런 언어를 말하며 자라가는 사람들만을 위한 것이라고 이야기하고 있지는 않은가?

더 이상 우리는 기독교를 왜곡해서는 안 된다. 기독교는 나눔을 위한 것이다. 기독교의 메시지가 오직 나에게만 머물러 있다면 그것은 제 역할을 다하지 못하고 있는 것이다. 그것이 나에게 멈춰 서 있다면 그 목적을 온전히 이루지 못하고 있는 것이다. 바울이나 실제로 초기의 모든 그리스도인들에게는 나눔이 삶의 기본 원칙이었다. 바울은 이렇게 말했다. "기록한 바 내가 믿는 고로 말하였다 한 것같이 우리가 같은 믿음의 마음을 가졌으니 우리도 믿는 고로 또한 말하노라(고후 4:13)."

하나님의 말씀이 신실하다는 미명 아래, 우리가 전하는 것을 가장 깊이 새겨 들어야 할 바로 그 사람들을 쫓아 버린다든지, 이렇게 하는 과정에서 믿음을 잘못 제시한다는 것은 우스꽝스런 일이다. 기독교의 문이 외부인들에게는 닫혀 있다고 전하는 것은 적절성이라는 미명하에 그 메시지의 상당 부분을 잘라내는 것만큼이나 심각하게 신앙을 곡해시키는 것이다.

그러므로 우리는 어떻게 해야 하는가? 말씀을 전할 때마다, 신앙을 나눌 때마다 우리는 다음과 같은 질문을 해야만 한다.

· 본문 말씀이 의미하는 바를 이 사람들이 이해하도록 돕기 위해 내가 무엇을 할 수 있을까?
· 익숙하지 않은 개념들을 친숙한 용어들로 바꾸어 전달할 수 있는 방법은 무엇인가?
· 성경의 자리가 아니라 듣는 사람의 자리에서 의사소통을 할 수 있는 방법은 무엇인가?

우리가 해야 할 일은 성경을 적합하게 만드는 것이 아니라, 말할 필요도 없이 성경의 적절성을 전달하면 되는 것이다. 그렇게 할 때에만 사람들이 우리의 이야기를 들을 것이다. 바로 이것이 말씀을 전하거나 가르칠 때마다, 신앙을 나눌 때마다 해야 할 일이 아닌가?

가정을 겨냥한 이야기

성경을 적절하게 전달한다는 것은 다음의 두 가지를 의미한다.

1. 성경의 권위(Biblical Authority): 어떤 메시지를 전하고자 할 때 그 방향과 내용이 전적으로 성경으로부터 나와야 한다. 이렇게 할 때에만 우리의 말에 실제적인 적절성이 생겨나 사람들의 가슴속에 있는 갈망과 욕망을 다루게 된다.
2. 청중에 대한 민감성(Audience Sensitivity): 이와 동시에 성경의 메시지를 전할 때 청중이 이해할 수 있는 말로 그들의 필요와 상황에 적합한 방식으로 말해야 한다. 그들의 처지에서 출발하며, 그들에게 익숙한 것과 의미 있는 것으로부터 시작해야 한다. 그렇게 함으로써 청중들은 성경의 기능적인 적절성을 분명히 발견하게 될 것이다.

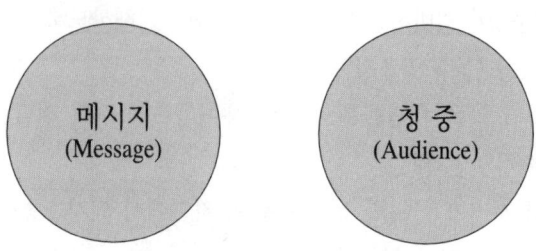

〈그림 3〉 적절한 의사 전달 – 청중에 대한 관심을 메시지에 대한 관심과 조화시킨다.

적절한 성경적 의사 전달이란 〈그림 3〉과 같은 것이다. 창의적인 긴장을 유지하면서도 서로 방해하지 않게 양자에 모두 관심을 기울이는 방법 말이다.

다시 앞에서 말한 사례들로 돌아가 보자. 시작하는 말로 목사가 꺼낸 이야기에 대해 빌은 자기 경험과 성경에서 읽은 내용을 서로 연결할 수가 없었다. 그리고 기독교의 기본 진리에 대한 앤의 설명도 수에게는 별 의미가 없었다.

앤이 다음과 같은 식으로 말했다면 수의 마음을 얼마나 사로잡았을 것 같은가?

"수, 요즘 일이 정말 잘 안 풀린다고 말했지? 너도 알다시피, 4년 전쯤에 나도 비슷한 경우를 당했어. 무언가 제대로 맞아 들어가지 않는 거야. 분명히 그렇게 되어야만 하는데…. 남편과의 결혼 생활도 괜찮았고, 직장 일도 잘 진행되었고, 아이들도 잘 자라고 있는 것처럼 보였지만, 그럼에도 여전히 무언가 께름칙했지. 아무리 애를 써 봐도 그 느낌은 마찬가지였어. 나는 전혀 행복하지 않았고 만족할 수도 없었어. 그래서 삶이란 내가 경험하는 것 이상의 무언가가 있다는 것을 감지하기 시작했지만, 그것이 무엇인지는 알 수가 없었지."

"친구 중 하나가 기독교에 관한 모든 것을 설명해 준 뒤에야 그것을 깨닫게 되었지. 그 친구가 말하기를, 성경에 따르면 하나님께서 우리를 만드셨고, 그분을 위해 살도록 우리를 지으셨다는 거였어. 그것이 우리가 살아가는 이유이며, 그것이 우리가 존재하는 이유라는 거야. 사람은 하나님의 임재를 누리며, 그분을 삶의 중심에 두고서 하나님을 위해 살아가야 한다는 거야. 그러나 우리 모두는 이렇게 말하지. '이봐요, 하나님. 정말 훌륭하시군요. 생명을 주시고 호흡이 있게 하신 것, 그 밖에도 모든 것을 고맙게 생각합니다. 하지만 난 인생을 내 멋대로 살래요. 그럼 나중에 다시 뵐게요.'"

"우리 모두는 그렇게 살아왔지. 모두가 똑같은 선택을 해 왔던 거야. 이것이 바로 성경에 나오는 '우리는 모두 양처럼 길을 잃고 각기 제 갈 길로 흩어졌다'(표준새번역)는 말의 의미야. 그처럼 우리 모두는 서로 다른 방향으로 가 버렸으며 결국에는 길을 잃고 말았지."

"이렇게 함으로써 우리는 곤란을 겪기 시작한 거야. 왜냐하면 양이 야생에서 자라도록 만들어지지 않은 것과 마찬가지로 사람도 스스로를 위해 살도록 창조되지 않았으니까. 우리는 하나님을 위하여 그분을 중심에 모시고 살아가도록 만들어졌기 때문에, 그렇게 하지 않으면 하나님께서 누리도록 허락하신 기쁨과 만족을 결코 경험할 수가 없어. 그것이 바로 죄야. 죄는 삶의 중심에서 하나님을 밀어내고, 그 하나의 커다란 선택으로 인해 결국에는 아주 그릇된 생각과 태도와 행동으로 이어지게끔 하지. 그러한 반역과 독립과 무관심으로 이끄는 죄는 하나님으로부터 떠나게 할 뿐만 아니라, 더 나아가 하나님께서 우리에게 허락하시는 모든 것을 누리지 못하도록 해. 그렇게 하면서 죄는 우리와 창조주 사이를 어그러지게 한단 말이야. 결국 그분과 우리의 관계를 파괴시키고 말아. 그래서 하나님을 중심에 모시고 그분을 위하여 살지 않으면, 하나님께서 우리에게 살라고 의도하신 삶의 모습대로 전혀 살아갈 수가 없어."

앤이 꼭 했어야 하는 것은 수가 알아들을 수 있는 방식으로 성경의 말씀을 풀어놓는 일이었다. 앤의 이야기에 집중하려는 수의 얼굴 표정을 연상할 수 있겠는가? 또한 빌에게 할 수 있는 다른 모습의 설교를 한번 상상해 보라. 스미스 여사와 나머지 다른 회중들이 이와 같은 말을 목사의 입에서 처음 들었다면 어떠했겠는가?

"다른 사람들 때문에 삶이 얼마나 복잡해지는지를 조용히 살펴본 적이 있습니까? 시시때때로 우리는 성격이 맞지 않는 사람들과 어울려야 하고, 견해가 다른 사람들과 어울리며, 행동 양식이 상충되는 사람들과 어울려야 합니다. 교회로 달려가 다른 사람들을 전혀 생각하지 않아도 된다면 얼마나 좋을지 생각해 본 적이 있습니까? 사물함을 같이 사용하는 친구를 신경 쓰지 않고서 학교에 다닐 수만 있다면 얼마나 좋을까 하고 생각해 본 적이 있습니까? 또는 다른 사람들과 어떻게 하면 잘 어울려 지낼까 궁리하느라 시간을 낭비하지 않아도 된다면 얼마나 일을 더 잘할 수 있을까? 저는 힘들고 지칠 때면, '정말, 목회라는 것이 사람을 위한 일이 아니라면 훨씬 쉬울 거예요' 라며 농담을 하곤 합니다."

"그래요, 사람들의 삶이란 대부분 다른 사람들과 어울려 어떤 일을 해내려고 애쓰는 과정입니다. 힘들 때면, 서로 반목하며 아귀다툼을 벌일 사람들이 아무도 없는 행성에서 사는 공상을 한번 해보는 것도 재미있는 일입니다. 그러나 현실은 하나님께서 이 지구상에서 더불어 살아가도록 만들어 놓으셨으며, 그럴 만한 이유가 있기 때문에 그렇게 하셨습니다. 이 말은 우리가 어느 정도는 서로 뒤엉켜서 살아가야 한다는 뜻입니다. 그렇다면 이제 생각해 봐야 할 질문은 이것입니다. 우리가 어떻게 하면 서로 잘 어울려 살 수 있을까요? 손에 손을 맞잡고 살아가기 위해 고도의 지혜와 이해를 보여야 하고, 어울려야만 하는 삶의 도전에 직면했을 때 이를 이겨낼 수 있는 새로운 시도를 할 수 있어야 합니다."

"그런데 성경은 이에 대해 수없이 많은 것을 전하고 있습니다. 예수님의 제자 가운데 한 사람인 야고보에 따르면, 이 세상에서 더불어 살아가고자 할 때 생겨나는 다툼에 대해 두 가지 방안이 있다고 말합니다. 이 말씀을 읽은 후 어떻게 적용할 수 있을지 생각해 봅시다. 여러분들이 가지고 계신 성경책을 펴 보십시오. 신약성경 374쪽입니다. 야고보서 3장

13절에서 16절을 다 함께 읽겠습니다."

이렇게 할 때 그 목사는 회중들을 다소 어려운 본문으로 이끌고 있다는 사실을 깨닫게 될 것이다. 그러나 빌과 다른 사람들의 일상적인 삶과 관련한 실제적이고 적합한 사례를 보임으로써 그 목사는 그들이 메시지를 잘 들을 수 있도록 준비시킬 것이다. 그는 서두에 그리스도께 헌신한다면 이번 주간의, 오늘의, 지금 이 순간의 삶이 뒤바뀔 것이라고 말할 것이다. 이것은 빌이 이어지는 이야기를 열심히 경청할 뿐만 아니라 다음 주일에 더 듣고 싶어서 다시 교회에 나타나게끔 하는 아주 좋은 기회라고 여겨진다.

적절성이 위기를 맞고 있지만 그것은 하늘과 땅 사이의 간격을 메워주는 것이기 때문에, 왼편에서 천둥 번개가 치며 오른편에서 경주용 차량이 빠른 속도로 달려가는 상황 속에서도 정신을 바짝 차려야만 한다. 한편으로는 타협하지 않는 메시지로 다른 한편으로는 청중과 타협하면서 오늘날의 문화적 상황에 적절하게 성경을 전달하기 위해 노력해야 한다.

제2장
진리로 세상을 사로잡기

친숙한 회중들 앞에서 설교를 하든지 또는 교회에 다니지 않는 친구와 대화를 하면서 기억 속에 있는 구절을 인용할 때에든지, 성경을 언급할 때마다 우리가 목적으로 하는 바는 그들로 하여금 듣게 하는 것이다. 궁극적으로 우리가 말하려고 하는 바는 사람들이 판단하여 반응할 수 있는 방식으로 하나님의 말씀을 전하는 것이다. 사람들이 하나님의 말씀을 믿도록 하거나 그에 따라 살도록 강요할 수 있는 것은 아니지만, 그것을 듣고 심각하게 받아들여서 성경의 가르침과 약속을 숙고할 수 있도록 격려할 수는 있다.

그렇다면 확실하게 영향을 끼칠 수 있도록 고압 전류와 같은 메시지를 어떻게 전달할 수 있을까? 하나님의 선포된 말씀이 전기처럼 우리를 통해 강력하게 흐르도록 하는 방법은 무엇인가?

하나님께서 어떻게 이 일을 하시는지 살펴보라. 먼저, 그분은 세상을 아셨다. 세상을 이해하셨다. 그분은 세상을—세상의 번영과 비극, 세상의 필요와 갈망, 중심부의 공허감 등을—안팎으로 세세히 파악하고 계셨다. 그분은 세상으로부터 멀리 떨어져 계시지 않았으며, 세상 속으로 들어가셨다. 소매를 걷어올리고서 세상을 헤치고 나가셨다. 그분은 세상을 어루만지셨고 세상은 그분과 교감했다. 그러면서 그분은 세상의 바깥으로부터 사람들의 가슴을 깊숙이 사로잡을 수 있도록 진리와 하늘의 지혜를 가지고 오셨다. 그분은 세상이 듣기를 원하는 것이 아니라 세상이 들어야만 하는 것을 말씀하셨다.

이러한 성육신적인 접근 방법을 모델로 삼아 성경적인 의사 전달을 위한 간단한 방법을 발견하게 되었는데, 나는 그것을 '가까이 다가서기'라는 뜻의 라틴어 단어를 사용하여 의사 전달의 적합성 모델(the Relevare Model of Communication)이라고 부른다. 이 방법에는 성경적인 의사 전달자로서 유효성을 혁신시킬 잠재력이 있다.

의사 전달의 적합성 모델

1. 세상을 이해하라

"갑판 없는 배(The Open Boat)"에서 스테판 크레인(Stephen Crane)은 망망한 바다에서 좌초되어 조그맣고 간들거리는 구명정에 타고 있는 네 명의 사나이들에 관한 이야기를 들려준다. 서두에는 그들이 자신들을 향해 몰아치는 파도를 쳐다보는 장면을 집중적으로 묘사하고 있다. "그들 중 누구도 하늘을 쳐다볼 겨를이 없었다. 그들의 눈동자는 자신들을 삼켜 버릴 듯한 파도로 재빨리 옮겨갔다. 파도는 꼭대기를 제외하고는 희뿌연 색깔을 띠며 거품을 일으키고 있었고, 그들 모두는 그 바다의 색깔이 어땠는지 알고 있었다."[1]

다른 것은 아무것도 그들에게 문제가 되지 않았다. 그들은 새로이 파도가 일 때마다 이를 유심히 살펴보는 바다의 학생들이 되었다. 이러한 파도는 그들이 탄 조그만 배를 언제나 위협하며 전복시키려고 했기 때문이다.

우리 주변의 세상은 망망한 대해처럼 세차게 몰아치기도 하고 들끓기도 한다. 세상은 새로운 문화가 유행할 때마다, 새로운 사고 방식이나 삶의 의미라는 바람이 몰아칠 때마다 언제나 변하고, 그 바람에 흩날리며 흔들리기도 한다.

어떤 목사나 평신도든지 능력 있고 효과적으로 하나님의 말씀을 전하고자 할 때, 그들은 이 세상의 학생이 되어야 한다. 우리는 '바로 그 바다의 색깔을 알아야' 한다. 어떤 새로운 조류가 모습을 드러내기 시작했는가? 어떤 사상의 파도가 넘실대기 시작했는가?

최근 몇 년 동안 해변에 몰아친 변화의 양상들을 생각해 보라. 남성 운동의 등장, 컴퓨터 온라인 서비스의 발달, 다문화주의(multicultur-alism)에 대한 강조, 동방의 영성에 대한 관심, 가족 엔터테인먼트 센터의 도래 등. 잘 이해하기만 한다면, 이런 것들은 지금의 위치에서 세상을 바라볼 수 있는 창문을 열어 줄 것이다. 이 모두가 진리의 절대성에 대한 헌신으로부터 멀어져 가는 세태를 반영하고 있다. 사람들은 자신의 가정으로부터 맛보는 미칠 듯한 고독감에 더욱 깊숙이 빠져들기도 하고, 자신의 정체성과 성취감을 혹독하리만치 그리고 때로는 당황스러울 정도로, 혹은 그 이상의 어떤 것을 찾아 헤맨다.

세상에서 매 순간마다 일어나는 일이 무엇에 의해서 이루어지는지, 어떤 추진력과 확신에 의해 다스려지는지에 대해 이해할 때에만, 우리는 어떤 적합성을 가지고 말할 수 있게 된다. 우리의 주변 세계를 이해한다는 말은 적어도 다음과 같은 질문을 던지면서 해답을 찾으며 살아간다는 의미이다.

· 나의 주변 세계는 무엇에 의해 움직여지는가?
· 다른 시대와 장소에 비해 차별화되는 것은 무엇인가?
· 사람들은 시간과 돈을 어떻게 사용하는가?
· 고속도로와 슈퍼마켓에서 만나는 사람들의 마음속에는 어떤 생각이 들어 있을까?

· 사람들이 생각하고 꿈꾸고 갈망하는 것은 무엇인가?

· 사람들은 어디에서 삶의 의미를 찾는가?

· 내가 아는 사람들로부터 흔히 접하게 되는 세계관에는 어떤 것들이 있는가?

· 나의 주위에는 어떤 사람들이 무슨 이야기를 잘 경청하는가?

· 죄는 어떤 형태로 가장 흔하게 나타나는가?

여기에 주변 세계에 대한 학습자가 되는 몇 가지 방법을 소개한다.

· 손에 닿는 대로 모든 것을 읽어라

주변 사람들의 마음속에서는 어떤 일들이 일어나고 있는지를 파악할 수 있는 실마리를 찾아보라. 신문, 잡지, 만화, 베스트셀러, 항공사 잡지, 심지어 편의점에서 파는 여성 잡지의 표제들에도 엄청난 보화들이 숨겨져 있다.

어느 날 나는 편의점 앞에서 손에 5리터짜리 우유 병을 들고 줄을 서 있으면서 《코스모폴리탄(Cosmopolitan)》이란 잡지의 다음과 같은 표제를 보았다. "가장 변태적이고 가장 야만적인 도취 상태에 항상 빠져 있는 것이(도대체 믿을 수 있는 말인가?) 상호 신뢰이다." 눈에 보이는 것만을 믿으라고 한다거나 가장 중요한 문제는 기교라고 하는 그런 깜짝 놀랄 만한 것들이나 인정하고 앉아 있다니!

《월 스트리트 저널(Wall Street Journal)》이란 잡지의 만화란에 나오는 거의 모든 장면들은 우리 문화의 지평선에서 떠오르는 아주 중요한 경향을 지적하고 있다. 나는 언제나 신문이나 잡지의 기사들을 오려서, 또 기사의 사진이나 책의 일부를 복사하여 파일을 만든다. 처가의 어른들을 찾아가 재미있는 이야기들을 들려 드리곤 하는데, 이는 모두가 신문에서 오려 둔 것들이다.

· 텔레비전을 보거나 영화를 보러 가 보라

각 가정의 비밀스런 장소에 있는 것이든 지역의 영화관에서 24mm 필름으로 상영하기 위한 것이든, 스크린을 통한 영상물들은 다른 어떤 매체들보다도 오늘날의 세대에 지대한 영향을 미치고 있다. 그것들에는 어떤 내용이 담겨 있는지 파악해 두라.

· 친구들이나 이웃들의 삶에서 주요 관심사가 무엇인지 세심하게 관찰하라

레이스 앤더슨(Leith Anderson) 박사는 다른 사람들의 가정에 초청을 받았을 때 그들의 세상을 배울 수 있는 기회로 그 시간을 사용하기를 좋아한다. 탐정처럼 사람들의 가정을 거닐 때 무엇을 배울 수 있었는가? 이것은 저녁 식사를 하다 말고 실례를 무릅쓰고 위층으로 몰래 올라가 초청을 한 주인의 장롱을 샅샅이 뒤지라는 말이 아니다. 두 눈을 크게 뜨고 주의 깊게 바라보면 단순한 것에서도 배울 게 많이 있다. 어느 방이 그 가정의 중심인가? 그 방이 어떻게 배치되어 있는가? 그러한 배치는 어떤 의미인가? 혹시 책꽂이가 있다면 거기에는 어떤 책들이 꽂혀 있는가? 욕실에는 이것저것 읽을거리가 비치되어 있는가? 어떤 비디오 테이프가 여가를 즐기는 수단으로 사용되고 있는가? 새롭게 구입한 것으로 어떤 상품들이 차고나 창고에 쌓여 있는가?

· 모든 대화를 선용하라

당신은 어떤지 모르겠지만, 나는 칵테일 파티를 가장 싫어한다. 하지만 칵테일 파티는 다음과 같은 수많은 질문을 던짐으로써 유용한 정보를 얻을 수 있는 최고의 금광이 될 수 있다. 어디서 근무하세요? 지금 하시는 일에 만족하세요? 그 일을 하게 된 동기는 무엇인가요? 그 직업에서 성공하는 것과 실패하는 것은 어떻게 구별되나요? 여가 시간이 주어진다면 무엇을 하고 싶으세요? 최근에 휴가를 떠난 적이 있나요? 어디로 가셨지요? 어떻게 그곳으로 가게 되었나요? 누구와 함께 시간을 보내기를 원하세요? 가장 존경하는 사람이 누구인가요? 왜 그분을 존경하세요?

세상이라는 심장에 언제나 손을 올려놓으라. 주변 세계라는 바다의 창연한 빛깔을 알아 두라.

2. 세상 속으로 들어가라

영화 〈미션(*The Mission*)〉을 보면 최근에 만들어진 영화들 중에서 가장 인상적인 장면으로 시작된다. 브라질의 정글에 사는 원주민들이 그들에게 온 예수회 선교사를 방금 죽였다. 목에다 사슬을 감은 호기심 어린 인물을 흉내내면서, 그들은 선교사의 몸을 십자가에 묶고는 거대한 폭포에다 던져 버린다. 한참 후에 그의 시신이 동료 선교사들이 기다리고 있는 하류의 강둑으로 쓸려 내려온다. 그러나 선교사들은 이러한 섬뜩한 환영을 받고도 물러서지 않는다. 사랑하는 친구이자 동료 사제의 시신을 땅에 묻은 후에, 수도회의 다른 선교사가 즉시 원주민들을 향해 떠난다. 그들에게 접근할 수 있는 유일한 통로는 그의 친구가 내던져졌던 거대한 바위의 표면을 곧바로 기어 올라가는 길밖에 없었다. 얼굴과 바위를 움켜잡은 손을 감싸는 폭포의 연무 때문에, 사제는 도저히 올라갈 수 없을 것 같았다. 사력을 다해 조금씩 조금씩 손발을 옮겨 놓으면서, 여러 시간이 지난 후에야 겨우 그는 꼭대기에 다다르게 된다. 거기에 있는 바위에 잠시 주저앉아 있다가, 이 사람들이 음악을 무척 좋아한다는 사실을 발견하고서 주머니에서 녹음기를 꺼내 녹음을 하기 시작한다. 엄청난 희생과 위험을 무릅쓰고서, 이 사람은 자신의 세계로부터 벗어나 그들의 세계로 들어간다.

하나님께서 부르시는 청중들이 있는 곳으로 우리는 가야 한다. 여기에는 수많은 장애물이 있어서 비그리스도인들의 가청(可聽) 거리에까지 접근하는 것조차 쉬운 일이 아니다. 더구나 들어서 이해하게끔 하는 것은 더욱 어려운 일이다. 현대인들은 무언가 조용히 듣는 것을 달가워하지 않으며, 문을 걸어 잠그기에 바쁘고, 그리스도인들이 눈앞에 나타나면 재빨리 오디오를 크게 틀어 놓는다.

대부분의 사람들이 그리스도인에게는 해답이 있다는 생각에 무작정 동의하지 않는다. 그들은 상반되는 증거들을 너무나 많이 가지고 있다. 그리스도인은 여러 면에서 입을 다물 수밖에 없는 행동을 해왔다. 우리의 죄, 이기심, 영적 독선, 신앙과 삶의 불일치와 같은 것들은 어떤 입술의 말보다도 더 큰 힘을 가지고 웅변하고 있다. 세상을 주의 깊게 관찰하는 것이 그리스도인의 삶에 기초가 된다는 사실을 깨달으면 우리는 두가지 반응을 나타내게 된다. 사람들과 적극적으로 어울리기 위해 볼링공을 찾든지, 아니면 그들과 담을 쌓기 위해 귀마개를 찾기 시작하든지.

사람들이 날마다 별 의미도 없는 말들을 엄청나게 듣는다는 사실을 한번 주목해 보라. 그래서 그들은 거북이처럼 움츠리며 아늑한 침실과 욕실이 있는 요새로 들어가 문을 닫아걸고는 자신만의 사생활을 즐기고 싶어한다. 우리가 비그리스도인들의 방어막을 뚫고 접근하려 할 때 어려움을 겪는 것은 전혀 이상한 일이 아니다.

직접 거리를 누비며 가정을 방문하는 전도 방법이 효과적이었던 시절은 지나가고 있다. 주민들에게 전해진 말들을 사람들은 이미 충분히 들었다. '혹시나 관심을 가질지도 모르는' 사람들에게 융단폭격을 하듯이 퍼붓는 메시지에 그들은 식상해 있다. 사람들의 그러한 감수성에 호소하여 다시 한 번 공격을 감행할 필요가 있을까?

저 멀리에서 세상을 이해하는 것만으로는 충분하지 않다. 세상 속으로 뛰어들어 복음을 전하고 싶은 사람들과 함께 어깨를 나란히 해야 한다. 우리는 기꺼이 우아한 옷차림을 벗어 던지고 손에 세상의 흙을 묻힐 수 있어야 한다. 비그리스도인들에게 우리의 방식이 아니라 그들의 언어를 사용하면서 말이다. 그리스도를 알지 못하는 주변 사람들의 세상으로 뛰어들 때, 진정한 의사소통이 일어날 수 있는 토대가 마련된다.

가까이에 살고 있는 이웃이나 직장 동료들에 대하여 나는 알고 있다. 어떤 텔레비전 프로그램들을 보면서 시간을 보내는지, 어느 라디오 방송국에 주파수를 맞추어 놓고서 차를 몰고 다니는지, 어떤 영화를 즐겨 보는지, 어떤 물건을 주저하지 않고 즐겨 사는지….

나는 그들의 마음을 안다. 십대들이 성관계를 갖는 이유, 이혼녀들이 남편과 헤어지게 된 원인, 막다른 골목에서 남자들을 술독에 빠지게 하는 압박감 들을 이해할 것 같다. 날마다 자신을 술집으로 내몰아 한순간 즐거운 시간을 보내며 그들이 찾아다니는 것이 무엇인지, 밤마다 몇 시간씩 텔레비전을 보면서 그들이 도피하고 싶은 것이 무엇인지 알 것 같다.

그런데 그들의 마음을 읽게 되면 그들의 언어로 말할 수 있게 된다. 그들의 관심사와 경험들이 내 것과 일치되는 부분이 어떤 것인지 깨닫게 되고, 이로 인해 나는 은혜와 이해에 바탕을 두고 그들에게 성경의 진리를 전할 수 있게 된다. 어떤 말을 사용해야 하며, 어떤 이야기를 해야 하고, 어떤 이미지를 불러일으켜야 하며, 어떤 삶의 경험들을 이끌어 내는 것이 그들이 잘 받아들일 수 있는 방법인지 안다.

동시에 다른 사람들과 친하게 지내면, 그들은 우리도 똑같이 현실 속에서 어려움을 겪어 가면서 살아가는 현실 속의 사람들일 뿐만 아니라, 삶 속에서 직면하는 문제들에 대하여 현실적인 대답을 제시해 줄 수 있는 신뢰할 만한 사람들이라고 받아들이게 된다.

망치로 손을 찍었을 때 우리가 무슨 말을 하는지 귀를 기울여 듣고, 잠을 별로 못 잤을 때 우리가 아이들을 어떻게 대하는지, 우리가 쇼핑한 가방에 무엇이 들어 있는지, 우리가 밤에 어느 채널의 프로그램을 주로 보는지 그들은 주목하여 본다. 예수님께서 우리의 삶을 진정으로 변화시키셨다면, 우리 주변의 사람들이 명확히 알 수 있는 방식으로 살아야 한다.

다른 사람들이 우리의 삶 속에 들어오게 하려면, 들어줄 준비를 갖추어야 한다. 이것이 예수님의 방법이 아닌가? 그분은 인간을 이해하셨다. 그분은 사람들이 왜 그렇게 행동하는지 알고 계셨다. 그리고 그들의 세계로 들어가셨다. 그것이 바로 성육신이 의미하는 바이다. 예수님께서는 직접 뛰어드셨다. 그분은 군중들을 피해 지성소의 깊숙한 곳에서 사무실을 지키고 계시지 않았다. 그분은 천국의 정원을 거니신 것이 아니라 이 세상을 걸어다니셨다. 그분은 보통 사람들이 사는 뒷골목이나 가정들과 어울려 사셨다. 그분의 발걸음은 여느 사람들이나 마찬가지로 흙탕물을 철벅거리며 걸어다니셨다. 그분은 소위 그 당시의 술집에도, 볼링장에도, 도박장에도 들르셨다. 예수님은 '교회를 다니지 않는' 사람들과 너무 많은 시간을 보냈기 때문에 죄인들의 무리와 먹고 마시기를 탐한다는 비난을 받기도 했다(마 11:19).

예수님께서 이렇게 말씀하셨다. "아버지께서 나를 보내신 것같이 나도 너희를 보내노라"(요 20:21). 세상 속으로.

3. 진리로 바깥세상의 사람들을 사로잡아라

아래와 같은 사실을 깊이 생각해 보라.

· 예수님께서는 언제나 사람들이 있는 곳에서 시작하셨지만, 결단코 그들이 제자리에 머물러 있는 것을 허락하시지 않았다.
· 예수님께서는 언제나 사람들의 질문을 경청하셨지만, 그들이 질문한 것에 직접적으로 대답하신 적은 별로 없었다.
· 예수님께서는 사람들이 들어야만 하는 진리에 대해 말씀하셨지만, 그들이 듣고 싶어하는 것을 말씀하시지는 않았다.

무리에게 말씀하실 때마다 예수님은 그들의 통찰력과 제한된 안목을 단순히 그대로 되풀이하여 답하는 것에 만족하시지 않았다. 그렇게 한다면 갈증으로 목이 타 죽어가는 사람에게 소금물을 주는 것과 마찬가지일 것이다. 예수님은 언제나 바깥세상의 사람들이 이해할 수 있는 곳으로 진리를 가져와, 사람들의 삶에 구체적으로 적용시키셨다.

우리도 그렇게 하도록 부르심을 받았다. 성경을 펼치면 어디에서나 하나님은 자신의 안목을 드러내시며, 자신의 우선순위를 보여 주시며, 자신의 목적을 설명하고 계시다. 거기에서 하나님은 무엇이 사실이며, 무엇이 중요하며, 무엇이 진리인지를 우리에게 말씀하신다. 하나님은 자신에 대하여, 우리에 대하여, 인간들과 맺고 싶은 관계성에 대하여 우리에게 말씀하신다. 그러므로 우리가 돌아가야 할 곳이 바로 여기이다.

그러나 그것은 충돌을 의미한다. 왜냐하면 하나님의 방법은 우리의 것과는 다르기 때문이다. 적어도 더 이상은 같지 않다. 에덴 동산에서 나누었던 몇 마디 대화 때문에, 즉 한 남자와 여자가 자신들이 우주의 주인이라는 위치를 차지하려고 결정했기 때문에 아주 큰 괴리감이 생겨났다. 그때 이후로 사람들은 하나님과의 사이가 벌어지게 되었다. 그러므로 사람들을 성경의 진리에 접촉하도록 할 때마다 충돌은 일어날 수밖에 없다. 우리가 생각하고 행동하는 방식, 우리가 추구하고 주로 관심을 가지는 것들 등 모두가 하나님의 뜻에 맞도록 재조정되어야 한다.

대학에 다닐 때 나는 디젤 엔진 판매상으로 일한 적이 있다. 한 지역의 다른 판매상들에게 디젤 엔진을 배달해 주는 것도 내 일의 일부였다. 내가 몰았던 중고 트럭이 아직도 기억에 생생하다. 그것은 커다랗고 낡아빠진 길쭉한 트럭인데, 운전하기가 아주 어려웠다. 운전대와 주변의 다른 기계 부품들과의 연결부가 너무 낡았다. 운전대는 동력이 전혀 전달되지 않은 채로 앞뒤로 10여 센티미터나 움직이기도 했다. 한편 앞바퀴는 제 마음대로 굴러갔다. 트럭이 오른쪽으로 확 쏠려서, 운전대를 반대로 돌려 다시 왼쪽으로 움직이도록 해야만 했다. 그러면 트럭이 왼쪽으로 너무 많이 쏠려서 운전대를 다시 오른쪽으로 마구 돌려 제대로 가도록 해야만 했다. 좁디좁은 골목길을 운전해야만 하는 흥미진진한 일이었음에 틀림없다.

인간들도 이 트럭과 같다. 에덴 동산의 타락 이후로 우리와 하나님 사이의 연결이 깨어졌고, 그래서 우리는 하나님이 지시하시는 길을 벗어나 끊임없이 유랑하게 되었다. 우리 모두는 그 길로 가까이 다가가야 하고, 어떤 경우에는 강하게 끌어당겨서 그 길로 돌아가도록 해야 한다.

성경은 우리의 운전대를 바로잡아 준다. 바울은 디모데후서를 쓰면서 이 점을 지적하고 있는데, 성경은 우리가 무엇을 생각해야 하는지를 가르치며, 어떻게 살아야 하는지를 보여 준다는 것이다. 그러나 그는 계속해서 말하기를 성경은 우리의 그릇된 생각을 바로잡아 주며, 잘못된 생활을 드러나게 한다고 한다. 끊임없이 하나님의 말씀으로 고침을 받으며 도전을 받을 때에만, 우리는 그리스도를 따르는 사람의 삶을 살 수 있도록 준비되고 구비될 것이다(딤후 3:16~17).

이처럼 진정한 성경적 의사소통이란 그들에게 어울리는, 그리고 어떤 사람의 현재 상황을 강화시켜 주는 것들만을 단순히 입으로 말하는 것을 의미하지 않는다. 바깥세상의 청중들이 이해할 수 있는 곳으로 진리를 가지고 가는 일이 우리의 의무이다.

예수님의 말씀은 어려운 말씀이다. 그것들이 생명에 관한 말씀일 때 더욱 그렇다. 그분이 한 종교 지도자의 근심 어린 얼굴을 주목하여 말씀하시기를, "네가 거듭나야 할지니라."고 하셨다. 수심에 가득 찬 어느 아버지에게 그분은 말씀하시기를, "두려워 말라. 믿기만 하면 딸이 고침을 받을 것이니라."고 하셨다. 그분은 스스로 의롭다고 생각하는 청년의 면전에서 말씀하시기를, "네 소유를 모두 팔아 가난한 사람들에게 주라."고 하셨다. 그리고 자신을 따르는 큰 무리가 다른 묘기를 보여 주기를 애원하자, "여러분들 중 누구든지 모든 것을 포기하지 않으면 내 제자가 될 수 없습니다."라고 말씀하셨다.

이것이 구약에서 진짜 선지자와 거짓 선지자의 차이점이다. 즉 하나님의 진리를 하나도 빼놓지 않고 담대히 외치는 사람과 말하기 쉬운 부분만을 전하는 사람의 차이 말이다. 많은 사람들이 하나님의 진리를 전하고 있지만, 그 가운데 얼마나 많은 사람들이 하나님의 온전하신 뜻을 오늘날 세상의 중심으로 가지고 가는가? 예레미야를 통하여 하나님께서 이스라엘 백성들에게 하신 말씀을 기억하라.

만군의 여호와께서 이같이 말씀하시되 너희에게 예언하는 선지자들의 말을 듣지 말라 그들은 너희에게 헛된 것을 가르치나니 그들이 말한 묵시는 자기 마음으로 말미암은 것이요 여호와의 입에서 나온 것이 아니니라 항상 그들이 나를 멸시하는 자에게 이르기를 너희가 평안하리라 여호와의 말씀이니라 하며 또 자기 마음의 강퍅한 대로 행하는 모든 사람에게 이르기를 재앙이 너희에게 임하지 아니하리라 하였느니라 누가 여호와의 회의에 참예하여 그 말을 알아들었으며 누가 귀를 기울여 그 말을 들었느뇨 … 그들이 만일 나의 회의에 참예하였더면 내 백성에게 내 말을 들려서 그들로 악한 길과 악한 행위에서 돌이키게 하였으리라 … 나 여호와가 말하노라 내 말이 불 같지 아니하냐 반석을 쳐서 부스러뜨리는 방망이 같지 아니하냐. (렘 23:16~18, 22, 29)

사람들에게 가능한 한 쉬운 길만을 전하고자 하는 교회의 현실에서 예레미야의 이 말은 우리의 주의를 환기시킨다.

로이 클레멘츠(Roy Clements)는 영국에서 가장 설교를 잘하는 사람들 가운데 하나이다. 나는 그의 다음과 같은 말을 결코 잊을 수가 없다. "예언자적인 설교란 하나님의 진리를 특정한 장소와 시간에 말하는 것을 말한다. 사람들의 현주소를 정확히 파악하여, 성경이 말하고자 하는 바를 그들의 상황에 맞는 특별한 방법으로 적용하라. 그것은 위험을 감수해야 하는 일이다. 그 위험은 우리의 몫이다. 그 일을 편안하게 할 수 있는 방법은 없다."[2]

성경을 펼칠 때마다 그 메시지를 진지하게 듣고자 하는 사람들에게는 삶 속에서 피할 수 없는 갈등이 빚어지게 된다. 도전적인 말씀을 걸러내고 편안한 말씀만을 받아들인다면, 우리는 성경의 본뜻을 왜곡시키며 그 능력을 축소시키는 잘못을 저지르는 것이다. 사람들은 하늘에서 엄청난 번갯불이라도 떨어지기를 바라지만, 실제로는 최소한의 전기 충격도 겨우 받아들인다.

그리스도를 따르는 사람들은 커다란 확신을 가지고 성경의 적절성과 진실됨을 신뢰하면서 하나님의 말씀을 굳게 붙잡아야 한다. 그러나 최선을 다할 수는 있지만, 성경이 가르치는 바를 완벽하게 믿거나, 성경이 가르치는 바대로 완벽하게 살아갈 수는 결코 없는 일이다. 우리는 언제나 성경의 테두리를 벗어나고자 한다. 이러한 이유 때문에 우리는 성경의 부르심에 적극적으로 반응할 수 있는 여지를 늘 남겨 두어야 한다. 언제, 어느 때나, 항상 진리가 우리의 삶을 온전히 다스리도록 해야 하며 발 아래 그저 던져 놓아서는 안 된다.

포시스는 다음과 같이 말한다. "우리 모두는 이 시대를 향해 말씀을 전해야 한다. 그러나 우리가 선포하는 것이 이 시대라면 화가 있을 것이라. 오직 이 시대를 향해 거울을 치켜들기만 하라. 물론 우리는 어떤 방식으로든 세상을 직면해야 한다. 그러나 그럴 때에라도 단순히 인사를 하는 정도를 넘어서야 한다. 때때로 위기감이 우리를 엄습해 오는데, 그것은 마침내 우리의 의지마저도 움츠러들게 한다."[3]

하나님의 말씀은 존재 영역의 바깥에서 우리에게 온다. 예상치 못했던 은혜의 말씀이, 골수를 찔러 쪼개는 진리의 말씀이 외부에서 내부로 침투해 들어온다. 그러한 말씀을 통해 하나님은 사람들이 있는 바로 그곳에서 사람들을 만나고 계신다는 것을 우리에게 상기시키신다. 하지만 예수 그리스도의 변화시키는 힘은 하나님이 명하시는 곳으로 사람들을 향하게 하며, 그곳에 도달할 수 있는 유일한 길인 예수 그리스도를 향할 때에만 발현될 수 있다.

하나님의 말씀은 오늘날의 세상을 위한 것이다. 그 말씀은 새로운 삶을 향한 약속으로 부글부글 끓어오르도록 하는 번갯불이다. 벼랑 끝에서는 마음으로 말씀과 세상을 신실하게 통합할 때, 능력의 길로 우리를 인도할 것이며 정곡을 찌를 수 있게 된다. 그러면 세상은 자신들의 궤도를 수정해 조금씩 들을 준비를 할 것이다.

제1장과 제2장에 대하여

[주요 개념들]

· 적절성(relevance): 어떤 사람의 삶의 정황과 관련 있는 직접적이고 타당한 문제에 관한 것.

· 실제적인 적절성(actual relevance): 듣는 이에게 특별한 의미와 중요성이 담긴 내용으로 하는 의사 전달을 묘사하는 용어.

· 기능적인 적절성(functional relevance): 듣는 이가 메시지의 의미와 중요성을 이해할 수 있도록 하는 의사 전달을 묘사하는 용어.

· 성경적(biblical): 단순히 성경 구절을 인용하는 것을 의미하는 것이 아니라, '성경의 전체적인 의미에 부합하는'이라는 뜻.

· 조정하다(accommodate): 듣는 이가 알아들을 수 있도록 어떤 메시지의 내용을 바꾸는 것.

· 번역하다(translate): 분명하게 듣고 이해할 수 있는 방식으로 메시지의 언어를 바꾸는 것.

[추천 도서]

현대 문화에 관한 책들

· 앤더슨, 레이스(Anderson, Leith). 『변화를 향하여 죽자(*Dying for Change*)』. 미니애폴리스: 베다니 출판사, 1990. 서방 세계에서 일어나는 여러 가지 변화들을 충실하게 조사한 책으로, 그러한 변화에 대응한 교회의 역할에 대한 다양한 제시들을 포함하고 있다. 『21세기 교회(*A Church for the 21st Century*)』(미니애폴리스: 베다니 출판사, 1992)는 변화에 민감한 교회에 대한 그의 비전을 잘 설명하고 있다.

· 디어니스, 윌리엄(Dyrness, William). 『미국인들은 복음에 얼마나 열려 있나?(*How does America hear the Gospel?*)』. 그랜드래피즈: 어드만, 1989. 디어니스는 주요한 미국의 문화 경향들을 설명한

후, 어떻게 그러한 흐름 속에서 복음에 귀기울일 수 있도록 할 것인가
를 철저하고도 통찰력 있게 제시하고 있다.

· 마이어즈, 켄(Myers, Ken). 『화성의 언덕 테이프 시리즈(*Mars
Hill Tape Series*)』. 전(前) 라디오 방송국 사장이 제작한 아주 훌륭
한 격월간의 90분짜리 테이프로 오늘날의 미술, 문학, 음악 그리고
문화 등의 흐름에 대한 비평을 담고 있어 통찰력 있고 사려 깊은 그리
스도인들에게 유익할 것이다.

· 스트로벨, 리(Strobel, Lee). 『믿지 않는 해리와 메리의 마음속에는
(*Inside the Mind of Unchurched Harry and Mary*)』. 그랜드래
피즈: 존더반, 1993. 우리가 다가가려고 하는 사람들 사이에서 형성
되고 있는 문화적 흐름들에 대한 가장 간략한 개관서 중의 하나로, 그
들을 향한 설교와 전도에 대한 실제적인 방법들이 제시되고 있다.

교회와 문화 사이의 충돌에 관하여

· 호톤, 마이클(Horton, Michael). 『미국 제품(*Made in America*)』.
그랜드래피즈: 베이커, 1991. 우리의 문화가 복음을 다시 쓰라고 요
구한다는 식의 의미 있는 개관으로, 성경의 메시지를 사회의 메시지
로 대체하고 있다.

· 웹스터, 더글라스(Webster, Douglas). 『예수 세일즈: 교회의 마케
팅은 무엇이 문제인가(*Selling Jesus: What's Wrong with Mar-
keting the Church*)』. 다우너스 그로브, 일리노이: IVP, 1992. 웹
스터는 세상의 소비 지향적 사고 방식을 따라가서는 안 된다는 점을
웅변적으로 교회에게 요청하고 있다.

· 웰즈, 데이비드(Wells, David). 『진리가 들어설 자리가 없다(*No
Place for Truth*)』. 그랜드래피즈: 어드만, 1993. 미국 문화와 복음
주의 교회들을 향한 날카로운 비평서. 연이은 그의 책 『광야의 하나
님(*God in Wasteland*)』(그랜드래피즈, 어드만, 1994)과 『도덕의 상

실(*Losing Our Virtue*)」(그랜드래피즈: 어드만, 1998) 등은 해결책
들을 제시하고 있는 신학서들로서, 하나는 하나님의 성품을, 그리고
다른 하나는 인간들의 본성을 다루고 있다.

· 위튼, 마샤(Witten, Marsha). 「모든 것은 용서된다: 미국 개신교 내
에서의 세속적인 메시지(*All is Forgiven: The Secular Message
in American Protestantism*)」. 프린스턴, 프린스턴 대학교, 1993.
오늘날의 설교에 만연해 있는 자기 중심적이고, 세속적인 메시지에
대한 위튼의 비평은 여러분이 잠시 멈춰 서서 생각하게 할 것이다.

설교와 의사소통에 관하여

· 흄, 제임스, C(Hume, James C.). 「윈스턴 경의 방법: 지도자의 언
어 사용에 대한 5가지 비밀(*The Sir Winston Method: The 5
Secrets of Speaking the Language of Leadership*)」. 뉴욕: 윌
리엄 모로, 1991. 흄은 처칠의 연설문을 사용하여 언제나 사람들의
마음을 사로잡는 명언들에 초점을 맞춘다. 재미있게 읽을 수 있는
책이다.

· 니콜스, 수(Nichols, Sue). 「목표를 분명히 하라: 더 나은 의사 전달
을 위하여(*Words on Target: For Better Christian Communica-
tion*)」. 애틀랜타, 존 목스, 1963. 효율적으로, 열정적으로, 정확하게
말하고자 할 때 그녀의 제안은 아주 실제적이고 적절하며 목표 지향
적이다.

· 로빈슨, 헤이든(Robinson, Haddon). 「성경적 설교(*Biblical Preach-
ing*)」. 그랜드래피즈: 베이커, 1980. 오늘날의 가장 저명한 설교자
가운데 한 사람에 의해 저술된 걸작품. 이 책에서 그는 본문에서 설교
로 옮겨가는 과정에 대해 자신이 사용하는 유용한 방법을 소개하고
있다. 그는 '아주 좋은 아이디어'를 얻는 방법을 이야기하고 있는데,
그 중 두 가지는 어느 설교자에게든지 매우 유용할 것이다. 많은 실제
적인 제안들 외에도 이 책은 좋은 읽을거리를 제공해 줄 것이다. 명쾌

하고, 신선하며, 요령 있게 내용을 전달하고 있다.

전도에 관하여

· 헌터, 조지(Hunter, George). 『세상 사람들에게 다가가는 법(*How to Reach Secular People*)』. 내슈빌: 어빙던, 1992. 광범위한 역사적 연구와 더불어, 믿음을 나누는 일에 대한 다양한 실제적인 전략과 제안들이 담겨 있다.

· 하이벨스, 빌과 마크 미텔버그(Hybels, Bill, and Mark Mittelberg). 『영향력 있는 그리스도인 되기(*Becoming a Contagious Christian*)』. 그랜드래피즈: 존더반, 1994. 실제적이고 참신한 아이디어로 가득 차 있으며, 특히 '당신의 전도 방법 발견하기'와 '영적인 대화 시작하기'라는 부분이 있다.

· 피터슨, 짐(Peterson, Jim). 『증인으로 살기: 자연스럽게 복음을 전하라(*Living Proof: Sharing the Gospel Naturally*)』. 콜로라도 스프링스: 네비게이토 출판사, 1989. 피터슨의 제안은 삶의 방편으로 전도를 하는 것이다. 분명하고 쉽게 받아들일 수 있으며, 도전적인 책이다.

제2부
소비자, 우리는 누구인가

맬로리 키튼: "나는 그 쇼핑몰에 그렇게 자주 가지는 않아요."
알렉스 키튼: "맬로리, 마네킹이 당신을 알아보고 손을 흔드네요."
　　　– "가족간의 연대감(Family Ties)"이라는 텔레비전 쇼에서

　　　　　　　　　　　　　　　탐욕.
생활 가운데 지금은 스스로를 쾌락으로 몰아넣을 시간이다.
　　　　　　　　　　당신의 식욕을 채워라.
　　　　　　　　　　죄책감은 떨쳐 버려라.
　　　　　　　　　　향락주의자가 되라.
　　　　　　　매 순간마다 환희를 추구하라.
　　　유혹에 굴복하여 그 기분을 만끽하라.
그러한 만족으로 편안해지면 커다란 기쁨이 몰려올 것이다.
　　　　　　　　　　– 니만–마르쿠스 회사의 광고에서

제3장

소비자 제조하기

우리는 어떤 사람들이 열심히 찾아 나서는 대상이다. 광고업자들과 기업가들은 지독할 정도로 사람들을 쫓아다니며 사치스런 물품 구매사로 만들기 위해 혈안이 되어 있다. 우리를 소비자로 만들려는 그들의 치밀한 노력은 대개 성공해 왔다. 그러한 구매자들은 이제 우리가 신앙에 대해 생각하는 것처럼 새로운 스웨터에 대해 생각한다. 그게 잘 어울릴까? 스타일이 내게 맞을까? 내 필요를 채울 수 있을까? 그게 나인가?

우리가 복음을 전하고자 하는 사람들은 우리를 달가워하지 않는 구매자들로서, 자기들의 기호에 맞는 것을 찾아 여러 가지 선택 사양들을 별 생각 없이 이리저리 둘러보고 다니는 까다로운 신앙 고객이다. 더 이상 우리의 방식은 그들에게 통하지 않는다. 우리가 생각하는 그런 방식은 집어치워야 한다.

어느 날 쇼핑몰의 한 매장을 지나가는데 눈길을 끄는 게임이 하나 있었다. 그 게임 상자 앞면에는 십대로 보이는 네 명의 아리따운 소녀들을 가까이서 찍은 사진이 있었다. 흠이 없어 보이고, 공들여서 만든 비싼 옷을 입었고, 흥분에 들떠 있는 그 소녀들은 자연산의 아주 좋고 부드러운 솜털 위에 방금 올라앉은 듯한 자세를 조심스럽게 취하고 있었다. 그들의 환희가 표지를 뚫고 흘러내릴 것만 같았다. 그 상자에 인쇄된 모습은 기쁨 그 자체였다. "이 상품이 말해 줄 겁니다. 버튼을 누르세요! 당신의 신용카드를 집어넣어 보세요. 이 쇼핑몰에 어떤 기막힌 상품들이 준비되어 있는지 모르시죠? 매장들을 돌아다니면서 마음껏 구매력을 발휘하여 물건을 사들이는 사람들의 친구가 되십시오! 서두르세요! 당신보다 먼저 그 사람들이 흥정을 하고 있을지도 모릅니다."

그 상자의 뒷면에는 그 소녀들의 사진이 몇 장 더 있었다. 서로 팔을 두른 채로 활짝 웃는 모습, 상품들로 가득한 쇼핑백을 들고 쇼핑몰을 걸어나오는 모습, 각자의 집에서 새로 산 옷들을 가족들 앞에서 입어 보이는 모습의 사진들이었다. 그 상자를 열면 화려한 전자 게임판이 있는데, 바로 그 쇼핑몰의 모습이다. 당신이 이런 모험을 완벽하게 즐기도록 하기 위해, "감사합니다. 현금이나 신용카드를 넣어 주세요."라고 내장시켜 놓았다. 네 장의 신용카드와 5달러, 10달러, 20달러, 50달러짜리의 현금에다 ATM 카드도 필요하다. 더 많은 현금이 필요하면, 은행으로 빨리 달려가야 될 것이다!

"쇼핑광: 밀턴 브래들리가 만든 말하는 쇼핑 경쟁 게임"은 우리가 살고 있으며 전도하기를 원하는 세상에 대하여 중요하고 냉정한 사실을 말하고 있다. 이 게임이 말하는 바와 같이 북미 사람들에게, 쇼핑은 쉽게 넘겨 버릴 수 있는 사소한 일이 아니라 창고가 텅 빈다든지 신발이 해졌을 때를 위한 필요악이다. 이러한 소비 행태는 일종의 게임이 되었으며, 사회적인 일거리로, 친구를 사귈 수 있는 기회로, 시간을 보내는 방법으로, 자존심을 만족시키는 수단으로, 비가 오는 구질구질한 날을 즐겁게 보낼 수 있는 방법으로 자리를 잡고 있다.

쇼핑광이라는 게임은 우리 주변의 세상을 잘 반영하고 있다. 미국은 무언가를 사지 않으면 못 견디는 소비자들이 가득한 나라이다. 쇼핑몰이 교회를 몰아내고 지역 사회의 중심 건축물이 되었으며, 쇼핑은 다른 모든 활동을 옆으로 밀쳐내고 가장 좋아하는 여가 활용의 한 형태가 되었다.

십대 소녀들이 한가한 시간에 가장 즐겨 하는 일은 쇼핑이라고 한다.[1] 그들은 영화를 보러 가거나 운동을 하거나 데이트를 하는 것보다 쇼핑을 더 좋아한다. 어른들도 크게 다르지 않아서, 야외에서 즐겨 하는 활동으로 쇼핑이 상위를 차지한다.[2] '쇼핑 중독증'은 이제 공식적인 정신병이 되었으며, 해마다 수천 명의 사람들이 이 병으로 치료를 받고 있다. 쇼핑몰은 집에서 아주 가까이에 위치해 있으며, 쇼핑은 국민적인 오락거리이다.

미국을 즐겨 찾는 관광객들은 이제 디즈니 월드를 제쳐놓고 그랜드캐니언에 몰려가는 숫자의 열 배 정도가 미니애폴리스와 미네소타의 교외에 있는 쇼핑몰로 간다. 이러한 쇼핑몰에는 400여 개 이상의 점포가 완비되어 있으며, 놀이 공원과 롤러코스터 같은 놀이 시설이 완벽하게 준비되어 있다. 3,500만 명의 사람들이 지난해(1995년 기준으로)에 이곳을 방문했다.[3]

우리는 지루할 때 쇼핑을 한다. 고독할 때도 쇼핑을 한다. 뭔가 할 일이 없을 때도 쇼핑을 한다. 뭔가 필요한 것이 없을 때에도 쇼핑을 한다. 더 이상 쓸 돈이 없어도 쇼핑을 한다. 충동적으로, 강박감에 사로잡혀 우리는 쇼핑을 한다.

쇼핑하기 위해 태어났다.
왔노라, 보았노라, 샀노라(Veni, Vidi, Visa); 나는 왔고, 나는 보았고, 나는 쇼핑을 좀 했다.
한아름에 다 못 안을 정도로 쇼핑을 했다.
나는 그 모든 걸 원해.

이러한 말들은 너무나 익숙해서 우리는 그것이 얼마나 잘못된 것인지를 볼 수 있는 올바른 안목을 잃어버렸다. 이런 일들은 아주 당연한 것으로 받아들여진다.

쇼핑몰로 가는 지름길

하지만 이런 현상이 늘 지속되었던 것은 아니다. 지난 200년 동안 다섯 가지 요인에 의해 우리는 지금과 같이 살게 되었다. 우리가 어떻게 이 지경까지 되었는지를 살펴보는 것은 매우 유익한 일이다. 왜냐하면 지방의 재래시장에서부터 모든 도시의 쇼핑몰에 이르는 길은 우리가 말씀을 전하려는 사람들이 무슨 생각을 하고 있는지에 대해 많은 것을 시사하고 있기 때문이다.

자유 시장 경제

1700년대에는 국민의 정부, 국민에 의한 정부, 국민을 위한 정부라는 생각이 미국에서 아주 새로운 것이었다. 그것이 얼마나 합리적인 개념인지를 깨달은 사람들은 이를 더욱 발전시키길 원했다. 한 국가의 정치체계가 국민의, 그리고 국민에 의한 것이 될 수 있다면, 이것을 경제에도 적용시킬 수 있지 않겠는가? 아담 스미스(Adam Smith)와 같은 경제 철학자들은 '물론이지'라고 생각했고, 사람들이 직접 자신들에게 필요한 물건을 사고 팔 수 있도록 했다. 자본주의와 자유 시장의 개념이 시작된 것이다.

그러나 오늘날의 소비 문화는 자유롭게 사고 팔라는 단순한 초대를 뛰어넘는 그 어떤 것에 좌우된다. 자유 시장 경제에 대한 근본적이고 잘 정립된 개념을 통해 또 하나의 기초적인 신념이 나타났는데, 이는 이기심이라는 사악한 쌍둥이이다. 이러한 이기심은 오직 자신의 필요만을 고려하여 지출하고, 쌓아 놓고, 소비하는 행태를 낳게 한다. 사실상 경제에서 '보이지 않는 손'이라는 스미스의 이론은 자신들의 이기적 욕망

을 좇는 개인들을 시사하는 것이다.[4]

초창기 100여 년 동안 미국에서 이기심은 별 문제가 되지 않았다. 탐욕은 좀더 중요한 가치에 의하여 절제되었다. 성경적인 가르침이 자기 자신보다는 이웃을 더 생각하게끔 했다. 그러나 시간이 흐르면서 그러한 구속은 소비와 쾌락적인 충동에 의해 밀려났고, 그러한 삶의 방식은 소비지향주의가 판을 치자 내팽개쳐져 버렸다. 토지의 침식을 방지하기 위해 남부에 도입되었던 쿠주(kudzu)와 같은 장식용 포도나무가 결국에는 200만 에이커 이상의 땅을 잠식한 것처럼, 절제되지 않은 이기심은 사회를 비뚤어지고 파괴적이고 통제할 수 없는 혼란 상태로 몰아넣고 있다.[5]

쇼핑몰로 가는 길은 이기심이라는 불도저와 함께 시작된다.

산업 혁명

증기, 전구, 철도와 같은 것들은 1세기 전의 세상을 완전히 뒤집어 놓았다.[6] 1800년대 중반까지는 모든 제품이 수공예품이었다. 옷도 직접 손으로 짰고, 통나무도 도끼로 베었고, 승마용 신발도 제화점에서 직접 만들었고, 침대와 의자도 목공소에서 제작되었다. 이처럼 모든 것이 손으로 만들어졌다. 그러나 이때 증기기관이 개발되어 실용화되면서, 갑작스럽게 대량 생산이 가능해져 그 전에는 바쁜 일손을 움직여야 했던 많은 것들이 기계화되었다. 처음에는 의복을, 다음에는 모든 상품을 증기기관이 사용되는 공장에서 생산하기 시작했다. 강이 있고 철도가 놓인 곳에서는 제조업 공장이 요란한 소리를 내며 돌아가기 시작했다. 그리고 사람들도 마찬가지로 일정한 수입을 찾아 시골에서 도시로 몰려들기 시작했다.

1880년에 이르러서는 토머스 에디슨(Thomas Edison)이 증기기관을 발전소에 적용하여 모든 도시에 공급할 만큼 전기를 생산할 수 있게 되었다. 전력이 조립 공장에 사용되자 최소의 비용으로 최단 시간 내에 대량 생산이 가능하게 되었다. 한 사람이 한 품목만을 전부 생산하던 단조로운 공정에서 여러 단계로 분화되어 기다란 생산 공정에서 각기 다른 사람이 각 과정만을 책임지게 되었다. 조립 공정이 도입된 지 1년 만에 포드 자동차 회사는 자동차의 새시를 조립하는 데 걸리는 시간을 12시간 반에서 93분으로 단축시킬 수 있었다.

비슷한 시기에 전국 철도망이 완성되어 제조업이 본격적으로 발전하게 되었다. 시장에 가기 위해서 더 이상 당나귀의 느릿느릿한 발걸음이나 강의 수로를 따라 움직일 필요가 없어졌다. 아무리 거리가 멀리 떨어져 있어도 한 지역에서 다른 지역으로 상품을 가져갈 수 있게 되었다.

생산자와 소비자 사이에 아무런 장애물이 존재하지 않았다. 그 동안 드문드문 천천히 진행되던 상점이나 시장에 등장하는 소비재의 공급은 강물처럼 밀려와 넘쳐났고 마음껏 사서 사용하며 즐길 수 있었다. 그러한 상품의 홍수는 미국 사람들에게 새로운 변화를 가져왔는데, 그것은 선택할 수 있게 되었다는 점이다. 더 이상 소비자는 오직 한 종류의 머리빗이나 음반이나 순면 옷밖에 없는 가게에 갈 필요가 없었다. 이제는 더 많은 선택권이 주어진 것이다. 다양한 가격과 다양한 스타일의 것으로 말이다.

이기심으로 다져진 땅에다 닦여진 쇼핑몰로 가는 길에 선택권이라는 이런 단순한 생각과 개인적인 선호도를 최우선하는 경향을 포장했던 것이다.

소비자 시장의 등장

이렇게 바쁜 제조업자들이 어떻게 많은 사람들의 손과 지갑에 닿도록 대량 생산품들을 공급할 수 있을까? 그것은 바로 시장이었다.

독립전쟁 이전에는 소비자들이 물건을 살 수 있도록 조달하는 시장은 실제로 존재하지 않았고, 지역 신문의 뒷면에 공장에서 판매한다는 광고가 가끔씩 실리는 정도였다. 시어스 로벅이라는 대형 통신 판매 회사가 1800년대 말에 카탈로그를 미국 전역에 보내기 시작할 즈음부터, 매매 형태에 획기적인 전환이 일어났다. 미국인들에게는 시어스 로벅의 카탈로그가 제2의 성경이라고까지 불렸고, 이것은 결코 간단치 않은 의미를 지니고 있었다. 오늘날에는 미국의 각 가정에 1년에 총 91권의 카탈로그가 배달된다. 이를 미국 전체로 환산해 보면 연간 120억 권이라는 숫자가 된다.[7]

동시에 또 다른 형태의 시장이 형성되었다. 그것은 다름 아닌 백화점이다. 조그만 골목길 구석에 자리잡고 있던 구멍가게와 전문점들은 화사하고 매력적인 도심지의 백화점에 재빨리 밀려나게 되었다. 상품들이 비좁은 통로의 혼잡한 선반 위에 마구잡이로 놓여 있는 것이 아니라, 고객들이 눈으로 보고 손으로 만지고 직접 입어본 뒤에 집으로 가져갈 수 있도록 세심하게 진열되었다. 마샬 필드와 메이시즈와 다른 대형 백화점들은 새로운 형태의 쇼핑 문화를 낳았다. 서두르지 않고 여유 있게 이곳 저곳을 누비며 "그냥 구경하는 거예요, 고마워요."라고 말하는 사람들이 많아졌다. 백화점의 제2세대, 그 뒤를 따라 곧바로 제3세대 형태가 나타났다. 즉 1916년에는 쇼핑센터가, 그 뒤로 1956년에는 쇼핑몰이 탄생했다. 오늘날 미국에는 37,000개의 쇼핑몰이 있으며,[8] 여기에서 미국인들은 매일 15억 달러(환율을 1,000원으로 계산하더라도 1조 5,000억 원)를 지출한다.[9]

이러한 건물들에서는 사람들이 발걸음을 뗄 때마다 한 가지에 집중하도록 유도한다. 소비자들이 물건을 구매하도록 말이다. 그곳으로 걸어 들어가면 널찍한 대리석 현관 통로, 언제나 활짝 피어 있는 인공 식물들, 리듬이 강한 음악, 향긋한 쿠키 냄새가 우리를 맞이한다. 긴 의자와 통로는 사람들의 시선이 언제나 상품에 고정되도록 전략적으로 배치되어 있다. 밝은 조명을 사용하고 입구를 넓게 만들어 활짝 열어 놓고, 화려한 색깔로 진열을 해놓고 손님들을 끌어들이기 위해 상점들은 아주 세세한 부분에까지 치밀하게 신경을 쓴다. 창문은 일상 생활에서 흔히 접하는 형태로 만들어 놓고,[10] 상품뿐만 아니라 골동품과 야외 활동 기구, 그 밖의 다른 것들로 진열해 두고서, 그들이 끌어들이고자 하는 소비자들에게 최대한 친근감을 주도록 애쓴다. '고객들'(소비자가 아니라)은 아주 따뜻하게 환영을 받고, 친절한 서비스를 받으며, 그들이 매장 전체를 이리저리 돌아보면서 전략적이고 간접적인 방법으로 시간을 보내도록 유도한다. 마음에 들지 않아 그냥 돌려주거나 교환을 원할 때도 언제나 환영을 받는다. 결국 소비자는 항상 옳고 왕으로 대접을 받게 된다.

그리고 쇼핑하는 도중에 현금이 부족하여 방해를 받지 않도록 하는 조그만 일에도 세심하게 신경을 써서, 소비자에게 신용 거래를 할 수 있도록 한다. "물건은 지금 사시고, 결제는 나중에 하세요. 지갑이 비었다고요? 걱정하지 마세요. 신용카드를 사용하세요." 은행 자동 납부, 할부 판매, 소액 대출, 신용카드. 첫번째 방법은 1957년에 다이너스 클럽에서 처음 사용했던 방법으로,[11] 은행 계좌를 통하여 자동으로 대금이 지불되는 방식이다. 오늘날 미국에서는 매일 4,300만 건의 신용카드 구매가 이루어진다.[12]

'새롭고 세련된 것'의 힘

사람들은 계속해서 소비하고 있고, 심지어는 점점 더 많이 구매하고 있는데도, 제조업자들은 더욱 더 생산에 박차를 가한다. 그들은 왜 구형 모델이 다 낡아서 사용할 수 없을 때까지 기다리지 않는가? 그들은 왜 그 소비자가 지난해에 아주 좋은 상품을 구입했는데도 불구하고, 그 대신에 새로운 모델을 사도록 만들 방안을 찾아내려고 하는가? 그들은 왜 새롭고 더욱 세련된 상품을 만들어 내는가?

자기가 산 옷이 너무 낡아서 쓰레기통에 버릴 때까지 기다렸다가 새 옷을 사는 사람은 별로 없다. 헌옷은 내버리는 것이 아니라 재활용 센터에 보내져 구호 물품으로 사용되거나, 과거의 유행이 어땠는지를 말해 주는 전시물 정도로 사용된다. 스타일이나 유행은 새 옷을 팔려고 애쓰는 소수의 디자이너들에 의해 결정된다.

그런데 이러한 새롭고 세련된 상품이 계속해서 나온다는 의미는 더 많은 선택권이 주어진다는 뜻이기도 하다. 경제적인 가족 사이즈, 손쉽게 사용할 수 있는 경제적인 크기, 편리한 포켓 사이즈, 한 입에 먹을 수 있는 크기, 저염도, 저지방, 무지방, 무가당, 무염색, 무첨가제, 재활용 포장, 환경 친화적 상품 등. 어떤 것이든 원하기만 하면 쉽게 구입할 수 있다. 언젠가 나는 식료품점에서 계산서를 작성하는 동안 기다리면서 샐러드 드레싱 코너에 몇 가지 종류의 소스가 있는지 세어 본 적이 있다. 무려 123가지나 되었다. 이렇게 많은 상품들을 매장에서 다양한 판매 전략과 연결시킨다면, 가령 무료 샘플, 쿠폰, 할인 혜택, 눈높이 진열, 바닥에 쌓아 두기, 진열대의 판매 촉진용 상품, 통로 끝에 배치하기, 심지어 카트에다 부착한 광고물 등은 소비자들의 구매 욕구를 한층 높여줄 것이다.

소비자 문화란 상품과 일상적으로 쉽게 마주치게 하는 것일 뿐이다. 갖은 방법을 다 동원하여 단골 손님을 추적하고 폭격을 퍼붓고, 유혹하고, 흥겨운 오락을 제공하기도 하고, 마음대로 주무를 수 있게끔 만든다. 이것이 바로 광고의 특징이자 목적인 것이다.

광고 전략 분석

날마다 미국의 기업들은 광고에 2억 달러를 쏟아붓는다. 이것은 전체 인구에서 한 명당 1달러에 달하는 엄청난 규모이다.[13] 이러한 분야를 연구하는 사람들은 말하기를, 현대인들은 매일 1,600개의 광고 메시지를 접한다고 한다.[14] 매 6분마다 한 번씩 텔레비전 방송에서는 광고를 한다.[15] 미국의 소비자들은 (광고에 의해) '훈련을 받고 있는 중'이고, 어린이들도 매년 20,000개의 텔레비전 상업 광고를 본다.[16] 평균 수명을 살면서 우리는 이들 광고를 보느라 2년을 보낸다.[17]

광고 산업은 미국에서 가장 세심하게 조사되고, 가장 혹독하게 연출되고, 가장 비중 있게 지원되는 투자이다. 광고에서는 잡다한 것은 모두 잘라내고 최대의 효과만을 겨냥하도록 계획된다.[18] 출판물 광고는 한층 돋보이도록 하기 위해 휘갈겨 쓴 글씨체를 사용하거나, 향기 나는 종이를 사용하거나, 접어서 끼워 넣은 면이나 절취선을 두고 잘라서 사용할 수 있는 면을 넣거나, 무료 샘플을 주거나, 무료로 사용할 수 있는 전화번호를 게재하기도 한다. 우편물 광고는 독자들에게 도달되어 열어 보기까지 여러 단계를 거쳐야 하며, 이러한 우편물들이 정부의 공문서나 수표 결재 통지서, 심지어는 친구들이 손으로 쓴 편지들보다 많아지고 있는 형편이다. 그리고 텔레비전의 상업 광고는 소비자 행동 전문가를 채용하거나 시간 압축기를 채택하거나, 잠재 고객들의 눈앞에 수없이 반복하는 것을 통하여, 매 시간마다 제시되는 20~30개의 다른 광고들보다 두드러질 수 있게 하려고 갖은 애를 다 쓴다. 이러한 광고들에는 매분마다 주요 프로그램만큼이나 비용을 들이고 치밀한 기술이 적용된다. 1988년에 32초짜리 광고를 개발하기 위해 투자된 평균 비용은 20만 달러가 넘는다. 이것은 황금 시간대에 90분짜리 프로그램을 제작하는 데 드는 비용과 맞먹는 것이다.[19]

금세기가 되기 전까지 광고란 단지 팔고자 하는 목적에만 초점을 맞추어 상품에 관심을 갖도록 요구하는 수준이었다. 그러나 금세기 초부터 변화가 일어났다. 고객(그의 머리 비듬이나 몸에 뿌린 향수, 목에 걸고 있는 목걸이)에 주요 초점이 맞추어졌으며, 광고의 목표도 정보 전달에서 설득으로 바뀌었다. 오늘날에는 광고에서 또 다른 변화가 일어나고 있음을 알 수 있다. 이제 초점은 이미지에 맞추어지고 있으며, 정보 전달에서 시작하여 고객 설득으로 발전했던 것이 얄팍한 감정 조작에까지 이르게 되었다.

오늘날은 광고에 이미지가 지배적이며, 시각적이고 비합리적인 접근이 모든 것을 지배하고 있다. 극소수의 예외가 있기는 하지만, 광고란 이미지, 감각, 감성적인 소리, 삶이란 어떤 것인가에 대한 암시적인 기대감 등에 대한 묘사를 의미하게 되었다. 상품에서는 전혀 보여 주지 못하는 것이나 심지어 언급조차 하지 않는 것을 이제 광고를 통해 볼 수 있게 되었다. 상표 이름은 30초짜리 단편 영화의 마지막에 잠깐 등장할 뿐이다. 그 대신 우리가 닮고 싶은 사람들이나, 즐기고 싶은 경험들을 멋있게 채워 넣는다.

사람들은 더 이상 상품만을 구매하지 않는다. 광고를 통해 스며드는 기대감을 사는 것이다. 친구, 성생활, 오락, 부, 청순미, 세련미, 신체적 활력 등에 대한 기대감 말이다. "오늘날에는 광고가 상품이다."라고 광고 전문가 에릭 클라크(Eric Clark)가 자신의 책 『욕구를 창출시키는 사람들(The Want Makers)』에서 말하고 있다. "사람들이 술을 사든, 진바지를 사든, 의약품을 사든, 전자 장치를 사든, 그들이 구매하는 것은 광고를 통해 수용한 상품에 대한 인식이라고 할 수 있다."[20)

광고는 미국인들의 불만족과 무력감을 공격적으로 겨냥한다. 세상사에 피곤하고 지친 뭇 사람들에게 좀더 나은 삶에 대한 이미지를 만들어 호소하고 있다. 그러고는 그러한 삶을 멀리서가 아니라 동네의 구멍가게에서도 구입할 수 있다고 선전한다. 크리스토퍼 라시(Christopher Lasch)가 말한 것처럼, "소비란 아픈 곳을 치료받기 위한 일종의 기대감의 발로이다."[21) 그러나 그것은 결코 그런 식으로 충족될 수 없다.

그러므로 소비자들의 소비 행태에는 결론적으로 다음과 같은 두 가지 특징이 있다. 먼저, 미국인들은 점점 더 경쟁적인 메시지들로 무차별 폭격을 당하고 있으나, 그 중에서 소수에만 실제로 관심을 보인다는 사실이다. 여러 가지 말로 공세를 퍼붓고 끈덕지게 부추기지만, 결국에는 그것들이 묻혀 버리고 만다. 사람들은 듣고 싶어하지 않는다.

둘째로, 사람들이 허우적거리고 있는 광고의 홍수가 가르치는 바는 소유에 따라 어떤 사람이 되고 구매에 따라 어떤 사람이 될 수 있다는 환상이다. 상품의 실제 가치와는 별 상관 없이 그러한 기대와 의미를 부여하면서 단순한 물건에 돈을 쓰고 있는 것이다.

소비자들의 정신 상태

소비 문화는 사람들의 소비 행태만을 결정짓는 것이 아니다. 소비적인 행태는 실제로 사람들의 모든 삶의 영역으로 확산되어 있으며, 삶의 방식이나 대인 관계나 시간 사용 방식에 영향을 미치고 있다. 우리가 사용하는 언어들을 한번 주의 깊게 살펴보라.

- 너는 흰담비가 숙제를 먹어 치웠다고 그랬지? 말도 안 돼. 나는 그걸 산(buy) 적이 없는걸.
- 야, 이 결혼 상담소는 너무 멋져. 나는 정말 그녀에게 홀딱 반해 버렸어(be sold on).
- 앤디가 게임 하러 같이 가자고 하지 않던? 그거 좋은 생각이야(Such a deal)!
- 어제 그 사람과 4시간을 함께 보냈어. 그럴 여유(afford)가 없었는데도 말이야!

사람들은 더 이상 드라이어나 재킷이나 머리핀만을 사는 것이 아니다. 그들은 이제 의사나 새로운 용모, 좋은 학군, 결혼 상대자를 찾아다닌다.

소비자 사회를 지배하고 있는 원리들을 몇 가지 소개하고자 한다.

· 여러 가지를 잘 섞어서 조화되게 하라

한 상품에 집착하거나, 심지어 한 매장에만 들러서 물건을 구입할 필요가 없어졌다. 스커트는 한 백화점에서 사고, 액세서리는 아프리카 보석 전문점이 있는 다른 쇼핑몰의 매장에서 사고, 신발은 시내의 전문 매장에서 사고, 블라우스는 통신 판매 회사를 통해 우편으로 살 수 있다. 가장 잘 어울리는 한 벌의 옷을 찾을 때까지 여기저기를 다니면서 고를 것이다. 이러한 정신 자세는 신앙의 영역에도 쉽게 전이되는 것을 볼 수 있다. 하나님에 대한 기독교적 관점에다가 현재 유행하고 있는 뉴에이지의 관점을 보태고, 또 유명한 명상가의 묵상법을 덧붙이는 것이 전혀 이상할 게 없는 일이 되었다.

· 흥정을 하라

필요 이상의 돈은 단 한 푼도 낭비하고 싶지 않기 때문에, 최소한의 돈으로 최대한 많은 것을 얻기 위해서 세세하게 따지고 아주 인색하게 굴며 흥정을 한다. 이러한 현상이 의미하는 바는 우리가 무언가를 전하려고 하는 대상들이 기독교에서 누릴 수 있는 유익함에는 관심을 기울이시만 그 대가를 기꺼이 지불하려고 하지는 않는다는 점이다.

· 이것저것을 잘 비교한 뒤에 물건을 구입하라

사람들은 한 가게에 들어가 가격과 서비스를 살펴본 후 다른 지역으로 가서 훨씬 더 나은 조건으로 구입할 수 있는지를 알아본다. 옛날처럼 한 상점에 줄기차게 찾아가는 일은 이제 더 이상 없다. 사람들은 상습적인 비교 구매자가 되어 버렸다. 이러한 현상 역시 신앙적인 문제를 고려할 때 어김없이 등장한다. 사람들은 신앙에서도 다양한 선택권이 있는지 알고 싶어하며, 그러한 선택권에 대해 자세히 파악하고 싶어한다. 기독교가 다른 선택할 수 있는 것들과 구별되는 차별성은 정확하게 무엇인가? 그리고 우리는 왜 기독교를 선택해야만 하는가?

· 그것이 내게 어울릴까?

사람들은 어떤 상품이 다른 사람에게도 잘 어울리는 것을 참아내지 못한다. 그것이 옷이든, 차든, 모자이든, 우리가 구입하는 것이 자신에게만 꼭 맞았으면 하고 은근히 기대한다. 대부분의 사람들은 신앙에 대해서도 동일하게 생각한다. 무엇이 진리인가를 찾아다니기보다는 '내게 꼭 맞는 것'을 찾아다니며, '나를 위한' 어떤 것을 찾아다닌다. 그것은 나의 필요를 충족시키기 위한 것이지, 하나님의 부르심에 순복하기 위한 것은 아니다. 그러므로 신앙을 나눌 때 심각한 도전을 해야 한다. 마스터 카드 세대에 주님(the Master)께서 "자신을 부인하고 나를 따르라."고 말씀하신다는 사실을 말이다.

· 반환 정책

구입한 물건이 자신에게 어울리지 않는다든지, 제대로 작동하지 않는다든지, 잠시 후에 그저 싫증이 났을 때, 사람들은 그것을 바꾸러 간다. 사람들은 자신이 원하는 바로 그것을 가지고 싶어하고, 자신이 값을 지불한 바로 그것을 사고 싶어하며, 정확하게 그것이 아니면 돌려주려고 한다. 이처럼 조금이라도 다른 것을 참지 못하는 사람들은 신앙을 추구함에 있어서도 CD 플레이어를 구입할 때와 동일한 태도를 보인다. 신앙을 지나치게 편안한 것으로만 만들지 마라. 나중에 그렇지 않다는 것을 발견하면 바꾸러 올지도 모르는 일이다.

대가를 치르는 방법

소비지향주의는 사람들의 사고 방식에도 영향을 미친다. 그러나 사람들의 생활 방식에는 훨씬 더 심각한 영향을 미친다. 이러한 사람들의 태도는 시장에 지배적인 정신 자세가 기본적인 차원에서 우리의 정체성에 어떤 방식으로 영향을 주는지 잘 반영하고 있다.

· 삶, 자유 그리고 행복의 구매

공격적인 마케팅은 사람들 모두가 쾌락주의적인 자세로 인생을 살아가도록 겨냥하고 있다. 소비주의는 이기심을 낳는다. 최고의 쾌락과 행복을 주는 것을 좇아서 모든 노력과 에너지와 자원을 쏟아붓는다. 더욱이 이러한 소비 문화는 앞으로 더욱 강화될 것이라고들 말한다. 나눠주는 것은 상상하기 힘든 일이다. 광고는 사람들로 하여금 돈을 가장 잘 쓰는 사람이 되어야 한다는 생각을 심어 주려고 한다.

『찰리와 초콜릿 공장(*Charlie and the Chocolate Factory*)』에 등장하는 베루카 솔트를 생각해 보라. 거만하고 불평에 가득 차서 무언가를 끊임없이 요구하는 꼬마 소녀는 모든 것을 가지겠다고 고집을 피운다. 자기가 이미 가지고 있는 많은 좋은 것들에 만족하지 못한 채로, 소녀는 계속하여 더 가지려고 한다. 우리도 이 소녀와 별로 다르지 않다. 소비 문화를 통해서 이러한 자기 중심적인 베루카와 같은 사람들이 엄청나게 양산되어 왔다.

· 입는 옷에 따라 사람이 달라진다

물질이 지배하는 세계에 만연해 있는 또 다른 태도는 외모를 가장 중시하는 것이다. 그 사람이 모는 차종에 따라 그 사람의 존재가 결정되고, 그 사람이 신는 신발에 따라 그 사람의 품위가 결정되며, 그 사람이 입은 옷에 따라 그 사람의 신분이 결정되고, 그 사람이 끼는 선글라스에 따라 그 사람의 계층이 결정된다. 외부적인 것들이 문제시되는 문화인 반면, 내면적인 것들은 개의치 않는다.

언젠가 식료품점의 계산대에 줄을 서 있다가 아내가(그녀는 어쨌든 아주 매력적인 여인이다) 한 여성 잡지를 집어들고 표지에 있는 모델을 쳐다본 적이 있다. 나는 그 잡지를 도로 빼앗어 선반 위에 다시 올려놓으면서, "그 잡지는 안 보는 게 좋아. 괜히 실망만 하게 될 텐데, 뭘." 하고 말했다. 아내는 상처와 충격을 받은 표정으로 나를 바라보았다. 그때 우리 물건을 계산하고 있던 점원이 고개를 들고 어이가 없다는 듯이 나를 쳐다보면서 이렇게 말했다. "네? 저한테 하신 말씀인가요?"

앗, 나의 실수! 내가 말하려고 했던 것은 잡지들이 외모에 대해 불필요할 만큼 지나치게 강조를 하여, 아름다움에 대해 거의 불가능한 기준을 조장하고 있다는 점이었다. 가령 커다란 눈, 오뚝 솟은 코, 기다란 속눈썹, 축 늘어진 머리, 매끄러운 머릿결, 잘 그을린 피부, 쭉 빠진 날씬한 몸매 등이 완벽하게 균형 잡힌 사람을 그리고 있다는 것이다. 어느 여성이든지 그러한 표지 사진을 본다면, 자신은 별로 매력적이지 못하다고 느끼리라.

· 로드러너 신드롬

광고와 소비자 문화를 통해서 또한 다음과 같은 생각이 팽배하도록 조장되는데, 그것은 지루함, 번민, 슬픔, 공허감, 근심이 비자카드를 뽑아 듦으로써 모두 해결될 수 있다는 것이다. 한 인간으로서의 가치나 부요하다는 느낌, 삶의 의미, 개인적인 건강, 인격 등을 모두 살 수 있다고 생각하게 된다. 그러나 사실은 그렇지 않다. 코요테(디즈니 만화 시리즈에 나오는 캐릭터)가 마음에 떠오른다. 코요테는 로드러너(코요테가 끊임없이 추격하는 캐릭터)를 따라잡기 위하여 애크미라는 통신 판매 회사에다 언제나 새로운 상품을 주문하는 집요한 구매자이다. 그러나 코요테는 그 강한 상대를 한 번도 덫에 걸리게 하지 못한다. 그 대신 코요테는 협곡의 밑바닥에서 먼지를 자욱히 일으키면서 애크미 회사로부터 구입한 추진 로켓 장치에다가 자신의 꼬리를 태우기만 할 뿐 거듭 실패를 반복한다.

사람들도 동일한 곳으로 치닫는다. 그들은 폴 와첼(Paul Wachtel)이 『풍요 속의 빈곤(The Poverty of Affluence)』에서 "개인 필수품들에 대한 망상"이라고 말한 증상의 희생자들이다.[22] 이 말은 내가 사려고 하는 새로운 물건이, 곧 산더미처럼 쌓인 다른 물건들은 쳐다보지도 않고 기대감에 충만하여 구입했으나 낙담하여 처박아 놓았던 바로 그 물건이, 우리의 삶에 결핍되어 있는 모든 것을 채워 주리라는 이 시대의 정신으로부터 나온 것이다. 그러나 우리 주변에 있는 백화점은 애크미만큼이나 불완전한 공급자이다. 코요테처럼 무언가를 지속적으로 추적하게 하지만, 늘상 빈손에다 약간 그을린 얼굴로 돌아오게 만들기만 한다.

미국의 소비자들은 결단코 구원을 주지 못하는 물건들에 눈길을 주도록 점점 더 압력을 받고 있다. 그러나 그들은 이러한 물건들이 그렇게 하지 못한다는 사실에 주목하면서, 다른 어떤 것을 찾아야 되지 않을까 하고 고민하기 시작했다.

제4장

불만이 가득한 세상에
하나님의 말씀 전하기

우리의 대상자들이 철저하게 쇼핑광들, 즉 선택할 수 있는 것들이 어떤 것인지를 알기 원하고, 어떤 유익들이 있는지 이해하고 싶어하고, 선택의 자유가 있는지의 여부를 파악하기 원하는 사람들이라는 사실이 성경의 전달자인 우리에게 시사하는 바는 무엇인가?

소비자들인가 구도자들인가?

언뜻 보기에 '신앙 마케팅'이 오늘날과 같은 소비 문화 시대에는 아주 효과적인 접근으로 보일 수도 있다. 기독교 신앙에도 선택이 개입된다는 것은 사실이다. 사람들이 택정(election)이란 개념을 어떻게 보는지에 관계없이, 하나님은 우리에게 어떤 반응을 강요하시지는 않는다. 하나님께서 우리를 택하시며 그분께로 이끌어 주신다고 하더라도, 우리의 지성과 감정과 의지에 완전히 개입하셔서 꼼짝 못하도록 만드시지는 않는다. 오히려 하나님은 우리에게 그분을 선택할 수 있는 자유와 책임을 주셨다.

기독교 신앙이 우리에게 엄청난 유익을 주는 것도 사실이다. 기독교는 구원의 종교이다. 우리의 필요를 충족시켜 주기도 한다. 어떤 의미에서는 아주 훌륭한 거래가 될 수도 있다.

우리와 더불어 살아가는 사람들은 또한 이 세상에 다양한 종교들이 존재한다는 것을 아주 잘 알고 있다. 이슬람교를 믿는 사람들이 일치 단결하는 모습에, 단학의 단순성에, 전통 불교에서 발견되는 창조성에 대해 존경심을 느낄 수도 있으며, 모르몬교의 친절함과 가족 지향적인 삶에 많이 접했을 뿐만 아니라 거기에 이끌렸을 수도 있다. 그들이 이러한 것들을 제대로 비교할 수 있는 방법을 알고자 하는 것은 너무나 당연하다.

그러므로 어떻게 보면 구도자들은 그럴듯해 보이는 종교를 찾기 위해 쇼핑을 하는 소비자들이며, 우리는 그들의 필요를 채워 주어야 한다. 그러나 정말 그래야 하는 것일까? 사람들이 종교적으로나 영적으로 어떤 결단을 내리고자 할 때, 그들은 정말 소비자처럼 행동할까? 그리고 우리는 그러한 사고 방식을 조장해야 하는가? 구도자들이 선택해야 하는 것은 경쟁적인 종교 상품들 가운데 어느 하나가 아니라, 자기를 부인하고 하나님께 순복할 것인지 혹은 거절할 것인지, 하나님의 말씀을 받아들일 것인지 혹은 거부할 것인지를 선택해야 하는 것이다.

사람들이 여러 종교를 비교하면서 던지는 질문을 받아들여 진지하게 생각해야 하며, 그에 대답할 준비를 단단히 해야 한다. 그러나 구도자들이 자기가 원하는 것을 마음대로 선택하여 결정하도록 한다면 잘하는 일이 아니다. 지금 우리가 논의하고 있는 것은 하나님의 방법과 그렇지 않은 방법 중에 어느 것을 선택할 것인지에 대해서이며, 자신에게 꼭 맞는 것이나 더 잘 어울리는 것을 선택하는 문제가 아니다.

그리스도를 따름으로써 수많은 유익을 얻을 수 있고 구체적인 방법으로 심령의 가장 깊은 갈급함이 채워지는 것이 사실이지만, 사람들이 기대하는 것처럼 그리스도를 따르는 결단을 통해 그들의 필요를 채울 수 있다는 단순한 생각은 옳지 못하다고 가르쳐 주어야 한다. 그것은 기독교가 의미하는 바의 극히 일부분일 뿐이다. 그리스도를 따르겠다는 결단은 하나님을 최우선 순위에 두는 것이며, 우리의 필요보다는 그분의 뜻을 따라 사는 것이다.

기독교란 이곳 저곳을 둘러보다 어떤 물건을 골라 구입한 뒤 겨우 한달 정도 사용하고는 싫증이 나서 자선 단체에 그냥 기부해 버릴 수 있는 그런 것이 아니다. 기독교적인 삶이란 인간을 향한 하나님의 뜻을 좇아 사는 것이며, 우리는 그 길을 따라서 살아야 한다.

우리가 기독교를 '전파(sell)' 한다고 말할 때 그것은 그저 판매하는 것과는 전혀 다른 무엇을 의미한다. 그것은 선택이 아니라 명령이다. 단순히 필요를 채우기 위한 방편이 아니라 하나의 삶의 방식이다. 사람들이 그리스도께로 나아오기 쉽게 하기 위해서 편하고 안락한 유익만을 취하도록 기독교의 요구를 반감시키면서까지 신앙을 시장에 내놓는 것은 기독교의 본질을 훼손시키며 그 의도를 왜곡시키는 행위이다. 그러한 행위는 자기 만족이라는 선반에 진열되어 있는 싸구려 물건과 다를 바가 없다.

소비자들이 옳지 않을 수 있다

인류를 위해 자기의 생명을 내어 주고서 우리의 생명을 그에게 내어 놓으라고 요구하시는 이 불가사의한 왕의 이야기인 기독교의 진리를 전하면서, 우리는 다른 많은 상품들 가운데 어떤 물건처럼 그것을 전해서는 안 된다. 기독교는 진리이다. 그것은 여러 종교들 중에서 선택할 수 있는 무엇이 아니며, 개인적인 선호도의 문제도 아니며, 특별하고 엄청난 어떤 보랏빛 꿈이 아니다. 이는 하나님께서 인류에게 그분이 뜻하시는 방법으로 올바른 관계성 가운데 살아가도록 활짝 열어 놓은 유일한 문이다.

하나님께서는 모든 사람들이 그분께 소비자로서가 아니라 창조주 앞에 선 피조물로서 다가오라고 요청하신다. 은혜로운 회복자가 필요한 상한 심령을 소유한 혼란에 빠진 죄인들로서 말이다. 하나님께서 이미 택정하신 사람들로서 말이다.

그러나 그것은 소비자들의 심리와 정반대되는 것이며, 그들을 긴장 속으로 몰고 간다. 소비자란 고르고 선택하며, 다양한 것으로 잘 어울리도록 하며, 반품하거나 교환하는 자유를 마음껏 누리는 사람들이다. 반면 그리스도를 따르는 사람은 그러한 선택의 자유를 포기하며 살아간다. 그 사람은 타자의 다스림 가운데 순복하며 헌신한다. 제자란 더 이상 어떤 구매자가 아니라 기꺼이 희생을 치르는 사람이다. 상품은 구매자에게 순종을 요구하지 않지만, 예수님께서는 그렇게 하신다. 소비자들은 자신들이 구입하는 상품에 굴복하지는 않는다. 그러나 그리스도를 따르는 사람들에게 순종이 없다면 아무런 의미가 없다.

구매하고 판매하는 데 익숙한 세상에서 살아가는 사람들이 들을 수 있도록 어떤 방법을 찾아내야 하는 이유가 바로 여기에 있다. 우리는 소비 시향적인 사람들이 기독교의 약속과 명령에 귀기울일 수 있도록 하기 위해 민감해야만 한다. 그렇다고 소비자들의 자율성을 액면 그대로 받아들여서는 안 된다. 우리는 사람들로 하여금 그리스도를 택한다는 것은 그들이 가장 열망하면서 간직하고 싶어하는 자율권을 포기해야 함을 분명히 알게 해야 한다.

치러야 할 대가를 계산하라

쇼핑하러 몰려다니는 사람들로 가득한 이 시대에 예수님의 두 가지 비유를 다시 살펴볼 필요가 있다. 첫번째는 마태복음 13장 45~46절에서 예수님이 짤막한 말씀으로 하시는 비유이다. "또 천국은 마치 좋은 진주를 구하는 장사와 같으니 극히 값진 진주 하나를 만나매 가서 자기의 소유를 다 팔아 그 진주를 샀느니라."

예수님은 우리의 모든 소망을 성취하신 분이다. 비가 오는 날이면 어김없이 우리를 쇼핑몰로 몰고 가는 불만족, 무언가를 향해 안달하는 불안정한 마음. 이에 대한 답은 그분이다. 그분이 바로 우리 마음속에 간직해야 할 대상이다.

그러나 치러야 할 대가가 있다. 예수님을 향해 헌신하려면 값비싼 비용을 치러야 한다. 그 헌신은 우리가 가진 모든 것을 희생시키도록 요구한다. 예금 계좌를 양도하거나 타고 다니는 차의 수준을 낮추는 정도가 아니라, 자신을 포기한다고 서명하여 넘겨주는 것을 의미한다.

여기에서 위의 비유를 우리의 상황에 적용해 보자. "사람들이 어떤 물건을 구입할 때 특정한 행동 양식이 있다는 점을 주목해 본 적이 있나요? 새로운 CD, 새로운 등산화, 새로운 차. 사실 그 상품 자체는 별 문제가 아닙니다. 신상품은 끊임없이 쏟아져 나오기 때문이죠. 우리가 어떤 물건을 처음 손에 넣었을 때를 생각해 보세요. 우리에게 새로운 힘이 불쑥 솟아나고 새로운 흥분으로 들뜨게 되지요. 그것은 우리를 소생시키며 우리에게 생기를 불어넣습니다."

"그러나 그런 시기가 지나고 나면, 대개 아주 짧은 시간 내에, 바로 이 활기를 빼앗아 가는 불만족이 우리에게 몰려오기 시작하지요. 새로운 물건이 더 이상 새롭게 느껴지지 않아요. 더 이상 그러한 활력을 불어넣지 못합니다. 그것은 익숙하고 통상적이며 평범해지고, 이내 우리가 가지고 있던 다른 것과 뒤섞여 별 차이를 드러내지 못하게 됩니다. 그러면 또 다른 무언가를 다시금 찾게 되지요."

"잠시 멈추어 서서 도대체 우리에게 무슨 일이 일어나고 있는지 생각해 본 적이 있나요? 마음을 차분하게 진정시켜 주며, 평화와 만족과 성취감을 채워 줄 것 같은 무언가를 동경하는 어떤 것이 우리의 내면에 존재합니다. 1600년대의 사상가인 파스칼(Blaise Pascal)은 그것이 무엇인가를 잘 설명해 주는 말을 했습니다. '모든 사람들의 마음속에는 하나님만이 채울 수 있는 빈자리가 있다'고 그는 말했지요."

"판매원이 뭐가 필요한지 물을 때 우리는 종종 '아니오. 그냥 둘러보는 거예요'라고 대답합니다. 둘러보다니? 무엇을 위해? 전구가 나가면 우리는 가게로 달려가 새로운 전구를 살펴볼 것이 분명합니다. 하지만 단지 기분이 언짢거나 잠을 못 이루이기 때문에 쇼핑몰로 달려간다면 어떻게 할까요? 그럴 때에는 무엇을 찾아 헤맬까요? 어떤 남자가 옷가게를 기웃거릴 때마다, 어떤 여자가 전문 매장을 기웃거릴 때마다, 아이들이 방과후에 음악실을 기웃거릴 때마다, 사람들은 하나님만이 주실 수 있는 평안과 목적 의식과 안정감을 그곳에서 찾는다고 말한다면 적절한 표현일까요? 저는 이것이 바로 파스칼이 말하는 바라고 생각합니다."

"그것은 예수님께서 어느 때인가 말씀하신 아주 재미있는 이야기와 일치합니다. 그분은 사람들에게 전하고자 하는 것이 아주 값비싼 진주와 같다고 말씀하셨어요. 사람들은 이를 본 뒤 그것이 얼마나 귀중한지를 깨닫자, 곧바로 달려가 그것을 사기 위해 모든 것을 팔았지요. 하나님과의 너무나 새롭고 올바른 관계는 모든 것을 희생할 만한 충분한 가치가 있기 때문입니다."

"예수님께서 말씀하시길, '내가 바로 너희 심령이 갈급해하는 바요, 너희가 가진 모든 소유를 팔아서라도 되찾을 만한 가치가 있는 바이다. 너희 자신을 내게 달라. 너희가 뒤쫓아가는 다른 모든 것들은 제쳐 두고 나를 최우선 순위에 두라.'고 하셨지요. 그렇게 하기만 한다면 어느 날 갑자기 우리가 찾고 있던 모든 것을 소유하게 됩니다."

쇼핑몰로 휩쓸려 다니는 세대에 주는 아주 중요한 다른 말씀은 누가복음 12장 16~21절의 어리석은 부자에 관한 비유이다. 예수님께서는 그 부자가 점점 더 부요해졌다고 말씀하신다. 그런데 갑작스럽게 생명이 다하자 그렇게 쌓아올렸던 부와 소유는 그의 손아귀에서 다 떠나 버리고, 결국에는 자신의 영혼을 소유하고 계신 분 앞에 서게 되었다. "아주 현명하지 못하게 인생을 허비했구나. 지금도 그것들이 그렇게 중요한가?" 하나님께서 그 부자에게 물었다. "너는 정말로 중요한 일에 생명을 바쳐야 했는데, 별로 중요하지 않은 것에 삶을 낭비했노라." 이 세상의 방식, 자기를 위하여 재물을 쌓아두는 삶, 자신의 뜻에 따라 사는 생활은 하나님께 대하여 부요하지 못한 자가 되는 길이다. 예수님께서 이러한 비유를 말씀하시는 이유는 삶에 대한 새로운 관점을 설명하기 위함이다. "사람의 생명이 그 소유의 넉넉한 데 있지 아니하니라"(눅 12:15). 상품들이 가득히 쌓인 곳에서는 생명을 찾을 수가 없으며, 오히려 생명을 잃을 뿐이다.

어지러운 광고의 홍수를 돌파하라

여기에서는 자신의 시장 지향적인 마음을 바꾸지 않으면서 계속 소비자 행세를 하는 사람들에게 적절히 말하는 또 다른 방법들을 생각해 보자.

어떻게 전하고 가르칠 것인가

실제적이 되라 | 우리의 청중들은 눈에 보이는 결과에 가치를 두는 데 익숙해져 있다. 다시 말해 시간과 정열과 재정을 투자한 만큼 실제적으로 드러나는 결과를 보기 원한다. 그것은 말하는 사람에 대한 청중들의 당연한 기대라고 할 수 있으며, 우리가 마땅히 존중해야 할 부분이다. 청중들의 관심사와 경험에 직접적으로 연관을 시키면서 메시지를 시작한 뒤, 함께 하는 다양한 형태의 사람들에게 어떻게 그 메시지가 연결되는지 자세하게 방법을 보여주고, 그 다음에는 실질적이고 특정한 적용 방법을 가르쳐 주면서 끝맺는다면, 바로 이것이 청중들의 피부에 와 닿

도록 메시지를 전하는 세 가지 단계이다.

그렇다고 이 방법에만 얽매여서 말씀을 전하거나 가르쳐야 한다는 것을 의미하지는 않는다. 우리가 해야 할 가장 중요한 일은 사람들이 분명하고도 올바르게 생각할 수 있도록 돕는 것이다. 그럼에도 우리는 여전히 민감해져야 한다. 비록 하나님의 온전하신 뜻이 무엇인지 가르치고 전하는 일을 한다고 하더라도 청중들의 소망에 닿을 수 있도록 영원히 유익을 주는 무엇뿐만 아니라 오늘 현재 여기에서도 유익을 줄 만한 어떤 것을 전해야 한다.

▌ 인격적이 되라 ▌ 사람들은 막연히 세대주를 찾는 전화에 질려 있다. 진부한 방식으로 떠벌리는 메아리 같은 외침을 사람들은 의심의 눈초리로 바라볼 뿐이다. 눈을 마주치며 얼굴을 맞대고 서로 따뜻한 온정을 나누면서, 청중들을 자신의 세계로 끌어들일 수 있으며 그들에게 우리의 친절을 보여줄 수 있는 정직한 모습으로 인격적으로 말씀을 전한다면, 우리의 메시지는 또 하나의 비인격적인 판촉물처럼 취급되지 않고 오랫동안 좋은 영향력을 미칠 것이다.

바울은 교회에서 지도자의 위치에 있는 사람들에게 "책망받을 것이 없도록" 하라고 요청한다(딤전 3:2). 그러나 그는 우리에게 '접근하기 어려운' 사람이 되라고 권면하고 있지는 않다. 강단에서 정직하게 나누는 것은 아주 중요하다. 그렇게 함으로써 갈등과 실패 가운데에서도 하나님의 권능을 드러내게 된다(고후 12:9~10). 상처를 준 사람들을 용서하라는 메시지를 통하여, 나는 누군가를 두 번이나 세 번씩 용서한다는 것이 아주 어렵다는 생각을 점점 많이 하게 된다. 그것은 매우 개인적인 감정이며, 그 사람에 대해 이해하기가 힘들고, 무례하다고 느끼며, 깊이 실망할 수밖에 없다. 그래서 나는 이렇게 말한다. "저도 잘 압니다. 거듭하여 그녀의 마음을 잘 헤아리지 못하고 상처를 주는 영역이 아내와의 관계 가운데 어디엔가 있다는 사실을 말입니다. 아주 최근에는, 심지어 어젯밤에도 그런 일이 있었답니다. 똑같은 부분을 건드릴 때마다, 그녀의 고통은 깊어지고 그 상처에서 벗어나기가 점점 더 힘들어지죠." 연약한 부분을 솔직히 드러낸다고 하면서 우리는 영적으로 쉽게 자신을 노출하는데, 이때 우리의 진실성을 타협하기도 하고 메시지의 내용을 훼손시키기도 한다. 그러나 올바로 행하는 길만이 의사 전달자로서 우리의 통합적인 삶이나 신뢰성을 얻게 한다.

▌참신한 방법을 택하라 ▌ 어떤 말씀을 전하고자 할 때, 청중의 주목을 끌기 위해 다른 수많은 시도들이 진행되고 있다는 사실에 민감해져라. 그러한 교묘한 상술들을 헤집고 들어가지 않으면, 혼란스러울 정도로 난무하는 시도들 속으로 어떻게 파고들어 갈 수 있겠는가? 이목을 끄는 대화술을 사용하고, 창의적으로 시작하여 기발한 예화를 사용하며, 때때로 슬라이드, 음악, 비디오를 이용하여 메시지를 전해 보라. 아주 다른 견해를 가진 제3자의 눈으로 성경의 이야기를 재구성한다든지, 어떤 대화나 사건을 재현한다든지, 심지어 그 이야기 속의 어떤 인물 중의 하나를 인터뷰하는 등의 방법을 사용하면 당신의 메시지가 청중 속으로 파고들어 정곡을 찌르는 데 큰 도움을 줄 것이다.

어느 주일에 요한복음의 서론을 설교하면서 나는 무언가 색다른 방법, 곧 요한이 1장 18절에서 소개하는 예수님에 대한 놀라운 주장들을 아주 새로운 방법으로 들려 주고 있다는 것에 주목하게 되었다. 요한의 목표는 왜 예수님께서 평범한 사람이 아니었는지를 설명하고, 예수님께서 말씀하시고 행하신 일들에 대해 그 말씀과 행동을 하신 분이 누군가를 우리가 대체 어떻게 이해할 수 있을지에 대한 질문에 대답하는 것이었다.

통상적인 전기와 비교하는 것보다 더 좋은 방법은 없을 것이다! 그래서 나는 요한에 대한 이야기를 써서 뉴욕 출판사에 그 원고를 제출하기도 했다. 편집자는 요한의 납득하기 힘든 서론 부분에 대한 비평을 하기 시작했고, 최근의 몇몇 전기들이 어떻게 도입 부분을 시작했는지 그것과 비교해 보이기도 했다. "이것 보세요? 셜리 맥라인이 쓴 전기 작품 같은 경우에는 이해하기 힘든 은유적인 표현으로 시작되지 않아요. 그저 부모나 고향, 생일 등 그렇고 그런 내용으로 단순하게 시작되지요." 그러한 접근은 아주 효과적이었다.

▌ 기독교적인 삶의 정체를 구체적으로 밝히라 ▌ 어느 주일 아침에 우리 교회의 장로님 한 분이 일어나더니, 예수님께서 자신의 물질주의적인 세계관을 직접적으로 언급하면서 '도대체 얼마나 되어야 충분하겠느냐'는 질문으로 그를 도전하셨다고 설명했다. 그러한 짧은 간증은 그 날 아침에 전달된 다른 어떤 것들보다 아주 오랫동안 많은 회중들의 마음속에 남아 있었다.

　다른 사람들이 들려주는 삶의 이야기는 나의 삶이 어떻게 변화되어야 하는지에 대해 좀더 분명하게 시각적으로 깨닫도록 돕는 최고의 방법이다. 돈으로부터 멀어져 그들의 우선순위를 조정하도록, 그들에게 아주 중요한 것을 소유하는 삶에서 돌아서도록 예수님께서 일하신 방법을 사람들에게 전하는 것보다 더 진실하게 다가오는 것은 없다. 정기적으로 교회의 회원들이 청중 앞에 서서 예수님께서 그들의 삶을 어떻게 바꾸어 놓으셨는지 간증하도록 하라.

▌ 선택권을 주라 ▌ 소비자들은 선택권이 있어야 좋아한다. 두세 가지 성인 모임을 만들어 연령별로나 관심별로 모이도록 한다든지, 시간대별로 만나게 하여 진지하게 관심사를 드러내도록 하라. 하지만 이때에도 대가를 지불해야 한다는 사실을 명심하게 하라. 단지 몇 개의 선택권을 가지도록 하는 것은 아주 훌륭한 방법이다. 그러나 경쟁적으로 소비자들을 끌어들이려고 현대식 쇼핑몰에서 하는 것처럼 광범위한 상품을 내놓아 청중들의 변덕스런 마음에 부응하기 위해 애쓰며, 더 나아가 기독교

에서는 내가 원하는 것이면 무엇이든 얻을 수 있다는 생각을 불어넣으며, 숫자를 늘리기 위해 세련된 방법만을 좇아간다면, 그것은 예수 그리스도의 제자를 만드는 옳은 방법이 아니다.

어떻게 신앙을 나눌 것인가

│ 삶의 우선순위를 분명히 말해 주라 │ 신앙을 나누는 가장 유용한 방법 중의 하나는 사람들에게 그들이 지니고 있는 삶의 방식이나 세계관이 얼마나 적절하지 못한지를 깨닫게 하는 것이다. 매디슨 가(街)와 같은 번화가에서 믿음을 찾는다면, 행복이나 정체성을 소유의 다과에서 찾으려고 할 것이다. 그리스도인들은 행복에 이르는 방법은 살 수 있는 것이 아님을 깨닫도록 도와줌으로써 사람들을 신앙으로 이끌 수 있다. 우리가 소유하고 있는 것들로부터 자아를 새롭게 깨달을 수 있는 것도 아니다. 자신에게 솔직해진다면, 대부분의 사람들은 소비하기 이전보다 지출하고 난 이후에 더 행복해지지도 않고, 더 매력적이지도, 더 인기가 올라가지도, 지금보다 더 만족스럽지도 못하다는 사실을 자각하게 될 뿐이다.

얼마나 많은 것들을 쌓아 놓았느냐에 상관없이 사람들은 여전히 스스로에 대하여 혼란스러워하고, 다른 사람들로부터 소외감을 느끼며, 하나님과는 멀리 떨어져 있다고 느낀다. 그것이 바로 예수 그리스도가 없는 인간들의 진솔한 모습이며, 이를 인식하게 될 때 그분과 함께 할 수 있는 문이 열리게 된다. (이에 대하여는 부록에 더 자세히 설명하고 있는데, 그곳에서 그리스도를 믿지 않는 사람들이 지닌 7가지 특성을 중심으로 구축된 신앙을 나누는 방법을 살펴볼 것이다. 그것은 사람들로부터 맛보는 소외감, 좋지 못한 인생 경험, 의지와 행동 사이의 혼란, 방향 감각의 상실, 자존감의 결핍, 미래에 대한 불확실성, 하나님이 없다는 무신론적인 생각 등이다.)

┃ 신앙이 주는 유익함에 대해 현명한 판단을 하도록 격려하라 ┃ 신앙을 나누는 또 다른 방법은 파스칼의 도박을 하는 것이다.[1] 파스칼은 말하기를 이생에서는 하나님이 계시다는 절대적인 증거도 없고, 하나님이 없다는 것을 증명할 수 있는 방법도 없다고 했다. 많은 단서들에 의해 기독교적인 견해가 사실이라는 점이 제시되고 있는 반면, 다른 증거들에 의하면 그렇지 않다는 사실이 주장되기도 한다. 그러므로 파스칼은 '당신은 어떤 선택을 할 것인가?' 하고 질문한다. 어떤 선택을 하든지 대가가 필요하고, 그만큼 유익을 주기도 한다. 신앙을 좇아가는 사람은 하나님을 향해 올바른 삶을 살기 위해 아주 구체적인 부분에서 희생을 치르면서 인내해야 하지만, 그의 선택이 옳기만 하다면 하나님의 임재하심 가운데 영원한 유익을 무한정 받을 수 있게 된다. 반면, 무신론자는 별다른 희생을 치르지 않고 자신이 원하는 대로 자유롭게 살 수 있는 유익을 얻기는 하지만, 기독교의 진리가 옳다면 그럴 경우에 그가 정말로 치러야 할 대가는 엄청난 것이다. 그래서 파스칼은 '당신이라면 어느 쪽에 내기를 걸겠는가?' 하고 묻고 있다. 그가 말하는 현명한 도박가는 하나님 편에 돈을 거는 사람이다.

┃ 제대로 비교할 수 있도록 좋은 정보들을 제공하라 ┃ 시간을 내어 진지하게 마주 앉아 타종교에서 말하는 믿음에 대해서도 차분히 설명해 준다면, 이것도 왜 기독교가 삶에 대한 가장 적절한 대답이 되며 구도자들에게 가장 커다란 소망이 되는지를 나눌 수 있는 아주 유익한 방법이 될 수 있다. 사람들에게 기독교를 타종교와 비교할 수 있는 기회를 주어야 하고, 그러한 종교들이 말하는 신앙들 사이에서 유사성과 차이점이 무엇인지를 잘 설명해 주면서, 그들이 최선의 것을 선택할 수 있도록 도와야 한다. 어느 길로 올라가든지 정상에 도달하기만 하면 되는가? 그렇지 않다면, 왜 그렇지 않은가? 오직 하나만이 진리라면 왜 그렇게 많은 선택이 가능한지를 어떻게 설명할 수 있겠는가? 그렇다면 어느 것이 현

실과 심령의 갈망에 가장 부합하는가?

어느 날 인도에서 온 친구와 점심 식사를 하기 위해 음식점에 마주 앉았는데, 거기에는 식탁보를 판매용 종이로 깔아 놓고 그 위에다 한 바구니의 크레용을 비치해 놓았다. 우리는 종교의 문제에 대해 이야기를 나누게 되었고, 곧바로 나는 기독교와 힌두교가 사람과 시간과 인생의 목표에 대해 어떤 견해를 피력하는지를 비교하여 설명하기 시작했다. 나는 주도적으로 이야기를 이끌었다. 몇 시간이 지났을 때에는 식탁보가 온통 그림으로 가득 차게 되었고, 결국에는 그 종이를 걷어 냈다. 그러나 그 친구는 "그 종이를 내가 좀 가져가도 될까요?" 하고 요청했다.

무엇을 전할 것인가

기독교는 사람들에게 대안적인 안목을 갖도록 한다. 전체적인 삶의 국면과 모든 사고 방식과 사업을 하는 것도 성경의 관점으로 보면 전혀 다르게 보인다. 여기에 소비지향적인 시대 정신과는 판이하게 다른, 성경이 제시하는 영역들을 소개한다. 이것은 청중들에게 거듭해서 가르쳐 주어도 아주 유용한 특징들이다.

│ 성품 │ 하나님께서는 오늘날 소비자들이 가장 관심을 기울이는 것에는 조금도 관심이 없으시다. 예를 들면, 외모 같은 것 말이다. "나의 보는 것은 사람과 같지 아니하니 사람은 외모를 보거니와 나 여호와는 중심을 보느니라"(삼상 16:7). 어느 회사의 청바지를 입었는지, 어떤 상품의 속눈썹을 했는지 무슨 상관이란 말인가? 하나님에게 중요한 것은 그 사람의 됨됨이에 있으며 어떤 성품을 소유하고 있느냐에 달려 있다. 베드로 사도가 말하기를 진정한 아름다움이란 심령 속으로부터 나온다고 했다(벧전 3:4).

│ 자존감 │ 하나님의 법정에서는 자존감과 자기 정체성이 판매될 수 있

는 것이 아니라 그분께서 고취시키는 것이다. 우리는 너무나 많이 사랑을 받았으며 너무나 많은 은혜를 입었다. 하나님께서는 우리를 지으셨을 뿐만 아니라, 잃어버린 자들인 우리를 값 주고 사셨다. 창조와 구속의 사건을 통하여 그리스도인은 그 기원을 찾고 자신의 엄청난 가치와 더불어 구별되었다는 것을 깨닫게 된다. 그리스도 안에서 우리의 타락한 본성이 회복되었으며, 우리의 깨어진 정체감이 재건되었다. 성경은 우리에게 "너희는 하나님의 택하신 거룩하고 사랑하신 자"라고 선포한다(골 3:12).

| 필요 | 하나님께서는 우리의 신체적인 필요와 재정적인 필요를 채워 주시겠다고 약속하신다. 바울은 "오직 우리에게 모든 것을 후히 주사 누리게 하시는"(딤전 6:17) 분으로 하나님을 묘사한다. 그렇다고 해서 우리를 향한 하나님의 소망이 신체적이고 물질적인 번영에 있다고 말하는 것은 잘못된 결론이다. 건강 복음이나 부자 복음, 곧 신앙을 통해 점점 더 부요하게 되고 점점 덜 아프게 된다는 생각은 잘못된 것이며, 성경의 가르침과는 정면으로 위배되는 것이다. 그리스도를 따르라는 부르심은 순복과 순종, 섬김과 고난, 하나님을 영화롭게 하는 초대이지, 지갑을 두둑히 하고서 편안한 삶을 살라는 것이 아니다. 하나님의 관심사는 그분께서 중요하게 여기시는 것들—신뢰, 겸손, 통합적인 삶, 사려 깊음—에 우리가 부요해지도록 하는 데에 있다. 바울은 부유한 사람들이 그러한 부에 소망을 두지 않도록 경고하고 있다. 그 대신에 디모데에게 직접적으로 말하기를 "선한 일을 행하고 선한 사업에 부하고 나눠 주기를 좋아하며 동정하는 자가 되게 하라"(딤전 6:18)고 권면한다. 가진 바에 자족할 줄 아는 삶은 하나님의 경제 법칙에서 전혀 새로운 의미를 부여한다. 돈이란 공동체의 자산이지, 단순히 개인적인 소유물에 그치지 않는다.

┃돈┃ 우리는 수입에 대해 열심히 일해서 벌어들인 보상으로 생각하기 때문에, 사고 싶은 것을 마음대로 사는 데 돈을 사용하는 경향이 있다. 성경에 따르면 그 돈은 우리의 것이 아니다. 그것은 하나님의 것이며, 우리는 단지 청지기와 관리자로서 하나님께서 우리에게 그 돈을 잠시 맡기셨을 뿐이다. 그분께서 지시하시는 대로, 그분의 뜻을 좇아서 성실하게 돈을 사용하고 투자하고 나누고 거저 줌으로써 우리의 책무를 다해야 한다. 마태복음에 나오는 달란트의 비유(마 25:14~30)는 우리가 가진 모든 것이 하나님의 것임을 다시 한 번 상기시킨다.

┃*다른 사람들을 돌봄*┃ 기독교적인 물질관을 통해서 우리는 기독교적인 인간관의 일단을 엿볼 수 있다. 자유 시장 경제는 이기심과 탐욕과 자기를 최우선하는 사고에 뿌리를 두고 있지만, 하나님께서는 이타심, 자비심, 다른 사람들과 다른 사람들의 필요를 가장 먼저 생각하는 마음을 갖도록 우리를 부르신다. "오직 겸손한 마음으로 각각 자기보다 남을 낮게 여기고 각각 자기 일을 돌아볼 뿐더러 또한 각각 다른 사람들의 일을 돌아보아"(빌 2:3~4)라고 바울은 권면한다. 그리스도인이 되는 것은 공동체를 향한 부르심이지 나 혼자만의 울타리 속으로 부르시는 것이 아니다. 예수님께서는 "주는 것이 받는 것보다 복이 있다."(행 20:35)고 말씀하셨다.

┃*섬김*┃ 하나님의 관점에서 본다면, 사람은 소유할 수 있는 물건이 아니라 각 개인은 존경받으며 영화로운 존재로 하나님의 형상을 따라서 지음받았다. 친구나 결혼 상대자를 우리의 필요를 채워 주는 존재로 취급한다면, 사용하다가 버리고 마는 생필품 정도로 그들을 경시하는 것과 다를 바 없다. 성경적인 견해는 하나님께서 함께 있도록 하신 사람들을 섬기도록, 결혼 서약을 영화롭게 하도록 우리가 부르심을 받았다는 것이다. 바울 서신은 이런 사상으로 가득 차 있다. 에베소서 5장 21절에

서는 이러한 사상이 특별히 두드러지는데, "그리스도를 경외함으로 피차 복종하라."고 훈계함으로써 관계를 다루는 전체 부분을 개관하고 있다. 사람들은 소비할 수 있는 대상이 아니다.

┃기쁨┃ 사람들은 행복과 기쁨이 하나요 같다고 생각하는 경향이 있지만, 하나님의 관점에서는 전혀 그렇지가 않다. 행복이란 쏜살같이 지나가는 평안한 순간으로, 상황과 감정과 행운이 우연찮게 일치하는 때이다. 그러나 결코 길들이거나 예측할 수는 없다. 어느 때엔가 찾아와서, 순식간에 사라져 버린다. 한편, 기쁨이란 모든 거칠고 고통스러운 환경을 헤쳐 나왔을 때 찾아온다. 그것은 우리가 어떻게 느끼는지, 일이 어떻게 되어 가는지, 우리가 얼마나 많이 소유하고 있는지에 상관없이 하나님의 선하심 가운데서 맛볼 수 있는 확신 같은 것이다. 행복이란 사물과 관련이 있으며, 기쁨이란 사람과 관련이 있다. "여호와께서 우리를 위하여 대사를 행하셨으니 우리는 기쁘도다"(시 126:3).

┃자유┃ 자유와 축재(蓄財) 사이에는 중요한 구분이 있다. 자유란 무언가를 더 얻으려고 끊임없이 좇아가는 것이 아니라, 우리가 가진 바에 만족하는 것이다. 무한정 위로 올라가려는 압박감과 축재를 하려는 욕망에서 벗어나 단순한 삶을 영위하라는 성경의 초대는 덫에서 벗어나 자유를 누리도록 하는 것이다. 잠언의 기자는 절제와 단순한 삶을 통한 자유를 주창하고 있다. "곧 허탄과 거짓말을 내게서 멀리 하옵시며 나를 가난하게도 마옵시고 부하게도 마옵시고 오직 필요한 양식으로 내게 먹이시옵소서 혹 내가 배불러서 하나님을 모른다 여호와가 누구냐 할까 하오며 혹 내가 가난하여 도적질하고 내 하나님의 이름을 욕되게 할까 두려워함이니이다"(잠 30:8~9).

┃마음의 중심┃ 성경은 축재를 하려는 생각에 도전하고 있다. 재물은

흔히 하나님을 향한 온전한 헌신을 방해하는 것으로 묘사된다. 어떤 필요를 느낄 때마다, 불안정에 맞설 때마다, 아주 심한 고통과 싸울 때마다, 길을 잃고 방황할 때마다, 우리는 하나님을 먼저 바라보려는 준비 태세를 허물려는 재물의 위협을 받는다. 그렇기 때문에, 예수님께서는 재물에 의존하는 것이 얼마나 위험한지를 자주 경고하셨으며, 축재를 함으로써 그분을 성실히 따르는 일이 방해를 받으리라는 점을 사람들에게 여러 번 말씀하셨다. "한 사람이 두 주인을 섬기지 못할 것이니 … 너희가 하나님과 재물을 겸하여 섬기지 못하느니라"(마 6:24).

| 만족 | 마지막으로, 성경에 따르면 만족이 우리의 소유로부터 오는 것은 아니며, 불만족이 가지고 싶은 것을 소유하지 못했을 때 자동적으로 뒤따라오지는 않는다. 오히려 만족이란 삶 가운데 우리에게 분명하게 전해지는 깊은 고요로서, 하나님과 맺는 올바른 관계를 통해서 온다. "내가 비천에 처할 줄도 알고 풍부에 처할 줄도 알아 모든 일에 배부르며 배고픔과 풍부와 궁핍에도 일체의 비결을 배웠노라 내게 능력 주시는 자 안에서 내가 모든 것을 할 수 있느니라"(빌 4:12~13).

제3장과 제4장에 대하여

[주요 개념들]

· 자유 시장 경제(free market economy): 국가 경제에 대한 아담 스미스의 혁신적인 이론으로, 구매 행위와 판매 행위에 아무런 제한을 가하지 말자는 사상에 근거하고 있다. 자기의 이익을 추구하는 것을 미덕으로 삼는다.

· 산업 혁명(industrial revolution): 1800년대 말에 증기력의 사용으로 인해 발생한 공장 생산력의 급격한 성장.

· 마케팅(marketing): 생산물을 잠재 고객의 손이 닿는 곳으로 옮겨서, 고객의 필요와 감각에 부응하도록 소비자들의 상품에 대한 구매 욕구를 자극하기 위해 노력하는 것.

· 소비자 사회(consumer society): 쇼핑몰이나 백화점, 그리고 상품 광고가 삶의 중심적인 위치를 차지하는 사회.

· 소비 지향적인 마음 자세(consumer mindset): 그게 나에게 어울리는가? 유행에 맞는 상품인가? 나의 필요를 채워 주는가? 가격은 적당한가? 나 어때? 등과 같은 질문들이 난무하는 소비자 사회에서 자연스럽게 형성된 사고 방식.

[추천 도서]

· 클라크, 에릭(Clark, Eric). 『욕구를 창출시키는 사람들(*The Want Makers*)』. 뉴욕: 펭귄, 1988. 광고 산업을 철저히 연구한 책으로, 상품 생산을 위한 초기 개념 잡기에서부터 시장 조사와 완벽한 광고 전략에 이르기까지 총망라되었다.

· 카바노프, 존 F(Kavanaugh, John F.). 『소비자 문화에서 그리스도를 따르는 삶(*Following Christ in a Consumer Culture*)』. 메리놀, 뉴욕: 오비스, 1991. 소비주의에 대한 카톨릭 기독교적 조망을 제시하는 책으로, 기독교적인 세계관을 다양한 방식으로 왜곡시키고 있는 소위 생필품 복음을 개관하고 있다. 의식 있는 사고를 할 수 있도

록 할 것이다.

· 룩스, 케네스(Lux, Kenneth). 『아담 스미스의 실수: 어떻게 도덕 철학자가 새로운 경제학을 주창하면서도 도덕성을 끝장내 버릴 수 있는가(*Adam Smith's Mistake: How A Moral Philosopher Invented Economics and Ended Morality*)』. 보스턴: 샴발라, 1990. 자본주의의 중요한 전제인 이기심을 탐구하면서, 룩스는 자기 이익에 맞서는 가치로서 자비심을 고양시켰다면 사회는 어떤 식으로 변했을지에 대해 사색하고 있다.

· 슈무클러, 앤드류(Schmookler, Andrew). 『바보의 금덩어리: 상품화 세계에서 가치들의 운명(*Fool's Gold: The Fate of Values in a World of Goods*)』. 샌프란시스코: 하퍼콜린스, 1993. 사람들의 삶 가운데 경제관이 어떤 식으로 침투해 들어왔으며, 그것이 삶의 다른 영역들을 어떤 식으로 무가치하게 만들었는지에 대해 감동적이고 개인적인 사색을 하고 있다.

· 셰임즈, 로렌스(Shames, Laurence). 『더 가지려는 욕망: 탐욕시대의 가치 추구(*The Hunger For More: Searching For Values in an Age of Greed*)』. 뉴욕: 빈티지, 1991. 1980년대에 풍미한 축재를 향한 쟁탈전이나 쇼핑 지향적인 삶의 양식에 대한 사색으로 쉽게 읽을 수 있는 책이다.

제 3 부
구경꾼, 우리는 누구인가

지루함을 싫어하는 사람들은 휴식 시간을 못 견뎌한다.
그들은 조용한 휴식 시간으로부터 멀리 도망쳐서
늘 새로운 흥밋거리를 찾아다닌다.
재미있고 시끄럽지 않으면서도 즐거운 경우를
그들은 상상조차 할 수 없다.
어느 정도의 산만함을 즐길 수 있는 경우라면
어떤 상황이든 받아들일 수 있다고 사람들은 생각한다.
자신의 생각을 다른 곳으로 돌려 기분을 풀 수 있는 것이라면
무엇이든 좋다는 식의 행복이란 어떤 것인가!
– 파스칼, 1656

텔레비전은 눈으로 씹는 껌이다.
– 프랭크 로이드 라이트

제5장

구경꾼에게 초점 맞추기

어느 날 아침에 마당을 내다보는데 우리 애들이 동네 어딘가에서 주워온 커다란 상자를 가지고 놀고 있었다. 아이들은 상자 안팎으로 들락날락하며, 그것을 뒤집어엎기도 하고, 그 속에 숨기도 하며, 이쪽 저쪽으로 돌리면서 놀았다. 그 상자는 집에서 사용하는 여러 가지 공구들을 넣어두는 곳이었던 것 같은데, 이제 그렇게 지루하고 따분한 자리에서 벗어나 아이들이 마음대로 가지고 놀 수 있는 장난감이 되었다.

나는 여러 시간 동안 저 상자를 어떻게 할까에 대해 궁리하면서 보냈다. 잘 잘라서 페인트로 칠한 다음, 개인 사물함이나 우주선처럼 만들어 볼까, 아니면 타임머신이나 요새나 아이들의 놀이집을 만들어 볼까. 후디니 헨더슨(Houdini Henderson)처럼 강철판으로 만들어 쇠사슬과 자물쇠로 채우고도 신기할 정도로 도망치고야 마는 마술놀이를 할 수 있는 상자를 만들어 볼까.

싱긋이 미소를 머금은 채 아이들을 바라보는데, 세 명 모두가 상자 속에 들어가 있었다. 아내인 샤론에게로 가서 아이들이 무슨 놀이를 하고 있는지 물어 보았다. 그녀는 질문을 기다렸다는 듯이 정색을 하고는 말했다. "상자를 가지고 닌텐도 놀이를 하고 있어요." 닌텐도라고! 우리에게는 닌텐도 게임기가 없지 않은가! 우리는 아이들이 네다섯 살이 될 때까지 텔레비전을 전혀 보지 않았던 그런 가정이다. 그런데 아이들이 닌텐도 게임을 하면서 놀다니 도대체 무슨 말인가?

오락이 우리 삶의 모든 영역 속으로 다양한 방법을 사용해 스며들고 있다. 심지어 우리 집의 안뜰에까지 말이다.

소파에 앉아 텔레비전만 보며 많은 시간을 보내는, 텔레비전에 달라붙어 떨어질 줄 모르는 세상에 우리는 어떻게 성경적인 진리를 가지고 침투해 들어갈 것인가? 이 세상에 하나님의 말씀을 전하고자 하는 그리스도인들이라면 바위에 계란을 던지는 듯한 경험을 하게 된다. 오락적인 요소로 가득한 세상에 도전장을 내는 행위는 소비 지향적인 세상에 정면으로 부딪치는 것이다. 소비주의가 지배하는 곳에서는 생각하는 그 자체가 무척 골치 아픈 일이며, 오락적인 요소 때문에 우리는 점점 진지하게 생각하는 것으로부터 멀어지게 된다.

어떤 방식이 현재 지배적인가?

문명이 발달하는 가운데에서도 성경적인 영향력은 수세기 동안 유지되어 왔다. 이를 통해 삶의 나머지 부분에 영적인 전망을 제공해 주었다. 그러한 조망으로 앞으로 다가올 미래를 감지할 뿐만 아니라 인간의 현재 위치가 어디인지를 알 수 있었다.

그런데 400년 전에 과학적인 세계관이 유럽 대륙을 휩쓸기 시작하면서 사람들의 안목이 바뀌게 되었다. 사람들은 자신들이 영적인 세계에 살고 있는 것이 아니라 순전히 물리적인 세계, 물질과 현실의 세계에 살고 있음을 새롭게 인식하게 되었고, 그러한 관점이 그들의 삶을 지시하는 나침반이 되었다.

오늘날 우리는 전혀 다른 곳으로부터 삶의 자세를 배우고 있다. 성경

도 아니고 어떤 물리적인 세계도 아닌 가정 내의 방에 비치된 바보 상
자로부터 말이다. 텔레비전이나 라디오나 다른 매체들을 그러한 안목
을 얻는 근원으로 삼고서 뒤죽박죽이 되어 버린 세상을 넘겨다보는 안
전하고 편리한 창을 제공받는다. 그러한 매체들이 우리를 위하여 누가
중요한 인물인지, 어떻게 생각해야 하는지, 심지어 날마다 어떤 옷을
입어야 하는지를 결정해 준다. 텔레비전에서 보고 경험한 것을 따라서
어떻게 세상을 좇아갈 것인지 방향을 잡는다. 연구에 따르면 3분의 2
정도의 미국인들은 세상에 대한 대부분의 정보를 텔레비전을 통해서
얻는다고 한다.[1]

　문제는 오락 채널—주범은 텔레비전이다—이 제대로 방향을 제시하
기보다는 엉뚱한 곳으로 인도한다는 데 있다. 세상을 바로 보는 법을 가
르쳐 준다고 약속하지만, 그들은 단순히 불연속적인 이미지와 소리와
경험들을 혼합하여 우리에게 전달할 뿐이다. 돈 드릴로(Don DeLillo)의
소설 『하얀 소음(White Noise)』에는 현대 문화를 화려하고 왜곡되게 각
색해 놓았는데, 특히 매체와 천박한 소비주의, 매체와 선입관에 대해 다
루고 있다. 드릴로는 잭 글래드니 교수와 열네 살 난 아들 하인리히가
어느 날 등교 길에 나눈 대화를 소개한다.[2] 하인리히가 날씨 이야기를
하면서 침묵을 깨뜨린다.

　"오늘밤에는 비가 올 것 같네요."

　"지금 비가 오고 있잖니."

　"라디오에서는 오늘밤에 온다고 그랬어요."

　"앞 유리 좀 보거라. 저게 비가 아니면 뭐란 말이냐?"

　"저는 단지 라디오에서 예보한 내용을 이야기하는 것뿐이에요."

　매체에 의존하는 태도가 얼마나 만연되어 있는지를 말해 주고 있는
일화이다. 오늘날 거의 모든 가정에는 오디오 시스템과 텔레비전이 있
고, 대략 3분의 2 정도의 미국 가정에는 여러 대의 텔레비전이나 유선
방송 서비스나 VCR을 소유하고 있다.[3] 새로이 꾸려지는 가정들은 우리

가 얼마나 오락에 몰두하는지를 잘 반영하고 있다. 거실의 개념이 사라지고, 대부분의 가족 공동 공간은 오락실 정도로 변모했으며, 멀티미디어 오락기기가 중심적인 장식물이 되고 있다. 상류층의 가정에는 소형 극장 같은 시스템을 완벽하게 갖추어 놓고 있으며 텔레비전을 10대 정도까지 비치해 둔 가정도 있다. 보통의 가정에서도 6개의 입체 음향 시스템을 갖춘 8,000달러나 되는 오락기기를 구입하는 경우도 흔하다.[4]

미국에서 보통 사람들은 하루에 4시간 이상 텔레비전을 시청한다. 1주일이면 28시간으로, 하루 온종일도 넘는 시간을 텔레비전 수상기 앞에 죽치고 앉아 있는 것이며, 1년이면 1,500시간을 텔레비전 화면을 지켜보고 있는 셈이다.[5] 잠자고 일하는 시간을 제외하면, 텔레비전을 보면서 보내는 시간이 다른 어떤 일을 하는 시간보다 많다. 하루를 정해 어느 날 밤에 조사해 보면, 인구의 절반은 텔레비전 앞에 앉아 있을 것이다.[6]

그 밖에도 우리는 닌텐도나 비디오 대여, 운전 중 라디오 청취, 주말에 열리는 프로 미식 축구 경기 관람, 해양 공원 방문 등 온갖 형태의 유흥이나 오락을 즐긴다는 사실은 말할 것도 없다. 예를 들면 매일 60~70만의 사람들이 놀이 공원을 찾고,[7] 3백만 명은 영화관으로 가고, 6백만 명은 비디오를 대여한다.[8] 미국인들이 즐겨 찾는 곳 중의 하나가 곳곳에 산재한 쇼핑몰이라는 점도 이미 지적한 바 있다. 그 다음 순서는 무엇인지 아는가? 월트 디즈니 월드로 매년 2천 9백만 명의 방문객들로 붐빈다.[9] 전국의 수백 곳에 감탄스러운 절경이 자리잡고 있고 수십 개의 훌륭한 도시들이 존재함에도 불구하고, 지금까지 사람들이 가장 즐겨 찾는 곳이 양말을 살 수 있고 미키 마우스를 만날 수 있는 장소라는 사실은 무엇을 말해 주는가?

온 땅을 기경하라

오락 산업은 취약한 기반에서 출현한 것으로 보인다. 백 년 전만 하더라도 영화관이나 극장도 없었으며, 라디오나 텔레비전도 없었으며, 녹음기나 CD도 없었다. 이렇게 짧은 시간 내에 어떻게 그렇게 엄청난 변화가 일어날 수 있었을까? 즐기는 시대나 게임을 좋아하는 세대의 도래를 예고한 세 가지 요소는 다음과 같다.

전보와 사진기

이 두 가지 기술의 진보는 훗날에 오락기기가 탄생하도록 빗장을 풀고 대문을 활짝 여는 계기를 마련했다. 전보와 사진기의 발명은 인류의 문화가 언어에서 영상으로 변환하는 데 중심축을 제공했다.[10]

사무엘 모스(Samuel F. B. Morse)가 발명한 전보는 1844년에 처음 공개적으로 사용되었다. 전보가 이처럼 중요한 의미를 가지는 이유는 전에는 생각하지도 못했던 장거리 의사소통을 가능하게 했다는 점이다 (영어로 전보는 telegraph인데, 여기서 tele는 '멀리' 라는 뜻이다). 닐 포스트만(Neil Postman)이 자신의 책 『죽도록 즐기기(*Amusing Ourselves to Death*)』에서 아주 잘 지적한 것처럼, 이러한 발전을 통해 사회에서 최초로 상황이나 배경에 관계없이 정보를 취급할 수 있었다는 의미를 지닌다.[11] 또한 유흥을 목적으로 사용하는 경우를 제외하고는 내용이 없는 정보를 가지고 할 수 있는 일이란 별로 없다는 점을 포스트만은 지적한다. "우리의 생활과 직접적인 관련이 없는 정보의 유일한 용도는 단지 즐기는 데 사용되는 것이다."[12]

전선을 통하여 볼티모어와 워싱턴 사이를 왕래한 메시지에는 모스가 어떤 거대한 미지의 세계로, 아마도 전적으로 긍정적일 것 같지는 않은 세계로 향하는 문을 활짝 열었다는 사실을 암시하는 내용이 담겨 있었다. 그 메시지에는 이러한 질문이 포함되어 있었다. "하나님께서는 무슨 일을 하고 계시는가?"

조지프 니엡스(Joseph Niepce)가 1826년에 광민감성 아스팔트 혼합물로 최초의 사진을 만들었을 때, 그도 동일한 질문을 했음직하다. 그가 만들어낸 감광제로 말미암아 재생이 가능한 전체적인 이미지의 세계가 부상하기 시작했으며, 수년 내에 남부 캘리포니아에 할리우드라 불리는 전례 없는 장소가 탄생하게 되었다.

전보는 궁극적으로 정보로부터 상황을 제거해 버리는 수단을 제공했고, 사진은 이미지에 그와 같은 역할을 수행하여 거기에서 원래의 배경을 제거한 뒤 전혀 다른 새롭고 이상한 배경을 집어넣을 수도 있게 되었다.

오늘날 우리는 이미지가 판을 치는 한편 말은 별로 없는 세상에 살고 있다. 사진들이 홍수처럼 범람하지만, 그와 더불어 손으로 쓴 글은 찾아보기 힘들게 되었다. 해설도 없고, 그것들을 이어주는 줄거리도 생략한 채 하나의 이미지에 연이어 다른 이미지를 보여줄 뿐이다. 우리가 지금 마주하고 있는 시각적인 영상 세계는 그냥 그대로 있을 뿐 왜 존재하는지, 어떻게 존재하는지, 어떻게 존재할 수 있었는지에 대해서는 말하지 않는다.

작업장의 분위기

여가 산업의 관점에서 봤을 때 산업 혁명이 만들어낸 가장 중요한 생산물은 단지 축음기나 트랜지스터나 영사기와 같은 것들이 아니었다. 이들 세 가지에 선행된 단조로움이라는 분위기였다.[13]

공장의 출현으로 공장에서의 일거리가 창출되었고, 하루에 12시간만 일하면 고정적인 월급을 받게 되었지만, 그로 인한 단조로움이나 공허감을 피할 수가 없었다. 비인격적이고 기계적인 일을 하는 직업에서는 인격이나 가족적인 가치, 인생의 경험은 별로 문제가 되지 않았다.

작업장에는 새로운 분위기가 자리잡기 시작했다. 그때까지는 노동 시

간과 휴식 시간을 적절히 즐길 수 있었다. 그런데 이제는 단조로운 공정
과 도피를 반복할 뿐인 일상을 피할 수 없게 되었다. 이러한 현상을 통
해 미국인들은 자유 시간에 무언가 새로운 것을 하고 싶어했다. 하루 종
일 여유 있게 즐기던 삶에서, 낮에는 근무 교대를 하며 밤에는 잠자는
식의 삶을 빠듯하게 살아가야만 했다.[14]

산업 혁명의 토양에서 미국의 여가 산업이 꽃을 피웠던 것은 우연한
일이 아니다. 그 세기의 전환점에서 산업의 발전과 더불어 사람들에게
여가 시간이 절실히 필요한 부분이 되었다. 기분 전환을 위한 시간을 갖
는 것은 현대 산업 사회에서 필수적인 일로 대두되었다.

여가 시간을 보낼 수 있는 오락기기들

1800년대에서 1900년대로 해가 바뀜에 따라, 여가의 시대로 곤두박
질치듯 들어섰다. 곧이어 신속히 진행된 기술의 진보를 통해 수많은 사
람들의 눈앞에 느닷없이 다량의 신형 오락기기가 선을 보였다.[15]

먼저 영화관이 등장했다. 최초의 미국 영화는 〈프레드 오트의 재채기
(Fred Ott's Sneeze)〉인데, 토머스 에디슨의 실험실에서 일하던 노동
자를 카메라에 담은 단편 영화로 에디슨이 새롭게 개발한 활동사진 촬
영기로 1889년에 찍은 것이다. 그 후 6년이 채 지나기도 전에 미국 최초
의 대중 영화관인 니켈로데온 극장이 피츠버그에 문을 열어 활기차게
사업을 시작하였다. 이리하여 프레드 오트의 재채기는 후에 열병처럼
번져 나가게 되었다.

20세기에 들어서자 곧바로 마르코니(Marconi)가 무선 신호를 발명하
여 1901년에 대서양을 횡단하여 소식을 전하기 시작했다. 20년이 지난
후인 1920년에 피츠버그에 있는 KDKA 방송사가 음악과 드라마 프로
그램을 전파로 띄웠으며, 이로 인해 라디오 열풍이 몰아치게 되었다. 이
내 가정에서나 공장에서 사람들의 생활이 "아모스와 앤디", "꼬마 고아
애니", "멋쟁이 로저", "그림자" 등과 같은 인기 있는 프로그램이 방송

되는 시간대로 조정되었다.

라디오 방송 기술과 영상 이미지를 갈무리하여 재생할 수 있는 영화 기술의 결합으로 텔레비전을 발명하는 것은 예정된 수순이었다. 필로 판스워스(Philo Farnsworth)는 스물한 살의 영특한 젊은이로, 1927년에 최초로 텔레비전 시험 방송을 성공시켰다.[16] 이 젊은이는 아마 모스의 전보가 지닌 한계를 해결하려는 시도에서 힌트를 얻는 것으로 보이는데, 영상 이미지를 가지고 방송으로 전달할 수 있지 않을까 하는 것이었다. 그렇지 않다면 밑져야 본전이라는 식으로 그냥 한번 해본 것일지도 모르겠다. 어느 경우였든지, 그러한 시도는 당시에는 미처 생각하지도 못했을 엄청난 가능성을 지니고 있었다. 최초로 전송된 영상 이미지는 1달러짜리의 돈이었다. 그로부터 12년 후에 NBC가 최초의 정규 방송을 시작했고, 오늘날 텔레비전 산업은 매년 수십억 달러를 창출하는 분야로 부상했다.

영화, 라디오, 텔레비전. 이 세 가지 본질적인 요소는 소파에 파묻혀서 대부분의 시간을 보내는 사람들을 양산하였고, 2차 세계대전이 발발하기 전에 이미 자리를 잡고서 제몫을 톡톡히 해내고 있었다. 여가를 즐기는 시대가 도래했던 것이다.

수십 년의 세월이 흐르면서 다른 기술들이 무대의 전면으로 등장했다. 지금 당장 떠오르는 대로 몇 가지만 예를 들어 보면 녹음기, 컬러 필름, 영화에 음성을 합성하는 장치, 스테레오 라디오, 오늘날과 같은 형태의 녹음 테이프, 컬러 텔레비전, 텔레비전의 스포츠 중계, 케이블 텔레비전, 비디오 테이프 녹화, 비디오 게임 등 다양하다.

그러나 아직도 여가 시대를 충분히 즐기기 위해 발명되어야 할 한 가지가 남았다. 디지털 기술일까? 아니다. 고화질 텔레비전일까? 그것도 아니다. 음악 텔레비전(MTV)일까? 위성? 다이렉트 텔레비전? 물론 이런 것들도 아니다.

그것은 바로 완벽한 의자를 만드는 일이다. 안락하고 널찍하고 편안하며 뒤로 젖힐 수 있도록 설계된 의자에다가, 아래위로 조절 가능한 발판이 달려 있고 앞뒤로 조절할 수 있는 조종 장치가 부착된, 부드러우면서도 단단한 머리 받침이 있는 그런 것 말이다. 1940년대에 개발된 완벽한 형태의 가구인 라즈보이 의자(La-Z-Boy chair)가 신진 구경꾼들로 득실거리는 이 나라에 소개되었다.[17]

오락 산업이 제 궤도를 달리자, 미국인들은 의자를 더욱 끌어당겨서 편안한 자세를 취하게 되었다. 그들은 소파에 털썩 주저앉아 편안히 쉬면서 혼자 수동적으로 무언가 재미있는 일을 하기 원한다.

따뜻한 인간애가 없는 세계

영화, 라디오, 텔레비전에는 세 가지 중요한 특징이 공통적으로 있다. 첫번째로, 그들은 모두 무엇보다도 먼저 오락거리를 제공한다는 점이다. 그들이 목적하는 바는 가르치거나 상기시키거나 도전하거나 제안하거나 기록하는 데 있지 않고, 우리의 기분을 좋은 쪽으로 풀어 주는 데 있다.

오락(entertain)이라는 단어는 두 가지 프랑스 단어에서 왔는데, '~ 사이에 사로잡히다(to hold between)'라는 뜻이다. 좋은 의도로 말이다. 텔레비전에 나오는 게임이든 어떤 영화사에서 가장 최근에 공개한 영화이든 간에 사람들이 무엇을 볼 때, 거기에 깊숙이 빠져든 자신의 모습과 아주 냉담할 정도로 초연한 모습 사이에서 그들은 종종 덫에 걸린 듯한 어색한 기분을 맛본다. 그것을 생각하고 있으면서도, 또한 아무런 생각이 없을 수도 있다. 영화 스크린에서 전해지는 사고들에 맞서 씨름하려고 애를 쓰지만, 흔히 그러한 사고에 재빨리 사로잡히게 된다. 말 그대로 사로잡히게 되어 단순한 유희의 땅에 갇히고 만다.

두 번째 공통점은 세 가지 매체 모두가 아주 개인적인 일을 할 수 있는 시간을 제공한다는 것이다. 실제로 영화나 텔레비전을 볼 때 혼자보다는 누군가와 함께 보는 경우가 많다.[18] 그러나 그러한 경험의 본질적인 세계는 내면에서 혼자 이루어진다. 이럴 때에는 잡담도 잘 하지 않게 된다. 같은 공간 안에서 동일한 공기를 들이마시고는 있지만, 그곳에는 조명이 어두컴컴할 뿐만 아니라 좌석도 모두 정면을 향하도록 배치되어 있다. 우리가 텔레비전을 보고 있는 장면을 한번 상상해 보라. 누군가 불쑥 큰 소리로 말했다. "그래서 모두가 어떻게 지냈다는 거야?" "뭐라고? 정신 나갔어? 그런 진지한 이야기는 다른 때에 하자고! 지금 막 골을 넣으려고 하잖아(아니면 아카데미상 수상자를 발표하려는 순간이거나 일기 예보를 하는 순간이거나, 어떤 여자 연예인의 연애 사건을 폭로하는 뉴스가 진행되는 순간이거나, 또는…)."

텔레비전의 프로그램이 긴박하게 진행되기 때문에 사람들은 사소한 대화를 할 수 있는 여유조차도 없다. 영화 중간에 배우가 다음과 같이 말하는 것을 본 적이 있는가? "여러분, 지금부터 약 5분 정도 휴식 시간을 갖겠습니다. 영화가 잠시 중단되오니 양해해 주십시오. 단 5분이면 됩니다. 그러니 의자를 돌려 서로를 쳐다보면서 이야기를 좀 나누십시오."

〈아버지와의 갈등(The Trouble with Father)〉에서 스투 어윈(Stu Erwin)은 "텔레비전이라고!" 하면서 큰 소리로 고함을 지른다. "나는 근본적으로 텔레비전을 싫어합니다. 사람들이 컴컴한 곳에서 눈을 혹사시키면서도 그 주위에 모여들어 숨을 죽인 채로 앉아 있습니다. 서로 대화를 정겹게 나누는 모습을 거의 찾아볼 수 없을 지경입니다."

그러므로 오락이라는 매체는 사람들이 잘 어울리게 하지도, 아주 조용한 시간을 보낼 수 있게 하지도 못한다. 오락을 통해 사람들은 무리와 고독 사이에서 어정쩡하게 사로잡혀 있게 된다. 사람들과 더불어 있지만 이상할 정도로 고독한 장소에 머물러 있게 된다.

세 번째로 이들 세 가지 매체는 모두 사람들의 심신을 축 처지게 만드는 요소가 중심에 자리잡고 있다. 그들은 사람들을 수동적인 생활로 몰아넣는다. 우리를 대신해서 생각해 주기도 하며, 무엇을 예견하기도 하며, 삶의 보조를 어떻게 맞추라고 제안하기도 하며, 어떤 결정을 내려 주기도 한다. 우리는 그저 구경만 하고 있으면 된다(정말 말 그대로, 개입하거나 어떤 역할을 감당할 필요 없이 구경만 하면 된다). 이는 텔레비전 시청보다 덜 집중력을 요하는 유일한 일이, 사람들을 더욱 수동적으로 만드는 유일한 활동이 쉬면서 아무것도 하지 않는 것이라는 사실을 보여 준다.[19]

눈으로 씹는 껌

오락 매체에 대해 비판적인 견해를 가진 대부분의 사람들은, 특히 기독교적인 관점을 가진 사람들은, 할리우드에서 양산되는 영상물의 저급한 내용에 주목한다. 물론 좋은 의도로 말이다. 로스앤젤레스에서 흘러나오는 엄청난 양의 영상물에는 공격적이고 천박하고 지나치게 그래픽을 사용하거나 성과 폭력이 난무하는 내용들로 가득하다.

하지만 그것만이 전부는 아니다. 때때로 정말 가치 있는 프로그램이 나와서 헌신된 그리스도인들조차도 한동안 텔레비전 앞에 묶어 놓는다. 그러나 사람들은 여전히 오락 산업이 만들어낸 산물들을 보면서 고스란히 영향을 받고 있다.

이런 이유 때문에 지금 내가 여기에서 주목하는 부분은 영화의 내용에 관한 것이 아니라 오락 매체 자체가 주는 영향에 관한 것이다.

텔레비전을 가지고 사례 연구를 하면 다른 모든 매체에 대해서도 아주 유용할 것이다. 텔레비전에는 다른 매체와 많은 공통점이 있을 뿐만 아니라, 다른 어떤 것보다 사람들에게 많이 노출되어 있다. 그러므로 텔레비전에 대해서 특별히 다음 절에서 좀더 논의하겠지만, 텔레비전의 영향력에 대해 지금 내가 여기서 말하는 것은 실제로 다른 종류의 오락 매체를 다 포괄할 수 있겠다.

텔레비전의 영향력이란 그야말로 어마어마하다. 텔레비전이 사람들의 삶에 지대하게 영향을 미치는 주요 세 가지 방식을 소개하겠다. 바로 그들이 우리가 성경의 진리를 전하고자 애쓰는 사람들이기 때문이다. 이미 어느 정도는 언급했지만, 좀더 깊게 논의를 진행해 보자.

텔레비전은 사람들이 깊은 사고를 못하게 만든다

텔레비전은 매 순간마다 사람들의 주의를 끌어 계속 집중하도록 만들기 위해 상당한 노력을 기울인다. 확연히 드러나게 또는 교묘한 방법으로 많은 속임수를 사용하면서까지, 텔레비전을 찬동하는 사람들이나 선동하는 사람들은 우리의 관심이 떠나지 않고 머물도록 안간힘을 쓰며 계속 그 앞에 우리를 붙들어 둔다. 지금 시청하고 있는 프로그램에 대한 관심이 떨어지고 다른 채널로 바꾸려는 욕망이 더 커질 때 권태 곡선(boredom curve)이 왔다고 부른다. 두 요소가 일치할 때, 우리는 재빨리 다른 채널로 바꿔 버린다. 텔레비전 연출자의 입장에서는 이것이 다른 어떤 기술적인 실수보다도 더 최악의 사태이다. 파도를 타듯이 또는 풀을 뜯어먹는 가축들처럼 이리저리 채널을 바꾸는 사람들은 텔레비전에서 지겨운 제비뽑기를 하고 있는 셈이며, 연출가들은 사람들이 리모컨을 사용하지 않아도 될 만큼 재미있는 프로그램을 만들기 위해 혈안이 되어 있다. 프로그램 시청률에 따라 텔레비전 방송사들은 광고주로부터 엄청난 광고료를 챙기고, 광고주는 열광하는 시청자들에게 다시금 자기 회사를 뻔질나게 광고하게 된다. 필로라는 사람이 최초로 전송한 이미지가 1달러짜리 돈이었다는 사실은 시사하는 바가 크다. 모두가 서로 얽혀 있다.

한 지방 방송국 사장은 내게 시청자들의 관심을 끌기 위해 거래처에 사용하는 속임수를 몇 가지 말해 주었다.[20] 다양한 각본 중의 한 가지

속임수는, 예를 들어 약 30분의 쇼를 방영한다면 그 속에다 동시에 세 가지 각본을 사용한다는 것이다. 그러므로 어떤 의미에서 이 쇼를 보면서 당신은 세 번 채널을 바꾼 것이나 다름없게 되고, 지겨워지기 전에 한 쇼에서 다른 쇼로 옮겨가게 된다. 떠들썩하면서도 한 시간 이상 진행되는 쇼에서는 6개, 8개, 심지어는 10개까지의 각본이 사용되기도 한다.

어떤 주어진 각본 내에서도 연출자들은 시청자들의 관심을 반영하기 위해 수시로 각도를 바꾸면서 카메라를 잡는데(어떤 경우에는 아주 빈번하게), 이것은 시청자들이 인내력을 잃지 않도록 하기 위한 시도일 뿐이다. 붐(Boom, 장면이 바뀐다는 뜻). 네 명의 단거리 달리기 선수가 온 힘을 다해 달리는 장면을 전체 화면으로 잡는다. 붐. 한 사람을 정면에서 클로즈업하여 천천히 움직이는 장면을 잡는다. 그녀는 이를 악물고 목 근육이 드러나며 시선이 고정되어 있는 모습으로 달리고 있다. 붐. 뒤에서 잡은 장면으로 바뀌면서 목표 지점을 향해 열심히 달려가는 모습을 보여 준다. 붐. 측면에서 카메라를 잡아 네 명이 전력으로 질주하는 장면을 내보낸다. 붐. 다시 정면에서 한 사람을 클로즈업한 장면으로 바뀐다. 땀을 뻘뻘 흘리면서 제정신이 아닌 듯한 사나이가 어떤 꼬마의 이마에다 권총을 겨누고 있다. 붐. 붐. 붐.

장면이 전환될 때마다 대개 배경 음악이 극적으로 바뀐다. 예를 들면 공원에서 한가로이 거니는 동안 나뭇가지가 조용히 흔들거리고 새들이 지저귀는 장면으로부터, 하늘에다 기다란 꼬리를 만들면서 제트 엔진을 탑재한 비행기가 날아가는 웅장한 모습으로 바뀌는 예는 흔한 일이다. 융단 폭격을 하듯이 사람들의 모든 감각 기관에다 끊임없이 홍수처럼 장면 전환을 퍼붓는다.

때로는 이러한 기술만으로는 충분하지 않다. 각 장면에서 다채로운 변화가 있어야 한다. 물 속으로 들어간다든지, 음악 텔레비전에서 사용하는 방식을 사용해야 한다. 사람이나 차가 움직이는 것뿐만 아니라 카메라도 역시 움직인다. 많은 방법이 사용된다. 정상적인 각도를 벗어나 찍는다든지, 줌을 당겨서 찍는다든지, 중심에서 벗어나 찍는다든지, 튀어 오르면서 찍는다든지, 빨리 회전하면서 찍는다든지. 어떤 움직임이 일관되게 흘러가면 시청자들이 쉽게 빠져든다. 그런 종류의 연속적인 동작에다 다양한 장면과 분위기 있는 대사를 섞어 넣는다면 그 효과는 아주 탁월하게 나타난다.

쇼에서 그래픽 기술을 불필요할 정도로 많이 사용하는 이유는 연출자가 멍청하기 때문이 아니다. 그들은 시청자가 무엇을 원하는지 정확하게 알고 있으며, 그것을 실제로 전달할 뿐이다. 예를 들어 쇼 프로그램들이 대개 푸른 하늘을 비추는 장면이나 출연자들을 야외에서 잡은 장면들이 충분하지 않다든지, 피부를 거의 다 드러낸 비키니 차림을 방영하는 데 대해 해명을 하지 않는다고 비판을 받기도 한다. 세련되고 정교한 오락 프로그램을 만들기 위해서는 양질의 대본과 고액의 제작비가 투입되어야 한다. 폭력과 성이라는 주제는 쉬우면서도 비용이 적게 드는 반면, 시청자들을 자리에 붙들어 놓기에는 안성맞춤이다.

연출자들도 상업 광고를 할 때가, 특히 프로그램의 마지막 부분이, 사람들이 쉽게 다른 채널로 돌릴 수 있는 시점이며, 더 재미있는 프로그램을 찾게 된다는 사실을 잘 파악하고 있다. 이런 이유로 말미암아 그들은 연속적인 프로그램 편성을 해 왔는데, 화면의 한편에다 다른 프로에 대해 소개한다든지, 쇼를 마무리짓기 위해 색다른 방법을 사용한다든지, 프로그램 중간에 흥미를 끌 만한 안내를 짧게 한다든지, 상업 광고 없이 다음 쇼를 차분하게 시작하는 방법을 사용한다.

또 다른 비밀은 프로그램의 초반부에다 미끼를 던져 놓는 것이다. 폭발력 있는 그런 범주의 에피소드로 시작하여 시청자들로 하여금 자리를 떠나지 못하고 계속 지켜보도록 한다. 프로그램의 초반부에 시청자들을 붙잡을 수 있다면 대개 끝까지 그들을 붙들 수 있다는 생각이다. 시청자들이 빠져들 수 있는 어떤 사람이나 상황이나 배경을 더욱 빨리 발견하면 할수록 훨씬 더 좋다. 사람들은 어떤 것이든 자신과 연관시킬 수 있을 때 계속 그 프로그램을 시청한다.

심지어 뉴스 프로그램도 다른 어떤 프로그램들보다 더 많이 오락성을 추구한다. 학구적인 기자보다는 점점 더 모델과 같은 앵커맨을 찾고 있으며, 45초 간의 뉴스 이야기에다 묵직한 리듬의 음악을 배경으로 넣기도 하며, 시청자들의 관심을 고정시켜 놓기 위해 상업 광고를 하기 전에 호기심을 자극하는 안내를 하거나, 프로그램의 마지막에 일기 예보를 끼워 넣기도 한다. 오락성이 시청자들을 붙잡는 미끼인 것이다.

흥분을 하면 오락성을 추구하게 된다. 사람들을 흥분시키는 것은 켄 마이어스(Ken Myers)의 말처럼 "온통 열광하도록 만드는"[21] 텔레비전의 특성이다. 끊임없는 활동과 변화를 통하여 시청자들은 예상치 못한 어떤 것으로부터 다른 무엇을 찾게 된다. 텔레비전은 쉬임없이 우리의 정신을 빼앗고 있으며, 끊임없이 변화를 추구하는 도구이며, 어떤 의미에서는 무자비할 정도로 공격적이다. 텔레비전은 최고로 느린 속도로 조바심을 낼 수 있도록 하며, 어느 시간에든지 노골적으로 열광할 수 있게끔 한다.

미국인들은 평균적으로 매일 4시간 이상 텔레비전을 본다. 그것이 무엇을 의미하는지 생각해 보라. 텔레비전은 우리에게 그것을 초월할 수 있는 기회를 주지 않는다. 텔레비전에 한번 마음을 빼앗기면 단숨에 온 마음을 사로잡히게 되고, 머리를 써서 스스로 생각할 수 있는 기회를 잃어버리게 된다. 텔레비전의 유일한 목표는 사람들을 화면 앞에 붙들어두는 것이며, 이 일을 위해서라면 무엇이든 할 것이다.

한번은 누이들과 함께 도쿄에서 지하철을 타게 되었다. 도쿄의 지하철은 너무나 붐비기 때문에 직원들이 때때로 승객들의 무리를 밀어 넣기 위해 막대기를 사용하기도 하는데, 이렇게 해야지만 문을 닫고서 열차가 출발할 수 있게 된다. 우리가 떠밀리기 시작하자, 누나는 나를 쳐다보았다. 그러면서 이쪽으로 밀려왔는데, "발이 땅에 닿지 않은 것 같아!"라고 소리쳤다. 텔레비전은 이와 같이 붐비는 지하철과 같다. 조금도 사색에 빠져들 수 있는 여유가 없으며, 다른 생각을 반추해 볼 수 있는 공간이 별로 없으며, 듣고 보는 것에 대해 비판적인 생각을 할 만한 틈을 주지 않는다.

텔레비전에서는 깊은 사색을 할 수 있는 방안을 제공하지 않을 뿐 아니라, 아예 그러한 장(場)으로 초대하지도 않는다. 텔레비전에 방영되는 대부분의 내용은 청량음료가 든 병의 윗부분에 생기는 거품과 같다. 공간은 많이 차지하지만 실제 내용물이 얼마 되지 않는다. 뻔한 내용으로 가득해서 생각할 필요가 있는 것들은 거의 없다. 가족적인 가치에 대해 빈정거리는 사람들, 파렴치한 납치범, 근사한 여성들, 가장 닮고 싶은 인물들의 목록에 오른 악한들, 까다로운 상사, 투덜대는 아이들, 정치인들의 스캔들, 야생 동물을 사냥하는 장면, 뻔뻔스런 토크쇼 참가자들, 늘 미소 띤 얼굴의 앵커들 등. 프레드 앨런(Fred Allen)은 "너무 흔한 이야기나 그럴 듯한 이야기만을 전하기 때문에 텔레비전은 매체라고 불린다."고 말했다.

곱씹을 만한 여유가 주어진다 해도 사실 텔레비전에는 그럴 만한 가치가 있는 내용이 별로 없다. 인생에 있어서 진지한 질문에 대한 사색은 교묘하게 피해 간다. 삶의 의미와 방향성이라든지, 인격의 문제, 하나님의 뜻, 유한한 존재인 인간의 한계와 갈등, 윤리의 범위, 닻을 내려야 하는 곳이라든지, 그 밖에 현실적인 중요성을 지닌 여러 가지 문제들에 대해서 말이다. 텔레비전은 인생이라는 거대한 대양을 항해하는 유람선과 같아서 사람들을 선상의 수영장에서 대부분의 시간을 보내도록 하여 그 밑의 깊은 바다 속에 관해서는 무관심하게 만든다.

그 결과로 사람들은 좀더 분명하게, 좀더 깊이, 좀더 의도적으로, 좀더 대담하게 생각할 수 있는 기회를 박탈당하는 듯하다. 그래서 그들은 어렵고도 탐구하는 자세가 필요한 끝없이 이어지는 질문을 던질 엄두도 내지 못한다. 또한 개인적으로 깊은 사색을 할 수 있는 역량을 잃어버려서, 더 이상 불만족, 실망, 실패, 상실감의 문제를 어떻게 다루어야 할지 모르고, 그러한 문제에 대처하기는 더욱 어려워진다. 깊은 영적인 상태와 관련한 주제, 가장 흔히 제기되는 깊이 있는 회의나 소망의 문제, 그러한 사고와 감정과 같은 문제들은 너무나 실제적이라 결국 사람들은 이에 대해 언급하기를 꺼리게 된다. 그들은 입체 음향 시스템의 가장 낮은 베이스음이 주는 감동에 그저 빠져 있기를 원할 뿐이다.

텔레비전은 사람들에게 늘 오락거리를 찾게끔 만든다

매일 밤마다 4시간이 넘도록 과도한 자극에 지나치게 노출되다 보면, 일상 생활이 빛 바랜 흑백 사진처럼 느껴지게 된다. 그러한 자극에 차례로 부딪히게 되면 한겨울에 몰아치는 맹렬한 바람을 맞는 것과 같다. 이렇게 되면 계속하여 일정 수준 이상의 자극이 몰려오기를 원한다. 사람들은 그들에게 휘몰아치는 줄거리를 따라잡기 위해 전개되는 이야기에 푹 빠져들고 싶어한다. 사람들은 무언가 끊임없는 움직임, 무지막지하게 큰 소리, 계속하여 생각을 하지 않아도 되는 춤에 빠져서 사는 것을 좋아하게 되고, 또 그렇게 살기를 원한다.

이러한 기대감은 삶의 다른 영역에서도 이어진다. 어디를 가든지 가장 재미있는 오락거리를 찾는다. 식료품 가게에 줄을 길게 서서 기다리면서도, 출근하는 길에 운전을 하면서도, 전화를 바꾸기 위해 잠시 기다리는 동안에도, 가족들과 외식을 하면서도, 영화가 시작되기를 기다리는 순간에도 무언가를 찾는다. 어떤 자극을 원하는 일은 이제 당연지사가 되어 버린 듯하다.

이러한 현상을 주일 아침 예배당 안에서도 발견할 수 있다는 사실은 전혀 놀라운 일이 아니다. 헤이든 로빈슨은 "사람들은 머리 속에서 마우스로 클릭하는 장면을 생각하면서 거기에 앉아 있는 듯하다. 그들은 당신을 향해서도 스위치를 켜거나 *끄거나* 할 것이다. 처음 30초 동안에 사람들은 당신이 재미있는지 지겨운지 대번에 판단한다.[22]

사람들은 천천히 있는 그대로의 삶을 경험하는 방법을 잊어버렸다.

이것은 때때로 그렇게 살기를 원하지 않기 때문이다. 무엇이든 느리게 진행되면 두려워하고, 표면적으로 침묵이 감도는 분위기를 두려워하기 때문에, 그러한 고요 속에 빠져들지 않기 위해 기를 쓴다. 삶 속의 갈등으로부터 어떻게 해서든지 탈출하고 싶어한다.

도전하지도 않으며, 쫓아다니지도 않으며, 진정한 내면을 드러내지 않고 숨을 수 있는 어떤 것 뒤에서 사람들은 편안하게 지내고 싶어한다. 영업 실적을 제대로 올리지 못했다고 지적하기만 하는 책상 앞의 상사, 상대편의 잘못을 지적하기만 하는 아침 식탁 앞의 배우자, 친한 친구를 사귀지 못했다는 것을 자꾸 떠올리게 만드는 양탄자 위의 애완동물 등을 생각만 해도 진절머리가 난다. 진정시키며 안심시켜 주는 편안한 기구에 몸을 내맡기고는 그러한 성가신 잔소리들로부터 떠나고 싶어한다.

"우리 가족들(*All in the Family*)"이라는 텔레비전 쇼를 한번 생각해 보라. 거기에서 언젠가 에디스가 아르키를 돌아다보며 "나랑 놀러 나가지 않을래?"라고 말한다. 아르키는 퉁명스럽게 "같이 가고 싶어. 그런데 텔레비전에서는 지금 뭘 하고 있는데?"라고 대답한다.

사람들은 텔레비전에 의해 귀가 꽉 막혀 있어서 주변 세계의 아우성이나 내면 세계의 부르짖음에 아주 무감각하게 된다. 심프슨(O.J. Simpson)에 대한 재판이 끝난 후, 텔레비전에서 그 재판에 대한 보도를 마무리지을 때 일반 미국인들은 좌절감과 상실감을 맛보게 될 것이라고 정신 건강 전문의들이 주의를 환기시켰다. "사회를 시끄럽게 하는 사건들이 잠잠해지면, 사람들은 이제 자신의 문제들에 직면해야 하는데, 대부분 이렇게 하는 것을 회피하고 싶어한다."고 정신과 의사인 캐롤 리버만(Carole Lieberman)은 지적한다.[23]

대체로 사람들은 볼 만한 쇼를 보고 싶을 때라든지, 친구들과 게임을 즐기기 위해 또는 아이들과 비디오를 보기 위해 텔레비전을 켠다. 그러나 연구 결과에 의하면 아무것도 할 일이 없을 때, 무료할 때, 외로울 때, 우울할 때에도 리모컨을 집어드는데, 사실은 텔레비전을 보고 나면 그러한 현상이 더 심해진다고 한다.[24] 그럼에도 텔레비전을 보고 있는 동안에는 유쾌한 것처럼 느끼고, 그런 어두운 감정으로부터 쉽게 도망갈 수 있다. 그러기에 대부분의 여가 시간을 텔레비전을 시청하는 데 쏟아붓는다고 해서 이상하게 생각할 필요도 없으며, 의자를 박차고 일어나 텔레비전을 꺼 버리는 일이 그렇게 어렵다는 점을 놀랍게 여길 필요도 없다.

텔레비전을 통해 사람들은 인위적인 삶의 모습에 익숙해진다

요즘 사람들은 텔레비전을 통해 인생이란 무엇인지, 그리고 어떻게 사는 것이 올바른 삶인지에 대해 배우게 된다.

그러나 텔레비전을 통해 전달되는 전형적인 삶의 모습이란 너무나 인위적이기 때문에 그러한 모델은 다소 현실과 동떨어져 있다. 그러한 삶은 하나님의 뜻과도 잘 부합하지 않는다. 예를 든다면 스크린을 통해 전달되는 세계란 대부분 세속적이다. 하나님이 잭 베니(Jack Benny)처럼 취급된다. 그는 좀 괴팍스럽긴 하지만 재미있는 늙은이로 가끔씩 텔레비전에 모습을 나타냈는데, 몇 년 전에 죽었기 때문에 더 이상 나오지는 않는다.

텔레비전이 제시하는 세상이란 어느 누구에게든지 설득력이 없는 그런 곳이다. 그곳에서는 실패는 할 수 있으나 죄에 대해서는 생각할 필요도 없으며, 자신의 필요는 채우면서도 그에 따른 희생을 치를 필요가 없으며, 현재를 즐길 뿐 죽음 같은 것은 생각하지 않으며, 주어진 기회는 최대한 이용하되 의무에 대해서는 무시해도 되는 그런 세상이다. 개인의 필요나 욕망들이 중요하게 부각되면서도 하나님을 비롯한 다른 존재들은 별로 문제가 되지 않는 세계이다.

행복에 관해 그리는 상(像)에 있어서도 텔레비전에서는 성경의 내용과는 거리가 멀다. 그리스도를 통하여 하나님의 은혜로운 용납이 이루어졌다는 사실을 깨닫는 것은 물질적인 일이 아니지만, 사실 삶이란 재물을 쌓아가는 것이라고 볼 수도 있다. 전자 공학적인 관점에서만 어떤 일이 성취되는 것을 논한다면, 입력과 출력이라는 단 두 단어로 요약할 수 있다. 이렇게 본다면 행복도 명성과 행운이나 사람과 재물을 모으기만 하면 된다.

그러나 텔레비전 앞에 앉아 있는 평범한 사람들은 이러한 것들을 쉽게 얻을 수 없다. 그래서 텔레비전은 모두를 소유한 사람들을 보여 줌으로써 간접적으로 행복을 맛보게 한다. 그러한 유명인들을 통하여 인격 가운데 이중적인 가치 기준을 지닌 채로 사람들은 현실의 삶을 영위한다. 사람들은 그들을 바라보면서 대리 만족을 하게 된다. 자신의 가치를 그러한 사람들 속에서 찾는다. 자신의 존재에 대하여는 아무것도 알지 못하는 그런 사람들을 대화의 주요한 이야깃거리로 삼으면서, 별로 깊이도 없으나 그들의 근황에 관해 그저 내뱉고 있을 뿐이다. 텔레비전이 조성해 놓은 인위적인 친밀감으로 인해 사람들은 너무나 쉽게 현실과 환상 사이를 오락가락할 뿐만 아니라, 마치 모든 것을 가진 듯한 착각을 하게 된다.

텔레비전에 의해 관계성에 관한 주제도 역시 흐려지게 된다. 일반적으로 텔레비전 프로그램에 등장하는 인물들에 의해 묘사되는 세계에서 상호 관계를 살펴보면, 하나님께서 말씀을 통하여 요청하시는 온전한 겸손과 상호 복종의 관계와는 전혀 다르다. 거기에서는 그 대신에 모두가 조종, 빈정댐, 반박, 경멸하는 말을 사용한다. 사람들은 우두머리가 되려고만 하지 섬기려고는 하지 않는다. 그들은 사용될 뿐이지 존중되지는 않는다. 그들은 전혀 귀한 존재로 취급되지 않는다.

텔레비전의 또 다른 심각한 왜곡 현상은 삶을 아주 멋있게 살 수 있으며, 그것도 22분 동안 진행되는 프로그램을 통해 삶의 여러 가지 문제들을 제대로 대처할 수 있다고 암시한다는 점이다. 생명을 위협하는 질병을 고친다든지, 술독에 빠진 부모들을 권하여 술을 끊게 한다든지, 일자리를 잃어버렸다가도 금세 다시 얻는다든지, 흉악한 범죄자들이 체포되어 재판에 회부되거나 총살되든지 하는 일들이 30분 내에, 광고 시간을 제외하면 더 짧아지겠지만, 일사천리로 이루어진다. 텔레비전은 즉각적인 해결 방법이 마련되는 환경을 조성하여 삶에서 직면하게 되는 어떤 문제든지 재빨리 해결되게끔 이끌어 간다. 그러나 실제 삶은 그것과는 얼마나 다른가. 우리가 살고 있는 세계에서는 신속한 결과나 손쉬운 해답으로가 아니라 서서히 하나님께서 소망으로 이끄신다. 어떤 때는 문제가 한평생 지속되기도 하며, 어떤 때는 고통이 말끔히 사라지는 일은 결코 없을 수도 있다. 더욱이 하나님께서는 장래일에 대해 그분의 손길을 의뢰하도록 초청하고 있으며, 그분 안에서 안식을 얻도록 초대하고 계신다.

텔레비전에서 그리는 세계는 거의 모든 면에서 성경에서 제안하는 삶의 방식과는 판이하게 대조를 이룬다.

제6장

산만한 세상에 하나님의 말씀 전하기

그러므로 우리는 텔레비전 앞에 죽치고 앉아서 그것을 바라보고만 있는 세상을 향해 무슨 말을 할 것인가? 너무나 효과적으로 주의를 빼앗는 기계에 친숙한 사람들이 들을 수 있도록 어떻게 말해야 할까?

전파 장해를 뚫어라

매체라는 진흙탕에 빠져 있는 사람들에게 말씀을 들려주려 할 때 요청되는 두 가지 성경적인 방법이 있다.

첫째, 삶이란 무엇인가에 대해 대답을 얻으려고 할 때 바트 심슨("심슨 가족(*The Simpsons*)"이라는 만화 영화의 등장 인물 – 역주)이나 대박을 터뜨린 영화가 아니라 하나님께 묻도록 사람들을 도전해야 한다. 고린도교회에 보낸 편지에서 바울은 주변 사람들에게 어떤 사람의 사고 방식이 얼마나 쉽게 영향을 받는지에 대해 주의를 환기시키고 있다. 그러고는 사람들에게 도전하기를, 세상과 뒤얽힌 관계를 풀고서 합당한 안목을 유지하라고 말한다. "… 위엣 것을 찾으라 거기는 그리스도께서 하나님 우편에 앉아 계시느니라 위엣 것을 생각하고 땅엣 것을 생각지 말라"(골 3:1~2).

구도자와 이야기를 나눌 때 가장 훌륭한 방법은 세상을 이해하는 방법이 단 한 가지만 있는 것이 아니라는 사실과 인생의 어려운 문제들에 대해 성경은 다른 어떤 설명보다도 더 치밀한 해답을 주고 있다는 사실을 깨닫도록 도와주는 일이다. 진실된 것이 무엇이며 중요한 것이 무엇인지를 사람들에게 상기시키면서 건전하고 성경적인 세계관을 심어 주어야 한다.

텔레비전은 위의 것이 아니라 땅의 것에 마음을 고정시키도록 강요한다. 그러나 성경에 따르면 우주의 중심에 계신 하나님을 매우 중요하게 받아들이게 된다. 하나님께서 우리를 어떻게 보시는가 하는 것과 우리가 그분을 어떻게 보는가 하는 것만이 유일한 문제가 된다. 나머지 인생의 모든 문제는 이와 같은 두 가지로 수렴된다. 텔레비전에 시선이 고정된 사람들에게 하나님이라는 새로운 관심사를 올바로 제시해야 한다.

둘째, 사람들을 자극하여 현실을 도피하려는 소극적인 자세에서 벗어나 하나님께서 허락하시는 형형색색의 삼차원 인생을 향해 열렬히 좇아가도록 해야 한다. 예수님께서는 "내가 온 것은 양으로 생명을 얻게 하고 더 풍성히 얻게 하려는 것이라."(요 10:10)고 말씀하신다. 다른 번역본에서는 "풍요한 삶", "모든 면에서 풍성한 삶", "그들이 꿈꾸던 것보다 훨씬 더 나은 삶" 등으로 번역하고 있다. 사람들이 현실로부터 움츠러들지 말고 그것을 순순히 받아들이라고 요청하고 계신다. 도망할 필요가 없는 바로 그 삶이 예수님께서 말씀하신 바이다.

텔레비전의 황금 시간대에 전해지는 어떤 메시지 속에서 발전시킨 다음과 같은 이야기를 잠깐 나누겠다. 이것을 통해 여러분들에게 위와 같은 주제에 대해 대처할 수 있는 안목이 생겨나면 좋겠다. 이 책에서는 과거 40년 동안 다른 어떤 것보다 더욱 사람들의 삶에 텔레비전이 지대한 영향을 미쳤다는 사실을 언급하고 그러한 영향력이 의미하는 바가 무엇인지를 간략히 이야기한 뒤에, 다시금 기독교에서 약속하는 바와 텔레비전이 약속하는 바를 비교해 왔다.

"궁극적으로 텔레비전은 사람들로 하여금 현실을 떠나 다른 곳에 관심을 가지게 하며, 현실로부터 도피하도록 조장하며, 현실에 만족하지 못하도록 하며, 현실의 가치를 무시하게끔 한다. 예수님께서 약속하시는 삶과는 얼마나 다른가. 텔레비전은 이 세상의 삶에서 벗어나도록 해주겠다고 말하는 반면, 예수님은 사람들이 풍성한 삶을 살도록 하기 위하여, 사람들의 삶을 구속하기 위하여, 그리고 일상적인 삶의 공허감으로부터 끌어내기 위해서가 아니라 매일의 삶 속에서 의미와 목적을 찾으며 살아갈 수 있도록 하기 위하여 이 땅에 왔다고 말씀하셨다."

"어떻게? 기독교에서 전해 주는 메시지는 다음과 같다. 인간은 하나님을 위해 살도록 지음을 받았기 때문에 그분을 향하여 인생을 살아갈 때에만 삶의 진정한 만족과 성취감을 맛볼 수 있으며, 그렇게 살지 못한다면 원래 삶의 목적에 따라서 올바르게 사는 것이 아니다. 그러나 하나님을 중심에 모시지 않고서도, 하나님께서 우리의 삶에 특별한 의미를 차지하지 못할 때조차도, 사람들은 살아간다. 그런데 이것은 현대인들의 삶을 특징지우는 불만족과 피상성과 단절감으로 향하는 지름길이다. 그러한 공허감 가운데 텔레비전이 제시하는 구원은 구매한 물건이나 알고 있는 사람들로부터 오는 행복이라는 일상적이고 그릇된 약속을 통해 삶의 의미를 잃어버리게 할 뿐이다. 결국 그것은 말도 안 되는 구원인 셈이다. 잠시 관심을 다른 곳으로 돌리거나 도피하게 할 뿐이다. 일상생활에서 벗어나 일과 사람과 이미지에 잇달아 공세를 당하도록 하는데, 이는 너무나 가차없이 집요하게 진행되어 사람들이 어떤 고통을 느낄 만한 시간조차도 없게 만든다. 텔레비전이 목적하는 바는 단지 회피와 환상과 동화 같은 이야기에 빠져들게 하는 것이다."

"예수님께서 전해 주시는 생명은 차원이 전혀 다르다. 신약에 따르면 예수님은 평범한 사람이 아니다. 그분은 우리와 함께 하시는 하나님이

셨고, 우리 가운데 계시는 하나님 자신이었다. 그분께서 제안하시는 해결책은 원래 하나님께서 의도하시는 삶을 살도록 우리를 회복시키려는 것이었는데, 다시 말하면 하나님이신 그분을 중심에 모시고 살아가는 것이다."

"그분은 사람들의 생명을 취하려고 하시지 않는다. 그분은 삶을 구원하기 원하신다. 그분은 고난이 전혀 없는 삶을 약속하시지는 않는다. 오히려 살아가면서 부딪치게 되는 어려움을 통해 선한 길로 인도하시겠다고 약속하신다. 그분은 성공적인 삶이나 행복한 삶이나 성취감으로 충만한 삶을 약속하신 적이 없다. 오히려 그분 안에서만 찾을 수 있는 깊은 만족이나 흔들리지 않는 목적, 확고한 기쁨, 성취감을 맛보게 하신다. 그분은 신비한 매력이나 명성, 유명세로 인하여 조명을 받는다든지 큰 돈을 벌게 하겠다는 약속도 하지 않으신다. 그분은 용서와 치유와 새로운 피조물로서 찬란한 빛 가운데 살아가게 하신다."

"이것은 동화 이야기가 아니다. 이건 정말이다."

그러고는 에이미 그랜트(Amy Grant)가 부른 노래 "동화 같은 이야기(Fairytale)"로 그 프로그램은 끝이 났다.

삶이란 환상 그 이상이란 걸 잘 알죠.
내 삶은 의미 있는 게 너무나 많아요.
믿을 수 없을 만큼 엄청나게 많지요.

동화 같은, 너무 너무 아름다운 동화에 나오는 이야기처럼 말이죠.
하지만 이 이야기는 정말이라는 사실을 꼭 말하고 싶어요.
동화 같은, 그럼에도 다소 평범한 이야기들
상상을 훨씬 뛰어넘는 사랑을 나눠주는 왕의 이야기지요.[1]

삶에 대한 갖가지 허상을 만들어내는 텔레비전이 판을 치는 세상에서, 우리는 진실에 굳게 서야 한다.

채널을 고정시켜라

텔레비전과 밀착된 세상에서 무언가 실마리를 찾으려고 할 때 아주 유용한 몇 가지 방법이 여기에 있다.

어떻게 전하고 가르칠 것인가

┃ *탁월성을 추구하라* ┃ 텔레비전 프로그램이나 영화 스크린에 등장하는 거의 모든 것에 수십만 달러나 투입된다. 그 결과 청중석에 앉을 때마다 사람들은 최고로 탁월한 것을 기대하게 되었다. 설교자가 잘 준비되었는가, 당대의 가치관에 민감한가, 설교를 최고로 잘하고 있는가? 그렇게 하지 않는다면, 어떤 한 사람에게 관심을 기울일 만한 합당한 근거를 사람들에게 제시해 주어야 한다. 빈약하게 진행되면 그만큼 듣는 데 집중력이 떨어진다. 그저 쏟아 내기만 한다면 텔레비전 세대의 청중에게 제대로 전달되기 힘들다. 말씀을 전할 자리에 설 때마다 스스로에게 탁월성에 대한 높은 기준을 설정해 놓는 것이 좋다.

┃ *효과적인 대화 방식을 활용하라* ┃ 말씀을 전할 위치에 설 때 (무의식적으로라도) 우리는 누구와 비교를 당하겠는가? 대개는 현대의 청중들이 그 마음속에 떠올리는 대상이란 존 스토트(John Stott)나 헤이든 로빈슨(Haddon Robinson) 같은 인물은 아니다. 그들은 오히려 제이 레노(Jay Leno), 오프라 윈프리(Oprah Winfrey), 데이비드 레터맨(David Letterman), 댄 래더(Dan Rather) 같은 인물들을 생각할 것이다. 대부분의 사람들은 그 사실을 잘 인식하지 못하겠지만, 날마다 집에서 여러 시간을 함께 보내는 텔레비전 뉴스 진행자나 토크쇼 사회자들과 우리를 비교할 수밖에 없게 된다. 그리고 그러한 사람들은 어떻게 말하는가? 그들은 대체로 따뜻하며 격식이 없고 자연스럽게 움직이면서 가까이 다가가 눈앞에서 볼 수 있도록 그들과 방청객 사이에 칸막이도

설치하지 않은 채로 자유롭게 진행한다. 사람들이 텔레비전에서 공식적으로 무감각한 의사 전달을 하는 경우를 유일하게 볼 수 있는 때는 대통령이 서거했다거나 샘 카펫 물류센터라는 회사에서 샘이라는 사람이 나와 기계적으로 "안녕하세요. 샘입니다. 샘 카펫 물류센터에서 왔습니다. 좋은 물건이 있습니다."라고 할 경우이다. 사회적으로 여러 부분에서 형식에 얽매이지 않은 친밀한 의사소통을 추구하는 경향과 이런 흐름과 무관하지 않은 적절한 예배 형식의 필요성이 증가하는 때에 맞춰 우리가 좀더 자연스럽고 따뜻하고 격의 없는 형태의 의사 전달에 대해서 어느 정도의 모험을 기꺼이 감수하려고 할 때 커다란 유익을 발견하게 될 것이다.

공감대를 찾아라 우리 청중들의 삶은 오락 세계로 가득 채워져 있다. 그곳에 사용되는 특수효과는 사람들의 상상력을 사로잡게 되고, 거기에 이용되는 책략은 사람들의 대화에 온통 오르내리고, 그곳의 음향 체계가 사람들의 뇌리에 남게 된다. 이러한 이유 때문에 우리가 영상 세계에 정통해진다면 더욱 효과적인 방법으로 청중들을 대하게 될 것이다. 더구나 자책점으로 긴박감이 넘치는 시즌의 대단원을 마감한다든지 타이타닉과 같은 최고 흥행 영화가 등장하면, 실제 뉴스보다도 더 엄청난 반향을 불러일으킨다. 텔레비전에서 본 것을 언급한다거나 영화관에서 최근에 막을 올린 영화에서 무엇을 인용함으로써, 삶의 기준이 영상의 세계인 사람들에게는 자기 정체성을 확인하는 근거가 이곳에서 창출된다.

유익한 내용과 참신한 안목을 가지고 대화하라 매체의 자극과 속도감에 익숙해진 관람자들은 자신들을 사로잡는 의사소통 방법에 대한 욕구를 키워 왔다. 여기에 전달자로서 긴장이 존재하게 되는데, 의사소통과 오락을 동시에 활용할 때 그 중간 지대에서 미묘한 긴장이 있게 된다. 활용한다는 말은 청중들이 원하는 것을 행하고 웃기고 나누는 것이다.

열정적인 전달자가 되기 위해서는 해야 할 일들이 부지기수로 널려 있다. 격의 없이 대화를 나누고, 생동감 있는 단어를 잘 골라서 말하며, 자연스럽게 움직이면서 주의 깊게 선택한 예화나 일화를 사용하며, 일관된 속도를 유지하고, 지적일 뿐만 아니라 감성적인 부분을 건드리며, 청중들을 끌어당기는 수사적인 질문을 던지고, 다양한 형식의 대화술을 사용하여 말을 하는 것은 청중들이 집중할 수 있도록 하는 아주 유용한 방법이다. 최근 영화나 음악 텔레비전의 일부를 보여 준다든지, 인기 가요 순위에 있는 노래를 배경 음악으로 메시지를 전하다가 녹음기를 끈다든지, 단막극을 곁들인 토크쇼를 구성해 본다든지 하는 시도로 다양성과 관심을 불러일으키는 데 도움을 얻을 수 있다.

메시지에 새로운 활력을 불어넣기 위한 한 가지 예를 들자면, 최근에 구약의 성막에 대해 내가 한 설교가 있다. 청중들을 끌어들여 성막이 어떻게 생겼는지 살펴볼 수 있도록 하기 위해, 강대상을 치우고 예배당 정면에 널찍한 공간을 만든 뒤 천막을 쳐 놓았다. 그리고는 갓 구워낸 빵한 덩어리와 일곱 촛대(menorah)와 향료 그릇도 준비해 두었다. 향료와 초에 불을 붙이고, 성전에서 전통적으로 사용되었던 양의 뿔로 된 나팔인 소파르(shofar)를 불며, 이스라엘 사람들이 예배로의 부름을 위해 신명기 6장에서 인용하던 쉐마(shema)를 다 같이 낭송하면서 예배를 시작했다. 설교를 하는 동안 예배당을 걸어다니면서 성막의 각 부분들이 어느 위치에 존재했고 어떤 모습을 하고 있었는지, 그들이 의미하는 바는 무엇인지에 대하여 설명을 했다. 그 날 아침에 많은 사람들이 다가와 이런저런 이야기를 하는 것을 보고 사람들이 얼마나 메시지에 열중했는지를 알 수 있었다.

한 사람이 이야기를 하는 식으로 메시지를 전하는 것도 상당히 효과적이다. 어느 예수 강림 주간에 나는 스리피스 수트를 입고 선글라스를 낀 채 무선 전화로 통화를 하면서 걸어다니고 있었다. 여관 정문에 '빈방 없음' 이라는 팻말을 붙여 놓은 홀리데이 인(Holiday Inn)의 베들레헴 지점 주인의 역할이었다. 어떤 때는 가운 같은 옷에다 가죽으로 만든 앞자락을 걸쳐 입고 요셉의 이야기를 메시지로 전했다. 그뿐만 아니라 요한복음 9장에 나오는 소경, 누가복음 2장의 목동들, 사도행전 9장의 아나니아 역을 연기하기도 했다. 이렇게 할 때마다 나는 청중들이 얼마나 열중하고 감동을 받는지에 관심을 기울였다. 조금만 다르게 생각하는 여유를 갖는다면, 전하고자 하는 메시지의 본질을 훼손하지 않고서도 청중에게 민감하고 적절한 방법을 많이 찾아낼 수 있을 것이다.

청중을 동참시키는 일은 아주 중요하다. 하지만 이런 시도들이 단순한 흥밋거리로 끝나서는 곤란하다. 메시지를 전하는 일이 일종의 공연처럼 되면, 설교자는 쇼맨이 되어야 하고 내용을 타협하기도 더 쉬워지며 청중의 박수 갈채에 마음을 빼앗기기 쉽다. 이와 같은 요소들은 그리스도인 실교사들에게 심각한 도전이 아닐 수 없으며, 그들은 네온사인에 마음을 빼앗기지 말고 성경적인 관점으로 날마다 화살을 더 뾰족하게 연마하도록 부름을 받은 사람들이다. 오락은 연예인들에게 맡겨 두는 게 좋다.

│ 극적인 긴장감을 활용하라 │ 유명한 연설이나 메시지나 설교를 살펴보면 드라마와 같은 요소들이 담겨 있음을 알 수 있다. 어떤 인기 드라마든지 방영하는 동안 시청자들의 마음을 내내 사로잡는다. 먼저 무대가 설정되고, 그런 다음 복선이나 경쟁 인물이 등장하게 되고, 마지막으로 등장 인물이나 이야기가 만족스런 결말에 다다르면서 내용을 파악하게 된다. 이러한 것들이 재미있는 이야기가 갖추어야 할 요소이고, 그것들은 메시지를 효과적으로 전하고자 할 때에도 마찬가지로 적용될 수 있는 중요한 요소이다.

특히 귀납법적인 의사 전달은 대단히 효과적인데, 세세한 내용으로부터 시작하여 커다란 그림을 그려 나가면서 결론을 맺는 방식으로 메시지의 전반에 걸쳐 건전한 긴박감을 조성시켜 주는 놀라운 방법이다. 도입부에서는 전체적인 드라마가 진행될 무대를 잠깐 설명하고, 사람들로 하여금 생각할 수 있는 질문을 던진다. 그런 뒤 본문으로 들어가 하나씩 차례대로 질문을 하면서 해답을 향한 실마리를 추적해 가기 시작한다. 어떤 문제에 대해 만족할 만한 결론에 이르기까지 지속적으로 생각을 모아가라.

예를 들면 시편 73편에 기초한 메시지를 전한다고 할 때, 악인은 형통한 반면 마음이 정결한 자는 거듭하여 넘어지면서 살아가야만 하는 불공평함으로 시작할 수 있다. 왜 이런 일이 발생하는가? 인생을 살면서 맛보는 이런 불공평에 분노와 상처를 안고서 우리는 어디로 찾아가는가? 야고보서 1장 2절에서 4절을 설교하면서 다음과 같이 시작할 수 있을 것이다. "로마서 8장 28절에 따르면, 하나님을 사랑하는 자 곧 그의 뜻대로 부르심을 입은 자들에게는 모든 것이 합력하여 선을 이루십니다. 이 말씀은 수백 번도 더 들었습니다. 그런데 만약 금요일 오후에 직장 상사가 부른 뒤 회사가 재정적인 어려움을 겪고 있으니 이제 그만두라는 말을 여러분에게 한다면, 이 성경 구절은 무슨 의미가 있겠습니까? 아니면 새벽 2시에 어머니가 심각한 심장 발작으로 쓰러지셨다는 전화를 받는다면? 또는 어린 딸이 정기 검진을 받은 후 백혈병이라고 판명났다면 어떻겠습니까? 하나님께서는 어떻게 이 모든 일에 합력하여 선을 이루게 하실 수 있을까요?" 이제 비로소 야고보서의 말씀으로 들어갈 준비가 된 것이다.

| 분명한 도로 표지판을 만들어 주라 | 텔레비전 드라마의 리듬과 추이에 익숙해진 청중에게는 그와 다소 비슷한 논리와 진행을 좇아 메시지를 전하도록 훈련하라. 이렇게 하는 이유는 사람들이 쉽게 따라올 수 있는 방법으로 말하는 것이 이해하는 데 커다란 도움을 주기 때문이다. 하

나의 핵심 주제를 가지고 자주 반복하거나 재음미하면서 도로 표지판처럼 분명한 변화 과정을 따라 구두 형식으로 메시지를 전하면 아주 큰 도움을 주게 된다. 설교자가 어떻게 메시지를 전하는지에 대해서 나누는 것도 생각할 수 있다. 먼저 원고를 작성한 다음 주제나 중심 개념을 분명히 하고, 흐름을 좇아 설교자가 메시지를 진행하는 방향을 예측하며, 전체적인 문맥 속에서 본문을 읽으며, 설교자가 본문을 어떻게 분석하는지 점검하며, 삶에서 개인적으로 적용할 수 있는 영역을 찾아내는 등 이 모든 과정에 함께 동참해 보는 것이다.

적극적으로 참여할 수 있도록 격려하라 청중들이 단순히 자리만 차지하고 앉아 있는 역할에서 벗어나 적극적인 참여자가 되게 하는 것은 설교 전달자의 몫이다. 메시지의 초반부에 질문을 던지면서 시작한다든지, 사람들에게 설교의 내용을 어떻게 적용할 것인지를 기록하게 한다든지, 큰 소리로 대답힐 거리를 제공함으로써 소극적인 분위기를 깨뜨릴 수 있다. 또는 질문지를 나누어 주고 메시지를 듣는 동안 대답을 적어 제출하게 하는 방법도 사용할 수 있다. 메시지를 전하는 동안 구체적으로 어느 청중을 지명하여 서로 교감을 나눌 수도 있고, 설교자가 전하려는 내용에 필요하다면 어떤 예화에서 본보기가 되도록 누군가를 앞으로 불러내는 방법도 역시 아주 귀중하다. 회중들 가운데에서 개인적인 간증을 나눌 수도 있을 테고, 어떤 주제에 직접적으로 관련이 있는 사람을 청중 가운데에서 골라 인터뷰를 할 수도 있으며, 설교를 마친 후에 문답 시간을 갖는 것을 고려할 수도 있다. 청중을 동참시키는 또 다른 방법은 설교 개요나 짤막한 질문들로 만들어진 질문지를 주보에 끼워서 나누어 주는 것이다. 예를 들면 이런 질문을 할 수 있을 것이다. "이번 주 설교의 쟁점 사항은 무엇입니까?" "본문의 중심 내용은 무엇입니까?" "한 주간 동안 하나님께서 어떤 방법으로 이러한 내용을 적용할 수 있도록 하실까요?"

어떻게 신앙을 나눌 것인가

│ 개인적인 간증을 하라 │ 오락 매체의 영향력 때문에 사람들은 이야기를 통해 세상을 바라보게 되었다. 뉴스도 이야기 형태로 전달되고, 발라드 풍의 가요도 이야기를 전하며, 스포츠 중계자들도 언제나 이야기의 관점에서 살핀다. 스크린에 등장하는 모든 영화, 시트콤, 드라마, 모험 쇼 등은 말할 것도 없다. 어디에든지 이야기가 있으며, 오늘날 믿음을 나누는 가장 중요한 방편이 이야기가 되었다.

여기에서 나누고 싶은 두 가지 이야기가 있다. 첫번째는 우리가 어떻게 믿음을 가지게 되었느냐에 관한 것이다. 바로 그 믿음은 다음과 같은 질문을 하면서 형성되었다. "예수님께로 나아오기 전에 자신에게 가장 큰 영향력을 미쳤던 것은 무엇인가? 그 전에는 무엇을 가장 좋아했던가? 예수님에 관한 엄청난 소식을 처음에 어떻게 듣게 되었나? 어떻게 깨닫게 되었나? 어떻게 밝은 불빛을 발견하게 되었던가? 어떻게 믿음을 향한 첫 발걸음을 떼었는가? 이제 그리스도인이 된 지 어느 정도 시간이 지났는데, 얼마나 삶에 영향을 미쳤나? 어떻게 삶이 달라졌는가?"

우리 모두는 하나님께서 사람들을 눈동자같이 지키고 계신다는 이야기를 해주기 위해 언제나 준비되어 있을 뿐만 아니라 열망을 가지고 있어야 한다. 삶 속에 하나님께서 개입하셨던 이야기는 복음을 전할 때 가장 부담을 적게 주면서도 설득력 있는 방법이다. 우리의 경험을 나누는 것이기 때문에 논쟁의 여지도 없다. 그 믿음으로 인해 인생에서 주목할 만한 변화를 겪었다고 이야기해 주었다면, 사람들은 훨씬 더 부드러운 마음으로 들을 준비가 될 것이다.

숀이라는 친구가 나를 만나러 교회로 찾아왔을 때가 생각난다. 나를 몰랐기 때문에 내키지 않는 마음으로 친구를 따라왔고 그 친구 때문에 다소나마 위안을 받는 듯했다. 휠체어에 앉아 있었던 숀은 왜 그렇게 되었는지 말하기 시작했다. 술 취한 십대가 몰던 화물차가 인도로 뛰어들어 목에 치명적인 부상을 입으면서 온몸이 마비가 되었다. 거의 죽을 뻔

했다. 몇 달 동안 병원에 입원해 있으면서 거의 열 번이 넘을 정도로 수술을 받았다. 한번은 마음씨 좋은 그리스도인들이 몰려와서 기도를 하더니 그가 깨끗하게 나을 것이라고 확신을 가지고 말해 주었다. 그러나 실제로는 그렇게 되지 않았다. 병원에서 퇴원하여 집으로 돌아오자 아내는 그와 어린아이들을 버려 두고 떠나겠노라고 선언했으며, 그때 자신도 버려진 아이들이나 느낄 법한 깊은 소외감을 느꼈다. 여러 가지 좋은 계기로 인해 숀은 나와 '기독교와 관련한 일'에 대해 호감을 갖게 되었다. 그러나 그는 갈 데까지 가 있었기 때문에 자신 이외의 어디에서든지 소망을 발견할 수 있는 곳을 찾고 싶어했다.

아래층에 있는 교회 유아실에 앉아서 아이들이 장난감을 가지고 노는 모습을 지켜보면서, 숀에게 내 이야기를 들려주었다. 고등학생 시절에 이르기까지 얼마나 불만투성이의 무신론자였는지, 얼마나 자신만을 생각하면서 인생을 살아왔는지, 그래서 얼마나 교만하고 독불장군에다 공허한 삶을 살게 되었는지를 말해 주었다. 대학생 시절에 했던 세계 여행이나 비행기 사고로 부모님이 돌아가셨던 이야기를 나누었으며, 처음에 어떻게 해서 예수님이 누구인지 알게 되었는지, 그분이 주시는 것들이 무엇인지를 알려 주었다. 인간을 처음 지으셨을 때부터 의도하신 바대로, 스스로를 위하여 살지 않고 그분을 위하여 사는 삶을 그분은 우리에게 얻게 하신다고 말했다. 하나님의 말씀이 어떻게 내게 살아 있는 말씀이 되었으며, 예수 그리스도 이외에는 다른 어떤 선택권도 없다는 사실을 어떻게 깨달았는지를 이야기했다. 만물의 주인이신 하나님께서 나를 부르셨으며, 그분께 내 삶을 전부 드렸다고 말했다. 서로 이야기를 나눈 지 얼마 지나지 않아 숀은 그리스도인이 되었고, 이제는 그 자신도 다른 사람들에게 나누어 줄 아름답고 놀라운 이야기를 지니게 되었다.

우리의 마음 가운데 어떻게 커다란 기쁨이 찾아왔는지에 대한 이야기를 해주어야 하는, 언제가 될지 모를 그 순간에 항상 대비하자.

▌하나님 이야기를 소개하라▐ 우리 자신과 관련된 또 다른 이야기가 있는데 그것을 상황에 맞게 적절히 나누라. 그것은 인류 역사에 있어서 자신의 뜻을 이루어 가시는 하나님, 구원의 주님에 대한 결정적인 이야기이다. 뒤죽박죽이 되어 버린 모습들 가운데 단절감을 뼈저리게 느낄 수밖에 없는 세상에서도, 모든 것이 왜 그런 식으로 존재하는지와 우리와 무슨 관계가 있는지에 대해 일관된 통찰을 하도록 돕는 놀랍고도 참신한 무언가를 발견할 수 있다. 이 세상은 삶을 있는 그대로 설명해 줄 수 있는 진리에 대해 너무나 듣기를 원한다. 그러므로 성경적인 조망에 근거한 역사의 전개에 관해, 그리고 "그분의 뜻을 따라 모든 일을 행하시는"(엡 1:1) 하나님에 대해 즉각적이고 분명한 설명을 할 수 있어야 한다. 창조로부터 타락에 이르기까지 하나님의 나라를 완성하기 위하여 인간이 걸어다닌 발자취는, 하나님을 위해서 살다가 스스로를 위하여 살게 되고 다시금 하나님을 향하게 된 바로 그 인간의 능력이 아주 값진 전도의 도구로 사용된다. 현대인들은 잃어버린 이야기를 다시 찾기 원하며, 줄거리에 대해 한 번 더 기억을 더듬고 싶어한다. 그런데 우리는 그 이야기를 알고 있다.

▌들어가는 문으로 드라마를 사용하라▐ 스크린에 길들어 있는 세상에 아주 유용한 다른 전도의 도구로 드라마가 있다. 적절히 활용되기만 한다면 드라마는 집중하게 만들고, 모든 사람들을 동참하게 만들며, 내용을 더욱 분명하게 인식하도록 강화하는 역할을 한다. 이런 이유로 성경 중에서 신비한 내용이 중세 후기에 극화되기 시작한 이래로 드라마는 교회에서 전도 여행을 나갈 때 애용되던 방법이었다.

드라마의 유용한 용도 가운데 하나는 사람들로 하여금 생각을 하도록 한다는 점이다. 〈불의 전차(*Chariots of Fire*)〉, 〈미션(*The Mission*)〉, 〈데드 맨 워킹(*Dead Man Walking*)〉, 〈오! 그레이스(*Saving Grace*)〉, 〈사계절의 사나이(*A Man for All Seasons*)〉 등과 같은 영화에서, 드라

마는 복음이 무엇인지에 관해서와 그 복음이 사람들의 삶에 어떤 영향을 미쳤는지에 대해 아주 효과적으로 암시해 준다. 이런 식으로 사람들의 사고를 촉발시키고 앞으로 있을 메시지에 대해 길을 닦아주는 데 활용된다면, 드라마는 매우 효과적일 것이다. 가볍게든 심각하게든 도전적인 장면을 보여 준다면 문제 의식을 불러일으키고 사고를 자극시켜 준다. 그러한 시도들은 메시지의 도입부에 사용되어 사람들의 마음에 들을 준비를 시키는 데 훌륭한 역할을 한다. 세례 요한처럼 드라마는 사람들을 핵심으로 몰아넣어 다음에 올 내용이 무엇인지 기대하는 마음으로 준비하게 만든다.

광대할 뿐만 아니라 흥미진진한 구원의 역사를 생생한 언어로 다시 이야기하는 데 드라마는 엄청나게 효과적으로 사용될 수 있다. 갓스펠(Godspell)이나 테텔레스타이(Tetelestai)는 뮤지컬 형태로 드라마를 사용하였고, 한편 루이스(C. S. Lewis)의 "나니아 연대기(*The Chronicles of Narnia*)", 캘빈 밀러(Calvin Miller)의 "가수(*Singer*)" 3부작, 누스바움(Nussbaum)과 위버(Weaver)의 "에제불렙과 독이 든 홀(*Ezebulebb and The Poison Scepter*)"과 같은 작품들은 공상과 환상을 사용하여 커다란 반향을 일으켰다.[2]

단, 드라마를 시작할 때부터 곧바로 하나님의 말씀을 중심 위치에 두지 않도록 주의하라. 기독교는 말씀 중심의 단호한 면이 있기 때문에 너무 도전적이다. 설교를 대신하여 드라마를 사용한다든지, 단지 오락거리로 교회에서 드라마를 사용한다면, 그 가치는 분별 없는 정도를 넘어서 생각이 잘못되었다고 볼 수밖에 없다. 예수님께서 이야기를 들려주실 때에는 단순히 듣기 좋으라고 하신 것이 아니다. 그분은 사람들을 즐겁게 하거나 재미있게 하는 데에는 관심이 없었으며, 그들이 그러한 이야기에 마음이 움직여 더 깊은 수준의 사색을 하기 원하셨다. 예수님의 이야기는 청중들 앞에서 비추인 거울과 같았으며, 그래서 그들은 더욱 분명히 깨닫게 되었다. 그분은 세상 가운데 존재하는, 그리고 세상

속에서 가능한 위험과 대결이 있음을 경고하셨다. 구미에 당기는 일과 유쾌한 일만을 좇으려고 노력하면서도 하나님의 말씀과 이 세상 사이에 존재하는 급진적이고 대결하는 국면을 말끔히 씻어낸다면, 결국은 길을 잃어버리고 말 것이다. 그러한 모든 시도는 부질없는 짓이 되고 말 것이다.

무엇을 전할 것인가

▌실제(Reality)▌ 성경은 사람들을 생명으로부터 끌어내기보다는 그 생명 속으로 들어가도록 촉구한다. 성경은 하나님께서 일하기를 원하시는 장(場)이며, 사람들이 삶의 모든 일상성으로부터 벗어나기를 원하신다. 기독교란 무한정 먹을 수 있는 양식을 제공하는 것이 아니라 이 세상에서는 잠깐 피었다 사라지는 안개처럼 한 줌의 흙과 같은 생명을 수여한다. 예수님을 맞아들이는 것은 생명을 얻되 더 풍성한 생명을 얻는 것과 같다. 그것이 예수님께서 오신 목적이다(요 10:10). 그분께서는 우리 모든 삶의 영역을 구원하신다. 지겨움, 두려움, 고통, 상실감, 고역, 갈등 등. 거룩한 연금술사처럼 그분은 버려진 바위와 같은 존재들을 아주 귀중한 존재들로 바꾸어 주신다.

▌자기 부인과 자가 진단▌ 위와 같은 삶을 살게 된다는 것은 삶 속에서 어려운 일들을 회피하는 게 아니라 직면해야 함을 의미한다. 소파에 앉아 대부분의 시간에 텔레비전만을 보면서 지내는 삶을 털고 일어나 좀 더 적극적인 생활을 하는 것이다. 그러나 하나님은 다음과 같은 두 가지 일을 함으로써 우리의 어려움을 덜어 주신다고 약속하신다. 사람들로 하여금 하나님을 향한 신뢰를 더욱 깊게 하면서도, 자신의 인격을 더욱 연마하게 하심으로 말이다. 야고보 사도는 말한다. "내 형제들아 너희가 여러 가지 시험을 만나거든 온전히 기쁘게 여기라 이는 너희 믿음의 시련이 인내를 만들어 내는 줄 너희가 앎이라"(약 1:2~3). 베드로 사도도

이와 비슷한 말을 한다. 우리는 시험으로 말미암아 오히려 기뻐할 수 있다. 이는 하나님께서 그러한 도전을 사용하여 연단을 받아 순수하고 확실한 것으로 판명된 믿음으로 자라게 하여 결국에는 칭찬과 영광과 존귀를 얻게 하시기 때문이다(벧전 1:6~7). 하나님의 경제학이란 관점에서 보면, 고난이란 구원을 이루어 사람들이 하나님 나라에 적합하도록 만들기 위해 필요한 도구이다.

이것은 또한 우리 안에 있는 모든 추함이 부인되는 게 아니라 선포되어야 함을 의미한다. 그리스도를 신실하게 따르면서도 표면적인 상태로 남아 있는 일은 불가능하다. 하나님의 말씀은 때때로 우리를 거꾸러지게도 하며, 마음의 깊은 소원을 감찰하시기도 하며, 자기 중심적인 삶을 살 때 도전하시기도 하며, 내면의 비밀스런 죄를 빛 가운데로 밝히 드러내시기도 한다(요 1:9). 여기에서도 역시 하나님의 목표는 바로 사람들이 그리스도를 닮도록 하는 데 있으며, 그분을 의지하는 삶을 살도록 인도하는 데 있다는 사실은 분명하다.

자기 부인과 자가 진단의 훈련을 해 나간다면, 모든 괴로운 문제들로부터 멀찍이 벗어나 기분 전환을 할 수 있다고 약속하는 영화 속의 경쾌한 음악의 속임수에 정면으로 도전할 수 있을 것이다.

│ 적극적인 삶의 모험 │ 텔레비전을 즐겨 보는 사람의 삶은 소극적이고 무기력하며, 대개가 다 비슷한 내용으로 가득한 144개의 채널에서 조심스럽게 골라잡은 샘플에 따라 살아간다. 하지만 그리스도인의 삶이란 적극적이며, 하나님께서 우리 앞에 허락하시는 생생한 모험을 통해서 역량 있는 사람으로 도약하는 것이다. 기독교가 지겹다고 생각하는 사람이 있다면 그는 진정한 기독교를 경험하지 못했다고 봐야 한다. 기독교는 활력이 넘치고 생동감 있으며, 하나님께서 제공하시는 삶을 부여잡는 것이다. 하나님 나라에서 구경꾼이란 존재하지 않는다. 그리스도께서 우리에게 오시면 우리는 새롭게 살아나게 된다. "긍휼에 풍성하신

하나님이 우리를 사랑하신 그 큰 사랑을 인하여 허물로 죽은 우리를 그리스도와 함께 살리셨고(엡 2:4~5)."

│ 공동체로 부르심 │ 우리는 소외로부터 나와 공동체로 들어가도록 부르심을 받았다. 하나님께서는 모든 사람들을 각각 개인적으로 부르시지만, 그분은 우리가 홀로 있기를 허락하지 않으신다. 다음 장에서 살펴보겠지만, 그리스도에게로 부르신 것은 흐릿한 불빛이 켜진 방 안에서 게으름과 외로움의 자리를 떨치고 일어나 밝은 빛이 비치는, 더불어 사는 생명의 자리로 걸어나오라는 부르심이다. 그리스도께로 왔을 때 우리는 한 몸에 새로이 심겨져 그리스도 안에서 서로 연결되고 결합되었다(엡 4:16).

│ 오락의 유혹 │ 오락거리의 구경꾼으로 너무나 쉽게 빠져드는 데에서 오는 문제점에 대해서는 많은 사람들이 이야기를 한다. 그러나 이 말은 금욕을 하라는 게 아니라 절제를 하라는 뜻이다. 때때로 우리는 즐거운 시간을 보내기 위하여 영화관에 간다든지 좋아하는 쇼를 시청할 수도 있다. 그러나 장시간 무비판적으로 텔레비전을 시청한다든지, 영화를 보러 간다든지, 비디오 게임을 하는 것은 우리 안에 그리스도의 형상을 닮도록 하는 데에는 역효과를 낼 수밖에 없다. 바울 사도는 "무엇에든지 참되며 무엇에든지 경건하며 무엇에든지 옳으며 무엇에든지 정결하며 무엇에든지 사랑할 만하며 무엇에든지 칭찬할 만한"(빌 4:8) 마음을 우리 안에 가득 품으라고 교훈한다. 외설이 가득하고, 그래픽으로 꽉 차 있으며, 마음을 산란하게 하며, 방영되는 것은 무엇이든지 하루에 4시간 동안 우리 마음에 채운다면, 그와 같은 교훈을 실천하는 일은 무척 힘들게 된다.

제5장과 제6장에 대하여

[주요 개념들]

· 오락(entertainment): 주요한 목적이 흥미나 유흥이나 기분 전환에 맞추어져 있으며 그것을 추구하는 일련의 놀이.

· 오락 문화(entertainment culture): 투자되는 시간과 돈이나 문화에 영향력을 미치는 것에 있어서 오락거리가 중심적인 위치를 차지하는 사회.

· 매체(media): 음성이나 영상이 전달되는 여러 가지 수단들 가운데 어느 하나. 출판, 영화, 텔레비전, 라디오 등이 그 예이다.

· 오락하다(entertain): 즐기다, 기분 전환하다. 문자적으로는 '~사이에 사로잡히다(to hold between)' 라는 뜻.

· 구경꾼(spectator): 적극적으로 동참하거나 참여하지 않고 구경만 하는 사람.

[추천 도서]

· 갈리, 마크와 크레이그 브라이언 라슨(Galli, Mark, and Craig Brian Larson). 『설득력 있는 설교(*Preaching that Connects*)』. 그랜드래피즈: 존더반, 1994. 저널리즘의 세계로부터 많은 통찰력을 얻은 저자들은 여러 가지 유익한 제안으로 설교 메시지의 영향력을 증대시킬 수 있도록 제시한다.

· 포드, 레이튼(Ford, Leighton). 『이야기의 능력(*The Power of Story*)』. 콜로라도스프링스: 네비게이토 출판사, 1994. 이 책은 현대인들에게 복음을 전하려고 할 때 어떤 방식으로 이야기의 호소력을 사용할 것인지를 말하고 있다. 포드는 현대인들에게서 발견되는 몇 가지 통찰들을 나누는데, 이로 인해 그는 오늘날 가장 효과적인 복음 전도자로 인정받고 있다. 읽을 만한 가치가 충분히 있다.

· 맥키븐, 빌(McKibben, Bill). 『정보를 상실한 시대(*The Age of*

Missing Information)』. 뉴욕: 플룸, 1993. 맥키븐은 93개의 케이블 텔레비전 채널의 프로그램들을 일일이 보고서 배운 바를 아디론댁족(族)이라는 인디언 지역에서 캠핑을 하면서 보낸 24시간 동안 깨달은 통찰과 비교한다. 내가 아주 좋아하는 책으로 읽을 만한 가치가 충분하며 세밀하게 조사 연구되었으며 내용도 깊이가 있다.

· 마이어스, 켄(Myers, Ken). 『푸른 양가죽 신발을 신은 하나님의 자녀들(*All God's Children and Blue Suede Shoes)*』. 웨스트민스터, 일리노이: 크로스웨이, 1989. 오락, 텔레비전, 음악에 대해 기독교적인 조망을 한 입문서로서, 이 책은 사려 깊고 분명한 입장을 가지고 쓰여졌기 때문에 유행하는 문화의 조류 속으로 찾아 들어갈 때 훌륭한 지도서 역할을 한다.

· 피더슨, 스티브(Pederson, Steve). 편집. 『주일 아침의 일상(*Sunday Morning Live)*』. 그랜드래피즈: 존더반, 1993. 윌로우 크릭 공동체 교회에서 개발된 고품격의 쉽게 활용할 수 있는 단막극들은 오락 시대의 청중들을 사로잡는 데 효과적으로 사용될 수 있다. 대본과 비디오테이프를 동시에 구입할 수 있다.

· 포스트만, 닐(Postman, Neil). 『죽도록 즐기기: 볼거리에 익숙한 시대의 공중 설교(*Amusing Ourselves to Death: Public Discourse in the Age of Show Business)*』. 뉴욕: 펭귄, 1985. 과거 150년간의 미국 역사를 돌아보면서, 포스트만이 스스로 이름 붙인 인쇄 디자인(typographic) 시대에서 텔레비전 시대에 이르기까지의 변천 과정을 기록하고 있다.

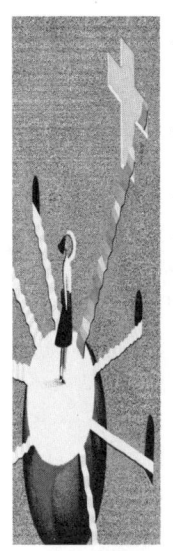

제4부
자기도취에 빠진 사람들,
우리는 누구인가

당신만의 자리를 마련하세요.
– 한 자문단의 광고

개인주의가 미국 문화의 중심적인 위치를 차지하고 있다.
… 스스로 생각할 수 있는 권리,
스스로 판단할 수 있는 권리,
스스로 결정할 수 있는 권리,
자기가 원하는 삶을 살 수 있는 권리를
박탈하는 그 어떤 것은
단지 도덕적으로 잘못되었을 뿐만 아니라
중대한 범죄에 해당된다.
– 사회학자 로버트 벨라(Robert Bellah), 『마음의 습관(Habits of the Heart)』

제7장

개인을 발견하기

일요판 신문을 가볍게 뒤적거리다 보면, 오늘날의 문화를 거스르는 흐름이라고 생각되는 것들을 보게 된다. 가장 앞면에 커다란 글자로 다음과 같은 질문을 던지고 있다. "우리가 감명을 받을 만한 인물은 있는가?"

이러한 표제의 배경 사진으로 황혼녘에 붉게 타오르는 하늘을 깔고 있는데, 그것이 나에게는 빛을 잃고 있으며 이제 곧 땅거미가 지는 듯한 문화를 비유한 것처럼 보였다. 쇠퇴하는 도덕의 물줄기를 무엇이 틀어 놓을 수 있을까? 누가 그 방향을 제시할 것인가? 우리는 누구에게로 돌아서야 할 것인가?

이 신문에서는 여덟 명의 유명 인사를 주인공으로 이야기하였다. 감명을 주는 인물들로는 토머스 제퍼슨(Thomas Jefferson), 에이브러햄 링컨(Abraham Lincoln), 로사 파크스(Rosa Parks), 루즈벨트(Eleanor Roosevelt) 등이 열거되었고, 그 외 진실과 용기와 통합력과 결단력을 갖춘 사람들이 언급되었다. 이처럼 앞서 나간 사람들에게 가능한 한 많이 배울수록 유익하며, 그렇게 명예로운 삶을 살았던 사람들을 깊이 본받을 때 우리의 삶의 질은 향상된다.

이 기사에 관심을 가지고 일요판 신문에서 그 섹션을 오려서 따로 모아 두었다. 신문 중간에 중심가에 있는 백화점에서 만든 의류 광고 삽지가 끼어 있었다. 표지에 다양한 티셔츠들이 보였고, 그 중 한 티셔츠 위에다 가로로 다음과 같은 문장이 멋있게 디자인되어 있었다. "제 스스로가 바로 모델이에요."

나를, 스스로, 내가

막무가내로 자신만을 고집하는 자기 중심적인 성향은 갖가지 형태로 우리 문화에 파문을 일으킨다. 이는 어떻게 경영을 하며, 어떻게 가르치며, 어떻게 아이들을 양육하며, 어떻게 투표하며, 어떻게 결혼 생활을 영위할 것인지를 결정하는 요소이다. 개인주의와 자기 만족을 추구하는 경향이 우리가 일신상의 문제를 접근하는 방식에도 젖어들어 있다는 사실은 놀라운 일이 아니다. 인간의 자립심을 보여 주는 극명한 행위 중의 하나는, 하나님에 대하여도 무엇이 옳고 그른지, 인간을 향한 그분의 뜻을 사람들이 직접 결정한다는 사실이다.

우리는 혼자서 운전을 하며, 인생의 가장 어려운 문제들을 독단적으로 결정하며, 아이들을 스스로 일어설 수 있도록 키우며, 홀로 죽어 가도록 내버려둔다. 우리 중에 어느 누구를 냄비에 넣고 끝까지 달인다면, 결국 마지막에 남는 단 하나는 자기의 관심사만을 돌보는 이기심밖에 없을 것이다.

'자기-'라는 말은 새로운 천년이 가까워 올수록 이곳 저곳에 따라붙는 수식어가 되고 있다. 자기-이미지, 자기-존중, 자아-실현, 자기-개념, 자조(self-help) 등은 영어에 새롭게 등장한 단어들이며, 최고의 관심사가 개인이라는 문화의 부산물이다.

최근 몇 년 동안 인기를 모았던 영화들을 생각해 보라. 〈스타 워즈

(Star Wars)〉, 〈늑대와 춤을(Dances with Wolves)〉, 〈레이더스 (Raiders of the Lost Ark)〉, 〈람보(Rambo)〉, 〈트루 라이즈(True Lies)〉, 〈도망자(The Fugitive)〉, 〈로빈후드(Robin Hood)〉, 〈배트맨 (Batman)〉, 〈브레이브 하트(Braveheart)〉, 〈워킹 걸(Working Girl)〉 등. 줄거리가 무엇인가? 타락한 도시인 노팅햄이나 나치 독일, 수백만 달러라는 거액을 소유한 중동의 폭력주의자들이나 우주에서 침입해 온 다르스(Darth)와 그의 일당인 흑암의 군대 등과 대항하여 한 사람의 주인공이 싸우는 내용이 대부분이다. 대체적인 이야기는 다음과 같이 전개된다. 한 개인이 자기 자신을 의지하며 맨손으로 어려움에서 벗어나는 이야기이다. 그런 것들은 인간의 꿈을 담고 있거나 희망 사항을 특징짓는 신화에 불과하다. 우리는 어떤 사람들에게 감탄하는가? 제임스 본드, 아놀드 슈왈츠제네거, 실베스타 스탤론, 인디아나 존스, 그리고 나 자신이다.

혼자서 날기: 미국식 개인주의

자기 관심사만을 추구하는 경향이 미국인들에게는 너무 지나치기 때문에 이러한 상황이 얼마나 희한한지 사람들이 제대로 인식하지 못하는 것으로 생각된다. 미국인들이 언제나 이런 식이었던 것은 아니다. 약 700여 년 전에 이러한 경향이 물밀듯이 몰려왔고, 독립 정신의 단편이 서투른 자립심의 물결 속으로 밀려들어 자라나게 되자, 이제는 이것이 당연한 것처럼 인식되고 있다. 지금부터 그러한 현상들이 어떻게 발생하게 되었는지를 설명해 보겠다.

르네상스와 인문주의의 부흥

오랜 기간 동안 서구 사회에서는 인간보다는 하나님이 이 세상의 거대한 영역을 차지하고 있었다. 인간의 정체성이란 우리가 외부인을 대하는 태도처럼 부차적으로 취급되었다. 중세인들이 가진 성경적인 관점의 테두리에서는 인간의 가치와 유일성은 자신을 소중하게 생각하는 데에서 오는 것이 아니라, 오히려 세상을 창조하시고 이를 소유하고 계시며 그 모든 것을 주관하고 계시는 분인 주님과 올바른 관계를 맺음으로써 나오는 것이었다.

그런데 14세기에 변화가 일어나기 시작했고 르네상스가 시작되었던 것이다. 하나님의 위치가 문화의 전면에서 후퇴하기 시작함과 더불어 개인의 가치가 전면에 떠올라 중심적인 위치를 차지하기 시작했다. 이탈리아에서 시작되어 유럽 전역으로 확산된 이러한 문화 부흥은 성경적 관점에서 현대적인 안목으로 일대 전환을 하는 시발점이 되었다.

두 가지 영역의 발견으로 르네상스 운동은 더욱 역동성을 띠며 박차를 가하게 되었다. 첫번째는 유럽 사람들이 그리스와 로마의 고대 인문주의 작품을 재발견했다는 점이다. 수세기 동안 르네상스를 주도한 원동력이 되었던 유럽의 교육은 신학과 인격적인 하나님에 대한 믿음이 주류를 이루었다. 예술, 정치 사상, 철학적 사색, 의학, 자연 연구를 포함한 모든 영역이 이와 같은 성경적 세계관에 기초를 두고 있었다. 그와 대조적으로 고대의 예술이나 철학, 정치 이론은 개인에게 초점을 맞추고 있었고, 개인을 벗어난 주제를 다룬 문헌은 별로 없었다. 이런 식으로 세상을 보는 관점이 다시금 되살아나 기독교와 서구 문화의 존립 기반인 하나님 중심의 인생관을 휩쓸고 지나가기 시작했다.

르네상스에서 두 번째 중요한 경향은 예술과 신학 사이가 단절된 이후로 예술을 위한 예술 작품이 창작되었다는 점이다. 그 당시까지만 해도 기독교가 지배해 온 유럽에서 예술은 좀더 고차원적인 명분 때문에 종교의 시녀가 되다시피 했다. 중세 예술이 우리가 흔히 이야기하는 것처럼 언제나 높은 수준을 유지했던 것은 아니다. 경직된 구성이 종종 전체적인 조망을 어렵게 한다든지, 공간성을 죽인다든지, 빛에 대한 감각을 제대로 살려내지 못한다든지, 사람이 구름 위를 둥둥 떠다니는 것으로 묘사하곤 했다. 그러나 그러한 예술도 다음과 같은 측면에서는 훌륭하다고 볼 수 있다. 삶이라는 아주 중요한 주제와 삶의 온전한 의미를 다룬다는 점에서 말이다. 그래서 삶이라는 주제에 성경 이야기를 도입할 수밖에 없었고, 이런 일을 통해 그것을 바라보는 사람들에게는 하나님의 존재가 더욱 실제적이 되었고 신앙의 문제가 더욱 생생하게 되었다. 마리아와 아기 예수, 아담과 이브, 다윗, 모세 등의 모습이 생생하게 묘사되었다.

르네상스 운동이 말기에 이르자 또 다른 분명한 변화가 일어나고 있었다. 어떤 인물이라든지 자연 세계가 점점 더 실제적인 주제가 되었다. 기독교의 이야기는 무대의 후면에서 인간이나 인간 세계를 돋보이게 하는 배경으로서 역할을 할 뿐이었다. 로마에 있는 성 베드로 대성당의 시스틴 예배당 천장에 그려진 미켈란젤로의 그림에서 이런 측면을 확실하게 발견할 수 있다. 이 그림의 주요 장면은 창세기에서 두드러진 9가지 사건이 중심을 이루고 있지만, 그러한 그림들의 골격은 전체 작품과는 아무런 상관도 없이 남자 20명의 나체를 등장시켜 놓고 있다. 앉아 있는 인물들은 화가가 세워 놓은 모델인 것 같다. 그들은 구부리거나 어떤 몸짓을 하거나 비꼬거나 잡아당겨진 모습으로 인간의 군상을 마음껏 표현해 낸 것이다. 사람이 다른 모든 사물의 판단 기준이 되었다.

르네상스는 인간에 대한 새로운 시각을 대변하는 경향을 탄생시켰다. 서로 연관되거나 총체적인 인간의 모습이 아니라, 개개인의 남녀가 그들을 창조한 존재와는 독립된 그 자체로서 좋은, 존엄한 존재로 여겨졌다. 르네상스 이후로 가장 중요시된 것은 하나님이나 공동체보다는 개인들이었다.

민주주의와 개인의 권리

르네상스가 시작된 지 300년쯤 후인 계몽주의 시대라고 불린 시기에, 르네상스 때에 출현한 인본주의가 시대적으로 빛을 보기 시작했다. 인간에 대한 인간의 믿음은 낙관주의, 진보주의, 회의주의, 합리주의, 자유주의 등으로 표현되면서 꽃을 피웠던 것이다. 파급 효과가 큰 매력적인 세계관이 서구의 사상계에 널리 퍼졌다. 인간은 이제 하나님의 압제적인 손아귀에서 벗어나 원하는 대로 자유를 누리게 되었다. 하나님을 위하여 살아가야만 하는 데에서 벗어나 스스로를 위해 살 수 있게 되었다.

인간의 본성에 대한 이러한 낙관적인 견해가 최고조에 달할 즈음에 미국의 식민지들은 영국의 지배자들로부터 독립하는 데 성공하였고, 스스로의 국가를 시작하게 되었다. 그 과정에서 그들은 민주주의라는 또 다른 고대의 개념을 부활시켰는데, 신개념이나 그와 관련한 어떤 것에서 출발했다기보다 개인과 개인의 권리를 매개로 하여 건설된 통치 방식이었다. 왕에 의하여 다스려지는 정부가 아니라 국민의, 국민에 의한, 국민을 위한 정부 형태를 발견했던 것이다.

영국의 철학자 존 로크(John Locke)는 이러한 정치 체제를 주도적으로 주창한 사람이다. 그는 주장하기를 사람들은 본래 서로를 향해 파괴적이거나 적대적이지 않다고 했다. 그들은 서로 사이좋게 지낼 수 있으며, "평화와 친선과 상호 협조"를 하면서 관계를 형성해 가리라는 것이다.[1] 더욱이 그들은 서로의 권리를 존중할 것이고 또 존중해야만 한다는 것이다. "아무도 다른 사람의 생활이나 건강, 자유 또는 소유물을 침해해서는 안 된다." 그러한 고유의 확고한 특권을 어느 누구도 빼앗을 수 없다. 로크가 이러한 견해를 밝힌 책을 출판한 지 한 세기가 채 지나지 않아, 그러한 권리는 결코 양도할 수 없으며 논쟁의 여지가 없는 것으로 미국 헌법에 명문화된 형태로 선포되었다.

르네상스는 개인이 중요하다고 말했다. 로크가 주장한 정치 체제에 잔잔히 스며들었던 기본 사상은 개인이 중요하다는 사실과 바로 그 개인이 중요한 권리를 소유하고 있다는 사실이었다. 책임이 가장 중요하게 여겨지는 상황에서, 이제는 권리가 더욱 중요하게 되었다.

낭만주의와 개인성

19세기 후반기를 차지한 계몽주의의 정점에서 일대 방향 전환이 이루어지게 한 요란한 소리가 대륙에서 일어났다. 그것은 낭만주의라고 불린 굉음으로 별로 신통치 않은 항변에 불과했다. 그 뿌리는 계몽주의의 엄격한 합리성에 불만을 제기한 움직임에 지나지 않았다. 현대 사회가 인간성의 본질을 어떻게 박탈하는지를 지켜본 사람들은 점차로 좌절감을 경험하게 되었다. 지식과 체제와 기계를 찬양하는 세계에서, 사람들은 그들의 사고와 감정과 직관과 영성에 대한 박탈감을 맛볼 수밖에 없었다. 균형을 잡을 때가 된 것이다.

르네상스와 계몽주의가 하나님이 부여하신 인간성이란 측면을 무시함으로써 결국은 인간의 존엄성을 송두리째 빼앗아 가게 되었다는 사실에도 불구하고, 새로운 시대적 요청은 성경적인 세계관을 회복하려는 움직임을 결코 보이지 않았다. 낭만주의는 실제로 많은 계몽주의의 신념을 이어받았다. 그들은 인류의 진보에 대한 낙관적 확신, 교회에 대한 회의, 인간이 선하다는 믿음과 인간의 내면에 의미 있는 삶을 사는 데 필요한 모든 것을 지니고 있다는 신념 등을 그대로 가지고 있었다. 낭만주의자들은 단지 의미 있는 삶의 내용이 무엇인지에 관하여만 의견이 달랐다.

이러한 계열의 작가들이나 예술가들, 사상가들은 그 대답이 자기 표현이나 자기 신뢰로 나타날 수 있다고 생각했다. 랠프 월도 에머슨 (Ralph Waldo Emerson), 헨리 데이비드 소로우(Henry David Thoreau)와 월트 휘트먼(Walt Whitman) 등은 미국에서 낭만주의의 전도를 닦아 놓았다. 그들 모두는 과거 5세기 동안 발전을 거듭해 온 개인주의를 취하여 이상한 방향으로 몰고 가곤 했다. 그들의 메시지는 이런 것들이다. '나에게는 다른 사람들이 필요 없어. 나에게는 내게 필요한 모

든 것이 있어. 내가 원하는 대로 할 거야. 나에게 참인 것이 바로 진리
야. 나는 내가 원하는 것은 무엇이든지 할 수 있는 자유가 있고 자족할
수 있는 존재야. 자존심과 자립심과 독립심이 사람에게는 가장 중요해.'
그들이 뭐라고 말하는지 한번 들어 보자.

"개인은 세상이다."
"모두가 스스로를 위하여."
"네 자신을 신뢰하라. 누구의 심장이든지 어김없이 뛰게 마련이다."
                                                        – 에머슨[2]

"누구든지 자신의 꿈을 좇아서 그 방향으로 담대하게 나아간다면, 그리고 자
신이 생각하는 대로 인생을 살고자 노력한다면, 그는 전혀 예상하지 못한 성
공을 거두게 될 것이다."
"어떤 사람이 자기의 동료와 보조를 맞추지 못한다면, 아마도 그것은 다른 곳
에 관심을 기울이고 있기 때문이다."
                                                        – 소로우[3]

"자아보다도 더 위대한 것은, 심지어 하나님조차도, 아무것도 없다."
"나는 스스로를 기념하고, 나 자신을 찬양한다."
"나에게는 확신이 필요 없다. 나는 나 자신의 영혼에 몰두하는 사람이다."
                                                        – 휘트먼[4]

에머슨과 휘트먼과 소로우가 제시하는 "네 방식대로 하라"와 "때때
로 규칙을 깨뜨릴 필요가 있다"라는 식의 세상은 바로 여기 우리가 머
물러야 하는 곳이다. 현대시(詩)에서 이런 식의 목소리를 발견하기란
그리 어렵지 않다. "나는 나야(I Am Myself)"라는 마크 미칼(Mark
Mikal)의 시를 살펴보자.

당신의 필요나 기준에 맞추기 위해 나를 바꾸려고 하지 마세요.

당신의 감정이나 견해를 나에게 강요하지도 마세요.

나를 정죄하거나 위협하지도 마세요.

왜냐하면 나는 당신의 생각에 꼭 들어맞지 않기 때문이에요.

그렇게 하신다면 나는 자신의 정체성을 잃어버리고 말 거예요.

그때에는 내가 더 이상 나로 존재할 수 없을 테지요.

...

나는 나 자신이 누구인지를 잘 알아요.

현재의 내 모습을 무척 좋아하지요.

나는 스스로에 대하여 만족한답니다.

그리고 아주 행복해요.

간단히 말하자면,

나는 나 자신일 뿐이고,

한 사람으로서, 한 존재로서, 한 개인으로서

나 자신이랍니다.[5]

르네상스와 계몽주의의 초기 운동들로 인해 우리는 개인의 중요성과 개인의 권리의 중요성을 인식하게 되었다. 그리고 낭만주의로부터는 개인성을 전수받았다.

치료학의 세계

서구 세계를 점차로 자기 도취에 빠지게 했던 마지막 요인은 20세기에 발생한 자존감 운동이었다. 2차 대전 이후에 전국적인 낭만주의 열풍을 타고, 에이브러햄 마슬로우(Abraham Maslow), 칼 로저스(Carl Rogers), 에릭 프롬(Erich Fromm), 롤로 메이(Rollo May) 등과 같은 심리학자들은 상담에 있어서 새로운 접근법을 발전시켰다. 이런 형태의 치료법은 무엇보다도 먼저 피상담자의 자존감을 세워 주는 데 관심을 둔 것으로, 다음의 네 가지에 최상의 가치를 부여한다.

- 자기 이해: 내가 어떻게 느끼는가를 주목하는 것
- 자기 수용: 내가 어떻게 말하거나 행동하든지 상관없이 자신에 대해 긍정적인 관점을 유지하는 것
- 자기 표현: 다른 사람들과는 관계없이 자신이 누구인지 파악하고 스스로를 규명하는 것
- 자기 성취: 자신의 필요를 채우는 것을 통해 만족감을 얻는 것

이들 네 명의 심리학자들이 말하는 요점은 인간은 본질적으로 선하다는 사실과 스스로의 성장과 치료에 필요한 모든 것이 내면에 잠재해 있다는 사실을 곧이곧대로 믿는 데 있다. 따라서 로저스는 도전적인 말이나 비난과는 거리가 먼 말조차 전혀 하지 않는 상담 방법을 발전시켰다. 그는 이 방법을 "심사 숙고하면서 경청하기"라고 부르는데, 상대방이 말하는 것을 전적으로 듣기만 하는 접근법을 통해 "내담자는 자신이 완전히 수용되었다는 경험을 하게 된다. 어떤 것을 느끼든지 간에, 어떻게 표현하든지 간에 있는 그대로의 그 자신을 받아들이는 것이다."[6] 나는 특별하고, 멋있고, 유일하고, 당신의 존경을 받을 만한 가치가 있는 존재로서 그게 바로 내 모습 그대로이다. 저 멀리 바깥 세상에서는 나의 성품과 성실성과 책임감을 어떻게 판단하든지 상관없다. 무조건 수용하는 것이 이 게임의 이름이다.

마슬로우는 "필요의 계층 구조"를 발전시켰다. 불행히도 마슬로우의 계층 구조는 이기적인 관심사만을 추구하는 보편적인 문화의 흐름에 재빨리 흡수되었으며, 곧이어 한 국가의 문제를 순전히 이기적이고 개인주의적인 용어로 규정하는 방법으로 발전하게 되었다. 우리의 권리나 심지어 우리의 책임감보다도 우리의 필요가 스스로를 규정하는 데 더 중요한 요소로 이 방법에서는 작용한다.

인간성에 대한 자존감 운동을 펼치는 낙관주의에 공감하여 그와 같은 문화적 흐름에서 활동하고 있는 노만 빈센트 필(Norman Vincent Peale)은 개인적인 복지 차원의 복음—긍정적인 사고의 힘을 통해 빈약한 자존감에서 구원받는—을 전하기 시작했다. 한때 르네상스의 낙관주의와 계몽운동의 회의주의로부터 몰려나기 전의 개인의 주님이셨던 하나님께서 이런 복음에서는 그들의 행복을 위해 존재하는 개인의 종으로 전락한다. 이러한 가르침의 불행한 유산은 필요 중심의 제자도, 감각적인 설교, 안이한 복음 전도, 그냥 즐기라는 식의 프로그램을 꾸러미로 양산하고 있다.

"감각주의(feel-good-ism)라는 치료학적 문화"[7]에서는 나를 규정하는 것이 나의 필요이며, 내가 살아가는 것은 나의 필요를 충족시키기 위함이다. 나의 필요가 충족되었을 때는 행복하고, 결국 그 행복이란 것은 삶의 모든 의미를 좌우한다. 자신을 발견하라. 자신에게 만족하라. 자신을 표현하라. 사신에게 좋은 감정을 가지라. 그 밖에 무엇이 필요한가?

그렇다면 여기에 과거 700년의 유산을 적어 보겠다. 그것은 바로 다음과 같은 초점의 변화이다.

- 하나님으로부터 인간성으로
- 단체에서 개인에게로
- 책임에서 권리로
- 다른 사람으로부터 자신에게로
- 섬김에서 자기 표현으로
- 축복으로부터 필요로

할 수 있는 것은 무엇이든 하라. 가서 쟁취하라. 최고를 지향하라. 그러면 세상이 우리편으로 바뀔 것이다. 하나님 아래에 있는 존재의 닻을 끊어 버림으로써 인간은 개인을 찬양해 왔으며, 개인의 권리를 전면으로 부각시켜 왔으며, 영광스럽고 엄청난 자유를 만끽할 수 있는 자리에 스스로 앉았다.

독불장군 증후군

우리가 물려받은 자기 도취적인 개인주의는 다양한 양태로 나타난다.

나에게 필요한 것은 나 자신뿐이다

우리는 다른 사람들과 의미 있는 만남을 갖지 못한다. 자택을 소유한 사람들은 10년마다, 아파트 입주자들은 3년마다 이사를 다니는 바쁘게 돌아가는 세상에서 우리 주변의 사람들과 의미 있는 관계를 맺기란 점점 더 어려워지고 있다.

언젠가 나는 우리 지역에서 토요일 아침에 설문조사를 한 적이 있다. 그 질문들 중의 하나는 당신과 이웃 사이의 관계에서 가장 필요한 것이 무엇이냐는 것이었다. 그런데 그들의 대답은 참으로 놀라웠다. 다른 무엇보다도 흔히 듣게 되는 대답은 "나는 이웃이 누구인지조차도 모릅니다."였다. 연구가들은 미국인 네 명 중 세 명이 옆집에 사는 사람이 누구인지 전혀 모른다고 말하며, 일곱 명 중 하나는 자기 이웃의 이름이 무엇인지조차도 모른다고 한다.[8]

우리는 다른 사람들과 동떨어져 독립적으로도 삶을 의미 있게 살아낼 수 있다고 생각한다. 우리는 자녀들이 도움을 요청하면 실패의 증거라고 가르치며, 그들에게 독립심을 길러 주기 위해 애를 쓴다. 우리는 용무를 혼자서 처리하며, 정원 가꾸는 일을 혼자서 하며, 출근길에도 혼자서 운전을 한다. 우리는 혼자서 어떤 문제와 씨름하기를 좋아하며, 혼자서 실패를 무릅쓰고, 미래를 혼자서 개척해 나간다. 뭐든지 혼자서 해치우려는 태도는 미국식이다.

마이애미 대학교 1학년에 재학 중일 때 운동선수였던 나에게 영문학 교수가 내 인생에서 가장 소중한 사람에 대해 작문을 하라는 요구를 했다. 미국식 문화에서 자신의 인생을 회고해 보는 경향이 점차 왜곡된 방향으로 진행되고 있는데, 나도 그 영향으로 자서전을 쓰게 되었다. 우리는 무엇보다도 먼저 자신을 가장 우선시하고, 스스로를 최고로 배려한다.

지도를 볼 때 발견하는 것과는 대조적으로 미국은 독립된 섬들로 구성된 땅과 마찬가지이다. 미국 사회는 단절되어 있고 고독한 채로 상부상조의 정신과 삶을 상실해 가고 있다.

가상의 공동체에서 맛보는 안정감

한때는 서로 친밀한 사람들이 얽혀서 살아가는 땅이었지만, 이제는 엘리베이터에서 만난 사람들처럼 스쳐 지나가면서 어떻게 행동해야 할지 잘 모르는 어색한 관계의 낯선 사람들로 가득한 사회가 되었다. 서로를 알기 위해 시간을 투자하고 노력을 아끼지 않으며, 서로를 섬기기 위해 자신의 삶을 희생했던 일들은 이제는 아주 부담스러워 해내기 힘든 그런 범주가 되어 버렸다.

1964년 이후에 태어난 사람들 사이에서도 어떤 사람들은 과거의 공동체로 되돌아가고 싶어한다.[9] 한때 X세대라고 불린 친구들에게서조차도 서로 어울려 살아가는 모습이 진정한 공동체보다도 더 흔하게 나타나기도 한다. 사람들이 점점 혼자가 되기를 싫어하지만, 어떻게 더불어 살아가야 할지를 제대로 알지 못한다.

이처럼 관계 면에서 움츠러들어 있기 때문에 사람들은 어떤 구조 속에 살고 있으나 공동체 속에 살고 있지는 않다. 교회와 이웃은 그러한 위치를 벗어나 더욱 깊고 의미 있는 관계성을 발전시킬 수 있는 좋은 장소이다. 반대로 직장이나 인터넷은 우리 대부분에게 공동체에 대해 이렇게 느끼게 한다.[10] 의무감을 상실한 채 그저 환영해 주기만 하는 동료 의식을 남겨 줄 뿐이다. 직장에서 일이란 사람들을 분주하게 만들 뿐이다. 사람들은 바로 옆자리에서 일을 하고 있지만 중요한 관심사는 서로에게 있는 것이 아니다. 서로 얼굴은 익숙하지만 제대로 아는 경우는 드물다. 인터넷이나 통신에 접속할 경우의 매력은 사용자의 익명성과 자율성이 보장된다는 사실이다. 마음대로 접속을 유지하거나 끊을 수 있으며, 원하는 곳에서만 자신을 드러낼 수 있다. 인터넷 상에 올라 있는 많은 정보들은 사실과 가상이 혼재하며, 실제로 존재하지도 않는 사람들을 등장시키기도 한다. 사람들은 점점 이러한 것들에 의해 조종당하고 있다. 그러한 것들은 서로를 알아가는 데 아무런 도움이 되지 않는다.

이제는 가족들에게서조차도 만족스런 관계성을 경험하기란 쉽지 않은 일이다. 너무나 많은 일들과 활동들이 물밀듯이 몰려오기 때문에, 가족들 간에도 서로 대화를 나눌 수 있는 시간이 하루에 몇 분 정도로 줄어들었다. 이처럼 짧게 만나는 시간들도 수다스런 텔레비전의 소음이라든지, 스테레오 음향기기를 크게 틀어 놓는다든지, 다른 오락기기로 게임을 하기 위해 우르르 몰려드는 정도이다. 연구 조사에 의하면 절반 정도의 미국인들은 저녁 식사를 하면서 텔레비전을 시청하며, 그들은 저녁 내내 텔레비전에 들러붙어 시간을 허비한다.[11] 함께 있는 것은 분명하지만, 이와 같은 경우가 점점 늘어나 가족들마다 텔레비전을 한 대씩 마련하게 되고, 겨우 한다는 대화가 "내 리모컨 못 봤어?"라든지 "아휴, 이 프로는 수백 번도 더 봤어."라는 정도에 머문다면, 이것은 진정한 의미의 대화라고 할 수 없으며 더 깊은 관계로 나아갈 수도 없다.

오직 '유익한 것들' 만 제공하고 어려움에 빠지게 하는 것은 아무것도 주지 않는 가상 공동체의 시대가 되었다. 사람들은 실제적인 것들로 나아가기를 꺼리게 되었다.

가정이 대피소가 되었다

세상은 점점 더 위협적이고 무시무시한 곳으로 변해 기회가 주어지기만 하면 피하는 게 상책이 되어 버렸다. 너무나 많은 일들이 일어나기 때문에 다 납득하기도 힘들고 지나치게 어려운 일들이 발생하기 때문에 일일이 챙길 수도 없다. 점증하는 미국의 국가 부채, 유럽 대륙의 중심부에서 기승을 부리는 민족주의, 하이티의 극심한 빈곤 문제, 아이오와주(州) 수 시(市)의 곡물 비용 증가 문제 등에 대해 우리가 무엇을 할 수 있겠는가? 모두가 우리의 능력을 완전히 벗어나는 문제들이 아닌가? 해결의 실마리를 쉽게 찾을 수 없는 세계 문제와 저돌적인 마케팅으로 우리 가정에 다가오는 끈질긴 공격들 사이에서, 우리는 가까이에서 일어나는 주변의 일 가운데서 옳은 것이 무엇인지를 찾아보는 것이 훨씬 쉽다는 사실을 깨닫게 된다. 우리는 자신을 조그만 일들에 휩싸이게 만든다. 내일 기실에 어떤 색깔을 칠할 것인지, 또는 오늘 오후에 무슨 프로그램을 볼 것인지 등. 우리는 하나의 세계 속에 또 다른 세계인 가정으로 들어가 문을 걸어 잠그고 외부의 모든 요구에 담을 쌓고 아이들에게 낯선 사람과는 절대 대화를 나누지 말라고 주의를 주곤 한다. 개인의 생활을 보호받고 싶어하며, 가정의 평안을 침해하거나 누군가 초인종을 누르면 쉽게 신경질을 낸다.

신학교에 다닐 때 나는 매사추세츠 시각장애인협회가 주관하는 가정 방문 프로그램에 참여했다. 거의 예외 없이, 시력을 상실한 사람들은 자신의 주변에서 일어나는 일에 대한 선악의 판단 기준이 좁아진다는 사실을 발견했다. 하나님으로 충만하며 그분의 목적에 의해 다스려지는 세상에서 밀려나면서 우리도 역시 점점 시력을 잃어가고 있다. 도저히 이해할 수 없는 세상에 압도되어 우리는 사방이 몇 미터도 되지 않을 정도로 시야가 좁아졌다. 다른 문제들에 대해서도 마찬가지로 눈에 보이지 않으면 마음도 멀어지게 마련이다.

상관하지 말고 당신 일에나 신경 쓰라

결코 양도할 수 없는 권리들의 목록에 용납과 관용의 덕목을 추가하여 기준을 높여 놓은 부분이 개인의 자율권이라는 권리이다. '다른 사람들이 나에게 무엇을 해야 할지 어떻게 해야 할지 간섭하는 것은 너무나 싫습니다. 내 방식대로 할래요. 당신의 허락을 받고 싶지 않아요. 대단히 감사합니다.' 이것이 일반적인 태도이다.

개인주의자들이 가득한 세상에서 충고를 하는 것은 있을 수 없는 일이다. 다른 사람들의 삶이나 선택권을 침범하는 것은 훨씬 더 심각한 일로 7가지 치명적인 죄악들 중의 하나이다(그러한 일을 저지르는 사람은 치명적 죄를 짓는 것이다). 우리는 아예 듣는 일 자체를 싫어한다. 사람들은 스스로 완벽하고 좋은 선택을 할 수 있다고 생각한다. 그래서 남의 일에 신경 쓰지 말고 자신에게나 마음을 쏟으라고 요구한다.

나는 한 젊은이를 주님께로 인도한 특권을 누린 적이 있는데 그것은 너무나 신나는 일이었다. 그는 아주 영민한 지성의 소유자로 언제나 함박웃음을 머금고 있었으며, 자기가 생각하는 바를 스스럼없이 말하는 사람이었다. 무거운 주제들을 가지고 씨름하기를 꺼려하지 않았고, 내가 그에게 어려운 질문을 던지는 것도 마다하지 않았다.

머지않아 그는 그리스도인이 되었는데, 그런 뒤에 그를 힘들게 하는 일이 일어났다. 우리 교회의 기혼 여성과의 관계에서 지켜야 할 부분을 지키지 못했던 것이다. 명백하게 잘못한 것은 아무것도 없지만 다소 지나칠 정도로 편한 관계가 되어 버렸다. 그러나 나와 다른 몇몇 사람들이 그에게 이 문제에 대해 권면했을 때, 그는 전혀 듣지 않았다. 그가 보기에 우리가 부적절하고도 주제넘게 자신의 사생활에 참견한다고 불쾌해하면서 교회를 떠났다. 이 사람은 복음을 분명히 이해하긴 했지만, 사적인 영역이라고 생각하는 부분에 다른 사람이 발을 들여놓는 것을 인정하지 못하는 좋은 본보기였다. '내 일이니까 내가 책임지겠다.' 라고 그는 말하고 싶었을 것이다. 우리도 대부분 마찬가지가 아닐까.

오늘 일은 오늘에, 내일 일은 내일에나 신경 쓰자

개인주의의 또 다른 특색은 내가 누구인가에 대한 생각이 처해진 입장에 따라 변할 수 있다는 점이다. 사람들은 자신이 살고 싶어하는 삶의 형태를 가게에서 신발을 고르듯이 선택한다. 자기에게 맞는 스타일이나 어울리는 유행을 찾아 쇼핑을 다니며, 심지어는 맞춤을 요구하기도 한다. 개성이 가장 중요하다. 언젠가 미용 성형 센터에서 하는 라디오 광고 방송을 들은 적이 있는데, "더 나은 외모를 가꾸기 위해 성형술을 활용하라."는 내용이었다. 이 세계는 이제 신선한 모습으로 새롭게 시작하는 일이 가능하게 되었다. 우리가 쉽게 가족이나 직장이나 배우자를 포기해 버리는데, 자기 자신이라고 무슨 미련을 가질 필요가 있을까? 옛 모습을 벗어 던지고 새롭고 변모된 모습으로 살아가는 일이 가능해졌다.

어느 지역에 살든지 자신의 역할에 대해 언제나 하고 싶은 일을 할 수 있는 상황이 되었으며, 그리하여 열두 살짜리 기업가가 어른들처럼 자동차 수리점에서 시작하여 전국적인 사업을 경영하기도 하며, 40대가 넘은 사람들이 십대들처럼 말총 머리를 하고 청바지를 입은 채 인라인 스케이트를 타고 다니기도 한다. 이처럼 사람들은 자신이 원하는 '나'를 고르거나 선택할 수 있다. 미국은 카멜레온처럼, 유명한 배우들처럼 자주 자신의 모습을 바꾸는 사람들이 가득한 나라가 되었다. 어느 작가가 말한 것처럼, 우리는 '자신이 가꾼 사람(self-made man)'에서 '사람에 의해 만들어진 자신(man-made self)'으로 변모해 버렸다.[12]

원하는 일을 원하는 때에 하고 싶을 뿐이다

개인주의는 쾌락에 몰두하도록 만든다. 사람들은 그들을 즐겁게 하는 것이 옳고 가치 있는 일이라고 정의한다. 다시 말하면 그것이 개인주의자들이 지향하는 최고의 선이다. 행복 추구권은 결코 빼앗길 수 없는 권리일 뿐만 아니라, 그것 자체가 우리가 아주 좋아하는 여가 활동의 일부이다. 소크라테스(Socrates)의 제자였던 아리스티푸스(Aristippus)라는 한 철학자는 이미 2,500년 전에 오늘날 많은 사람들이 생각하는 방식이 어떨 것이라는 점을 다음과 같이 잘 요약해 놓았다. "최고의 선은 쾌락이며 최고의 악은 고통이다."

고통은 피하고 쾌락을 좇으라. 그저 옳게 느껴지기만 하면 그대로 행하라. 그것이 바로 쾌락주의이다. 그것이 이 시대의 기준이 되어 우리들 대부분이 어떤 일을 행하는 정상적이고 수용할 수 있는 방식이다. 그것이 옳게 느껴지기만 하면 된다. 그것이 옳아서가 아니다. 선한 일이기 때문이 아니다. 중요하거나 적절해서가 아니다. 단지 그 일이 옳게 느껴지기 때문이다. 사람들이 언제나 자신을 괴롭히는 권태로움을 마감하기 위해 감각적인 쾌락의 순간들을 그토록 열심히 추구하는 것은 그리 이상한 일도 아니다. 자신이 원하는 일을 하는 것이 거의 의무가 되어 버린 세상에 우리는 살고 있다.[13]

우리의 필요를 충족시키려는 관심은 쾌락에 몰두하는 것과 쉽게 연결된다. 우리는 어떤 것을 소유하는 데 관심을 기울이는 만큼 선한 일을 행하는 데에는 주목하지 않는다. 그러한 것들은 반드시 필요한데도 말이다. 사람들은 이 우주에서 나 혼자밖에 없다는 듯이 스스로를 위해서 열심히 살면서, 자신들의 필요를 채우는 일에 인생의 모든 초점을 맞추게 된다.[14] 자신 이외에 누가 진정으로 문제가 된단 말인가? 우리는 자신을 가장 먼저 고려한다. 언제나.

내가 아우를 지키는 자니이까

나 자신의 필요에 지나치게 몰두한 나머지, 우리는 서로에게 책임감을 가지고 살아가야 한다는 사실을 망각하게 된다. 대부분의 사람들에게 충성이나 섬김이나 의무라는 개념은 아주 이상하여 이해할 수 없는 것이 되어 버렸다. 아무에게도 신세를 지고 싶어하지 않는다. 성경이 사회의 지배적인 사상 체계를 이루던 시절이 있었는데, 그때에 다른 사람들은 마땅히 성심 성의껏 섬김을 받을 대상으로 간주되었다. 오늘날 상황은 완전히 바뀌었다. 관계란 다른 사람들을 위한 것이 아니라 나 자신을 위한 것이 되었다. 이것은 우정이든, 결혼이든, 확대 가족이든, 직장 동료 관계이든 마찬가지이다.

대학 4학년 시절 기독교에 대해 진지하게 생각하기 시작했을 때, 나는 존 화이트하우스(John Whitehouse)라는 캠퍼스 사역 담당자를 가끔씩 만나기 시작했다. 어느 날 그는 학생회 사무실의 책상 맞은편에 앉아 나를 쳐다보면서 물었다. "데이비드, 네 삶의 목적이 무엇이니?" 잠시 머뭇거리다 나는 결국 다음과 같이 대답했다. "다른 사람들을 위해 더 나은 세상을 만들겠습니다." 다소 판에 박은 듯한 대답이었지만, 아주 의미 있는 목표였다. 문제는 그것이 완벽한 거짓말이었다는 점이다. 내 삶의 목적은 사실, 다른 사람들은 어떤 대가를 치르든지 상관없이, 성공을 해서 내가 원하는 것이면 무엇이든 하고, 나 자신의 필요를 만족시키는 것이라는 정확한 대답을 깨달았을 때 난 스스로에 대해 넌더리가 났다.

티셔츠에 새겨진 구호는 우리가 어디쯤 와 있는지를 단적으로 보여준다. "갈릴레오(Galileo)는 틀렸다. 우주는 나를 중심으로 돌아간다."

하나님과 아무런 상관이 없이 살아간다면, 다른 무엇이 우리를 만족시킬 수 있겠는가?

제8장

단절된 세상에 하나님의 말씀 전하기

고립되고 자기 방어적이며 자신의 관심사만을 좇아서 살아가는 독불장군이 가득한 세상에서 사람들이 경청할 수 있도록 하기 위해서는 어떻게 해야 하는가? 그렇게 하기 위해서 우리는 뭐라고 말해야 하는가?

가교 세우기

인생에 대한 하나님의 뜻은 사람들이 자신의 의지대로 살아가는 방식과는 거의 일치하지 않는다. 이러한 사실은 사랑으로 가득한 하나님의 마음과 사람들의 자기 도취가 충돌할 때 극명하게 드러난다. 고립된 삶이나 자신을 의존하는 삶은 하나님의 원대한 관점에서 볼 때 전혀 삶이 아니다.

보통 사람들이 대형 할인점의 진열대에서 물건을 고르며 스쳐 지나는 가운데 의미 있는 상호작용을 경험하는 세상에서는, 두 가지 메시지가 사람들 사이에 서로 오가야 한다. 먼저, 그 사람들이 자기 만족적인 삶으로부터 의존적인 삶으로 돌아가야 한다는 점이다. 그러한 독립적인 삶의 태도 뒤에 숨어 있는 자만은 하나님의 부르심과 서로 대립되는 것이다. 어느 누구도 동시에 두 왕을 섬길 수는 없다.

예수님께 나온다는 말은 스스로의 통제권을 포기하는 일이다. 예수님께서는 이런 사실을 단호하게 말씀하신다. "아무든지 나를 따라오려거든 자기를 부인하고 날마다 제 십자가를 지고 나를 좇을 것이니라 누구든지 제 목숨을 구원코자 하면 잃을 것이요 누구든지 나를 위하여 제 목숨을 잃으면 구원하리라."(눅 9:23~24)

하지만 이런 사실은 미국인들의 성미에 전혀 맞지 않을 뿐 아니라 그들의 마음에서 재빨리 자취를 감추게 된다. 일평생 동안 우리는 기를 쓰고 지배력을 쟁취하려고 하는데, 이제는 그것을 포기할 것을 요청받고 있다.

이것은 내가 그리스도께로 나아왔을 때 직면하게 된 가장 어려운 일들 중의 하나였으며, 계속해서 다른 사람들에게도 마찬가지로 최대의 기침돌이 되고 있다. 우리는 그러한 통제권을 잃고 싶어하지 않는다.

제시라는 고등학생을 예로 들어 보자. 그는 쾌활한 아이였지만 다소 거칠었다. 나중에야 알게 된 사실이지만 그는 우리가 교회 건물을 건축하고 있을 때 여러 번 방해를 놓았던 아이들 중의 한 명이었다. 온화하고 자제력이 있으며 자립심이 강했던 제시는 일찍이 다른 사람은 누구도 믿을 수 없다는 것을 배웠다. 오로지 자기 자신만을 신뢰했다.

나는 여러 번 기회를 잡아 그와 복음에 대해 이야기했고, 그때마다 그 아이는 얌전하게 듣고 있었다. 그러나 믿는 자들에게 부여되는 책임을 언급할 때부터는 복음이 그와는 상관없는 것이 되어 버렸다. 그는 끝까지 자신만의 무엇을 붙들고 있었으며, 그것을 누군가에게 모두 맡기려고 하지 않았다. 물론 그는 하나님을 믿고 있었지만, 자신의 방식으로 하나님을 섬기고 싶어했다. 하나님이든 다른 어느 누구이든 자기에게 간섭하기를 원치 않았다.

제시가 고등학교를 졸업한 뒤 해병대에 입대했을 때, 나는 그에게 마지막으로 한 번 더 도전을 하기 위해 편지를 썼다.

"제시, 마가복음 10장에는 한 청년의 이야기가 나오는데, 이것을 보니 네가 생각나는구나. 어느 날 이 청년은 예수님을 찾아가서 어떻게 해야 영생을 얻을 수 있느냐고 물었지. 예수님은 이 사람의 의중을 꿰뚫어 보고 계셨지만, 그분은 이 청년이 스스로 자신의 마음을 보기를 원하셨단다. 그래서 예수님은 율법인 십계명을 조목조목 열거하시면서, '이것이 너희가 사람들이 얼마나 경건한지를 판단하는 기준이 되고 있지 않느냐? 그것을 얼마나 잘 행할 수 있겠더냐'고 물으셨지."

"그러자 그 청년이 대답하기를 '그거요. 저는 아무 문제 없어요. 전 율법을 너무나도 잘 지키고 있거든요. 전 평생 동안 아주 경건하게 살았습니다. 영생을 얻기 위해 해야 할 일이 이게 전부인가요?'"

"이제 예수님의 대답을 한번 들어보자꾸나. 예수님은 그 청년을 쳐다보시며 이렇게 말씀하셨단다. '아니다. 사실은 그게 전부가 아니야. 너에게는 이런 점이 부족한데 그것은 결코 작은 일이 아니다. 너는 네 자신을 섬기려 하고 네 자신의 필요를 채우려는 욕심에 사로잡혀 있느니라. 부자가 되는 일에 마음을 쏟고 있음이 그 증거니라. 지금부터 기꺼이 네 모든 소유를 버리고 나를 따르고자 한다면, 그것이 바로 네가 이제는 자신을 위해 살지 않고 영생으로 인도하는 믿음을 가졌다는 증거가 될 것이니라. 그러나 계속하여 스스로를 위해 사는 한 그것은 소용없는 일이다. 전부를 얻든지, 아니면 아무것도 얻지 못하든지, 둘 중 어느 쪽을 선택하겠느냐?' 슬프게도 그 청년은 예수님을 떠났고, 자신의 삶을 포기하지 않은 채 누군가를 위해 섬기는 삶을 살려고 하지 않았단다."

"내가 보기에 너는 아주 멋있는 사나이야, 제시. 사람들은 너를 좋아하고 존중한단다. 그러나 좀더 솔직히 말해 볼까? 너는 지금까지 그저 자기만을 위해 삶을 살아왔고 자신의 유익만을 좇아서 살아온 것 같구

나. 그리스도인이 되기 전에는 나도 그렇게 살았단다. 고등학교와 대학에 다니면서 줄곧 나는 다른 사람들을 위하여 공부를 하는 것처럼 미술을 전공했지만, 결국에는 나 자신만을 돌보게 되었지. 그런 경험이 있기 때문에 너의 마음 상태를 잘 읽을 수 있단다. 내 말이 틀렸니?"

"진짜 문제는 그런 종류의 생각이 하나님과 너의 관계 속으로 스며들 때란다. 겉으로는 나도 열심히 노력했단다. 기도도 하고 성경도 읽으면서 말이야. 그러나 그러한 모든 것은 진정으로 하나님을 알려는 시도라거나 하나님과의 관계 안에서 성장하려는 시도라기보다는 이를테면 하나님의 눈치를 보는 것이었단다. 나는 가끔 인사차 하나님 앞에 나아오기는 했지만, 실제로는 하나님을 위한 것이 아니라 나 자신을 위하여 살았단다."

"만약에 이런 문제들을 진지하게 생각했더라면, 나를 만드신 바로 그 하나님께서 내가 종교신으로 드린 것은 무엇이든지 받지 않으시리라는 점을 깨달을 수 있었을 거야. 그분은 그저 웃고만 계시는 분이 아니며, 내가 무엇을 믿든지 머리를 쓰다듬어 주시는 그런 분이 아니란다. 하나님의 말씀은 그분이 나를 창조하신 것은 그분을 위하여 살고 그분께 영광 돌리게 하기 위해서라고 교훈한단다. 나를 지으신 분이요 내 삶을 받으시기에 합당하신 그분께 나는 반항해 왔으며 심지어 공격해 왔었지. 그분은 그러한 반역을 심각하게 여기셨으며, 그 대가로 죽음을 선고하셨단다. 그럼에도 그분은 나를 너무나도 사랑하셔서 자신의 독생자를 보내어 내 대신 죽게 만들었으며, 그분과 올바른 관계를 회복하기 위한 단 한 가지 방법을 열어 놓으셨단다. 그분은 나의 삶 전체를 원하셨어. 하나님은 내가 그분을 위해 살기를 바라셨지."

"굉장한 사건을 하나 이야기해 줄게! 이 이야기를 들으면 다른 것들은 모두 시시해질걸. 예수 그리스도를 아주 헌신적으로 따르는 자가 되도록 하나님께서 너를 어떤 사람으로 지으셨는지에 대한 이야기야. 그런 사람이 될 때에만 우리는 진정으로 살아 있게 되는 것이지."

"제시, 너는 어떻게 생각하니? 이제 군대 생활을 시작하면 수많은 어려움이 몰려올 것이며, 네 인생의 위기를 경험할 수도 있단다. 예수 그리스도께로 삶의 방향을 바꾸면 네가 부딪치게 되는 흔들리지 않는 인생의 좌우명이나 목적 같은 것들이 있니? 죽음에 대한 두려움을 몰아내는 예수 그리스도 안에 있는 영생을 맛본 적이 있니? 지금이 바로 그때란다."

그로부터 1년간 제시에게서 아무 소식도 듣지 못했다. 그러던 어느 날 놀랍게도 나는 그에게서 6쪽이나 되는 편지를 받았다. 해병대의 신병 훈련소에서 그는 깨어진 것이다. 어느 날 밤에 그는 인간적인 한계에 직면하게 되었다. 40킬로그램 남짓한 군장을 메고 밤새도록 행군을 하면서 그는 완전히 녹초가 되어 버렸고, 자신의 힘으로는 더 이상 아무것도 할 수 없음을 깨달았다. 그는 자신의 삶을 그리스도께 맡겼다.

인디아나 존스와 같은 개인주의적인 인간들이 넘쳐나는 세상에 대해서 자기 신뢰란 하나님께서 우리를 위해 예비해 두신 것이 최고라는 사실과 정반대임을 명백히 가르쳐야 한다. 독립심이란 하나님 나라에서는 설자리가 없다. 그리스도께로 나오는 것은 자만에 고삐를 매며 손발을 묶으며, 그리스도의 발 앞에 자만을 내어놓는다는 의미이다.

사람들이 들어야 할 두 번째 소식은 공동체를 향한 부르심이다. 기독교 신앙과 공동체는 분리될 수 없는 사실이다.

죽음이 가까워 오자 예수님은 십자가에서 자기 앞에 계신 어머니를 내려다보셨다. 그러고는 가까이에 서 있는 제자 중의 하나인 요한을 주목하여 바라보셨다. 예수님은 눈을 돌려 자기 어머니를 바라보며 말씀하셨다. "여자여 보소서 아들이니이다." 또 제자에게 고개를 돌려 이르시기를 "보라 네 어머니라."하셨다(요 19:26~27). 십자가 앞에 나아오면 예수님은 우리에게 그분이 사랑하시는 다른 사람들을 믿음의 가족으로 허락하신다.

홀로 남아 있으면서 하나님이 원하시는 방식으로 그리스도인이 되기란 불가능하다. 우리는 다른 사람들의 주변을 맴돌기만 할 수는 없다. 고립된 삶은 우리가 선택해야 할 일이 아니다. 우리는 정직한 삶을 살면서 믿음의 연대감을 나누는 사람들과의 관계를 잘 형성해 가도록 부르심을 받았다. 예수께로 나아오면 헌신적이고 은혜로운 권면과 희생적인 섬김은 더 이상 선택 사항이 아니라 '전공 필수'로 바뀌게 된다. 예수께서 우리를 위하여 목숨을 버리신 것과 마찬가지로 우리도 형제들을 위하여 목숨을 버리는 것이 마땅하며(요일 3:16), 이런 삶은 우리의 의무이다.

그런 특별한 의무가 얼마나 고상한 특권인지를 깨닫는 데 오랜 시간이 필요한 것은 아니다.

콜로라도스프링스에서 이 책을 쓰면서 아내 샤론과 나는 다소 힘든 시간을 보냈다. 나는 다른 사역을 감당하고 있었고, 학령기 이전인 네 명의 아이들이 있는 가운데 책을 쓰고 있었던 것이다. 다행스럽게도 가정 교제 그룹이 있어, 마이크와 베스 로열 부부, 릭과 캐슬린 보스 부부 및 여러 믿음의 친구들과 어려운 시절을 함께 보낼 수 있었다.

그 시절에 우리의 삶이 얼마나 긴밀하게 서로 맞물려 있었는지 보여 주기 위해, 우리가 한 주간 어떻게 생활했는지를 알 수 있는 다소 전형적인 모습을 이야기하겠다. 그때는 주일이면 세 가족 모두가 교회로 가서 점심 식사를 함께 했다. 때로는 보스 부부의 친구인 유학생들과 함께 기도를 하기도 했다. 그런 뒤에 우리는 보스 부부의 아이들과 로열 부부와 함께 공군 사관학교로 하이킹을 떠나기도 했다. 이때 남편 릭이 투르크메니스탄으로 선교 여행을 떠난 캐슬린은 잠시나마 양육 책임으로부터 자유로워질 수 있게 된다. 화요일에는 캐슬린이 우리 아들 신을 자기 딸과 함께 태워 미술 학원에 데려다 준다. 수요일 저녁에는 보스 부부 가정에 모여 그 집 아들의 생일 파티와 릭의 무사 귀환에 대한 환영 파티를 열었다. 목요일 아침에는 여느 주와 다름없이 베스가 와서 오전 내내 집을 봐 주었기 때문에 아내 샤론이 아들 브랜든의 반에서 학부모 자원봉사를 할 수 있었다. 베스는 우리 딸들의 기저귀를 갈아주고 잠을 재우고, 설거지뿐만 아니라 저녁 식사까지도 준비해 주었다. 그러면 오후에 돌아온 샤론이 베스의 아들 요나단을 봐 주고, 베스는 금요일 강의 준비를 할 수 있었다. 저녁때에는 마이크와 로열의 나머지 가족들이 저녁을 먹으러 우리 집으로 모였고, 베스가 만들어 놓은 식사를 맛있게 먹은 뒤에 우리는 모두 운동장으로 나가 축구를 했다. 우리 아들들과 에밀리, 로열 부부의 딸로 구성된 팀의 코치는 내가 맡았다. 그리고 토요일 오후에는 우리 아이들 네 명과 마이크, 베스, 그들의 아이들을 모두 밴에 태우고 주말 농장에 방문했으며, 가까운 자연 공원으로 하이킹을 가곤 했다. 이 얼마나 멋있는 한 주간의 삶인가!

누가는 초기 그리스도인들의 공동 생활에 대한 모습을 잘 묘사하고 있다. "저희가 사도의 가르침을 받아 서로 교제하며 떡을 떼며 기도하기를 전혀 힘쓰니라 … 믿는 사람이 다 함께 있어 모든 물건을 서로 통용하고 또 재산과 소유를 팔아 각 사람의 필요를 따라 나눠 주고 날마다 마음을 같이하여 성전에 모이기를 힘쓰고 집에서 떡을 떼며 기쁨과 순전한 마음으로 음식을 먹고"(행 2:42~46). 그리스도께로 나아오는 것은 우리의 자만심을 죽일 뿐만 아니라 공동체 내에서 삶에 대한 위험과 경계심을 풀 수 있는 좋은 기회이다. 하나님께서 바라시는 것은 여러 갈래로 나누어진 우리의 인생들이 하나의 아름다운 공동체로 함께 세워져 가는 것이다. 이러한 경험을 한 후로 나는 그것이 왜 그런지에 대해 이해할 수 있게 되었다.

장애물을 돌파하기

현대인들은 보호망을 튼튼히 하고 장벽을 높게 쌓는다. 그러나 어떤 장벽이든지 문이 있게 마련이며, 이러한 사실에는 예외가 없다. 혼자 머물기를 좋아하는 세대들에게 어떤 방법으로 성경의 진리를 전달할 것인지에 대한 몇 가지 조언을 하고 싶다.

어떻게 전하고 가르칠 것인가

▎구체적이 되라 ▎ 자기 자신과 그들의 환경이나 필요를 먼저 생각하는 데 익숙한 사람들에게 애매하고 일반적이며 보편적인 내용의 설교를 듣는 일은 고통스러울 뿐이다. '번지 내 투입'이라고 적힌 우편물이라면 쓰레기통으로 들어갈 게 뻔하다. 그런데 대부분의 설교가 그렇다. 모든 계층의 사람들을 포괄하는, 편리하게 보이는 표어 같은 메시지는 제발 피하자. '세속적인 인본주의자들', '종교적으로 옳은 일', '이방인들', '자유주의자들' 등과 같은 대충 잡은 주제는 모두가 색다른 개성을 추구하는 사람들의 귀에는 스쳐 지나갈 뿐이다. 그 대신 마땅히 언급해야 할 이야기나 다루어야 할 대상을 전하도록 하자. 우리가 좋은 예를 들어서 좀더 구체적이고 알아듣기 쉽게 설명할수록 청중은 우리가 하는 말을 더욱 잘 이해할 수 있게 된다.

이러한 사실은 우리가 메시지를 전할 때 도입 부분과 적용 영역에 있어 특히 중요하다. 나는 어떤 메시지를 전할 때 '당신에게 있을 법한' 상황을 6가지 설정해 놓고 시작했는데, 이것은 청중이 경험할 만한 삶 속에서의 갈등에 대해 몇 가지로 예를 들기 위한 것이었다. 그 내용은 등교 첫날의 어느 고등학생 이야기, 아이가 없는 어느 불임 부부의 이야기, 장기 근속한 직장에서 해고당한 어떤 경영인 이야기, 아이들에게 먹이기 위해 계란 요리를 하는 홀로 된 엄마 이야기, 교회에서 장난꾸러기 아이들을 가르치는 어느 교사 이야기, 친한 친구와 관계가 소원해진 어느 아가씨 이야기 등이다. 이어서 나는 성경책을 펴고 본문을 설명했다. 설교를 마감하면서 나는 다시금 처음에 이야기한 상황들로 돌아와 오늘의 본문이 각각의 상황에 대해 어떻게 말하고 있는지를 보여 주었다. 물론 교회에서 이 설교를 들은 모든 사람이 위와 같은 상황들에 꼭 들어맞는 처지에 있는 것은 아닐지라도 그 날 아침에 본문 말씀이 자신들의 상황에 구체적으로 어떻게 연결되는지를 제대로 파악하지 못한 사람은 별로 없었을 것이다.

더 구체적으로 말하면 말할수록 더 많은 사람들이 우리의 말에 귀를 기울일 것이다.

┃ 통합적인 적용을 하도록 촉구하라 ┃ 우리는 설교를 할 때 모든 것을 지나치게 개인화하려는 유혹을 받는다. 가령, 당신은 이것을 어떻게 적용하려고 합니까? 이 말씀을 듣고 당신은 무엇을 해야만 되겠습니까? 이것이 당신과 주님과의 관계에 어떤 영향을 미치겠습니까? 하나님께서 당신에게 무엇을 말씀하셨습니까? 메시지의 초점을 어떤 개인에게만 맞추는 것을 뛰어넘는 일은 아주 중요하다. 최근에 당신이 들었거나 전한 메시지를 돌이켜 보라. 얼마나 자주 우리는 적용 부분에서 '우리'나 '모두'가 아닌 '나' 또는 '나의' 개인적인 문제로만 연결시키는가?

이것을 무시하면 문제가 발생한다. 우선, 예수께로 나아오더라도 자기 중심적인 자세는 고스란히 간직할 수 있다는 메시지를 강하게 전달하게 되는 위험성이 있다. 자기 부인이란 선택 사항이 되는 것이다. 이때 예수님은 진정으로 나의 필요를 채우는 일에만 일차적인 관심을 가지고 계신 분으로 전락한다. 우선순위가 완전히 뒤바뀌어 내가 꼭대기에 앉아 있는 꼴이다. 이렇게 되면 문제는 심각해진다.

둘째, 성경의 교훈을 수많은 개인적인 적용점들로 이끌어갈 때 우리는 성경이 말하고자 하는 원래의 의미를 상당수 놓치게 된다. 성경의 가르침은 대부분 개인적이기보다 통합적이다. 성경은 두 가지 광범위한 집단을 언급하고 있는데, 그것은 바로 교회와 세상이다. 우리가 전하는 메시지는 이처럼 성경의 가르침에 부합해야 한다.

하나님의 관점에서 본다면 인간의 하늘에는 가장 두드러지게 빛나는 별인 북극성으로만 채워진 것도 아니며, 60억 개의 북극성이 저마다 따로 빛을 발하고 있는 것도 아니다. 하나님은 성운의 무리 가운데 우리를 다른 사람들과 함께 두셨다. 가족, 소그룹 모임, 교회, 이웃, 도시, 지역, 국가, 언어 종족, 세계, 하나님의 나라. 우리의 메시지는 성경의 통합적인 특성을 반영해야 한다.

어떻게 신앙을 나눌 것인가

│ 먼저 친해져라 │ 경계심이 많고 방황하는 사람들로 가득한 사회에서 우리는 그들에게 관계 중심의 접근 방법을 사용하여 복음을 전할 필요가 있다. 20세기 중반 미국이 기독교에 여전히 호의적이고 낯선 사람들을 비교적 따뜻하게 맞아들였을 때에는, 손에 전도지를 들고서 예고도 없이 모르는 사람들에게 다가가는 일이 별 문제가 없었다.

그러나 이제는 더 이상 이런 방법은 통하지 않는다. 오늘날에는 가정을 방문하여 행하는 전도에 모두들 냉담한 반응을 보일 뿐만 아니라 도시의 거리에서 만나는 낯선 사람에게는 거의 항상 대화가 시작되기도 전에 이미 발길을 돌려 버린다. 때로는 예외가 있기도 하지만 초대받지 않은 손님은 집집마다 찾아다니며 물건을 파는 영업사원만큼이나 환영을 받지 못하며 내키지 않는다는 표정을 접하게 될 뿐이다. 지혜롭지 못한 방법으로는 차가운 반응을 얻을 수밖에 없다.

80년대 초반에 그리스도인이 된 직후에 나는 봄방학을 맞이하여 플로리다로 내려온 허다한 무리의 대학생들에게 그리스도를 전하기 위해 IVCF 회원들과 함께 포트 로더데일(Fort Lauderdale) 해변으로 나갔다. 짝을 지어 해변으로 나간 뒤 열렬하게 기도를 한 다음 이리저리 돌아다니면서 해수욕 수건을 펴놓고 누워 있는 사람들에게 말을 걸었다. 나름대로 의미가 있었던 것으로 드러난 대화를 그 주간에 몇 사람과 나눌 수 있었다. 이 글을 쓰기 15년 전인 그때까지만 해도 당시의 대학생들은 우리와 이야기하는 일에 다소 머뭇거리는 정도였다. 그렇게 내키지 않아했던 경향은 이제 짜증스러움으로 바뀌었다. 낯선 사람들을 찾아다니던 전도 방법에 의존하는 것은 오늘날에는 별로 어울리지 않는다.

그 대신 그들의 흐트러진 마음과 분주한 일과 가운데에서도 관심을 끌 수 있는 방법은 비그리스도인들과 친해지는 것이다. 이 말은 서로를 잘 알 수 있도록 그들에게 많은 시간을 투자해야 한다는 뜻이다. 가령 소풍을 나가 함께 밥을 지어 먹는다든지, 그들의 자녀들이 출전한 학교 대항 축구 경기를 관전한다든지, 그들의 수족관에 있는 물고기에게 먹이를 준다든지, 그들이 휴가를 떠났을 때 우편물을 모아 준다든지, 그들에게 마음 편하고 자연스럽게 우리의 신앙을 나눌 수 있는 기회가 오도록 기다리며 기도하는 일을 포함한다.

부목사로 섬기던 콜로라도스프링스에 있는 교회에서 어느 날 나는 담임목사인 빌 티버트에게 노동절 주말에 교회 내의 행사를 모두 취소하고 교인들이 비그리스도인들을 위해 이 날을 보낼 수 있도록 해야 한다고 건의한 적이 있다. 그의 눈이 휘둥그렇게 되었지만, 이것을 진지하게 생각하고 기도하더니 노동절이 되자 교회 역사상 처음으로 밖으로 나가 전도하면서 주일을 보냈다. 우리는 여전히 간단한 예배를 드리기는 했지만, 마땅히 하나님을 믿어야 하나 그리스도나 교회 밖에서 어슬렁거리고 있는 사람들과 그 날 아침이나 하루 또는 주말 내내 함께 보낼 것을 회중들에게 촉구했다. 가까운 지역에 사는 사람들끼리 파티를 연다든지, 게임을 함께 즐긴다든지, 가족들이 다 함께 모인다든지, 운동을 좋아하는 사람들이 같이 모인다든지, 동물원으로 구경을 간다든지… 어떤 방법을 선택하여 시간을 보내는지는 별로 문제가 되지 않았다. 단지 함께 시간을 보낸다는 사실이 중요한 것이다.

4년 전에 나는 옆집에 사는 그레이라는 사람과 친해지기 시작했다. 처음에 그는 고집스럽고 뉴에이지 운동에 열심인 사람이었다지만, 지금은 그리스도인이 되었다. 그는 최근에 다음과 같이 내게 말해 주었다. "내가 이해하고 있는 바로는 하나님께서 나를 그리스도인으로 변화시키기 위해 사용하신 방법은 다른 무엇보다도 당신이 보여준 우정이었어요. 당신은 정말 너무나 신실한 친구였죠. 내가 당신의 신앙에 얼마나 동의하는지에 따라 우리의 우정이 달라진다고 느껴 본 적은 한 번도 없거든요. 나는 점차 당신을 신뢰하게 되었고, 그래서 내가 드디어 인생의 어떤 문제들과 싸우기 시작하면서 대화를 나눌 필요가 생겼을 때 당신과 상담을 하면 되겠다고 생각하게 되었던 거죠." 당신이 먼저 사람들과 친해지려고 하지 않는다면 그들은 하나님과도 친해지지 않을 것이다. 아주 간단한 원리인 것이다.

│ 자기를 신뢰하여 실패한 본보기를 말해 주라 │ 전도를 할 때 귀중하게 사용할 수 있는 또 다른 접근 방법은 자기를 신뢰하는 일이 얼마나 부질없는 짓인지를 깨닫도록 도와주는 것이다. 겉으로 보기에는 결과가 반대로 나타날 수도 있지만, 모든 사람들은 결국 제시가 겪은 것과 같은 한계에 부딪치게 된다는 사실이다. '혼자서 하는 법' 을 가르치는 수많은 책들이 정반대의 사실을 말하고 있을지라도, 우리는 자신만의 힘으로는 아무것도 할 수 없다. 인간은 유한하고 타락한 존재이며, 혼자서 무언가를 해 보려는 사람들 사이에서 어쩔 수 없이 뒤섞여서 살고 있다. 그러므로 우리는 늘 한계에 부딪칠 수밖에 없으며, 언제나 잘못된 선택을 할 수밖에 없는 존재들이다. 우리 스스로의 능력으로는 아무것도 할 수 없는 단순한 존재들이다. 사람들이 이미 느끼고 있는 그러한 사실들을 스스로 깨닫도록 다소 여유 있게 대화를 이끌어 가는 것은 본격적인 전도에 들어가기 전에 해야 할 가장 중요한 사전 작업에 속한다.

스스로에 대한 자부심이 대단한 사람인 월트 휘트먼도 결국 자신의 문제로 돌아와 내가 이미 언급한 사람들과는 아주 다른 감정들을 표현해 놓았다. 다음의 글을 보면 그가 담담하게 토로하고 있는 공허감을 엿볼 수 있을 것이다.

오, 땅바닥까지 추락해 버린 이 실패감과 좌절감이여,

감히 입을 여는 것조차도 힘든 스스로에 대한 무기력함이여,
수많은 사람들이 지껄이는 소리가 메아리로 나에게 돌아오는 가운데에서도
한 번도 자신이 누구인지 어떤 사람인지를 조금도 생각해 본 적이 없음을 깨
닫는도다
… 진정한 내 모습은 여전히 아무도 손대지 않은 채로, 밝혀지지 않은 채로,
누구도 밟지 않은 채로 남아 있다니! [1]

비그리스도인 친구인 마이클은 솔직하고 자신감에 찬 인물이다. 그러
나 어느 날 그가 내 전화를 받을 때 순간적으로 나는 그에게 무슨 일이
있구나 하는 것을 직감했다. "자네가 이 아침에 전화를 걸다니 아주 재
미있는 일이군. 지난밤에 내게 무슨 일이 있었는지 자넨 도저히 믿지 못
할 걸세. 최근에 내 심정이 참 복잡했었잖아. 지난밤 잠자리에 들었을
때 땀으로 흠뻑 젖고 숨을 쉴 수 없을 정도로 걱정이 많았다네. 도저히
잠을 이룰 수 없었지. 공포스러운 밤이었다네. 새벽 두 시쯤 되었을까,
그러다가 결국에는 침대 밑으로 내려가 무릎을 꿇고는 '좋아요, 예수님.
이 문제들 좀 처리해 주세요' 라고 요청했지. 그런데 웬걸. 아무 일도 일
어나지 않았지 뭐야. 온 밤을 뜬눈으로 지새웠다네. 도대체 이게 무슨
일이란 말인가!" 그가 말했다.

마이클과 나는 수년 동안 친구로 지냈기 때문에 그는 나를 신뢰하게
되었다. 그래서 나는 단도직입적으로 그에게 말할 수 있었다. 나 자신조
차도 내가 너무 직설적으로 말하고 있는 데 대해 놀라웠다. "하나님께서
왜 그런 경험을 하게끔 하시는지 아는가? 그것은 자네 스스로가 주인일
때 그 삶의 모습이 어떤 것인가를 생생히 보여 주기 위함이라네. 자네가
아무리 열심히 그 모든 일을 처리해 내려고 하더라도 그것은 불가능한
일이지. 하나님께서 왜 자네의 기도에 응답하시지 않는지 아는가? 그것
은 자네가 힘들 때에만 그분께 달려오는 것을 원하지 않으시기 때문이
라네. 그분은 자네의 문제만을 해결하는 해결사가 아니라네. 그렇다면

이내 그 해결사는 필요없게 되니까 말이야. 하나님은 자네의 전 존재를 원하시지. 그분은 근심거리만 들고 오는 것이 아니라 자네의 인생이 송두리째 그분께로 돌아오기를 원하신다네."

한참 동안이나 조용했다. 그러더니 마이클이 말을 받았다. "이것 보게. 자네가 전적으로 옳다고 생각하네. 통제력이란 내 인생에 있어 아주 중요한 문제지. 그런데 모든 일이 내가 원하는 대로만 되는 게 아니질 않은가?"

┃ 그리스도인의 삶이란 어떤 것인지 정직하게 말해 주라 ┃ 그리스도와 관계를 맺는 삶이 무엇인지에 대해 잘못된 인상을 심어 주는 것보다 나쁜 일은 없다. 우리가 어떻게 말하느냐에 따라 사람들은 그리스도와의 새로운 삶에 대해 아주 다른 기대감을 갖게 된다. 그것은 그들의 신앙 생활이 얼마나 오랫 동안 건전하게 유지되느냐에 결정적인 역할을 한다.

믿음으로 그리스도와 맺게 되는 관계가 의미하는 바를 이야기할 때 우리가 전형적으로 사용하는 이미지들이 얼마나 부적절한가에 대해 나는 생각에 잠기곤 한다. 우리가 가장 흔히 사용하는 비유는 그분과의 우정으로 시작하는 것이다. 그것은 분명히 성경적인 비유라고 볼 수 있다. 예수님께서도 제자들에게 친히 "내가 너희를 친구라 하였노니"(요 15:15)라고 말씀하셨고, 야고보는 아브라함이 하나님을 믿음으로 하나님의 벗이라 칭함을 받았다고 기록하고 있다(약 2:23).

그러나 문제는 그러한 우정을 통해 우리의 이기적인 욕심을 채우려고 하는 경향이 있다는 사실이다. 그래서 하나님과의 관계에 대해 친한 친구를 대하듯이 생각하여 쉽게 돌아서 버리기도 한다. 그러면 더 이상 내가 하나님을 위해 존재하는 것이 아니라 하나님이 나를 위해 존재해야 한다. 이런 식이라면, 거룩함이란 도저히 도달하기 어려운 일이며, 순종은 다루기 힘든 주제이며, 책임감은 거북한 요구이며, 하나님의 주권을 인정하기란 더더욱 어려워진다. 하나님을 또래처럼 생각한다면 바로 그 동료 의식 같은 것이 어떤 권면이나 도전을 어렵게 만든다.

여기에서 하나님께서 우리와 맺기를 원하시는 관계의 종류에 대해 적절하고 충실한 비유를 세 가지 제시하고 싶다. 위에서와 같이 말재주로 그리스도인의 삶에 관해 설명하려고 하면서 구도자와 시간을 보낸다면, 아무도 예수께로 나아오지 않을 것이다. 그러나 지불해야 할 대가를 헤아리고서 준비된 자들에게로 나아간다면 그 결과로 더욱 헌신된 자들을 만나게 될 것이다.

우리가 되새겨 보아야 할 성경의 세 가지 이미지는 주인을 섬기는 종의 모습(눅 17:7~10), 스승의 교훈을 따르는 제자의 모습(눅 6:40), 하늘에 계신 아버지에 의해 확대된 가정에 속한 가족들의 모습(마 12:46~50) 등이다. 이러한 세 가지 비유들은 사람들에게 아주 친숙한 이야기를 잘 활용한 내용이었을 것이다. 가령 왕에게 충성한 신하 이야기, 주인을 보고 따라 해 장사를 잘 배운 일꾼 이야기, 여러 세대가 살면서 온 가족이 모두 모여 양식을 준비하는 한편 공동 목표를 위해 다른 가족들과도 함께 일하기도 하는 대가족으로 이루어진 어느 농장 이야기 등이 말이다.

이러한 비유들이 우리에게 끼치는 좋은 영향력으로는 자부심과 독립심이 자기에게 고스란히 남아 있는 사람이나 여전히 자기 멋대로 하고 싶은 사람조차도 위와 같은 친숙한 신앙에 빠져들게 만든다는 점이다.

무엇을 전할 것인가

성경은 수많은 단락에서 영혼의 독립성에 대해 말하고 있다. 그것들 중에 가장 중요한 몇 가지에 초점을 맞추어 보겠다.

┃ 우리의 존재 이유 ┃ 기독교 신앙이란 우리의 필요를 채우려는 것이 아니다. 물론 하나님께서 우리의 필요를 채워 주시는 것은 사실이다. 그리스도를 통하여 하나님과의 관계가 올바로 세워지면 우리는 이전에는 알

지 못했던 엄청난 성취감과 만족감을 경험하게 된다.

그러나 그것이 하나님께서 존재하는 이유가 아니며, 그것이 우리가 존재하는 이유도 아니다. 우리를 지으신 분에게 모든 말과 생각과 행동으로 영광을 돌리기 위해 우리는 살아가고 있다. "또 무엇을 하든지 말에나 일에나 다 주 예수의 이름으로 하고 그를 힘입어 하나님 아버지께 감사하라"(골 3:17).

│ 우리 권리의 위치 │ 그리스도께로 나아온다는 의미는 또한 우리의 모든 권리를 기꺼이 내려놓는 위치에까지 나아온다는 뜻이다. "… 너희는 너희의 것이 아니라 값으로 산 것이 되었으니…."(고전 6:19~20)라고 바울은 기록하고 있다. 무리 중의 한 사람이 예수님께 그가 주를 좇겠지만 먼저 자신의 가족과 작별하고 오도록 허락해 달라고 요청했다. 사실 이것은 그가 마땅히 할 수 있는 그의 '권리' 에 속하는 요구였던 것이다. 그러나 예수님의 반응은 단호했다. "손에 쟁기를 잡고 뒤를 돌아보는 자는 하나님의 나라에 합당치 아니하니라"(눅 9:62).

하나님은 우리가 그분 앞에 겸손히 나아오기를 원하신다. 고집스럽고 자기 주장이 강하며 일이 자기 뜻대로 풀리지 않을 때에만 하나님 앞에 나아와 간청하려 하기보다 그분이 우리에게 부딪치도록 만드는 모든 것을 겸허하게 받아들이기를 바라신다. 자기가 생각하는 방법으로 응답하셔야 한다고 주장하는 욥을 하나님께서 꾸짖으셨던 것을 기억하는가? 하나님께서 우레와 같은 목소리로 말씀하셨다. "너는 대장부처럼 허리를 묶고 내가 네게 묻는 것을 대답할지니라 내가 땅의 기초를 놓을 때 네가 어디 있었느냐"(욥 38:3~4). 하나님께서는 우리에게 많은 것을 주시지만 그 어떤 것도 빚을 지우시지는 않는다. 하나님의 나라에서는 '의로운' 이란 말은 있어도 '권리' 라는 말은 없다.

│ 다른 사람들의 중요성 │ 사람들은 우리의 목적을 성취하기 위한 수단

이 아니다. 우리에게 격려와 수용이 얼마나 필요한지, 그 깊이는 마리아나 군도의 심연보다 더 깊어서, 때로는 다른 사람들을 이용해 그 필요를 채우기도 한다. 그러나 우리를 향한 하나님의 사랑이 올바로 이해되어 더욱 깊어질 때 우리는 자신의 필요를 채우기 위해 다른 사람들을 이용하는 잘못으로부터 벗어날 수 있다. 하나님의 경제 법칙에는 다른 사람들을 우리의 가치관으로 판단하라는 규정이 없다. 사랑과 수용, 안정을 찾기 위해 우리 주변의 사람들에게 의존하려고 해서는 안 된다. 이 모든 것들은 위로부터 오는 것이기 때문에 이웃에 사는 사람들로부터 얻을 수 있는 것이 아니다. 우리를 향한 하나님의 사랑이 얼마나 큰지에 대해서는 그분이 우리를 지으셨으며 그분이 우리를 위하여 죽으셨다는 사실로 충분히 알 수 있다. 그러한 하나님의 행위는 우리가 얼마나 소중한 존재인가를 확인해 주며, 하나님의 눈에 우리가 얼마나 귀한 존재인가를 분명히 증거해 준다. 그와 같은 사랑을 바울은 다음과 같이 기록하고 있다. "우리가 아직 죄인 되었을 때에 그리스도께서 우리를 위하여 죽으심으로 하나님께서 우리에게 대한 자기의 사랑을 확증하셨느니라"(롬 5:8). 그리고 이러한 사랑은 수만 가지 눈에 보이는 증거들에 의해 확인된다. 그런 것들 가운데에는 그분의 따뜻한 임재하심, 충만하게 섭리하심, 우리의 삶에서 일어나는 모든 사건들 가운데 보호하심 등이 있다.

우리를 향한 그리스도의 사랑 안에 있는 행복을 일단 맛보기만 한다면 우리는 공개적으로 다른 사람들을 섬기며 사랑할 수 있는 자유를 얻게 된다. 이럴 때에만 "아무 일에든지 다툼이나 허영으로 하지 말고 오직 겸손한 마음으로 각각 자기보다 남을 낫게 여기"는 일이 가능해진다(빌 2:3). 구세군의 창설자인 윌리엄 부스(William Booth)는 어느 성탄절에 동료 사역자에게 한 마디로 된 전보를 보냈다. 그것은 바로 "다른 사람들"이었다. 우리는 사랑을 받아 왔기 때문에 사랑할 수 있다.

| 상호 의존하는 삶 | 오늘날의 사회는 사생활을 귀하게 여기며 경쟁력

을 존중하며 다른 사람들로부터 방해를 받는 것을 아주 싫어한다. 그러
나 신자들 사이의 관계는 그것과는 달리 서로 연관된 삶이며 서로 떠받
쳐 주는 것이다. 성경에 따르면 그리스도인으로서 우리의 책임은 "서로
돌아보아 사랑과 선행을 격려하"는 것이다(히 10:24). 공식적으로 그것
은 교회의 정신을 세우는 토대이며, 비공식적으로는 서로에게 조금씩
가까이 오라고 초청하고 조금씩 서로의 삶에 개입하는 것을 의미한다.
나는 지금 다른 사람들의 은밀한 사생활의 문제를 샅샅이 캐내거나 기
도 제목을 나누는 것을 가장하여 뒤에서 남의 이야기나 하라는 말을 하
는 것이 아니다. 오히려 우리의 자리를 말 그대로 내어 주라는 뜻이다.
그리스도와의 관계가 성숙할 수 있도록 다른 사람들을 조용한 가운데
격려하라는 말이다. 이런 정도의 개입은 우리에게 잃어버린 기술이 되
었으며, 신앙 공동체 안에 꼭 필요한 부분이다.

그러나 상호성이란 오로지 주는 것만이 아니라 남의 의견을 받아들이
는 것도 포함한다. 성경적인 관점으로 본다면, 다른 사람들의 적절한 조
언을 잘 받아들이는 사람이 분별 있는 사람이다. 그러한 충고를 수용하
지 못하는 사람은 "어리석다"(잠 15:32, 12:1)는 것이다. 예수께로 나아
왔으나 교회 가족들의 관심과 배려와 무관하게 살아가는 일이란 불가능
하다. "제발 방해하지 마세요."라는 간판을 걸고 다녀서는 안 된다. 그
리스도 안에서의 삶이란 더불어 살아가는 삶이기 때문이다.

┃ 인간성에 대한 정확한 안목 ┃ 자신감 회복 운동과 이를 치료하기 위한
접근 방법들로 인해 사람들 사이에 긍정적이고 낙관적인 견해들이 생겨
났다. 그러나 이러한 견해는 그릇된 자신감을 낳게 한다.

사람이라는 존재에 대해서는 엄청나게 놀라운 사실이 있는데, 그것은
말로는 도저히 표현할 수 없는 아주 매력적인 존엄과 위엄과 풍부한 자
원을 지닌 존재라는 점이다. 우리가 성경의 기록을 통해 잘 아는 대로,
그러한 독특성은 하나님의 형상으로 지음받은 존재라는 사실로부터 온

다(창 1:26~27). 그러나 창조 기사의 또 다른 이야기를 명심하지 않는 다면, 우리는 주전자의 뜨거운 물 속에 죽는 줄도 모르고 들어앉아 있는 개구리와 같게 된다. 그것은 아담과 이브가 하나님을 반역했다는 사실 이며, 홍수로 물이 든 지하실의 카펫처럼 이제 모든 인간은 죄로 얼룩져 있으며 냄새가 나는 존재가 되었다는 사실이다. 죄의 영향력 아래 있지 않은 사람은 아무도 없다. "모든 사람이 죄를 범하였으매 하나님의 영광 에 이르지 못하더니"(롬 3:23). 이러한 타락으로 말미암아 우리 모든 인 간은 존엄한 존재이면서도 동시에 곧 거대한 쓰레기 더미 안에 빠져 있 는 것이다.

그 결과로 우리는 마음으로 간절히 소원하기는 하나 우리 안에 그러 한 구덩이에서 스스로 빠져나올 수 있는 능력은 없기 때문에 점점 더 고 립된 상태에 빠져들게 되었다. 치료학적인 문화는 별다른 도움을 주지 못하고 우리를 내부로 몰아넣는다. 우리의 내적인 자원이 파산지경에 이르렀다는 사실을 자각한 기독교는 우리의 시선을 바깥으로 돌리게 만 든다. 그것은 바로 파멸에서 우리의 생명을 구속하시는 주님이시다(시 103:4).

| 쾌락과 고통 | 결국 쾌락을 추구하는 개인주의자들은 그들의 귀에는 이해가 되지 않는 이야기를 들어야만 한다. 곧 모든 즐거움이 좋은 것 은 아니며, 모든 고통이 나쁜 것도 아니다.

우리에게 즐거움을 가져다 주는 많은 일들은 나쁜 것으로, 하나님의 냉혹한 비난에 직면할 수밖에 없는 자기 파괴적이며 자기 중심적인 반 향을 일으키게 만든다(엡 2:1~3). 사람의 마음에 쓰라린 상처를 남길 뿐인 복수를 통해 맛보는 쾌락이나, 사랑과 헌신으로부터 동떨어진 성 적인 표현을 통해 경험하는 쾌락이나, 우리가 너무나도 쉽게 빠져드는 수많은 다른 사람을 파괴하는 쾌락은 어떤 형태의 것이라도 좋지 않다. 우리의 타락한 본성으로 인하여 우리는 흔히 하나님의 은혜라는 찬란한 대로 대신에 죄라는 어두컴컴한 뒷골목으로 들어가 쾌락을 맛보려고 한다.

동시에 우리에게 고통을 가져다 주는 많은 일들이 실제로 우리에게 유익한 것이다. 우리가 난로를 만지려고 할 때 경고의 행동으로써 팔을 치켜들면서 "조심해!"라고 목소리를 높이는 것과 마찬가지로, 고통은 우리의 유익을 위하여 하나님에 의해 사용될 수 있다.

우리가 가장 도망가고 싶어하는 바로 그것들이 종종 하나님께서 우리에게 좋은 것을 주시기 위해 사용하시는 방법이다. 하나님께서는 우리의 믿음을 성장시키고 우리의 성품을 계발시키기 위하여 우리가 죄와 싸우는 일, 우리의 실패와 고난들을 사용하신다. 그러므로 바울은 다음과 같이 기록하고 있다. "다만 이뿐 아니라 우리가 환난 중에도 즐거워하나니 이는 환난은 인내를, 인내는 연단을, 연단은 소망을 이루는 줄 앎이로다 소망이 부끄럽게 아니함은 우리에게 주신 성령으로 말미암아 하나님의 사랑이 우리 마음에 부은 바 됨이니"(롬 5:3~5).

쾌락과 고통에 대해, 그 밖의 다른 모든 것들에 대해 하나님께서는 그 범위를 새롭게 정하신다. 쾌락을 좇는 일이 반드시 잘못된 것은 아니다. 왜냐하면 그 모든 것은 우리가 어디에서 그것을 추구하느냐에 달려 있기 때문이다. 고통으로부터 도망치려는 행동도 인간의 정상적인 반응이라고 볼 수 있다. 왜냐하면 문제는 어떤 이유로 그것을 회피하느냐에 달려 있기 때문이다. 궁극적으로 진정한 쾌락은 하나님께서 원하시는 것을 행하는 데에서 발견할 수 있으며, 고통은 그의 구속하심을 무시하고 자기가 원하는 대로만 행할 때 오는 것이다. 그래서 시편 기자는 다음과 같이 노래하고 있다. "나로 주의 계명의 첩경으로 행케 하소서 내가 이를 즐거워함이니이다"(시 119:35).

제7장과 제8장에 대하여

[주요 개념들]

· 개인주의(Individualism): 가장 핵심적인 관심사와 가장 중요한 사회적인 기본 원칙으로 개인이나 개인적인 삶에 일차적인 강조점을 두는 접근 방식.

· 르네상스(Renaissance): 고대의 고전들에 대한 재발견에 따른 새로운 예술적 표현과 인본주의적인 사고 방식이 등장했던 시기로 중세의 종말과 현대의 출발점이 되었던 시대(1300년대~1500년대).

· 인본주의(Humanism): 인간의 존엄성이나 잠재력, 탁월성을 강조하는 사고 방식으로 하나님의 존재를 최소화하거나 아예 무시해 버리는 세계관을 일반적으로 드러낸다.

· 계몽주의(Enlightenment): 1600년대와 1700년대에 합리주의적이고 인본주의적인 사고가 유행하던 시기의 사조로 낙관주의, 진보, 회의주의, 이성과 자유 등으로 특징지워진다.

· 개인의 권리(Individual Rights): 처음에는 민주주의 내에서 땅을 소유하거나 여러 가지 민주적인 절차에 모두 참여할 수 있는 개인의 권리를 의미했으나, 오늘날에는 수입, 의료 보호, 사생활, 선택권, 표현의 자유 및 그 외 대부분의 것들에 대한 권리로 확대되었다.

· 낭만주의(Romanticism): 계몽주의적 합리주의에 대한 반발로 1800년대에 등장한 사조로 창조적인 자기 표현 및 직관과 상상력에 민감할 것을 강조했다.

· 치료학적 문화(Therapeutic Culture): 비종교적인 치료 요법의 가정들이 지배적인 문화로 자기 수용의 미덕, 자기 표현의 가치, 자기 성취에 우선 순위를 두게 된다.

· 자기 존중 운동(Self-esteem Movement): 자기 이해, 자기 수용, 자기 표현 및 자아 성취에 근거한 인기 있는 심리 치료 요법.

[추천 도서]

· 벨라, 로버트(Bellah, Robert). 『마음의 습관: 미국인들의 생활에서

개인주의와 헌신(*Habits of the Heart: Individualism and Commitment in American Style*)』. 버클리: 캘리포니아 대학교, 1985. 로버트 벨라가 주도하는 사회학자 집단에 의해 쓰여진 이 고전은 광범위한 인터뷰와 미국에서 개인주의적인 사고가 발생하게 된 역사에 관한 유익한 자료들을 담고 있어 자기 중심적인 문화에 대해 풍부한 통찰을 할 수 있도록 돕는다.

· 프리드만, 로렌스(Friedman, Lawrence). 『선택의 공화국: 법, 권위 그리고 문화(*The Republic of Choice: Law, Authority and Culture*)』. 케임브리지: 하버드 대학교, 1990. 프리드만은 미국에서 개인주의적인 경향이 발생하게 된 경위를 자세하게 설명하고 있다. 자유, 선택 및 자기 표현이 시사하는 바를 조심스럽게 다루고 있다.

· 비츠, 폴(Vitz, Paul). 『종교로서의 심리학: 자신을 숭배하는 신앙(*Psychology as Religion: The Cult of Self-Worship*)』. 그랜드 래피즈: 어드만, 1977. 자기 존중 심리 운동에 대한 사려 깊은 기독교적 비평서이다.

· 위튼, 마샤 G(Witten, Marsha G.). 『모든 것은 용서된다: 미국 개신교 내에서의 세속적인 메시지(*All is Forgiven: The Secular Message in American Protestantism*)』. 프린스턴: 프린스턴 대학교, 1993. 돌아온 탕자의 비유에 대한 최근의 47가지 설교를 조사한 결과, 위튼은 어떻게 나 중심의 세계관이 교묘하게 흘러 들어왔으며 더 나아가 그것이 지배적이 되어 성경적인 해석을 능가하게 되었는지를 보여 준다.

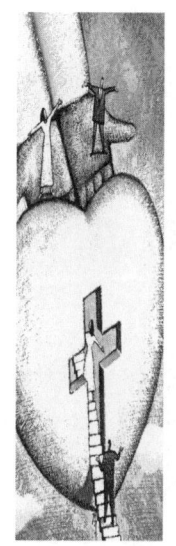

제 5 부

하나님을 초월해
우리는 어떻게 사고하는가

무(nada, 無)에 계신 무시여,
이름이 무가 되시오며, 나라가 무로 변하며,
뜻이 무에서 이룬 것같이 무에서도 이루어지이다.
오늘날 우리에게 일용할 무를 주옵시고,
우리가 우리의 무를 무로 만든 것같이 우리의 무를 무로 변하게 하옵시며,
우리를 무에 빠지게 하지 마옵시고,
다만 무에서 구하옵소서.
– 어네스트 헤밍웨이, *"밝고 깨끗한 곳(A Clean, Well-Lighted Place)"*

하나님은 공룡을 창조하셨다.
하나님은 공룡을 파멸시키셨다.
하나님은 인간을 창조하셨다.
인간은 하나님을 파멸시켰다.
– 영화 쥬라기 공원에서 제프 골드블룸이라는 등장 인물

제9장

하나님을 한쪽으로 밀쳐 두기

루스는 어느 날 아침 자기 목재소에서 기계톱으로 통나무를 자르고 있었다. 그런데 갑자기 톱날 사이로 오른손에 끼고 있던 장갑이 말려 들어갔나. 그의 손이 칼날 아래로 빨려 들어갔고, 그 다음 순간 잘린 엄지손가락이 기계톱 뒤로 튀어나왔다. 루스는 곧바로 덴버의 수족보존연구소로 달려갔고, 여기에서 전문 의료진은 이 엄지손가락을 붙이기 위해 10시간 동안이나 수술을 했다. 의료진이 나중에 다시 검진을 하기 위해 루스에게 돌아와서 살펴보니 수술을 제대로 잘 한 것 같지가 않았다. 그래서 그들은 엄지손가락을 떼어내서 재수술을 단행했다.

떨어져 나간 손가락을 다시 붙이는 일은 엄청나게 복잡한 과정이다. 단순히 피부와 피부를 잘 맞추어서 꿰매기만 하면 되는 문제가 아니기 때문이다. 모든 혈관, 신경, 근육, 인대, 힘줄과 뼈가 절단되기 전의 상태로 연결되어야 한다. 의료진은 엄지손가락이 제대로 붙을 수 있도록 속에 철심을 심어야만 했고, 흉측한 모양의 뼈는 깎아내야 했고, 너무 손상이 된 부분을 대체하기 위하여 몸의 다른 부위에서 신경이나 혈관을 이식해야 했다. 이것이 현대 의학이 추구하는 방법이다.

6개월 후 루스는 엄지손가락을 거의 완전히 회복하여 사용할 수 있게 되었다. 회복된 손가락을 보면 그 이전의 상태가 얼마나 심각했는지를 상상할 수 없을 정도이다.

이 이야기를 쓰면서도 나 스스로가 너무나 놀라워 고개를 흔들곤 했다. 정말로 놀라운 일이었다. 이런 일조차도 일어날 수 있도록 그렇게 하나님은 우리의 몸을 지으셨던 것이다. 하나님은 이처럼 아주 놀라운 방법으로 우리를 고치시기를 원하신다. 하나님께서는 사람들에게 이러한 기적에 동참할 수 있도록 기회와 능력을 부여하신다. 얼마나 놀라운 일인가!

루스는 이 사실에 대해 가장 먼저 동의를 할 것이다. 헌신된 그리스도인인 루스는 요즘 엄지손가락을 정상적으로 사용할 수 있게 된 것은 '전적으로 하나님의 축복'이라고 생각한다. 그는 손가락을 제대로 사용할 수 있도록 회복해 주신 분은 모든 면에서 하나님이라고 믿는다.

의사들 역시 이 사실을 아주 놀랍게 생각하는 것 같았다. 통원 치료를 할 때 수술을 담당했던 의사들은 결과에 아주 만족하여 입이 찢어질 정도로 웃곤 했다. "신기하지 않아요? 손가락이 너무 잘 아물어서 나는 믿어지지 않을 정도예요."

그러나 루스에게 놀라운 것과 그들에게 놀라운 것이 다르다는 사실은 분명하다. 그들이 신기해하는 것은 하나님의 역사하심이 아니라 자신들의 기술과 노고의 결과였다. "결과가 기대했던 것보다 훨씬 좋아요. 수술이 아주 잘 됐어요. 당신은 운이 좋군요."라고 그들은 말했다.

통원 치료를 하는 동안 루스의 엄지손가락을 지켜본 치료요법사들도 동일하게 근시안적인 태도를 보였다. "와, 현대 의학으로 이런 엄청난 일을 해내다니! 저 의사들은 정말로 대단해!"

하나님에 대한 언급은 한마디도 없었다. 루스에게 이 일은 커다란 영적 체험이었으나, 의료진의 대응은 대수롭지 않은 것이었다. 의료진에게 기적이란 하나님의 은혜로우신 개입이 아니라 전문의들의 반복적인 의료 행위였다.

우리는 오늘날 하나님과 무관한 세상에 살고 있다. 하나님이 죽었다기보다는 오히려 성가신 존재이다. "하나님은 없어도 괜찮아요. 감사합니다." 이것이 하나님을 향한 현대인들의 태도이다.

세속적이란 말이 현대 문화를 잘 설명해 준다. 세속적이 된다는 말은 이 세상에 속한 혈과 육에 관한 것에만 관심을 두는 삶이다. 세속주의는 하나님에 대한 망각과 영적인 차원에 대한 무시를 의미한다.

그런데 조지 갤럽이나 조지 바나의 여론조사와 같은 통계를 보면, 미국인들의 94%가 하나님을 믿으며[1] 89%가 "기도에 응답하시며 자신을 지켜 주시는 하나님이 계신다."는 사실에 동의하는 것으로 나타나는 것은 무엇 때문인가?[2]

두 가지로 설명을 할 수 있을 것이다. 첫째, 대부분의 미국인들이 하나님을 믿기는 하지만 극소수의 사람들만이 하나님의 존재를 심각하게 생각하면서 살아간다는 점이다. 그들은 자기 의존적이며 독립적이다. 그들에게 하나님은 별로 중요하지 않다. 그들은 아주 세속적이기 때문이다.

성경적인 신앙과 세속주의는 서로 날카롭게 대립하는 개념이지만, 신자들에게 실질적인 헌신을 요구하지도 않고 눈에 띄는 영향력도 끼치지 못하는 실속 없는 최소한의 신앙인 명목적인 신앙은 세속적인 문화 환경 속에서는 아주 편하다. 불행하게도 갤럽의 조사에 따르면 전자보다는 후자가 훨씬 많다고 한다. "미국인들이 고백하는 신앙과 그들이 구성원으로 있는 사회의 형편과는 '커다란 윤리적인 간격'이 있다. 미국에서는 종교적인 관심이 대단하기는 하지만, 그것은 상당히 피상적인 수준에 머무른다. 그들이 고백하는 신앙 수준에서 찾아볼 수 있는 삶의 변화란 기대하기 힘들다."[3]

둘째, 전체적인 현대 문화 역시 하나님을 심각하게 받아들이지 않고 있다. 『불신앙의 문화(Culture of Disbelief)』라는 책에서 스테판 카터(Stephen Carter)는 미국 문화에서 하나님이나 하나님을 열성적으로 믿는 사람들을 위한 여지를 발견하기는 힘들다고 말한다. 다음은 공적인 활동 영역에서 들려오는 소리들이다. "당신이 원한다면 기도하라. 당신이 해야 한다면 예배하라. 그러나 무엇을 하든지 당신의 종교를 어떤 이유로든 심각하게 여기지는 마라."[4]

현대 세계에서 하나님은 죽은 것이 아니라 비즈니스 세계에서 말하는 것처럼 퇴출당한 '선수'와 같다. 우리는 하나님을 한쪽 구석으로 몰아내고 있다.

장막을 걷어라

〈오즈의 마법사(The Wizard of Oz)〉라는 영화에 나오는 친숙한 장면은 현대 문화에서 하나님의 위치가 어떤 식으로 망각되고 있는지를 잘 보여 주고 있다.

도로시와 친구들이 커다란 방 안에서 서성이는데, 불꽃과 연기를 뿜어내는 담장 속에서 한 푸른 얼굴이 그들을 노려본다. 그러고는 "위대하고 강하신 오즈님을 노엽게 하지 마라!" 하고 소리친다. 허수아비는 겁에 질리고, 사자는 잔뜩 움츠리고, 깡통 로봇의 다리는 스프레이 캔처럼 달각달각 소리를 낸다. 그러나 바로 그때 도로시의 애완견인 토토가 한쪽에서 커튼의 줄을 잡아당기기 시작한다. 커튼이 올려지자 콧수염을 기른 조그만 남자가 다이얼을 돌리고 레버를 움직이면서 마이크에다 소리치는 모습이 드러난다.

위대하고 강한 것처럼 보이는 오즈는 실제로 그렇게 위대하거나 강한 인물이 아니다.

지난 5세기 동안 하나님에게 드리워진 장막이 걷혔다. 헤아릴 수 없는 수많은 세대의 사람들이 하나님에 의해 창조된 세계에, 하나님으로 충만한 세계에, 하나님의 통치 아래 있는 세계에 살았다. 하나님은 전능하시며, 전지하시며, 장엄하시며, 우리의 가장 깊은 존경을 받으시기에 합당하신 분이다. 그러나 우리들 대다수가 그렇게 생각하는 것처럼, 하나님은 이제 별로 힘도 없는 조그만 노인에 불과한 것으로 보인다. 이러한 엄청난 변화는 장막을 한 번 재빨리 올린 일에서 기인한 것이 아니라 수도 없이 반복하여 운명의 끈을 잡아당긴 결과이다.

사람들이 사람에 관심을 쏟을 때인 르네상스 시기에 하나님은 적극적으로 거부된 것은 아니지만 무력한 존재로 취급되었으며 점차 모퉁이로 내몰렸다. 그 시점으로부터 다른 네 가지 주요한 영향력으로 인해 하나님은 아주 효과적으로 한쪽 구석으로 내몰리게 되었고 결국에는 문을 잠그고 가두어 버렸다. 그러한 것들이 무엇인지 하나씩 차례로 살펴보자.

데카르트와 자율적 인간

서구 사회는 1500년 동안 어떤 질문이 제기되면 그 해답을 성경으로 돌아가 찾으려는 경향이 있었다. 진정한 하나님의 성품이란 어떤 것인가? 왜 세상이 존재하는가? 나는 누구인가? 내가 왜 여기에 있는가? 죽고 나면 어떤 일이 일어날까? 1500년 동안이나 이러한 질문들을 비롯해 그와 유사한 질문들이 제기되었고, 그 해답을 찾기 위해 사람들은 성경책을 뒤적거렸다.

그러나 르네 데카르트(Rene Descartes)가 등장하자 그 모든 것이 변하기 시작했다. 1600년대 초까지만 해도 데카르트는 신실한 그리스도인 수학자요 철학자로서 인간이 아주 분명하게 알 수 있는 것들의 목록을 만들고자 했다. 그는 자신의 생각에 확신을 가질 수 있는 것들로부터 시작했다. 하나님은 존재하신다. 나도 존재한다. 나에게는 육체가 있다. 나는 현재 꿈을 꾸고 있지 않다. 나의 감각은 정확하다. 바깥세상이 존재한다. 그리고 데카르트는 좀더 심각한 질문을 던지기 시작했다. 그러면서 급진적인 회의주의의 방법론을 채택했다. 그것은 모든 것에 질문을 던져 더 이상 의심할 수 없는 것들만 믿을 만한 것으로 받아들이는 것이다. 그의 목록은 점점 짧아져 결국에는 다음과 같은 사실만이 남게 되었다. "나는 생각한다. 그러므로 존재한다." 나에게 가장 확실하고 유일한 것은 내가 존재한다는 사실이었다. 나의 경험만이 그것이 진실인지를 말해 준다. 내가 생각할 수 있는 것은 내 속의 어디에선가 그 생각을 할 수 있도록 하는 '내'가 존재해야만 가능한 것이다.

하지만 그 외의 모든 것은 의심스럽다. 하나님도, 바깥세상도, 전통도, 감각을 통해서만 확인되는 증거도 다 의심스런 것이다. 그 어떤 것도 확실히 알 수 없다. 이러한 결론은 데카르트가 의도하지는 않았지만 성경의 권위에 치명타를 입히는 것이었다. 사실 그가 하려고 했던 것은 인간이 어떻게 하나님의 존재를 확신할 수 있느냐를 보여 주려는 것이었다.

그러나 자신도 모르는 사이에 그는 다음과 같은 유산을 물려주게 된다. 첫째, 그의 회의적인 탐구는 성경에 대한 의심을 불러일으켰다. 우리는 성경의 정확성과 진실성을 확신할 수 있을까? 사람들은 의심의 눈초리로 성경을 바라보기 시작했다. 둘째, 데카르트가 보여준 것은 누구도 기독교적인 사고 방식이라는 우산 아래에 머물러 있을 필요가 없으며 밖으로 걸어나가 스스로의 눈으로 하늘을 쳐다볼 수 있다는 점이다. "왜 내가 성경이 말하는 대로만 믿어야 하는가? 나에게 진리라는 것을 말해 주는 당신은 도대체 누구인가? 나도 스스로 생각할 수 있다."

어디서 많이 듣던 소리인가? 그럴 만도 할 것이다. 그것은 데카르트의 사상적 실험이 남겨 준 소용돌이로 말미암아 오늘날 우리 주변의 대다수 사람들이 생각하는 사고 방식이다. 어느 여름날 나는 보스턴 북부의 케이프 앤 연안으로 고래를 구경하러 갔다. 시원한 바닷바람을 쐬며 돌아오는 길에 열네 살쯤으로 보이는 소년과 소녀가 하는 이야기를 우연히 듣게 되었다. 그들은 기독교의 배타성과 교회의 타락, 그리고 그리스도인들과 다른 종교인들의 다툼에 대해 불평을 늘어놓고 있었다. 그러면서 이렇게 말하고는 대화를 맺었다.

소년: "이 모든 것은 그 사람들이 1000년 전에 쓰여진 것을 믿기 때문
이야."

소녀: "이 모든 일은 다 소설 때문이야. 수많은 소설 때문에 빚어진 일
이라고."

소년: "그래 맞아! 이건 아무래도 2000년 전에 찍은 시트콤 같아!"

그러면서 그들은 깔깔대고 웃었다.

성경이 단지 인간의 생각만을 모아 놓은 고대 중동판 〈천사들의 감동
(*Touched by an Angel*)〉이라는 영화의 대본에 불과한가? 아니면 성경
의 궁극적인 저자인 하나님께서 매 장마다 자신의 계시된 진리를 가득
채워 놓으셨는가? 여기에는 신앙의 기준이 되는 권위의 문제가 걸려 있
다. 성경은 하나님, 현실, 인간 및 예수 그리스도에 대해 무엇이 진리인
지를 가릴 수 있는 정보원이기 때문이다. 기독교란 성경의 영감성과 확
실성과 신뢰성과 충분성에 대한 확신에 근거하여 서 있다. 데카르트의
급진적인 사상적 실험은 고의적인 것은 아니지만 해서는 안 될 장막의
끈을 잡아당긴 꼴이 되었다.

과학 혁명

점증하는 세속적 사고의 물결에 박차를 가한 두 번째 무의식적인 요
인은 신과학의 발전이었다. 이전에 수세기 동안 자연을 연구한 그리스
도인 과학자들은 무엇이 이 세상을 움직이는 원동력인가 하는 질문에
대한 해답을 찾기 위해 하나님의 계시에 의존했다.

그런데 코페르니쿠스(Copernicus), 케플러(Kepler), 갈릴레오
(Galileo), 베이컨(Bacon), 뉴턴(Newton)과 같은 사람들이 나타나 자연
세계를 이해하는 새로운 방법을 소개했다. 이전까지의 과학자들과는 달
리 그들은 이성이나 계시에 의존하지 않고 직접적인 관찰과 실험, 측정
가능한 증거에 의존했다. 망원경, 현미경, 프리즘, 시험관이 성경을 대

신하는 도구가 되었다.

실제로 초기의 모든 과학자들은 아주 헌신된 그리스도인들이었다. 그들에게 과학과 종교는 전혀 별개의 것이 아니었다. 오히려 과학은 자연스럽게 신앙을 성장시킨다고 믿었다. 피조 세계가 어떻게 작동하는지를 이해하고 물리적인 세계에 관심을 가지는 것은 하나님에 대한 헌신을 표현하는 의미심장한 방법이었다.

그러나 초기 과학자들의 연구 결과는 사람들로 하여금 하나님으로부터 멀어지게 했으며 그들에게 성경에 대한 확신을 점점 더 잃게 만들었다. 이러한 경향은 세 가지 방향으로 일어났다.

먼저, 프란시스 베이컨과 그의 동료들은 신학으로는 존재에 대한 사람들의 모든 질문에 대답하는 것이 불가능하다고 주장했다. 오직 과학으로만 해결할 수 있는 문제들이 분명히 있기 때문이다. 어떻게 행성들이 하늘에서 궤도를 따라서 운행할까? 어떻게 질병은 전염될까? 어떻게 빛은 굴절할까? 어떻게 중력이 작용할까? 이러한 질문은 과학의 영역이었다. 과학은 하나님께서 왜 행성을 만들었고 어떻게 그들에게 질서를 부여했는지에 대해서는 묻지 않는다. 과학은 또한 왜 하나님께서 전염병이 돌도록 허락하는지 그리고 하나님의 피조 세계에서 빛이 여러 색깔로 나누어지는 목적이 무엇인지에 대해서도 묻지 않는다. 그러한 것은 신학의 영역이었다. 물론 이것들이 초기의 과학자들에게 매우 중요한 질문이기는 했지만, 심각하게 분투하던 질문은 아니었다. 과학의 임무는 목적이 아니라 과정을 다루는 것이며, '왜'가 아니라 '어떻게'의 문제를 다루는 것이었다. 관찰과 측정을 통한 연구를 기초로 과학은 전통과 권위의 원천을 성경이 아닌 다른 것에서 찾았다. 이것은 물리적인 사실들에 대한 신뢰성을 점점 확실히 가지게 하는 한편, 위로부터 내려온 증명할 수 없는 전통에 대한 불신이 무의식중에 점차 널리 퍼지게 만들었다. 오래지 않아 인간의 확신은 그러한 사실들 때문에 나누어지게 되었다. 인간은 그러한 확신으로 인해 상당한 불확실성이 존재하는 것에 대한 확고한 신념이나 견해, 또는 믿음을 가질 수 있었던 것이다. 성경도 역시 그러한 범주에 속했다.

둘째, 과학자들은 닫힌 계(a closed system) 모델을 사용했다. 실험을 위하여 그들은 연구의 한 요소로서 하나님의 개입을 제거해 버렸으며, 인과율에 대한 순수한 기계적인 강조점만을 가지고 세계를 바라보았다. 이내 행성들이 태양 주위로 타원형 궤도를 따라 회전하고 있다는 것과, 박테리아를 통하여 질병이 전염된다는 것이 밝혀졌으며, 모든 종류의 자연 현상들이 하나님을 의지하지 않고서도 적절히 설명되었다. 과학자들은 하나님이 전혀 관여하지 않는다고 말하지는 않았지만, 우주의 여러 현상들에 대해 점점 더 많은 것들이 과학으로 설명이 되자 닫힌 계 모델은 점차로 세계를 이해하는 합리적인 방법으로 자리잡게 되었다. 우주 내에서 충분히 효과적이고 완벽한 설명이 가능한데 왜 초자연적인 존재에 기대야 하겠는가?

셋째, 주변 세계에 대한 이해의 폭이 이처럼 넓어지고 심지어 다방면에서 그것을 정복하자 과학은 자연을 다룰 수 있으며 인간의 문제를 해결할 수 있다는, 인간의 능력에 대한 낙관적인 확신을 불러일으켰다. 그결과 과학의 열매를 통하여 자신들의 필요를 충분하게 채울 수 있는 사람들에게 하나님의 존재가 반드시 필요한 것 같지는 않았다. 아프면 약을 먹으면 되고, 전쟁에서 이기려면 더 강한 무기를 만들면 되고, 메마른 땅에는 수로를 만들면 되는 세상에서 하나님이 차지할 수 있는 공간이 남아 있겠는가? 하나님은 과학이 이해하지 못하는 그러한 영역에서만 자리를 차지하고 있는 볼품 없는 존재로 전락하고 말았다.

이렇게 해서 사람들에게는 성경을 권위의 근원으로 삼지 않으려는 태도가 점차 생겨나게 되었다. 순수한 자연적인 설명만 있고 신비적인 요소들이 모두 제거된 세계에서 하나님은 점점 우리들과는 무관한 존재가 되어가고 있었다. 계몽주의 시대에는 하나님과 성경에 대한 불평의 소리들이 점점 더 많이 터져 나왔고, 세속주의의 거대한 물결이 성난 파도처럼 전 유럽을 강타했다.

세속주의의 탄생

계몽주의가 발흥하도록 했던 루소(Rousseau), 볼테르(Voltaire), 흄 (Hume), 록크(Lock)와 같은 사상가들은 여러 면에서 어떤 새로운 것들을 제창하지는 않았다. 그들의 철학은 르네상스와 함께 시작된 개인주의, 인본주의, 낙관주의를 좀더 합리적으로 발전시켰을 따름이다.

계몽주의가 과거의 모든 전통들을 깨뜨리고 있던 시기에 다른 쪽에서는 르네상스라는 개념이 태동하기 시작했다. 인간의 재능과 예술성에 대한 점증하는 깨달음으로 인간에 대한 교만한 확신, 과학적인 진보에 따른 자랑스런 낙관주의, 이성에 대해 이론(異論)을 달지 않고 가지는 신뢰, 인간에게 균형 잡힌 선한 마음이 있다고 하는 교리적인 주장들이 급격히 가속되었다. 이 시기는 하나님에 대한 회의주의자들의 공격과 모든 종교적인 것들에 대한 비방으로 특징지워진다.

자부심이 가득한 인간이 중심에 있고, 최종적인 권위를 이성에다 두었던 시대 사조 때문에 하나님은 어디에서도 찾을 수가 없었다. 이것은 회의주의적 세계관으로 기독교 세계관의 굴레에서 벗어나 그것을 내팽개치고 현대적으로 세상을 이해하는 방식이었다.

특히 회의주의는 이전의 사고 방식에서 벗어나 신적인 것은 모두 버리고자 했다. 계몽주의적 세속주의는 세 가지 방법으로 이 우주에서 하나님의 자리를 내몰았는데, 그 모든 일들이 오늘날에도 여전히 아주 유사하게 일어난다.

1. 하나님은 저 멀리 계신다

근대에 나타난 하나님에 대한 첫번째 사고 방식은 이신론(理神論)으로, 창조주로서의 하나님은 인정하지만 섭리하시는 분으로서는 인정하지 않는 신학 사조이다. 이신론자들은 하나님은 존재하시지만 우주에서 그분의 역할은 단지 기계의 설계자와 같은 것이라고 믿는다. 하나님은 우주를 만드시고 거기에다 거스를 수 없는 자연 법칙을 두셔서 잘 운행되게 만든 다음 기본적으로는 손을 떼고서 그 체계에 대해 다시는 간섭하지 않는다. 그분이 존재하는 것은 사실이지만, 그분은 다른 태양계로 휴가를 떠나셨다는 것도 사실이다. 왜냐하면 그분은 뭔가 눈에 띄는 방식으로 이 세상에 개입하지 않으시기 때문이다. 기도나 기적이나 사람들의 인생에 대한 멋있는 계획에 대해서 어떤 응답도 하지 않으시며, 성육신이라든지 대속적인 죽음이라든지 부활도 더 이상 없다. 이것은 사람들이 원하는 대로 그 구체적인 목적을 향해 자유롭게 어떤 일이든 할 수 있는 세상에 인간이 살고 있다는 뜻이다.

이신론자들에게 성경이란 여러 층의 신화들을 덮어놓은 조그만 진리의 케이크와 같다. 토머스 제퍼슨은 스스로 신약성경을 만들기도 했으며, 이신론자의 관점으로 이것을 편집하였다. 이 성경에는 모든 기적과 예수님의 신성을 암시하는 모든 기록, 초자연적인 모든 언급이 제거되었다. 제퍼슨이 가위질을 하고 남게 된 것은 덩그러니 '실제적인' 사건들만을 다루는 얄팍한 성경책이었다. 불가지론자들, 명목상의 그리스도인들, 예수 세미나 학자들, 한결 고차원적인 힘을 인정하고 있는 12단계 옹호자들은 모두 하나님이 멀리 계셔서 간섭하지 않으신다는 이신론의 견해를 지지하는 현대의 계승자들이다. "저 멀리서 우리를 지켜보고 계시는 하나님"은 이신론자들이 가장 즐겨 불렀던 노래의 제목일 것 같다.

2. 하나님은 없다

계몽주의 시대에 등장한 하나님을 이해하는 두 번째 방식으로는 자연주의가 있었다. 자연주의는 현대 과학자들의 이성적 세계관을 반영한 것이다. 그들은 본 대로 받아들인다. 물질과 에너지, 그리고 그것을 지배하는 자연 법칙이 존재하는 모든 것이라고 그들은 생각한다. 과학의 닫힌 계 모델을 반영한 이런 견해는 하나님이 차지할 자리가 전혀 없다.

그들은 성경에 대해서도 발빠른 대응을 해, 단지 인간적인 산물에 불과할 뿐이라고 치부해 버린다. 그들에게 성경은 하나님의 말씀이 아니라 일단의 사람들이 초자연적인 것에 대해 생각했던 방식을 기록해 놓은 것이다. 호기심을 가질 만한 대상이긴 하지만, 권위의 대상은 전혀 아니다.

피에르-시몬 라플라스(Pierre-Simon Laplace)는 1700년대 후반에서 1800년대 초반의 유명한 프랑스 수학자요 천문학자였다. 그는 나폴레옹 보나파르트에게 『천문 역학(Celestial Mechanics)』이라는 책을 한 권 주었다. 나폴레옹이 그 책을 다 읽고 라플라스를 찾아가 말하기를, "당신은 우주의 궁극적인 저자에 대해서는 한마디도 하지 않고 우주에 대한 이런 엄청난 분량의 책을 저술했더군요."라고 했다. 그러자 라플라스가 대답했다. "각하, 그러한 가정은 이제 저에게 더 이상 필요가 없습니다."[5] 이것이 자연주의의 입장이다.

이신론처럼 자연주의도 오늘날 유행하는 사고 방식이다. 특히 과학적인 경향이 강한 지식층들 사이에서는 더욱 그렇다. 탁월한 컴퓨터 프로그래머인 내 친구 바트는 우주에 대한 현대의 과학적 발견들을 성경이나 성경의 신관과 조화시키려고 애쓰는 모습에 웃음을 터뜨린다. 그는 창세기의 창조 기사가 그러한 과학적 사실들과 일치하지 않는다고 생각하며, 기적은 고정된 물리적 법칙들에 의해 움직이는 이 세상에서는 일어날 수 없다고 본다. 하나님에 관한 모든 개념들이 그에게는 가장 터무니없는 것으로 느껴진다.

마프도 비슷한 견해를 갖고 있다. 그도 역시 기적과 창세기의 창조 기사에는 문제가 있다고 보며, 인격적인 하나님이라는 개념은 우주의 광대함과 비교해 볼 때 너무나 우스꽝스런 것이라고 생각한다. 모든 영적인 영역은 측정 가능한 증거가 아무것도 없기 때문에 시시한 미신에 불과할 뿐이라고 생각한다. 우리에게 중요한 것은 물질 세계뿐이다. 이것이 자연주의자들의 구호이다.

3. 하나님의 영역은 따로 있다

계몽주의 시대의 세 번째 하나님 개념은 두 세계 이론(이원론)이라고 부를 수 있는 것이다. 임마누엘 칸트(Immanuel Kant)의 저술들에까지 거슬러 올라가는 이 견해는 서로 조화되기 힘든 두 세계가 있다고 말한다. 하나는 다소 공적인 것으로 물리적인 사실들, 물리적인 실험 자료, 물리적인 현상들에 관한 것이다. 여기에는 우리 모두가 동의할 수 있는 사실들에 의해 다스려지는 수학, 과학, 정치, 경제의 세계가 있다. 여기에는 어떤 의도나 목적에서든 하나님이 차지할 만한 여지가 전혀 없다.

다른 영역은 다소 개인적인 것으로 믿음이나 가치라는 덕목에 의해 다스려진다. 여기는 하나님이 적극적으로 개입하는 영역이다. 그러나 이 세계에서는 아무것도 확실하지 않고 단지 어떤 견해만이 있을 뿐이다. '하나님이 과연 존재할까', '우리가 죽으면 무슨 일이 일어날까', '구원을 어떻게 체험할 수 있을까' 등의 문제에 대해서는 기껏해야 추측을 해볼 뿐이나. 2 더하기 2는 4와 같은 사실만을 받아들이는 사고 방식을 가지고서는 그런 것을 우리는 확실히 알 수 없다.

사람들은 여전히 영역을 나누어서 그들의 개인적인 헌신이 필요한 세계에서는 자유롭게 하나님의 존재를 인정하지만, 공적인 삶이라는 좀더 넓은 세계에서는 하나님을 인정하지 않는다. 하나님의 존재가 두 세계 이론을 주장하는 사람들에게 상당히 중요하기는 하지만, 그분은 내면적인 세계에서만 힘을 발휘한다. 그분이 나에게 평안과 희망을 주시고, 내 기도에 응답을 하시고, 항상 나와 동행하시지만, 내 삶의 '바깥세상'과는 아무런 관련이 없다. 그분은 내 마음의 주인이지만 고속도로에서는 아니다. 내가 직장의 사무실에 앉아 있을 때나 투표를 할 때나 커피를 마시면서 친구들과 잡담을 할 때나 쇼핑몰에서 마스터 카드로 물건을 살 때에는 하나님을 어느 곳에서도 찾아볼 수 없다. 이러한 공적인 세계는 하나님의 세계가 아니다. 그것은 내 것이다.

이것은 우리가 주변에서 늘 접하는 메시지와도 일맥상통한다. 스테판 카터는 다음과 같이 말한다. "현대 문화의 메시지는 위와 같은 이야기들을 완전히 믿어도 좋다는 식으로 말하는 것 같다. 우리에게는 양심의 자유가 있으므로 사람들은 원하는 대로 믿을 수 있다. 하지만 그것을 제대로 잘 지켜 갈 필요가 있다."[6]

이런 식의 사고 방식이라면 성경은 단지 개인적인 복지를 위한 참고서에 불과하다. 하나님의 주권을 큰 소리로 인정할 것을 요구하는 외침으로 가득한 책이 아니라 사랑과 용납의 메시지들을 조용히 속삭여 주는 그런 책이다.

멀리 계시든, 없든, 영역을 구분하든 하나님의 존재는 계몽주의 기간 동안에 구석으로 내몰리게 되었다. 남은 것이라고는 재빨리 하나님이라는 존재를 현대 세계의 문밖으로 걷어차 그곳에서 허우적거리도록 쫓아내는 것이었다. 이것은 1859년에 『종의 기원(*Origin of Species by Means of Natural Selection*)』이라는 책의 형태로 구체화되었다.

찰스 다윈과 진화론

성경이 권위의 원천으로서 점점 더 의심의 눈총을 받기는 했지만, 성경이 진리라는 말에 대하여 과학으로부터 실질적인 도전을 받은 일은 별로 없었다. 널리 받아들여지는 어떤 과학적 주장을 통해서도 성경의 가르침이 정면으로 반박되지는 못했다.

그런데 찰스 다윈(Charles Darwin)이라는 인물이 등장했다. 남아메리카에서의 동물 생태에 관한 연구와 특별히 갈라파고스 섬에서의 연구를 기초로 다윈은 진화 과정에 대한 중대한 증거를 발견했다고 말했다. 그의 결론에 따르면 모든 식물과 동물은 전체적으로 두 가지 메커니즘에 의해 설명될 수 있다는 것이다. 변이와 자연 선택이 그것이다. 종이 변하여 살아남아 잘 자라가는 데 필요한 능력이 획득되면 그러한 종들은 새로운 종이 된다.

이 한 번의 치명타로 다윈은 하나님과 성경을 문밖으로 내던져 버렸다. 첫째, 그는 모든 생명체는 하나님으로부터 어떤 초자연적인 개입 없이도 발생한다는 생생한 증거를 제시한 것처럼 보였다. 둘째, 수백만 년 동안이나 그 위치를 확고하게 차지했던 창세기의 창조 기사에 대해 진화 이론은 대체로 그것이 틀렸다고 논박하는 것 같았다.

펑. 성경은 틀렸어. 하나님은 필요 없어.

물론 다윈이 두 가지에 대해 실제로 그 사실을 증명해 낸 것은 아니다. 100년이 흐르자, 비록 전체 과학계에서는 이를 사실로 받아들이고 있지만, 그 진화론의 모델도 역시 불합리한 이론이라는 것이 밝혀졌다. 진화론은 두 가지 사소한 증거에 근거한다. 종들이 점점 더 복잡한 생명체로 발전하는 것을 보여 주는 화석 기록과, 특정한 종 내에서 시간이 흐르면서 나타나는 조그만 적응 현상의 증거들—날개의 색깔, 목의 길이, 부리 크기의 변화가 나타나는 것 등—이 그것이다. 그러나 그 누구도 대진화(macroevolution)라고 부르는, 한 종에서 다른 종으로 뛰어넘는다는 증거를 발견하지는 못했다. 다윈과 그의 계승자들은 전체 종은 말할 것도 없고 단일 생물체 내의 해부학적인 개개의 복잡한 부분들, 곧 눈이라든지 날개와 같은 특징적인 부분들의 기원에 대해서는 만족할 만한 설명을 해내지 못한다. 게다가 지금까지 발굴된 수백만 가지의 화석들 가운데 종의 전이를 명백히 증명할 만한 중간 화석은 하나도 없다. 사실 5억 4천만 년 전의 것으로 보이는 뒤엉킨 화석층에서 과학자들은 실제로 거의 모든 종류의 동물군(문(門)) 전체를 고스란히 보존된 채로 발견했다. 이러한 무로부터의 창조를 지지하는 것 같은 증거들에 대해 진화론은 별다른 설명을 해내지 못한다.(이러한 내용을 더 자세하게 알아보려면 필립 존슨(Philip Johnson)의 탁월한 책 『도마 위에 오른 다윈(Darwin on Trial)』을 보라.)

그 이론에 많은 결함이 있음에도 불구하고 다윈은 일거에 과학적으로 성경을 반증하고 하나님의 존재를 불필요하게 만든 것처럼 보인다.

1920년대의 "원숭이 재판"에서 윌리엄 제닝스 브라이언(William

Jennings Bryan)과 그의 성경적인 견해가 패배를 당함으로써, 70년 전에 다윈에 의해 의심을 받기 시작한 세계관의 운명은 공개적으로 폐기되기에 이르렀다.

500년이란 시간이 흐르면서 현대 문화의 세속적인 힘은 사자의 발톱을 빼 버리듯 하나님의 존재를 애완용 고양이보다도 더 초라한 신세로 전락시켰다.

잃어버린 사람

하나님은 이제 사람들의 일상적인 세계 가운데 어디에서도 찾아볼 수 없다. 하나님을 언급하지도, 개입시키지도, 의뢰하지도 않는다.

사람들의 삶의 영역들을 생각해 보라. 사업, 여가, 정치, 텔레비전. 그 어느 곳에서도 하나님이 중심적인 위치를 차지하지는 못한다. 아침에 신문을 읽고, 출근길에 라디오를 듣고, 일터에서 하루를 보내고, 저녁 식사를 하고, 학부모회 모임에 나가고, 집으로 돌아와 텔레비전을 보는 동안 우리는 단 한 번도 하나님을 언급하는 말을 들어 보지 못한다.

나는 프락터 앤 갬블(Procter and Gamble)이라는 회사에서 1년간 마케팅 및 상품 관리 분야에서 일한 적이 있다. 그때를 생각해 보면 어느 누구도 하나님에 대해 언급하는 일이 없었다. 단지 내가 그 주제를 끄집어내거나 누군가 맹세를 할 때를 제외하면 말이다. 언젠가 나는 우리 회사의 샴푸 광고가 하나님을 기쁘게 하지 않을 거라고 지적한 적이 있다. 왜냐하면 그 광고는 한 유부녀가 어떤 남자에게 치근거리는 내용이 두드러지게 나타나 가족의 가치를 떨어뜨리는 것이기 때문이었다. 광고팀의 실무진과 상품 관리팀 사람들로 가득했던 방 안은 이내 조용해졌다. 또 다른 경우는 주간 성경 공부를 위해 점심 시간에 컨퍼런스 룸을 예약할 수 있겠느냐고 물었을 때였다. 이때 사람들은 멍하니 나를 쳐다보고 있었다. 그리고 내가 상사와 대화를 나누다가 앞으로 어느 시기엔가 하나님께서 전임 사역자로 부르실 것 같다고 말하자 그들은 곤란하다는 표정을 지으며 입을 다물었다. 마침내 정신을 가다듬고 그들은 나에게 회사를 떠나라고 요청했다. "이것 봐, 데이비드. 자네는 지금 여기에서 탁월하게 업무를 수행하고 있어. 그러나 자네가 목회자가 되려고 한다면 우리가 계속해서 회사의 장래 지도자로 키우려고 자네에게 계속 투자할 이유가 없지 않은가. 만약 자네가 들은 것이 진짜 하나님의 음성이 아니라면, 다시 말해 자네에게 그 마음을 돌릴 여지가 조금이라도 있다면, 우리는 기꺼이 함께 일할 수 있을 걸세. 그게 아니라면 이 회사를 떠나 주게." 그 회사 내에서 하나님을 진지하게 생각한다는 것은 신발이나 양말을 모두 벗어 던지고 조그만 사무실에서 공차기 놀이를 하는 일처럼 우스꽝스럽게 취급된다.

공개적인 석상에서 하나님에 대해 이야기하는 것은 아주 이상한 일이 되었다. 힌번은 골로라노스프링스를 분열시켰던 문화 전쟁에 대하여 글을 써 지역 신문에 보낸 적이 있다. 나는 무조건적인 비판도 무조건적인 용납도 만족스런 해결책이 되지 못한다고 지적했다. 그리고 연민과 신념의 경계선 상에서 그 차이점을 잘 조화시킨 예수님의 본보기를 살펴보면서 유익을 얻자고 제안했다.

그 신문의 편집자에게서 전화가 걸려 왔는데, 처음에 한참 동안 말이 없었다. "저기, 어, 제 앞에 선생님의 글이 와 있습니다. 방금 제가 대충 읽어 봤는데…" 또 한 번의 긴 침묵 뒤에 이렇게 물었다. "선생님께서는 이 글을 종교 칼럼으로 쓰셨나요? 선생님은 특정한 신학적인 견해를 지지하고 계신 건가요? 그렇다면 실어 드릴 수 없을 것 같군요." 나는 그 글이 종교 칼럼에 투고한 것이 아니라고 설명했다. 그 기사에서 나는 모든 사람이 다 그리스도인이 되어야 한다고 주장하지는 않았다. 만약 그가 좀더 세심하게 그것을 읽어 봤다면 행간의 의미를 통해 우리 지역 사회에서 의사소통을 고양시켜야 한다는 내용의 글이라는 것을 쉽게 알 수 있었을 것이다. 그 글에는 단지 하나의 본보기로 예수님의 방법이 사용되었을 뿐이다.

다시 긴 침묵이 흘렀다. "그렇더라도, 에, 저는 이걸 실어 드릴 수 없을 것 같네요. 이 글은 논설란을 너무 많이 혼란스럽게 할 거예요. 종교는 늘 그러거든요. 선생님은 종교 칼럼이 아니라고 하시지만, 대부분의 사람들은 저처럼 그렇게 주의 깊게 읽지는 않을 것이고, 그러면 그들은 그렇게 생각할 수밖에 없지 않겠습니까?" 내가 제안한 내용을 지역 사회에서 들어야 하고, 그것은 이미 많은 사람들 사이에서 나누어지고 있는 세계관을 반영한 것뿐이라고 생각했다. 그래서 나는 스테판 카터의 책을 언급하면서 현대 문화가 종교를 가장자리로 내모는 방식을 설명했으며, 그것이 기독교적인 것이라 할지라도 쉽게 무시되는 그런 견해를 강조하는 일도 아주 중요하다고 생각한다고 말했다. 아주 긴 침묵 뒤에 그는 이렇게 말했다. "좋습니다. 실어 드리죠. 하나님을 믿는 신앙이 고리타분하게만 보이는 메마르고 세속적인 신문사의 분위기에 젖어서 제가 살고 있다는 걸 인정할 수밖에 없군요. 사람들이 정말로 이런 식으로 생각한다는 사실을 잊고 있었네요. 선생님이 옳습니다. 선생님이 말씀하신 내용은 사람들이 들을 필요가 있습니다." 그래서 예수님 이야기가 논설에까지 등장하게 되었다. 소설 같은 이야기다.

어디를 가든지 그것은 사실이다. 하나님이 제자리를 찾지 못하고 오늘날의 세속 사회에서 가장자리로 밀려나 있다.

공허감 혐오증

하나님이 '현실 세계'에 등장하지 않기 때문에 다음의 네 가지 문제들이 발생하게 되는데, 그들 각각은 성경의 가르침을 전하는 사람인 우리에게 엄청난 도전이 아닐 수 없다. 하나님이 거의 아무것도 아닌 존재로 전락하자 사람들은 하나님을 우주의 수석 경호원 정도로 생각하게 되었으며 성경을 최종적인 권위의 원천으로 생각하지 않게 되었다. 그러므로 하나님을 진지하게 받아들이는 사람들은 현대 세계에서 아주 멀리 유리되게 마련이다. 이런 현상들을 좀더 자세히 살펴보자.

하나님이 볼품없는 존재로 전락하다

현대의 세속 사회에서 하나님은 건조기에 너무 오랫동안 방치한 면 셔츠처럼 오그라들었다. 이신론의 경향을 가진 사람들은 하나님의 초월적인 성품인 광대하심과 전능성과 영원하심을 축소시킬 것이고, 그의 내재적인 성품인 일상 생활에서의 사랑과 은혜와 동행하심을 제거할 것이다. 하나님께서 내 삶과 세상에 간섭하지 않으신다면, 그는 인격적이기보다 개념적이며, 우주의 저 멀리 어느 한구석에 자리잡고 이 세상에는 무관심한 신일 뿐이다. 그는 분명 반쪽짜리 하나님이다.

자신의 영역이 공적인 무신론과 사적인 유신론으로 나누어진 두 세계 이론을 지지하는 사람이라면 그 반대의 주장이 사실이다. 하나님은 다양한 인간사라든지 역사의 진보 및 공적인 영역에서는 아무런 영향력을 발휘하지 못하며 그리하여 조그만 가정용 애완 동물보다 못한 존재로 전락한다. 하나님께서 인간사나 국가적인 문제에 주권을 가지지 못한다면, 나와 나의 조그만 내면 세계에서조차 자신의 주권을 발휘할 수 있을까? 그분의 초월성, 전능성, 주권은 사라지고 남아 있는 것이라고는 은혜와 사랑과 친밀한 돌보심뿐이라면, 그러한 하나님도 역시 반쪽짜리이다.

자연주의자들은 더 나아가 하나님의 존재 자체를 부정하거나 무시한다. 오늘날 많은 사람들에게 인격적인 하나님이라는 개념은 증명되지 않은 것이다. 그것은 사실과 합치되지 않는다. 왜 그를 믿어야 하는가? 특별히 그를 믿어야 할 필요는 없다는 것이 그들의 '이론'이다. 물리적인 세계와 그 세계를 차지하고 있는 사람들은 하나님이 없이도 모두들 잘 살아가고 있다. 누가 그분을 필요로 하겠는가?

사람들이 하나님의 자리를 차지하다

어떤 문화든지 하나님의 존재를 내다 버릴 때마다 그 권좌가 식기 전에 사람들은 반드시 하나님의 자리를 대신 차지하려고 몰려든다. 하나님이 아닌 하나님으로 사람들은 그 빈자리에 자기 자신들을 앉혀 놓고 경배나 몰두의 대상으로 삼는다. 세속주의와 자신에게 몰입하는 개인주의가 둘 다 동시에 현대 문화의 특징으로 자리잡지는 않는다. 하나는 다른 또 하나의 결과이다. 우리는 무엇인가를 섬기도록 지음받은 존재로 헌신할 수 있는 적절한 대상이 사라졌을 때 기꺼이 스스로를 거기에다 대치시킨다.

개똥벌레에 대해 로버트 프로스트(Robert Frost)가 쓴 어느 동시는 현대인의 반항 정신을 잘 드러내고 있다.

여기에 밤하늘을 가득 수놓는 별들이 있다네.
또 여기에 그 별들과 겨루는 개똥벌레가 있다네.
크기는 진짜 별보다 훨씬 작지만,
그리고 마음속에서 진짜 별이라고 생각한 적은 없지만,
때때로 별과 똑같은 모습을 하고 있다네.
물론 그 자리를 계속해서 지키지는 못하겠지.[7]

성경의 권위가 땅에 떨어지다

현대 세계에서 드러나는 견고한 세속성의 세 번째 결과는 성경이 더 이상 진리나 지혜의 근원으로 자리잡지 못하게 되었다는 사실이다. 초자연적이고 기적적인 것에 대한 과학과 이성의 성장과 점증하는 회의주의로 인해 사람들은 성경을 이전의 관점과는 전혀 다른 방식으로 본다. 기껏해야 엉뚱한 것으로밖에 보지 않는다. 성경은 현대 이전 세계의 산

물인 미신적인 이야기들로 가득하고, 고대 문학을 전공하는 대학원 수
준의 교과서로나 쓰일 것 같은 형편에 처했다. 최악의 경우에 성경은 전
체가 엉터리인 것으로 취급받는다. 성경은 내던져 버리는 편이 훨씬 나
은 결점투성이의 그릇된 신화의 수집물로 간주된다. 현대인들이 하기
싫어하는 일 가운데 분명한 한 가지는 성경을 믿을 만한 하나님의 말씀
으로 받아들이는 것이 되었다.

신앙적인 사람들이 배척되다

하나님을 거부하는 세상에서는 결과적으로 하나님을 진지하게 믿는
사람들에 대해서도 거부감을 나타낸다. 사람들의 종교적인 헌신이 사회
적인 수용력의 마땅하고 적절한 수준을 능가하여 훨씬 더 깊은 헌신의
영역으로 몰입할 때, 우리 사회는 어떻게 해야 할지 모른다. 헌신된 그
리스도인들은 사진기에 대해 자신의 영혼을 위협하는 사악한 눈이라고
믿는 사람 정도로 분류되거나 매 경기마다 승리의 행운을 가져다 준다
고 믿으면서 냄새나는 양말을 한결같이 신고 나오는 선수들과 동류로
취급된다.

열렬한 헌신에 대해 주어지는 냉담한 반응은 하나님이 계시는 사적인
세계와 하나님이 없는 공적인 세계 사이의 분리를 더 강화시킨다. 스테
판 카터는 아주 설득력 있는 통찰을 가지고 정확하게 다음과 같이 말했
다. "종교는 모형 비행기를 만드는 것처럼 단지 하나의 취미에 불과할
뿐이다. 무언가 조용하고 사적이며 평범한 것으로 지식인이나 좀더 공
적인 활동을 해야 하는 성인들에게는 정말 어울리지 않는 것이다."[8]

세속적인 시대에 살고 있는 우리에게 주어진 도전은 바로 이것이다.
사람들이 거인이 되어 버린 세상, 하나님이 쪼그라든 존재가 된 세상,
성경이 하찮은 것이 된 세상, 믿는 자들이 의심받는 세상에서 성경적인
진리를 전달하는 사명. 결코 만만한 과업은 아니다.

애틀랜타를 출발한 지 30분이 지난 비행기 안에서 옆자리에 앉은 사람과 인사를 나누지 않은 것이 마음에 걸렸다. 나는 이 책을 편집하는 데 온통 정신이 팔려 그에게 별로 주의를 기울이지 못했다. 이제는 그의 식사용 테이블과 우리 사이의 좌석에는 정산표들이 놓여 있어서 대화를 시작하는 것은 더욱 어렵게 되었다('그런데 저 사람은 도대체 뭘 하고 있지? 수표책을 정산하고 있나?'). 그러나 그에게 내가 먼저 말을 걸어야겠다고 생각하고는 주님께 어떤 형태로든 기회를 달라고 기도했다.

그런데 10분이 채 지나기도 전에 그가 내 어깨를 툭 치며 말을 건네는 것이었다. "미안합니다만, 제가 실수로 이걸 집어들었군요." 그리고는 우리 사이의 좌석에 놓여 있던 내 메모장을 내밀면서 그것을 내려다보며 다시 말을 이었다. "이게 어느 나라 말이죠?" 그건 내가 손으로 쓴 요약문이었는데, 목회자들 서약식에 참석하러 가는 동안 작성한 것이었다. 그는 싱긋 웃으면서 말했다. "저는 웬만한 글씨는 다 잘 알아보는 편인데, 이런 글씨체는 난생 처음 보는군요. 제가 좀 봐도 될까요?"

그가 읽기 시작했다. "인간적인 삶의 변두리에 살고 있는 사람들은 타협적이다. 그들에게 삶이란 선택적이 되었다." 그리고 고개를 들더니 안경 너머로 나를 쳐다보았다. "아이고, 이거 너무 딱딱하군요. 이게 뭡니까?" 나는 그에게 현대 문화에서 소비자 범주에 속한 사람들을 바라보는 방식에 대해 쓴 논설이라고 설명했다. 왜냐하면 우리는 삶이란 창조주의 선물로서 본래 살 만한 가치가 있다는 의미보다는 유용성을 토대로 그 가치를 판단하기 때문이다. 현대의 세계관 때문에 하나님을 다소 성급하게 몰아내지는 않는지에 대해 사람들에게 생각해 보라고 나는 그 기사를 썼다.

내 말을 듣고 그는 잠시 생각하더니, "그렇다면 질문을 좀 할게요. 그런 일들이 한 가지 이유 때문에 일어난다고 보시나요?" 만약 한 분 하나님만 계시는 것이 아니라면 그 대답은 '아니오'로, 범사가 하나의 이유로만 일어나는 것은 아니라고 대답했다. 그렇다면 모든 일이 주관자 없이 아무렇게나 우연히 일어난다. "그러나 한 분 하나님이 계시며 그 하나님께서 우리에게 지대한 관심을 갖고 계신다면, 그 대답은 '예'이며, 만사가 어떤 하나의 이유로 일어나겠지요. 그리고 나는 내 삶 속에서 이것이 사실이라는 증거를 수도 없이 발견하게 됩니다. 당신은 어떤가요?"

이름이 밥이었던 그 사람은 눈살을 찌푸렸다. "뉴욕에 있는 정신과 의사인 제 주치의는 내 삶에 대해 영적인 영역에서 생각해 보도록 강하게 권면하고 있지만, 저는 살아오면서 한 번도 그렇게 생각해 본 적이 없습니다. 제 삶에서 하나님이 차지할 자리는 없어요. 제가 어떻게 살아왔는지 아세요? 최종적인 목표. 결과들. 성공. 그 모든 것이 제게 달렸습니다. 모든 것이 저의 개인적인 문제지요. 저는 그 어떤 것도 하나님께 기대어 본 적이 없습니다. 저는 갖고 싶은 만큼 돈도 가졌고, 멋진 아내도, 아름다운 집도, 좋은 직업도 얻었죠."

그는 우리 사이의 좌석으로 몸을 기울이며 이렇게 말했다. "그런데 그 기분 아세요? 내 삶은 공허해요. 마치 시시포스의 신화 같아요. 바위를 굴려 언덕 위로 가져갔다가 다시 아래로 굴려 내리고, 또 올렸다가 다시

내리고, 그런 일을 반복해서 하는 거죠. 제 인생은 어떤 방향성이 없어요."

그는 손바닥으로 얼굴을 문지르며 바닥을 쳐다보면서 잠시 멈추고는 생각에 잠겼다. 그러고 나서 다시 나를 바라보고는 주저하기는 했지만 애타는 눈빛으로 속삭였다. "하나님은 도대체 어떤 분인가요?"

"아주 오랫동안 저도 똑같은 고민을 했었지요." 내가 말을 이었다. 그리고 그 비행기 안에서 내내 우리는 인간들과 함께 하시면서 그들에게 하나님을 소개하신 갈릴리 출신의 한 사람에 대해 이야기를 나누었다.

하나님의 존재에 대해서는 이제 더 이상 들으려고 하지 않는 세상에서 어떻게 우리는 사람들과 그 이야기를 나눌 수 있을까?

공허한 세상에 활기를 불어넣기

먼저, 우리는 존재에 대해 확실히 이해할 수 있는 대안을 가지고, 곧 하나님을 그 중심에 둔 방법을 가지고 세상에 나아가야 한다고 믿는다. 세속적인 사상들이 최초로 유입된 이래로, 그리스도인들조차도 주로 자연주의적인 틀에 근거하여 하나님의 존재를 '증명하려는' 과학자들의 용어와 태도에 의존해야만 하는 지경에 이르렀다. 물론 세상 사람들이 이해할 수 있도록 증거가 필요하고 변증이나 증명을 해야 하는 부분도 있다. 그러나 내 생각으로는 그러한 논쟁으로부터 한 발짝 뒤로 물러서서 하나님의 존재에 대한 진리를 그대로 전해야 할 것으로 본다. 하나님은 존재하시며, 살아 계신 분으로서 이 세상과 우리 각자의 삶을 주관하신다고 말이다.

비록 과학에 의해 검증이 불가능하더라도 하나님의 진리는 진리임에 틀림이 없다. 그러한 진리는 하나님의 성령이 모든 사람들의 마음에 감동을 줌으로써 그들 안에서 그 자체로 확실히 검증되는 것이다. 확인 가능한 증거들로 사람들의 마음을 환기시킬 수는 있겠지만, 궁극적으로 우리가 하나님의 진실하심과 그분의 말씀을 깨닫게 되는 것은 하나님의 일하심 때문이지 우리의 행위로 인한 것이 아니다.

사실이 이렇다면 우리는 모든 기회를 활용하여 세상이 죽었다고 말하거나 여기에는 없다고 여기는 그분의 임재하심을 단지 선포하기만 하면 된다. 신문이나 공립학교에서, 기자 회견장이나 법정에서 우리는 세상의 풍조를 되돌려 하나님을 다시금 소개할 필요가 있다. 우리의 말과 행동, 우리의 고결한 인격, 우리의 삶의 질 등을 통해 이러한 기본적인 진리가 다시 울려 퍼지게 해야 한다. 모두 다 함께 한 목소리로 "하나님은 살아 계십니다!"라고 외쳐야 한다.

"하나님을 알지 못하느냐? 하나님에 대해 듣지 못하였느냐?"고 이사야 선지자는 외치고 있다.

> 태초부터 너희에게 전하지 아니하였느냐 땅의 기초가 창조될 때부터 너희가 깨닫지 못하였느냐 그는 땅 위 궁창에 앉으시나니 땅의 거민들은 메뚜기 같으니라…
>
> 거룩하신 자가 가라사대 그런즉 너희가 나를 누구에게 비기며 나로 그와 동등이 되게 하겠느냐 하시느니라 너희는 눈을 높이 들어 누가 이 모든 것을 창조하였나 보라 주께서는 수효대로 만상을 이끌어 내시고 각각 그 이름을 부르시나니 그의 권세가 크고 그의 능력이 강하므로 하나도 빠짐이 없느니라
>
> 너는 알지 못하였느냐 듣지 못하였느냐 영원하신 하나님 여호와, 땅 끝까지 창조하신 자는… (사 40:21~22, 25~26, 28)

지금이 바로 이러한 세속 사회에서 다시금 하나님과 그분의 말씀을 더욱 진지하게 받아들이도록, 그리고 다시금 하나님의 인격을 그들의 삶의 방정식에 한 요소로 계산하도록 초청해야 할 때이다. 지금이 바로 전능하신 하나님을 성급하게 내다 버렸던 우리의 행위를 다시금 반성해

보아야 할 때이다.

이에 더하여 세속적인 현대인들은 과학에도 한계가 있다는 사실을 분명히 깨달아야 하고, 세상을 이해하는 과학적인 방법론을 재고해야 한다. 과학은 하나님의 존재를 파악해 낼 만큼 정교한 탐지기를 갖고 있지 못하다. 그렇다고 하나님이 존재하지 않는 것은 아니다.

마프와 나는 여행을 함께 떠난 적이 있는데, 어느 날 밤에는 늦게까지 4시간이나 운전을 했다. 기계공학도와 아마추어 천문학도로서 마프의 세계관은 자연주의적인 것으로, 하나님께서 현실적인 삶의 울타리 밖에 계신다고 추정했다. 운전을 한 지 어느 정도 시간이 지났을 때, 나는 마프에게 예수님을 믿게 된 이야기를 했다. 그는 별 반응이 없었다. 그러더니 아주 점잖게 말하는 것이었다. "글쎄, 자네에게 뭔가 의미 있는 걸 발견했다는 소리 같군. 그건 별로 나쁘지 않지." 이렇게 말하고는 잠시 멈추더니 계속 말을 이었다. "내가 그런 것들을 믿는다는 건 어려울 것 같아. 나는 세상을 점점 더 과학자들처럼 보려고 하거든. 그러니까 하나님에 대해서는 자연히 마음이 닫히게 되는 거지. 무엇을 믿으려면 내겐 증거가 필요해. 다시 말하면 사실만을 믿겠다는 거지."

"그렇다고 하나님의 존재가 배제될 수 있다고 보는가?"

"글쎄, 왜 내가 하나님에 대한 생각을 진지하게 받아들여야 하지? 하나님이 존재한다는 걸 증명할 도리가 없지 않은가. 시험관을 치켜들고 '이것 봐. 여기 증거가 있잖아!' 라고 말할 수 있는 게 아무것도 없단 말일세."

"그렇지만 과학이 모든 것을 증명할 수는 없다네. 과학이 할 수 있는 것이라고는 물질 세계를 측정하고 그것이 어떻게 작동하는지를 설명하는 게 고작이지. 그 외의 많은 것들을 남겨 놓게 된다네."

"가령, 어떤 것을 말인가?"

그 당시 마프는 열렬한 사랑에 빠져 있었다. "자네, 신디를 사랑하나?" 하고 내가 물었다.

그는 싱긋 웃더니 어리둥절한 표정으로 나를 쳐다보았다. "사랑하고 말고. 그런데 그게 지금 우리 이야기와 무슨 상관이 있단 말인가?"

"글쎄, 자네가 그녀를 사랑한다는 걸 어떻게 알 수 있나? 그 사랑을 측량할 수 있나? 그런 사랑이 존재한다는 걸 증명할 수 있나? 물론 아니지. 하지만 사랑이란 실제로 있단 말이지. 과학은 사랑을 측정할 수 없다네. 과학으로는 도저히 감당할 수 없는 부분이 우리 인생에는 얼마나 많은지 모른다네. 우리의 느낌이라든지, 자유, 정직, 삶의 목적이라든지… 과학은 그런 것들이 있다는 사실조차도 파악할 수 없다네."

나는 계속해서 이렇게 말했다. "과학이 할 수 있는 것이라고는 물리적인 세계가 어떻게 작동하는가에 대해 말해 줄 뿐이지. 과학은 왜 세계가 존재하는지, 누가 이 세상을 만들었는지에 대해서는 아무런 설명도 할 수 없다네. 과학은 모든 활동이 작용과 반작용에 의해 일어난다고 설명할 수 있을 뿐이며, 매사에 그런 식이지. 하나님을 측정할 수 없다는 이유만으로 하나님이 존재하지 않는다고 생각하는 것은 지나친 억지라네. 하나님이 존재하는지의 여부와 세계가 왜 이런 식으로 존재하는지의 여부를 알기 위해서는 과학에만 의존할 수 없는 문제라네. 다른 곳으로 눈을 돌려야 해."

마프와 같은 세속적인 사람들을 만날 때, 그들이 이 세상의 질서를 이해하는 방식의 출발점으로 과학을 선택한다는 사실을 기억하는 것은 아주 중요하다. 최초의 과학자들은 과학의 한계에 대해 올바로 인식하고서, 오랫동안 제대로 다루어지지 않았던 그 의미와 목적과 관련한 '왜'라는 질문에 해답을 구하기 위해 적극적으로 성경을 참조했다. 사실, 레슬리 뉴비긴(Lesslie Newbigin)의 통찰력 있는 말처럼, "목적에 대한 의미 있는 설명을 하려고 한다면, 계시라는 신뢰할 만한 지식의 근원으로 나아가는 것이 필수적이다." 현대 세계는 그들이 좋아하는 과학적 방법론의 한계를 직시해야 할 필요가 있다. 과학은 훌륭한 역할을 하고 있지만, 이 세상의 모든 지식에 대한 해답을 제시하지는 못한다.

세속적인 사람들과의 세 번째 출발점은 성경 자체에 있다. 현대인일수록 더욱 성경에 주목할 수 있도록 도울 필요가 있다. 성경을 전혀 읽어 보지도 않고서 마음대로 이야기하기란 아주 쉽다. 오늘날과 같이 세속적인 세상에서, 사람들이 성경책을 펼쳐 보기도 전에 그 신뢰성에 대해 그들을 설득하기보다, 그냥 성경 자체를 읽도록 권면하는 데 우리의 노력을 기울일 필요가 있다. 억지로 성경의 정확성을 증명해 보일 필요는 없다. 물론 몇 가지 중요한 부분에 대해서는 나름대로 설명해 줄 수는 있다. 우리가 해야 하는 일이란 사람들로 하여금 그것을 읽도록 하는 것이다. 그러면 성경을 읽는 동안 하나님께서 성경의 진리를 사람들에게 드러내실 것이다.

바트와 나는 어떤 주제로 대화를 나누고 있었는데, 그는 자신에게 커다란 문제가 되는 또 다른 질문을 던졌다. 그것은 구약의 하나님과 신약의 하나님을 어떻게 일치시키는가에 관한 문제였다. 바트와 나는 종종 이 문제에 대해 이야기를 나누었기 때문에, 이것은 정말 의문스러웠기 때문이라기보다는 핵심을 피해 가기 위한 그의 방편이라고 할 수 있었다. 그래서 내가 그의 말을 끊고서 말했다. "바트, 내 생각에는 자네가 질문을 잘못하고 있는 것 같네."

그가 나를 보더니 고개를 끄덕이고는 크게 한숨을 들이쉰 다음 이렇게 말했다. "좋아, 그렇다면 내가 해야 할 질문은 어떤 거란 말인가?"

"거기에는 세 가지가 있다네. 먼저, 하나님은 있는가? 나를 만드신 누군가가 있으며, 그분이 나를 주관하고 계시는가? 둘째, 어떤 분이 존재하신다면 나를 향한 그분의 계획은 무엇인가? 왜 내가 존재하는가? 그분은 어떻게 내 삶을 주관하고 계시는가? 셋째, 내가 그것을 어떻게 알 수 있는가? 하나님에 대하여, 나에 대하여, 나를 향한 하나님의 목적이 진정으로 무엇인가 하는 등의 질문에 대하여 어디에서 해답을 찾을 것인가? 이와 같은 영적인 질문들에 대한 답을 얻기 위한 권위의 원천은 무엇인가 하는 것이지."

바트는 한참 동안 자기의 손바닥을 내려다보았다. "그렇다면 자넨 그러한 질문에 어떻게 대답하나?"

"글쎄, 내가 처음으로 그런 질문을 자신에게 던졌을 때 나는 무신론자였다네. 그러니까 두 번째 질문까지의 대답은 '아니오'였지. 하나님은 존재하지 않으며, 아무도 내 삶을 주관하지 않고 있었지. 세 번째 질문에 대해서는 진지하게 생각해 본 적이 없다는 것을 깨달았지. 그래서 한번 생각해 보았더니, 나는 스스로 하나님은 이런 분이겠구나 하고 마음속에 이미 결정해 두고 있었다는 걸 알게 되었지. 그리고 하나님이 없다고 믿는 게 속 편하다는 사실도 발견했지. 그때 이후로 진정 하나님이 어떤 분인지에 관하여는 하나님께 한 번도 묻지 않았다네."

나는 계속해서 이렇게 말했다. "이전에 나는 성경을 읽어본 적이 없었네. 완전히 내팽개쳐 버린 거지. 그런데 어느 날 성경으로 돌아가 처음으로 성경을 진지하게 읽으면서 자신에게 물었던 거야. 만일 내가 하나님이라면 내가 믿든 사람들과 어떻게 의사소통을 할 수 있을까? 글쎄, 내가 만든 피조물들에게는 두뇌와 언어와 사고 능력이 분명히 있으니까 (대개 우리가 추측하는 것처럼), 일몰과 일출, 태풍, 신생아 등을 통해 수많은 암시를 단순히 던져 주는 것보다는 그 이상의 무엇을 하려고 하겠지. 사람들에게 직접 이야기할 수 있는 방법을 찾을 거란 말이야. 아마 내 생각으로는 바로 그것이 성경이 아닐까 생각했다네. 아주 흥미롭게도 내가 신약성경을 읽어 가기 시작했을 때, 성경이 스스로 주장하는 내용이 정확하게 그것이라는 점을 깨닫게 되었지. 우리를 향한 하나님의 말씀. 예를 들면, 어떤 곳에서 성경은 바로 하나님의 입으로부터 나왔으며, 성경은 우리가 하나님을 알 수 있도록 모든 것을 제공하며, 하나님께서 원하시는 대로 사람들이 변화될 수 있도록 한다고 말한다네 (딤후 3:16~17). 성경을 읽으면 읽을수록 점점 더 성경이 우리를 향한 하나님의 말씀이라는 사실을 확신하게 되었지. 이보게, 바트. 내가 말하고 싶은 것은 말이야, 성경을 더 깊이 파고들어 가 하나님이 누구인지,

그리고 하나님이 왜 우리를 만드셨는지에 대한 성경의 진술을 살펴보는
게 어떤가?"

우리 주변의 세속 사회에서는 대부분의 사람들이 다음의 두 가지 명
제에 돈을 걸 것이다. 하나님은 없다. 그리고 성경은 믿을 만한 것이 못
된다. 그러나 우리가 매 순간 하나님의 우월성을 선포할 때, 우리가 사
람들의 존재 목적에 대한 질문에 대답할 수 있는 능력이 과학에는 없는
점을 지적할 때, 우리가 담대하게 세상 사람들로 하여금 성경이 말하는
바를 스스로 발견할 수 있도록 도전할 때, 우리는 이 세상의 사람들에게
이와 같은 '사실들'을 다시 한 번 생각하도록 강권하여 주저함 없이 믿
음에 이르도록 할 수 있다. 왜냐하면 하나님은 분명히 죽지 않았으며,
성경은 과거의 문화 유산인 신화들을 모아 놓은 지루하고 생명 없는 책
이 아니기 때문이다.

세속 사회와 성경

이 세상 사람들에게 성경의 진리를 어떻게 전할지에 대한 몇 가지 좋
은 생각을 여기에서 제시하고자 한다.

어떻게 전하고 가르칠 것인가

청중에게 초점을 맞춰라 우리가 처음부터 끝까지 듣는 사람의 삶과
연관된 이야기를 한다면, 그들은 훨씬 더 집중하여 우리의 이야기를 경
청할 것이다. 돈 수눅지안(Don Sunukjian)은 다음과 같이 말했다. "사
람들은 그저 로마서 8장과 9장이 어떻게 연결되는지를 질문하려고 교회
에 나오지는 않는다. 그들은 '우리 딸아이가 남자 친구와 놀러 갔는데,
그 아이로 인해 딸이 임신하지나 않을까 염려스러워요'라고 말하고 싶
어서 온다."[1] 우리가 세속적인 사람들에게 성경에 대해 말하고자 한다

면, 그들을 얻을 수 없다. 그러나 우리가 그들 스스로 성경이 말하는 바를 말하게끔 한다면, 그들을 얻을 수 있다. 효과적인 의사소통을 하려면 단순히 성경의 진리를 말하는 데 그쳐서는 안 된다. 성경적인 진리가 듣는 이의 삶 속으로 파고들도록 해야 한다. 그렇게 하지 않으면 성경의 말씀은 죽은 채로 남게 된다.

｜ 증명이 아닌 지원을 받기 위해 성경을 활용하라 ｜ 성경은 신앙과 실천에 연관된 모든 문제들의 최종적인 권위를 갖고 있지만, 세상 사람들은 전혀 그런 식으로 생각하지 않는다.

세속 사회에서는 '성경이 말하기를' 이라는 표현은 '알프레드 노이만 (Alfred E. Neuman)이 말하기를' 이라는 정도의 무게를 갖고 있는 것으로밖에 취급되지 않는다. 그래서 어쩌라는 거야? 증거를 대기 위해 성경의 단락을 인용하는 것은 어떤 종류의 권위 있는 해결책을 제시하기보다는 오히려 훨씬 너 많은 문제점을 야기할 것이다.

어떤 대화나 전도 설교를 함에 있어 성경적인 지혜가 힘을 발휘하도록 하기 위해서는 어떤 것이 성경에 있기 때문에 진리라고 생각한다면 큰 오산이라는 점을 명심해야 한다. 그것이 진리이기 때문에 성경에 있는 것이다. 예를 들면, 성경은 해가 지도록 분을 품지 말라고 우리에게 훈계하고 있다(엡 4:26). 문제가 해결될 때까지 깨어 있는 것은 서로에게 최소의 피해를 주며, 파괴적인 상처로 인해 곪아터지는 것을 억지로라도 막을 수 있게 한다. 그리고 예수님께서 우리가 하나님과 돈을 겸하여 섬길 수 없으며 한 주인은 사랑하고 다른 것은 미워하게 될 것이라고 말씀하셨을 때(마 6:24), 그분은 경험을 통하여 체득한 것을 언급하고 계신다. 물질주의는 일종의 시기심이 많은 신으로 사람들에게 자신만을 섬기도록 강요한다. 그러므로 성경의 지혜를 전할 때, 성경에서 대답을 찾아야만 하는 합당한 이유를 우리는 사람들에게 조심스럽게 이해시켜야 한다.

진리를 사람들의 마음에 닿도록 전한다는 것은 청중이 서 있는 그곳에서 시작한다는 뜻이며, 현대 세계와 성경의 세계 사이에 있는 간격이 너무 넓어 건널 수 없을 정도는 아니라는 사실을 분명히 인식시켜 준다는 의미이다. 헤이든 로빈슨은 말한다. "현대 문화에서는 점점 더, 사람들이 '오, 이런. 성경이 이 문제에 대해 뭐라고 말하는지 잘 모르겠군.'이라고 말하면서 찾아오는 것을 상상할 수가 없게 된다."[2]

어떤 주제에 대해 성경이 말하는 바를 소개하는 전도 설교나 대화를 해야 할 시간이 왔을 때, 로빈슨이 지적한 것처럼 우리는 서로를 이어주는 다리를 건너야 하며 위험한 강물로 뛰어들어서는 안 된다.[3]

다음의 몇 가지 사항들은 로빈슨이 제안하는 것으로, 청중이 성경 속으로 들어가도록 돕는다.[4]

"흥미롭게도 우리가 이야기하는 이 주제는 성경에서도 언급되고 있습니다. 하지만 그건 별로 놀랄 만한 일이 아니죠. 성경은 하나님의 말씀이고, 하나님은 이런 문제들에 깊은 관심을 갖고 계시기 때문이죠."

"성경은 모든 문제에 대해 해답을 제시하지는 않습니다. 만약 당신이 초콜릿 케이크를 만들려고 한다면, 어떤 성경책을 보내 드려야 할지 모르겠군요. 그런데 성경은 그보다는 훨씬 더 중요한 문제들을 다루고 있죠."

"위기에 처했을 때 사람들이 성경을 찾는 이유는 우리가 묻는 그런 종류의 질문들에 대한 해답을 마련해 주기 때문이죠. 성경에서 한 구절만 읽어 볼까요?"

"성경은 이런 문제에 대해 깊은 관심을 갖고 있습니다. 성경이 뭐라고 말하는지 한번 살펴볼까요?"

"잘 아시다시피, 이 문제에 대해 아주 깊은 의미를 던져 주는 성경 구절이 있습니다."

"우리가 지금까지 이야기한 것의 핵심은 힘의 문제입니다. 그런데 무엇을 하기 위한 힘이란 말일까요? 잘 아시는 대로, 그 힘을 선하고 의롭게 사용하는 방법이 있습니다. 그런 종류의 힘이 성경이 말하고 있는 전부죠."

▌장애물과 회의적인 반응을 예상하라 ▌ 세속적이고 회의적인 세계관을 물려받은 사람들에게 복음을 전할 때, 불쑥불쑥 등장하는 장애물을 예견하는 것은 오히려 우리에게 도움이 된다. 만일 우리가 청중의 마음에 형성되는 질문을 그냥 지나쳐 버린다면, 그들의 관심을 얻기란 그렇게 쉬운 일이 아닐 것이다.

오늘날 많은 사람들에게 성경은 신뢰할 만한 원천이 되지 못하고 있다. 지나친 과장과 그릇된 정보들로 가득하다고 생각하는 것이다. 비그리스도인 청중 가운데 많은 사람들은 겉으로 보기에는 훨씬 더 신뢰할 만한 다른 자료들이 허다한데 왜 굳이 해답을 얻기 위해 성경을 들먹거려야 하는지 알고 싶어할 것이다. 우리는 어떤 이유로 성경이 가치 있는 해답을 제공하는지에 대해 확실히 말할 수 있도록 준비해야 한다. 이 말은 성경의 영감과 권위에 대한 전반적인 근거를 포함하는 것일 수도 있다는 의미이다. 또는 신약성경의 어떤 책은 사람들이 생각하는 것보다 훨씬 오래 전에 저술되었으며 훨씬 더 정확하게 진술되어 있다는 것을 보여 줌으로써 그 신뢰성을 변호하는 것을 의미할 수도 있다. 또한 성경에 기록된 특정한 사건들이 실제로 일어난 것임을 보여 주는 고고학적인 증거들을 제시하는 것일 수도 있다.

우리는 오늘날의 청중이 성경에서 특정한 문제를 만날 때마다 겪는 갈등을 솔직하고 정직하게 다루어 줘야 하며, 그들의 질문을 예상하여 확인하고 대답해 주면서 그들이 편안하게 느끼도록 최선을 다해야 한다. 성경에서 다소 미심쩍은 기사를 읽을 때, 가령 여호수아 10장에서 하루 동안이나 태양이 중천에 머물렀다든지, 열왕기하 6장에서 쇠도끼가 물 속에서 떠올랐다든지, 마가복음 5장에서 예수님이 귀신의 무리들을 돼지 떼에 들어가게 하는 등 비과학적이고 초자연적인 사건을 대할 때, 우리는 장애물이 기다리고 있음을 예상해야 하며 거기에 적절히 대처해야 한다. 성경을 읽는 현대의 독자들에게 이상하게 느껴질 만한 많은 것을 설명해 줄 준비가 되어 있어야 한다. 과학적인 불가능성, 기적들, 창조, 초자연적인 영역, 마귀의 정체 등에 대한 설명은 가히 필수적이다. 그렇다고 그러한 것들에 대해 과학적으로 아주 설득력 있는 설명을 해야만 한다는 의미는 아니다. 단지 우리의 청중이 그것들로 고민할 때 적절한 성경적인 배경을 가질 수 있도록 도와주어야 한다는 의미이며, 여기에는 과학적인 발견뿐만 아니라 성경의 가르침을 진지하게 설명해 주는 것을 포함한다.

▌ 언제나 그들의 언어에 주목하라 ▌ 이번 주제는 반복되는 것 같기도 하다. 무슨 뜻인가 하면, 우리가 사용하는 말에서 '기독교적인 것'을 모두 벗겨내면 의사소통이 훨씬 더 잘 이루어질 것이라는 이야기이다. 교회 내부에서 사용하는 언어는 이제 외부의 현대인들에게 무슨 소리인지 알아듣지 못할 정도가 되었다. 중보? 간증? 안수? 아이고! 우리가 생각하는 것을 청중에게 얼마나 잘 설명해 줄 수 있느냐 하는 언어 구사 능력에 따라 효과적인 의사소통이 가능할 수도 어려울 수도 있다. 그러한 과정은 우리가 이해하고 있는 말만 가지고는 무척 힘들다. 대부분의 사람들에게는 1400년대쯤에 쓰여진 실용 서적에 나오는 말처럼 들리는 어휘를 사용하여 그들을 어리둥절하게 만들 필요가 있는가?

지금 나는 모든 성경적인 언어를 내다 버리고 모조리 현대적인 용어로 바꿔야 한다고 주장하는 것이 아니다. 어떤 말은 바꾸거나 없애는 것이 아주 어렵고, 가령 주님을 최고 경영자로, 은혜를 친절함으로 대치하

는 것처럼 그것들을 다른 말로 대치하면 어쩔 수 없이 의미가 달라지게
된다. 구속, 죄, 거룩과 같은 말도 그렇게 되면 뜻이 바뀔 수밖에 없다.

나는 이렇게 권면하고 싶다. '여러분의 언어 선택을 신중하게 하라.'
대화를 할 때 당신의 기독교적 언어 영역으로부터 곧바로 떠오르는 단
어나 표현들을 사용하기 전에, 잠시 멈추고 다시금 그것을 생각해 보라.
상대방이 알아듣기 어려운 용어를 사용하지 않고 성실하게 이 개념을
설명할 수 있을까? 그렇지 않다면 될 수 있는 한 상황에 적절한 다른 말
을 사용하여 그 개념을 정의하고 재진술하여 바꾼 다음 당신의 청중이
알아들을 수 있는 말로 전하라. 자신의 말을 녹음하여 알아듣기 힘든 말
이 있는지 확인해 볼 수도 있고, 자신이 다른 사람들과 이야기할 때 그
런 말을 사용하지는 않는지 친구들에게 물어볼 수도 있다. 교회 안에서
사용하는 '내부적인 용어'를 모르는 누군가가 그런 말들을 어떻게 알아
들을 수 있을까? 당신은 아마 녹음된 내용이나 친구의 이야기를 듣고
놀라움을 금치 못할 것이다.

어떻게 신앙을 나눌 것인가

세속적인 사람들에게 신앙을 나누는 다음과 같은 방법은 아주 효과적
일 수 있다.

┃ 탐색하는 질문을 던져라 ┃ 아마 가장 효과적인 접근 방법은 그저 더
깊은 생각을 유발하는 질문을 던져 보는 것이다. 해리 블래마이어즈
(Harry Blamires)는 그의 책 『세속주의자 이단(The Secularist Here-
sy)』에서 사람들이 하나님을 저버리는 가장 큰 이유는 그들의 한계를 깊
이 경험하지 못했기 때문이라고 말했다. 서구 사회에서 살아가고 있는
대부분의 사람들은 아주 편안한 생활을 영위하며, 필요한 물품을 얼마
든지 풍부하게 구할 수 있으며, 하나님이 필요 없다고 느낄 수 있을 만
큼 충분히 자신의 삶을 스스로 결정하는 데 익숙하다. "인간은 마치 유

한하고 일시적인 세계에 살고 있는 유한하고 일시적인 존재로서 서로 의존하며 살아야 하는 피조물이 아닌 것처럼 행동한다."[5]

우리가 삶을 나누고자 하는 대부분의 사람들은 겉으로 드러나는 이 세상의 삶, 구입해야 하는 식료품 목록, 시트콤의 줄거리, 오일 교환 및 꼬마들의 운동 경기 계획표 등을 제외한 다른 것들에는 깊은 관심이 없다. 블래마이어즈의 제안은 이것이다. 한편으로는 별로 생각할 필요가 없는 삶의 고민스런 문제로부터 시작하여 점점 더 깊이 많은 생각을 해야 하는 질문으로 대화를 이끌어 가라는 것이다. 특히 무엇이 우리를 행복하게 하는가, 어떻게 의미 있는 삶을 살 것인가, 삶이 시들해질 때 기댈 수 있는 우리 외부의 어떤 존재가 있는가에 대해 물어 보라는 것이다. "당신은 현재의 삶에 만족하세요? 당신은 자신에게 만족하세요? 도저히 충족될 것 같지 않은 욕망 때문에, 삶의 경험 가운데 너무나 자주 좌절되는 희망 때문에, 제한된 삶의 지평 안에 담고 있기에는 너무나 큰 열망 때문에 마음이 힘들지는 않은지요? 이러한 희망들을 온전히 이룰 수 있는 미지의 세계가 어디엔가 있을 가능성은 없는지요? 왜 사는지요?" 위와 같은 종류의 질문들이 블래마이어즈가 우리에게 시도해 보도록 권장하는 것이다.[6]

우리가 세속 사회의 사람들에게 줄 수 있는 가장 큰 선물은 인간이 유한한 존재라는 사실을 깨닫도록 하는 것이다. 잠재력과 자원들은 제한적이며, 스스로 창조된 존재도 아니며, 혼자서 잘 살아갈 수 있는 존재도 아니며, 어떤 통제 아래 있는 것도 아니지만 인간의 삶은 너무나 많이 실제적인 한계와 무기력감에 부딪힐 수밖에 없다. 이러한 사실을 제대로 깨달을 때, 아마 난생 처음으로 사람들은 무한성, 영원성, 신적 존재의 필요성 같은 개념에 대해 열린 마음으로 다가갈 수 있게 된다. 처음으로 인생이 얼마나 짧은지 발견했을 때, 나는 영원한 것이 무엇인지를 생각하게 되었다. 지음받은 존재라는 것을 인식하게 되었을 때, 나는 내 삶의 목적에 대해 고민하기 시작했다. 인생이 선물이라는 것을 점점 더 알게 되었을 때, 그 선물을 주신 분이 누구인지 알고 싶어졌다.

바울 사도는 사도행전 14장에서 이고니온 사람들에게 동일한 일을 하려고 했다. "여러분이여, 잠깐만 내 말을 들어 보시오! 아직도 그것을 깨닫지 못했단 말입니까? 우리로 그 모든 선한 일의 결과를 얻도록 하시는 분이 계시다는 사실을 모른단 말입니까? 어디로부터 비가 내리는지 생각해 보셨습니까? 어떻게 곡식이 자라납니까? 누가 여러분의 모든 먹을 것을 공급하십니까? 우리 마음에 살아 있다는 기쁨은 어디로부터 온다고 생각하십니까?"

이것은 또한 전도서 기자가 말하려고 애썼던 부분으로 생각된다. "사람이 해 아래서 수고하는 모든 수고가 자기에게 무엇이 유익한고… 은을 사랑하는 자는 은으로 만족함이 없고 풍부를 사랑하는 자는 소득으로 만족함이 없나니 이것도 헛되도다… 헛된 생명의 모든 날을 그림자 같이 보내는 일평생에 사람에게 무엇이 낙인지 누가 알며… 모든 사람의 결국이 일반인 그것은 해 아래서 모든 일 중에 악한 것이니… 대저 사람은 자기의 시기를 알지 못하나니"(전 1:3, 5:10, 6:12, 9:3, 12).

좀더 현대적인 예를 든다면, 이것은 워커 퍼시(Walker Percy)가 『우주 미아(Lost in the Cosmos)』에서 한 방식과 똑같다. 일련의 탐색하는 질문을 계속 던지면서 여러 가지 대답이 나올 수 있도록 유도하고 거기에다 대고 심술궂은 대꾸를 마구 해대는 것이다. 기독교 세계관의 범주 안에서 이 책을 쓰고 있는 퍼시의 목표는 아주 합리적이고 이성적인 세상에 비하여 사람들이 자신의 문제에 대하여는 왜 아직도 미스터리로 남겨 두는지 생각해 보도록 하는 것이다. 그는 책의 마지막 부분에서 외계인에 의한 여러 가지 어려운 질문으로 된 가상의 메시지를 사용하여 결론을 맺고 있다. "고민이 있으세요? 왜 그러한 고민에 빠지셨나요? 고민이 있다면 도움을 청해 보셨나요? 그랬다면, 도움을 받을 수 있었나요? 그랬다면, 그 도움을 받아들였나요? … 내가 지금 무슨 말을 하고 있는지 알겠습니까?"[7]

훌륭한 질문은 사람들로 하여금 좀더 깊은 생각으로 이끄는 힘이 있다. 그러나 언제나 눈에 띌 정도로 겉으로 드러나는 것은 안 된다. 이번 여름에 내가 몰던 차가 도중에 갑자기 서 버려서 견인을 해야만 했다. 그런데 견인차의 운전 기사가 아주 걸작이었다. 그는 운전 중에도 온갖 잡다한 이야기를 끊임없이 했다. "이봐요, 아저씨. 내 몸무게는 당신 같은 사람 열 명을 합쳐야 될 거요. 아예 덤비지 않는 게 좋을 거요." "에이, 샐리. 네가 끼어들 만한 공간은 남겨 두었다고. 그래, 맞아. 정신 좀 차려." "잠 깨라, 샘. 푸른 신호야. 졸고 있었구나?"

어느 순간에 그는 이렇게 말했다. "이 사람들은 마치 꽈배기처럼 운전을 한다니까." 그러고는 잠시 멈춰 고개를 끄덕이더니, "그래도 저 사람들을 욕할 수 없다니까요. 삶이라는 게 우리 모두에게는 스트레스로 가득하거든요. 시간은 없는데 할 일은 너무 많고, 과중한 업무와 집안에서 받는 중압감 때문에 저 사람들이 도로로 뛰쳐나와 미치광이처럼 운전을 해댄다는 게 이해할 만하지 않아요?"

그때 내가 이렇게 물었다. "그런데 선생님께서는 그런 스트레스를 어떻게 해결하세요? 삶의 무거운 짐들을 내려놓을 만한 해결책을 어디에서 찾으세요?"

운전석 옆자리에 내가 앉아 있다는 사실을 그제서야 겨우 알아차렸다는 듯이 그는 나를 물끄러미 쳐다보았다. "누구요, 저 말이에요?"

"예."

"그럴 땐 시속 250킬로미터가 넘는 속력으로 차를 몰곤 하죠."

내 눈이 휘둥그레졌다.

"경기용 자동차로 경기를 하는 것처럼 달리는 거예요. 그게 내가 스트레스를 해소하는 방법이거든요."

그 이후의 시간에 우리가 좀더 깊은 문제들을 이야기할 수 있었을까? 그렇지 않았다. 오히려 엔진 온도라든지, 시동 등이라든지, 차선을 어겨 딱지를 떼인 경우가 얼마나 많은지에 대해서 대화를 나누었다.

그럼에도 그 시간은 참 좋았다. 그런 종류의 질문은 낚시의 미끼 같은 것이다. 그것은 사람들의 양심을 사로잡아 거기에 머물면서 좀더 깊은 생각 속으로 들어가게 만든다. 그래서 사람들로 하여금 자신의 삶이 그렇게 계속 질질 끌려 다니기만 해야 하는 것인지에 대해 스스로에게 질문을 던지도록 만든다.

▌믿지 않는 이유들을 세심하게 살펴라 학창 시절의 대부분을 무신론자로 보낸 내 경험에 비추어 볼 때 많은 사람들은 확신이 있어서라기보다 편리함 때문에 무신론을 택한다. 그들에게도 분명히 믿지 않을 만한 그들 나름대로의 이유가 있기는 하지만, 그들이 말하는 이유라는 것은 단지 믿고 싶지 않다는 사실을 변명하기 위한 합리화에 지나지 않는다.

대부분의 사람들은 삶 가운데 하나님을 받아들이는 것을 내면 세계의 질서를 대대적으로 수정해야 한다는 의미로 생각한다. 우리는 더 이상 그러한 부담을 주어서는 안 되며, 그 일이 아주 멋있다는 느낌을 갖도록 만들어야 한다. 그렇다고 도망가는 듯한 태도로 일관해서도 안 되며, 아주 편안한 분위기에서 포용력 있는 도덕 기준을 가지고서 그들이 훨씬 더 많은 헌신을 할 수 있도록 해야 한다.

사람들은 누군가 자기에게 무엇을 하라거나 무엇을 하지 말라고 이야기하는 것을 몹시 싫어하며, 더구나 누구의 통제에 자신을 내맡기거나 아예 전적으로 순복하는 것은 더욱 그렇다. 나 자신도 분명히 그런 경우인데, 많은 사람들에게 무신론이란 자신의 삶에 대해 희생을 하라는 하나님의 요구를 피하기 위한 편리한 수단이다. 성경에 따르면, 불신앙이란 하나님에 대한 것이라기보다는 그분을 거절하는 사람들에 대한 어떤 것임을 나타내고 있다. "악인은 그 교만한 얼굴로 말하기를 여호와께서 이를 감찰치 아니하신다 하며 그 모든 사상에 하나님이 없다 하나이다"(시 10:4).

그러나 무신론이 편리성의 문제만은 아니다. 그것은 오히려 불안정한 신앙 체계를 뜻한다. 지난 수백 년 동안, 하나님에 대한 믿음은 비합리적이고 소심한 것으로 조롱을 받아온 반면, 이성적이고 그럴듯하며 합리적이고 지각 있는 것으로 묘사되었던 불신앙은 분별 없이 아무렇게나우리 문화에 수용되었다. 그러나 유신론이 자연주의보다 정말로 그렇게비합리적인 세계관인가? 초자연적인 것에 대한 불신앙을 견지하는 현대인이라면 유신론이, 우리가 그것을 경험해 볼 때, 실제로 삶에 대한합당한 설명을 해내고 있음을 또한 인정해야 한다. 유신론에 대한 증거들은 엄청나게 많이 있지만, 자연주의에 대한 증거는 훨씬 적고 사람들이 생각하는 것만큼 믿을 만한 결론을 내리고 있는 게 아니다. 무신론을믿는다는 소리는 어디까지나 사랑과 인격의 하나님을 믿는 믿음에 의해형성된 것과 동일한 분량의 신앙적인 도약이 있어야 가능하다.

무신론자와 대화를 나눌 때 다음과 같은 경우가 있을 수 있다. 조금씩아래와 같은 질문을 던지면서 접근할 수 있다. "왜 하나님이 없다고 생각하는지 말씀해 주시겠어요? 무엇 때문에 무신론자가 되셨나요? 하나님에 관한 이야기를 어디에서 듣게 되나요? 왜 그처럼 하나님이 없다고확신하게 되셨나요? 당신이 잘못일 가능성은 없을까요? 하나님이 존재할 가능성이 있다면 그분께서 자신을 드러내실 거라고 생각하지 않으세요? 성경이 하나님에 대하여 무엇을 말하는지 한번 진지하게 살펴본 적이 있으세요? 그렇게 하지 못하는 이유라도 있나요? 지금 저와 같이 성경을 읽어 보지 않으시겠어요?"

│ 세속주의자들이 고민할 것 같은 문제을 드러내라 │ 하나님과 초자연적인 것의 흔적이라면 무조건 제거해 버리려는 과학적 세계관인 자연주의는 그 결론을 끝까지 추적해 보면 해결할 수 없는 수렁에 빠지게 된다. 가장 심각한 문제는 이런 것이다. '만일 생명이 단순히 시간과 물질과 우연의 산물이라면, 나에게는 고유한 가치도 없고 인생의 목적도 없고 이 세상에서 홀로 남게 될 것이다.' 하나님이 없는 우주는 의미가 결

여된 우주를 뜻한다. 나의 존재는 실수로, 변덕에 의해, 우연히 생겨난 것이다. "동물원의 미생물로부터 당신에게까지"라는 것이 프랭크 페레티(Frank Peretti)가 설명하는 방식이다. 그렇게 되면 나는 아무도 쉽게 관찰할 수 없는 레이더의 스크린에 나타나는 영상과 같은 존재이다. 나는 혼자이며 전혀 중요하지 않은 존재이다.

우리가 얼마나 보잘것없는 존재인지를, 우습다기보다는 다소 담담한 필치로 보스턴에 있는 역사 박물관의 게시판에는 다음과 같이 적절히 언급하고 있다. "천문관에 가 보세요. 그러면 이 우주에서 당신의 존재란 아주 조그맣고 하찮은 점에 불과하다는 것을 알게 될 것입니다."

우리의 내면 세계는 이런 주장에 대해 항변한다. 하나님께서는 그분 앞에서 우리가 아주 독특하고 귀중한 존재이며 그분의 우주 내에서 특별한 위치를 차지하고 있다는 것을 감지할 수 있는 감각을 우리 안에 불어넣으셨다. '그게 아니야. 난 혼자가 아니란 말이야! 난 공허한 우주 속의 떠돌이가 아니란 말이야!'

성경은 우리의 이러한 분노를 지지한다. 성경은 하나님이 우리를 창조하셨으며, 그분 안에서 우리가 살고 움직이며 존재 의미를 찾게 된다고 말한다. 그분은 우리에게 생명과 생기뿐만 아니라 그 모든 것을 부여하셨다. 그리고 하나님은 곳곳에 그분의 존재와 전능하심과 온유하심과 재능을 드러내셨다(행 17:25~28, 14:17; 롬 1:18~20). 마음에 이르기를 "신이 없다"(시 14:1)고 말하는 사람은 지혜자가 아니라 어리석은 자에 불과하다.

우주의 기원을 연구했던 세속 과학자인 고(故) 칼 세이건(Carl Sagan)은 우주는 스스로 존재하고 있으며, 과거에도 그랬고, 영원히 그럴 것이라고 주장했다. 그것이 사실이라면 사람들이 왜 그렇게 외계인에 대해 깊은 관심을 가지는가? 한 번쯤 생각해 본 적이 있는가? 그와는 달리 과학을 확고하게 믿고 있는 사람들도 우주 생명체에 관한 탐구 문제를 이야기할 때에는 아주 경솔해진다. 최근의 수많은 영화들이 외계의 생명체를 발견했다든지 만났다는 주제를 중심으로 하고 있다. ET나 그와 같은 지구 밖의 친구에 대해 사람들이 왜 그토록 폭발적인 관심을 보이는 것일까? 그것은 하나님이 부재하는 우주론에 대한 반향이 너무 커서 감당할 수 없기 때문일 것이다.

우주의 어디인가에서 생명체를 찾으려는 탐색 작업은 하나님을 향한 탐구를 가로막는 것이 될 수도 있다. 비그리스도인 과학자인 폴 데이비즈(Paul Davies)는 그의 책 『우리는 혼자인가?(Are We Alone?)』에서 이 지구상에 존재하는 생명체에 국한하지 않고 더욱 넓은 차원에서 찾아야 할 필요성 때문에 외계인과의 접촉에 관심을 보인다. 전통적인 종교가 급격히 쇠퇴하는 시기에는 지구 바깥에 있는 우주의 어느 곳에 사는 고도로 발달한 외계 생명체에 대한 믿음으로 사람들은 자신들의 따분하고 하찮은 생명의 가치를 고양하고 위안을 받는 수단으로 삼는다. 대부분의 과학자들은 스스로 무신론자임을 자처하지만, 거의 종교에 가까운 이런 식의 탐닉은 과학자들 사이에 널리 퍼져 있다.[8]

현대 세계의 지배적인 세계관은 우리가 혼자이며 중요하지 않은 존재라고 말한다. 둘 다 거짓이라는 사실을 우리는 분명히 알아야 할 필요가 있다. 그러한 필요는 지적인 부분만을 뜻하는 것은 아니다. 누구든지 삶 속에서 아주 실제적인 도움의 손길이 필요하다는 의미이다. 어느 날 셰릴과 데니가 시들해지고 있는 그들의 결혼 생활에 대해 상담을 하러 교회로 나를 찾아왔다. 그들은 셰릴의 낡은 차를 몰고 교회로 왔다. 꽉 끼는 청바지에다 헐렁한 스웨터를 입은 셰릴은 힘겹게 살아가는 바텐더였으며, 안절부절못하는 성격의 소유자였다. 우락부락하고 억센 오토바이 족인 데니는 모든 면에서 그녀와 잘 어울리는 남자였다. 그들의 독특한 성격을 생각해 본다면 교회도 편안한 곳은 분명히 아니었을 것이다.

왜 교회에 찾아왔냐고 물었더니 그들은 확실한 대답을 못했다. 데니가 어깨를 으쓱해 보이며 말했다. "우리는 둘 다 뭔가를 잃어버린 채 살아가는 느낌이 들었고, 아마도 그것은 하나님이 아닐까 하는 생각을 했어요. 그럴 만한 가치가 있을 것 같아서요. 그래서 자리를 박차고 일어나 전화번호부를 가져와서 교회 전화번호가 나오는 곳을 편 다음 아무 번호나 눌렀지요. 그러고는 이렇게 여기에 왔죠."

이야기를 나누어 보았더니 데니와 셰릴이 자라온 환경은 모든 면에서 그들의 모양새만큼이나 힘겨웠던 것 같았다. 데니는 아버지에게 학대를 당한 뒤 버려졌고, 감옥을 들락거렸으며, 여러 직장을 전전했었다. 셰릴도 아버지에게 계속해서 괴롭힘을 당했고, 급기야 스무 살 때에는 낯선 사람에게 강간을 당하기도 했으며, 그 이후로는 사람들과 정상적인 관계를 맺기가 어려웠다. 현재 그녀는 임신 중이었으나 남편의 아이가 아니었다. 왜냐하면 결혼 직후 술에 만취한 채로 남자 친구와 잔 적이 있었기 때문이다. 당연히 8개월 된 그들의 결혼 생활은 산산조각이 나 버렸다.

한동안 그들의 결혼 생활에 대해 이야기를 나눈 뒤, 나는 그들에게 용서와 분노를 다루는 법에 대해 몇 가지 조언을 해주었다. 그러나 실상 그들의 결혼 생활에 있어서 가장 필요한 부분은 주님을 받아들이는 일이었다. 힘겹게 살아가는 이들 젊은 부부에게 "우리의 모습 그대로를 사랑하시는 분이 있다는 사실을 알게 된다면 어떻게 하겠어요? 당신들이 무슨 일을 저질렀든지, 어떤 선택을 했든지, 얼마나 사랑받지 못할 존재이든지 상관이 없다면? 그런 사랑으로 당신들을 사랑하는 누군가가 항상 함께 한다는 사실을 알고 싶지 않으세요? 그러면 결코 더 이상 혼자가 아니에요. 영원히 다시는. 그런 사랑을 예수님께서는 우리에게 주시려고 오셨어요."라고 말하자 그들은 눈물을 글썽거리기 시작했다.

좀더 이야기해도 되겠냐고 묻자 그들은 너무나 듣기를 갈망했다는 듯이 고개를 끄덕였다.

자연주의는 이처럼 인간의 심령 깊은 곳에 있는 필요와 진리에 대한 날카로운 직관에 부합할 수가 없다. 이 세상은 하나님 없이 돌아가는 것이 아니라 하나님에 의해 움직여지는 것이다. 삶이란 우리가 하나님을 알게 될 때에야 비로소 의미가 있게 된다.

▌하나님의 설계에 대한 증거를 제시하라▐ 하나님이 존재한다는 것과 하나님의 존재에 대해 심각하게 받아들여야 한다는 것을 사람들에게 쉽게 증명해 낼 수 없을 때에라도, 그 사람과의 대화에 열린 마음으로 응하면서 유익한 결과를 얻을 수 있는 몇 가지 지침이 있다. 세속적인 사람들과 대화에서 사용할 수 있는 가장 효과적인 변증법은 설계에 관해 의견을 나누는 것이다. 이 말은 존재하는 만물 가운데 우주 곳곳의 증거들이 창조주의 흔적을 드러내고 있음을 뜻한다. 잭과 점심 식사를 하면서 나는 이런 주제로 대화를 이끌어 갔다. 그는 엔지니어로 아내와 함께 교회에 나오기 시작했다.

식사를 거의 마쳤을 때쯤 내가 말문을 열었다. "이보게 잭. 과학적인 배경을 가진 누군가에게 하나님을 심각하게 받아들이라고 말하기가 쉽지는 않겠지?"

"그럼요. 저는 아예 처음부터 하나님에 관한 이야기를 꺼내기가 쉽지 않을 거예요."

내가 말을 받았다. "내가 최근에 어떤 글을 읽고 있는데 참 생각을 많이 하게 만들더군. 나는 과학이 하나님의 존재를 상당히 많이 부정하고 있으며 우주에는 하나님이 존재할 여지가 없다는 인상을 받으며 자랐지. 이 모든 게 자연스럽게 이루어졌어."

잭은 고개를 끄덕였다. "맞아요. 저도 마찬가지였어요."

"근데 말일세. 요즘 읽고 있는 글을 보면 좀 다른 생각이 든단 말이야. 예를 들면, DNA를 연구해 온 학자들이 말하기를 그 속의 유전 정보가 일종의 언어처럼 아주 조직적이라는군. 우연히 만들어진 것 같지 않다는 거야. 누군가 가만히 앉아서 유전 정보를 기록한 다음 생명체 속에 넣어 어떤 형태로 자라갈 수 있도록 했다는 거지. 만물을 창조하신 인격적인 하나님이 존재한다는 생각은 어리석은 것처럼 보이지만, 실제로는 어리석은 것이 아니라는 말일세."

"과학자들은 또 인류 발생론이라는 것에 대해 논의 중이라는군.[9] 그들은 말하기를 우주와 태양계가 하나였으며 특히 지구는 인간이 살기 좋게 만들어졌다고 한다네. 그런데 우연히 우주가 원심력에 의해 제자리로 돌아가지 않을 만큼 아주 강한 속도로 팽창했으며, 우연히 지구는 태양과 적절한 거리를 유지하게 되었고, 적당한 각도로 기울어졌으며, 대기권에는 공기가 적절한 기체들로 혼합되었고 지표면에는 물이 극소량만 남게 되었다는 거지. 자네도 알다시피 수년 동안 과학자들은 생명체를 만들어 보려는 노력의 일환으로 지구의 원시 상태를 재현하는 액체 혼합물을 합성하려고 했었네. 2, 30년이 지난 지금, 그들은 모두 손을 들었지. 심지어 생명체를 만들 수 있을 것 같은 주요 성분들을 혼합하여 전기로 가속을 함으로써 더 빨리 이 과정을 실행해 보기도 했지만 아무런 결과도 얻지 못했지. 그래서 이제 그들은 한 발 물러서서 다소 대답하기 어려운 여러 가지 질문을 다시 하기 시작했다네. 왜 우주는 다른 방식을 취하지 않고 현재와 같은 형태로 운행되고 있을까? 왜 이와 같은 형태로만 존재해야 하는가? 학자들은 우주가 창조되었다는 사실을 마음속에 인식하게 되는 충분한 근거를 점점 더 발견하고 있다네."

"그리고 현재 대폭발(big bang) 이론에 대한 증거도 쌓여 가고 있는데, 이것은 1500억 년 전쯤에 어떤 특정한 시간과 장소에서 이 우주가 시작되었다는 생각에 근거한 것이지. 과학자들은 인격적인 창조주를 인정하지 않고서는 생명체와 우주의 기원을 설명할 때 어떤 한 시점을 설정하는 데 어려움을 겪곤 한다네."

"시편 19편 1, 2절을 보면, 성경은 '하늘이 하나님의 영광을 선포하고 궁창이 그 손으로 하신 일을 나타내는도다 날은 날에게 말하고 밤은 밤에게 지식을 전하니'라고 기록하고 있는데도 말이야."

"과학자들에게는 하나님이 계시지 않는다고 생각하는 것이 쉬웠을 테지. 그러나 이제 나는 그 반대가 진실이라고 생각한다네. 우주는 질서

정연하고 설계에 의해 창조되었으며, 현재와 같은 형태로 움직이도록 창조한 지적 존재가 있다는 암시들이 너무나 많기 때문에 이런 사실을 믿지 않는 일이란 점점 힘들어지고 있지."

점심 식사 자리에서든, 강대상 뒤에서든, 토론 테이블에 둘러앉아서든, 독서 토론회 내에서든, 편집자에게 보내는 편지를 통해서든, 무대 위에서든, 우리는 편안하고 정직하며 우호적인 분위기에서 토론이 이루어질 수 있도록 공개 토론회를 열어야 한다. 그곳에서는 세속 사회에 널리 퍼져 있는 믿음에 대한 가장 강력한 반대 의견도 제대로 다루어지고, 그에 대한 증거들도 분명히 제시되어야 한다. 창조와 진화, 우주의 기원, 기적과 자연 법칙, 신앙과 이성, 성경의 신뢰성, 하나님의 존재에 대한 증거. 이런 것들이 모두 하나님을 경기장 밖으로 내다 버린 세상에서 솔직한 대화를 주고받을 수 있도록 하는 주제들이다.

무엇을 전할 것인가

세속주의는 더 이상 성경적인 가르침을 반대하는 상대가 될 수 없다. 창조주와 섭리자의 존재를 부인하는 오만과 만용으로 가득한 세상에 대해 외쳐야 할 내용들이 여기에 있다.

│ 하나님의 존재 │ 하나님은 미신처럼 상상 속에나 있는 허구의 인물이 아니며 허약한 사람들이 꾸며낸 존재도 아니다. 그분은 실제로 존재하신다. 철학자들은 이런 견해를 유신론적 (또는 형이상학적) 실재론이라고 부른다. 하나님은 객관적으로 존재하신다. 개념이나 환상이나 신화가 아니라, 사실적이고 인격적이며 영적인 존재이다. 처음부터 마지막까지 성경은 이런 진리를 확언하고 있다. 그것은 타협의 여지가 전혀 없다. 성경이 말하는 것처럼, "태초에 사람이"가 아니라 "태초에 하나님이"이다(창 1:1).

│ 하나님의 영광 │ 하나님은 모든 세상에 자신의 영광과 위엄으로 채우셔서 생기를 불어넣으신다. 하나님에 대한 증거가 도처에서 빛난다. 스랍들은 "그의 영광이 온 땅에 충만하도다."라고 선포한다. "여호와는 크신 하나님이시요 모든 신 위에 크신 왕이시로다 땅의 깊은 곳이 그 위에 있으며 산들의 높은 것도 그의 것이로다 바다가 그의 것이라 그가 만드셨고 육지도 그의 손이 지으셨도다"(시 95:3~5).

그리고 하나님의 발자취는 어디에나 있다. 바울은 하나님께서 "자기를 증거하지 아니하신 것이 아니니"(행 14:17)라고 말하면서 "이는 하나님을 알 만한 것이 저희 속에 보임이라 하나님께서 이를 저희에게 보이셨느니라 창세로부터 그의 보이지 아니하는 것들 곧 그의 영원하신 능력과 신성이 그 만드신 만물에 분명히 보여 알게 되나니 그러므로 저희가 핑계치 못할지니라."(롬 1:19~20)라고 했다.

│ 하나님의 주권 │ 하나님은 만물의 주권자이시다. 그분은 사람들이 마음대로 할 수 있는 개인의 우상이 아니다. 사람들이 인정하든 하지 않든 하나님은 모든 인류사에 대한 통치권을 갖고 계신다. 그분은 우주의 중심에서 밀려난 적이 없으시며, 사람들의 심령에서 떠난 적이 없다. "하늘과 모든 하늘의 하늘과 땅과 그 위의 만물은 본래 네 하나님 여호와께 속한 것이로되"(신 10:14).

성경이 담대하게 선언하는 바는 하나님은 모든 일을 자신의 계획에 따라 행하신다(엡 1:11)는 것이다. "여호와는 죽이기도 하시고 살리기도 하시며 음부에 내리게도 하시고 올리기도 하시는도다 여호와는 가난하게도 하시고 부하게도 하시며 낮추기도 하시고 높이기도 하시는도다 가난한 자를 진토에서 일으키시며 빈핍한 자를 거름더미에서 드사 귀족들과 함께 앉게 하시며 영광의 위를 차지하게 하시는도다"(삼상 2:6~8). "그는 때와 기한을 변하시며 왕들을 폐하시고 왕들을 세우시며 지혜자에게 지혜를 주시고 지식자에게 총명을 주시는도다"(단 2:21).

하나님을 부인하는 것은 우리의 모든 운명을 창조하시고 지탱하시고 명령하시는 분을 대적하는 자리로 나아가는 것이다. "어찌하여 열방이 분노하며 민족들이 허사를 경영하는고 세상의 군왕들이 나서며 관원들이 서로 꾀하여 여호와와 그 기름 받은 자를 대적하며 우리가 그 맨 것을 끊고 그 결박을 벗어 버리자 하도다 하늘에 계신 자가 웃으심이여 주께서 저희를 비웃으시리로다 그때에 분을 발하며 진노하사"(시 2:1~5). 하나님은 모든 만물을 주관하고 계신다.

│ 우리에 대한 하나님의 권리 │ 하나님은 우리를 창조하셨으며 그렇기 때문에 마땅히 우리 개개인에 대한 권리가 있다. 우리는 그분의 것이다. "여호와가 우리 하나님이신 줄 너희는 알지어다 그는 우리를 지으신 자시요 우리는 그의 것이니."(시 100:3)라고 다윗은 노래했다. 예레미야도 동일한 생각을 표현하고 있다. "여호와여 내가 알거니와 인생의 길이 자기에게 있지 아니하니 걸음을 지도함이 걷는 자에게 있지 아니하니이다"(렘 10:23). 우리는 우리의 것이 아니다. 우리는 자신의 손으로 우리를 지으신 자의 영광을 위해서 존재한다(계 4:11). 우리의 모든 내적인 존재와 외적인 소유가 모두 그분의 것이다.

│ 하나님의 사랑 │ 하나님은 그분의 지극한 사랑을 부어 주시려는 목적으로 우리를 창조하셨다. 인간에 대한 하나님의 모든 의도와 행위 속에 사랑이 스며들어 있다. 창조 사역을 촉발했던 원동력도 사랑이었고(시 136:1~9), 그리스도를 성육신으로 이끈 힘도 사랑이었으며(요 3:16), 오늘에도 하나님께서 순간 순간마다 우리를 향해 움직이도록 하는 능력도 사랑이다(엡 3:17~19).

사랑의 하나님은 세상 사람들의 확신을 거슬러서 일하신다. 우리 주변의 사람들에게 버림받은 하나님은 대체로 심술궂고 사나운 구두쇠로 지나치게 산만하여 우리에게 집중할 수 없는 존재이거나 독재자이기 때문에 너무 동떨어져 있어 우리를 세심하게 보살필 수 없는 존재이다. 그러나 성경의 거의 모든 장에서 흘러넘치는 하나님의 중심적인 명확한 성품은 사랑의 하나님이라는 점이다. 하나님은 사랑이시며(요일 4:16), 하나님은 그 만드신 만물을 사랑으로 감찰하신다(시 145:8~9). 그분의 사랑은 영원하시다(시 118:1).

│ 하나님의 거룩 │ 하나님은 거룩하시며, 자신의 피조물과는 비교할 수 없으며, 부족한 부분이 하나도 없으며, 도덕적으로도 흠이 전혀 없으신 분이다(약 1:17, 사 6:3 참조). 사람들이 그들의 삶에서 하나님에게 마땅한 자리를 내어 드리지 않는 거만한 태도는 그분의 거룩함을 모욕하는 일이며 반역 행위이다. "악인의 죄얼이 내 마음에 이르기를 그 목전에는 하나님을 두려워함이 없다 하니 저가 스스로 자긍하기를 자기 죄악이 드러나지 아니하고 미워함을 받지도 아니하리라 함이로다 그 입의 말은 죄악과 궤휼이라 지혜와 선행을 그쳤도다"(시 36:1~3). 하나님에게 합당한 자리를 내어 드리지 않는 것은 하나님의 심사를 건드려 징벌을 자초하는 죄악이다. 하나님은 우리에게 진노하실 만한 합당한 권리를 갖고 계신다. "변박하는 자가 전능자와 다투겠느냐 하나님과 변론하는 자는 대답할지니라."(욥 40:2) 하고 계속하여 질문을 던졌던 욥에게 하나님께서 물으신다.

│ 과학의 한계 │ 과학과 기술은 인간의 심령 가운데 가장 깊숙한 곳에서 나오는 갈증에 대한 적절한 해결책을 제시할 수 없다. 그들이 생명을 다소 연장시키고 삶을 어느 정도 편리하게 만들 수는 있지만, 인간의 죄, 목적, 영원한 미래, 하나님으로부터의 소외와 같은 사람들이 가진 근본적인 문제들을 전혀 해결할 수 없다. 우리의 필요를 채우시는 분은 하나님이다. "내 영혼아 여호와를 송축하며 그 모든 은택을 잊지 말지어다 저가 네 모든 죄악을 사하시며 네 모든 병을 고치시며 네 생명을 파멸에

서 구속하시고 인자와 긍휼로 관을 씌우시며 좋은 것으로 네 소원을 만족케 하사"(시 103:2~5). "오직 저만 나의 반석이시요 나의 구원이시요"(시 62:2).

| 우리의 영적인 본성 | 우리가 세상에서 아주 흔히 듣는 말과는 정반대로 우리는 영적인 존재이다. 그러나 하나님과 올바른 관계를 맺지 못했기 때문에 영적으로 메마르고 갈한 상태이다. 하나님께서는 그리스도를 통하여 우리의 모든 죄악을 용서하시고 자신과 화해시키심으로 말미암아 우리의 영혼에 자양분을 공급하시기 위해 섭리하고 계신다. 하나님과의 이런 올바른 관계를 멀리한다면, 우리는 영적으로 죽은 상태로 하나님의 일에 무디고 둔감하게 된다. "긍휼에 풍성하신 하나님이 우리를 사랑하신 그 큰 사랑을 인하여 허물로 죽은 우리를 그리스도와 함께 살리셨고"(엡 2:4~5).

| 성경의 권위 | 성경은 우리를 향한 하나님의 권위 있고 적합한 말씀으로, 영적인 문제에 대한 최종적인 권위를 가지는 것으로 신뢰할 수 있다. 사람들에 의해 기록되긴 했지만 동시에 그 원저작자는 전적으로 하나님이시다. 성경의 각 장에는 하나님과 우리 자신과 우리를 향한 하나님의 뜻을 알 만한 것들로 가득하다. 성경은 신실하고도 정확하게 기록되었다. 예수님께서도 친히 성경을 사용하심으로 그것이 필수불가결한 하나님 아버지의 말씀임을 보이셨다. 예수님은 사역의 토대를 성경에 두셨으며, 비난하는 자들에게 성경으로 대답했으며, 성경을 믿으라고 청중에게 훈계했다. "너희가 성경도, 하나님의 능력도 알지 못하는 고로 오해하였도다."(마 22:29)라고 예수께서 한 무리에게 대답하셨다.

우리는 확신을 가지고 모든 신앙과 삶의 문제에 최종적인 권위를 성경에 부여해야 한다. 다음과 같은 바울의 표현이 그것을 잘 설명하고 있다. "모든 성경은 하나님의 감동으로 된 것으로 교훈과 책망과 바르게 함과 의로 교육하기에 유익하니 이는 하나님의 사람으로 온전케 하며 모든 선한 일을 행하기에 온전케 하려 함이니라"(딤후 3:16~17).

│ 기적의 확률 │ 성경에 기록된 기적들은 과학적으로 불가능한 일이 아니다.[10] 이런 기적들은 물질계와 하나님의 성품과 완벽하게 일치한다. 왜냐하면 스스로 존재하는 자연 법칙이나 물리 법칙은 없으며, 깨뜨릴 수 없는 우주의 특성이란 있을 수 없기 때문이다. 과학자들이 중력과 같은 자연 법칙을 이야기할 때, 그들은 단순히 하나님께서 우주를 다스리는 일관성 있는 방법, 곧 존재하는 만물을 운행하는 그분의 '습관'만을 다룬다. 행성들이 스스로 서로를 끌어당기는 것이 아니라, 하나님께서 그러한 연관성 가운데 서로를 붙들고 계신다. 모든 원자들이 매 순간 핵력에 의해 인력이 작용하는 것이 아니라 하나님의 손이 그들을 붙들고 있기 때문이다. 기적이란 하나님께서 일상적인 방식과는 달리 행하시는 것일 뿐이다. 하나님께서 어린아이를 살리시고 항아리의 물을 붉은 포도주로 바꾸신다고 해서 어떤 법칙을 깨뜨린 것이 아니다. 하나님에게는 능치 못하심이 없다(눅 1:37). 아삽이 노래하는 것처럼, 성경 곳곳에서 선포하는 것처럼, 하나님은 "기사를 행하신 하나님"(시 77:14)이시다.

│ 과학과 성경 │ 결국 과학에는 성경이 잘못되었다고 증명해 낼 만한 능력이 없다.[11] 과학은 창조 기사에서 하나님의 자리를 몰아낼 수도 없다. 변이와 적자생존을 통해 자발적인 창조를 지지하는 이론인 대진화는 결코 완벽한 것이 아니다. 하나님을 배제하고서는 우리의 존재에 대한 과학의 설명은 미궁에 빠져들 수밖에 없으며, 창조에 대한 합당한 주장도 펼칠 수가 없다. 이와는 반대로, 분자생물학자에서 고생물학자나 천문학자에 이르기까지 인류의 기원에 관해 연구하는 사람이라면 누구나 점점 더 유신론으로 돌아가게 되고, 이것만이 우리의 존재를 가장 합당하게 설명해 준다는 것을 발견하게 된다. 어떤 수단에 의해서든 어느 시간

대에 속해 있든지 간에 인간은 누구나 하나님께서 존재하게 하심으로 존재하게 되었다. "그것들이 여호와의 이름을 찬양할 것은 저가 명하시매 지음을 받았음이로다"(시 148:5).

과학이 특별히 서구 세계에서 괄목할 만한 발전을 했으며 우리 각자에게 엄청난 유익을 주는 것은 사실이다. 그러나 '무엇'이나 '어떻게'에 관한 질문에 대답하는 것으로부터 의미와 목적에 관한 '왜'라는 질문으로 옮아갈 때, 과학은 전혀 적절하지 않다. 오직 하나님만이 우리 주변의 세계에 대해 제대로 설명할 수 있다. 사랑과 전능하신 하나님을 고려하지 않은 채 세상을 설명하려 든다면 그것은 거만하며 불완전한 것이다.

하나님께서는 오늘날의 건방진 세속주의자들을 향하여 욥에게 했던 것과 같이 강한 어조로 말씀하신다. "내가 땅의 기초를 놓을 때에 네가 어디 있었느냐 네가 깨달아 알았거든 말할지니라 누가 그 도량을 정하였었는지, 누가 그 준승을 그 위에 띄웠었는지 네가 아느냐 그 주초는 무엇 위에 세웠으며 그 모퉁이돌은 누가 놓았었느냐 그때에 새벽 별들이 함께 노래하며 하나님의 아들들이 다 기쁘게 소리하였었느니라"(욥 38:4~7).

이러한 하나님의 질문들을 이 세상 사람들은 들어야 한다.

제9장과 제10장에 대하여

[주요 개념들]

· 세속주의(secularism): 물리적이고 현세적인 것만을 인정하는 세계 관으로 하나님, 신앙, 초자연적인 것, 교회를 과소 평가한다.

· 명목주의(nominalism): 문자적으로는 '이름뿐인' 이라는 뜻이다. 이 것은 신봉자들에게 아무런 삶의 변화도 일으키지 못하고 그의 주변 세계에 전혀 영향력을 끼치지 못하는 신앙 행습을 일컫는다.

· 권위(authority): 무엇이 진실인지에 대해 사람들에게 판단 기준을 제공하는 근원.

· 회의주의(skepticism): 우리가 알고 믿는 바에 대해 적극적으로 의 심하는 태도.

· 실험적인 증거(empirical evidence): 전적으로 우리의 오감을 통해 서만 발견할 수 있는 정보, 물리적으로 측량할 수 있는 사실들.

· 자연주의(naturalism): 물질과 에너지 및 그들을 지배하는 자연 법 칙이 존재하는 것의 전부라는 입장을 가지는 닫힌 계 내에서의 과학 적인 관점.

· 이신론(deism): 1600년대와 1700년대에 유행했던 신앙 체계. 이것 은 하나님께서 세상과 자연 법칙을 창조하셨지만, 그 이후로 이 세상 에 간섭하지 않으신다고 주장한다.

· 두 세계 관점(two-world view): 세속화된 사회에서 유행하는 잘못 된 분리주의. 여기에서는 하나님이 적극적으로 개입하시는 개인적인 세계와 하나님이 배제된 공적인 세계가 나누어진다.

· 인간 중심주의 원리(anthropic principle): 우주가 인간 관측자에 의 해 그 목적대로 창조되었다는 우주론의 원리.

· 유신론적 사실주의(theistic realism): 하나님께서 객관적으로 실재 하신다는 철학적 신념.

[추천 도서]

· 애플야드, 브라이언(Appleyard, Bryan). 『현재 이해: 현대인의 과학과 정신(*Understanding the Present: Science and the Soul of Modern Man*)』. 뉴욕: 더블데이, 1992. 현대 문화 속에서 과학적 사고의 영향력에 대한 연구서로, 영국의 언론인인 애플야드는 사람들에게서 정체성, 목적, 신앙 그리고 더 나아가 하나님 자체를 빼앗아 가려는 과학의 경향성들에 대해 저항하도록 호소하고 있다.

· 카터, 스테판(Carter, Stephen). 『불신의 문화: 어떻게 미국의 법과 정치는 종교적 헌신을 하찮은 것으로 몰고 갔는가(*The Culture of Disbelief: How American Law and Politics Trivialize Religious Devotion*)』. 뉴욕: 베이직, 1993. 이것은 상당히 중요한 책으로 카터는 종교가 개인적으로 추구할 만한 가치가 없는 것이며 공적인 영역에서는 설자리가 없다고 주장하는 널리 퍼져 있는 사고에 도전한다.

· 홈멜, 찰스(Hummel, Charles). 『갈릴레오 식의 통합: 성경과 과학 사이의 갈등 해소하기(*The Galileo Connection: Resolving Conflicts between Science and the Bible*)』. 다우너스 그로브, 일리노이: IVP, 1986. 홈멜은 먼저 초기 네 명의 과학자들이 어떻게 그들의 신앙과 과학을 통합시켰는가에 초점을 맞춘 다음, 아주 분명하고 유용한 방법으로 진화, 기적, 지구의 연대, 성경의 권위와 같은 문제들과 씨름한다.

· 존슨, 필립(Johnson, Phillip). 『도마 위에 오른 다윈(*Darwin on Trial*)』. 워싱턴 D.C.: 레그너리 게이트웨이, 1991. 스탠포드의 법학 교수인 저자는 진화론의 증거에 허점이 많다는 사실을 드러내는 동시에 현대 과학의 저변을 이루는 자연주의적 세계관에 질문을 던진다. 또 다른 책 『균형 잡힌 이성(*Reason in the Balance*)』(다우너스 그로브, 일리노이: IVP, 1995)에서, 그는 더 나아가 자연주의의 가정과 틈새를 공격한다.

· 뉴비긴, 레슬리(Newbigin, Lesslie). 『현대성의 진실과 권위(*Truth and Authority in Modernity*)』. 밸리 포즈, 펜실베이니아: 트리니티 프레스 인터내셔널, 1996. 뉴비긴은 그에게 익숙한 조사 방법으로 인간의 최종적인 권위자 노릇을 하는 과학의 능력에 대한 광범위한 확신을 공격한다.

· 피어시, 낸시와 찰스 삭스턴(Pearcey, Nancy, and Charles Thaxton). 『과학의 정신: 기독교 신앙과 자연 철학(*The Soul of Science: Christian Faith and Natural Philosophy*)』. 휘턴: 크로스웨이, 1994. 저자는 과학의 기독교적인 기원을 밝히는 동시에 기독교적인 조망을 통해 과학에서 의미 심장한 발전이 어떻게 이루어졌는지에 대한 유용한 정보를 제공하고 있다.

· 업다이크, 존(Updike, John). 『백합의 아름다움 속에서(*In the Beauty of the Lilies*)』. 뉴욕: 포셋 콜럼바인, 1996. 4세대에 걸친 어떤 인물들에 대한 가상적인 이야기를 통해, 20세기에 미국인들이 신앙을 잃어버린 것에 대해 마음을 동요시키는 이야기를 전하고 있다.

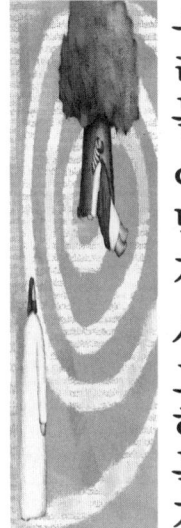

제 6 부
선악을 초월해
우리는 어떻게 사고하는가

진정한 즐거움은 자신만의 규범을 만들어 낸다.
— 텔레비전의 패션 광고

불멸성에 대한 인간의 신앙을 무너뜨려라.
그러면 그의 내면에서 샘솟던 사랑의 능력은 시들어 버릴 것이며,
그런 뒤에는 아무것도 부도덕한 것이 되지 않을 것이며,
모든 것이 허용될 것이다.
— 표도르 도스토예프스키, *카라마조프의 형제들*

제11장

선악의 문제는 제쳐 두기

나는 어리둥절해졌다. 가족들과 함께 정글 탐험이라는 게임장에 있었다. 이 정글 탐험 게임의 가장 큰 특징은 뛰어 놀고 기어오를 수 있는 신기하고 거대한 시설에 있는데, 여기에는 기어서 올라가야 하는 튜브, 소리를 지르며 쭉 내려가는 미끄럼틀, 갑자기 튀어 오르는 그물 매트, 쏙 빨려드는 동그란 함정 등이 가득한 미로로 되어 있다. 이런 기괴한 정글 체험 시설의 구석구석에는 여러 가지 쉽고 가족적인 게임을 할 수 있는 곳이 마련되어 있었다.

사실, 전체 공간에서 친밀감을 느낄 수 있었다. 친절한 직원들, 집에서 만든 것 같은 피자, 심지어 다리가 불편한 부모들을 위해서 무릎받이까지 준비해 놓아 게임에 참여하여 즐길 수 있도록 배려했다.

그런데 한 아버지가 농구 경기를 하면서 아들과 함께 명백한 부정 행위를 하는 것을 보고 나는 너무나 큰 충격을 받았다. 그 게임은 2분 안에 골을 가능한 한 많이 넣는 것이었다. 골을 더 많이 넣으면, 더 많은 티켓이 쏟아져 나온다. 그러면 그 티켓을 가지고 마음에 드는 장난감과 바꿀 수 있다.

바로 이 게임장 한가운데에서 그 아버지는 속임수를 쓰고 있었던 것이다. 아예 그는 아들에게 공을 던지지도 않았다. ("아들아, 옛날에 내가 어떻게 골을 넣었는지 시범을 보여 주마. 그리고 티켓을 많이 타 줄게.") 그것은 아주 좋지 못한 일이었다. 이 사람은 골대 바로 밑으로 가서 공을 집어넣는 것이었다. 공이 기계에서 빠져나오면 아들이 그것을 잡아 아버지에게 던지고, 아버지는 그 공을 받아 곧바로 골대에 집어넣고 있었다. 한참을 그렇게 계속했다. 그 둘은 술수를 써서 엄청난 티켓이 쏟아져 나오게 했다.

그들은 굉장한 일을 벌인 것이다. 그런데 문제는 그들이 한 일이 좋지 못한 일이라는 점이다.

그렇다고 법을 어긴 것은 아니다. 그곳의 어떤 규정을 어긴 것도 아니다. 그럼에도 명백한 잘못을 저지른 것이다. 윤리적이고 공정하고 명예롭고 도덕적이고 적절한 것들을 무시해 버리고(아이에게 본보기를 보임으로써 얻는 유익을 내팽개치고는), 이 사람은 자기의 소욕대로 행동을 했던 것이다. 결국 아이에게 좋은 아빠가 되기 위해 가능한 한 많은 티켓을 확보하는 일 때문에 그러한 행위가 자신에게 정당화되었던 것이다.

이 사람의 행동은 수많은 미국인들이 도덕성의 문제가 대두되었을 때 어떻게 대처하는가에 대한 좋은 예가 된다. 내가 그에게 다가가 그렇게 하는 것은 잘못이라고 말한다면, 그는 당장 이렇게 반응할 것이 분명하다. "이것 보세요, 아저씨. 남의 일에 참견하지 마세요. 당신이 뭔데 내게 이것이 옳으니 저것이 옳으니 하는 거예요? 난 단지 우리 애를 도와주고 있을 뿐이에요. 이 아이는 아주 멋있는 장난감을 마련하기 위해 140장 이상의 티켓을 모으고 있단 말이에요. 나는 아빠로서 그것을 좀 도와줘도 된다고 생각하는데요."

모두들 미국의 도덕성에 대해 이런 분위기를 반기는 눈치이다. 거기에서는 사람들이 원하는 것이 옳은 것이다.

나를 나쁜 사람으로 만들지 말라. 미국은 도덕성을 모두 내다 버린 나라가 아니라 합심하여 하나님을 저버린 나라이다. 여론 조사 기관인 갤럽의 조사는 이것을 증명한다. 1994년 가을에 응답자의 68%가 "어떤 상황에서든지 옳고 그름이 분명한" 절대적인 도덕을 믿는다고 말했다.[1]

문제는 그게 무엇이냐는 것이다. 사람들마다 무엇이 정말 옳고 무엇이 정말 그른지에 대한 감각이 있다. 사람들은 거의 예외 없이 강간이나 살인을 잘못이라고 비난하며, 마약 복용이나 갱단의 총격 사건 등은 선을 넘는 일이라는 데에 동의한다. 인도의 슬럼가에서 버려진 아이들을 돌보았던 고(故) 테레사 수녀의 본보기나 불이 난 건물에서 앞을 보지 못하는 할머니를 구하기 위해 죽음을 무릅쓰고 불길 속으로 뛰어든 소방관에 대해서는 대체로 한마음이 되어 모범적인 사례라고 할 것이다.

문제를 어렵게 만드는 것은 중간 지대가 있기 때문이다. 그리고 그 중간 지대는 상당히 많다. 거룩한 것과 그 반대의 것 사이에 있는 널따란 영역에서 사람들은 대부분의 시간을 보낸다. 우리는 일상 생활 속에서 진퇴양난에 빠지거나 입술을 깨물고 심사숙고에 빠져야 하는 어려운 문제들이 가득한 땅에서 살아가고 있다. 거기에서 절대적인 기준은 그럴 수도 있고 안 그럴 수도 있다는 식으로 변해가고, 옳고 그름에 대한 감각도 흐릿해진다. 우리는 이럴 때마다 다른 꾸러미의 도덕 지침들을 적용하기 시작한다.

한쪽 끝에는 옳은 것에 대한 기준을, 다른 쪽 끝에는 그른 것에 대한 기준을 두고서 그 중간을 연결시켜 주는 것은 별로 없다.

· 그것은 느낌이 좋은가, 아니면 구질구질한가?
· 그것은 내게 유익한가, 아니면 어떤 식으로든 대가를 치러야 하나?
· 그것은 내가 원하는 목표를 달성하게 만드는가, 아니면 그렇지 못한가?
· 그것은 선량해 보이는가, 아니면 불량해 보이는가?
· 대부분의 사람들이 그것을 괜찮다고 생각하는 것 같은가, 아니면

동의하지 않는 것 같은가?

옳고 그름에 관한 범주는 단순히 안전망을 확보하거나 어떤 관심사에 대해 꽁무니를 빼기 위한 수단으로 전락해 버렸다. 이 일이 누군가를 죽음으로 몰아갈 것인가? 물론 아니다. 우리가 지금 여기에서 논의하고 있는 것은 그런 심각한 문제들이 아니다. 아주 사소한 잘못에 관한 것이다. 예를 들면, 영업 사원으로서 물건을 설명할 때 사실을 다소 과장해서 말한다든지, 정치적 후원자로부터 정당하지 못한 선물을 받는다든지, 시험 시간에 친구에게 좀 도움을 받는다든지 하는 등에 관한 것이다.

시대의 표상

다음과 같은 것들이 오늘날 우리가 살아가는 시대의 사람들이 고려하는 도덕적 기준이다. 무엇이 느낌에 좋은가, 어떤 것이 보기에 좋은가 그리고 어떤 것이 내게 유익한가. 이런 것들은 어디에서나 위력을 발휘하고 있음을 알 수 있다.

영화 〈은밀한 유혹(Indecent Proposal)〉에서 로버트 레드포드는 데미 무어와 그녀의 남편에게 자신이 아내 데미와 잘 수 있도록 해준다면 백만 달러를 주겠다고 말한다. 그 부부는 이 제안을 받아들인다. 오프라 윈프리 쇼의 시청자 조사에 의하면 응답자 중의 52%가 그런 상황에서 자신들도 똑같이 반응했을 거라고 말했다.[2]

유사한 조사에서 미국인 네 명당 한 명 꼴로 1천만 달러를 준다면 가족 전부를 버릴 수도 있다고 말했다. 같은 돈을 준다면 100명 중에서 23명이 일주일 동안 매춘부가 될 수도 있을 거라고 말했고, 16명은 배우자를 떠날 수 있으며, 7명은 아무 연관이 없는 사람을 죽일 수도 있을 거

라고 응답했다.[3]

조안 리버스(Joan Rivers)는 열일곱 살 된 딸이 피임약을 사달라고 했을 때, 딸에게 호텔로 갈 수 있도록 250달러를 주고서 "자동차의 뒷좌석에서는 그런 일이 일어나지 않도록 했다."[4]

캘리포니아의 레이크우드에 사는 십대들은 1990년대에 '질주하는 무리'라는 모임을 시작했다. 그들은 누가 더 많은 여자애들과 성관계를 가질 수 있는지 알아보기 위해 지속적으로 내기를 했으며, 또한 그들은 종종 관계를 가진 후 서로 여자애들을 교환하면서 관계를 가졌다. 다른 여자애와 관계를 가지면서 오르가슴을 경험할 때마다 그들에게는 점수가 더해졌다. 열아홉 살인 빌리는 66점이라는 높은 점수를 얻었는데, "우리 부모님들이 많이 놀라시더라고요. 그들은 대략 50점 정도는 넘을 거라고 생각했대요."라고 그는 말했다. 한 창립 멤버의 아버지는 이렇게 말했다. "우리 아이가 한 일은 혈기 왕성한 미국의 남자애들이 그 나이에 흔히 저지르는 일일 뿐이죠." 그의 아들은 63점을 얻었다. 마찬가지로 다른 창립 멤버의 어머니는 아예 전혀 대수롭지 않게 여기는 듯했다. "어쩌겠어요? 남성 호르몬이 문제지."[5]

2000명의 미국인을 상대로 조사한 결과를 토대로 쓰여진 『미국이 진리를 말했던 날(The Day America Told the Truth)』이라는 책에서 저자인 제임스 패터슨(James Patterson)과 피터 김(Peter Kim)은 다음과 같이 결론을 맺고 있다.

1990년대에는 도덕적인 공감대 같은 것은 완전히 사라졌다. 모든 사람들이 자신만의 도덕률, 곧 그들만의 십계명을 만들고 있다. … 아래와 같은 것이 실제로 많은 사람들이 따르는 계명이요 규칙이다.

1. 나는 안식일을 중요하게 생각하지 않는다(77%).
2. 나는 물건을 잃어버려도 별 상관이 없는 사람들의 것이라면 도적질도 하

겠다(74%).

3. 나는 필요할 때 그것이 어떤 심각한 해악을 끼치지 않는 한 거짓말을 하 겠다(64%).

4. 나는 괜찮겠다고 판단되면 음주 운전이라도 서슴지 않겠다. 자신의 한계 를 나는 잘 알고 있다(53%).

5. 나는 배우자를 속일 것이다. 이것은 결국 상대방에게도 동일한 기회를 제 공하는 것이다(53%).

6. 나는 직장에서 게으름을 피우며 아무 일도 하지 않으면서 오후 5시까지의 하루 일과를 보낼 수도 있다. 대개가 다 그런 것 아닌가(50%).

7. 나는 기분 전환을 위해서라면 마약이라도 복용하겠다(41%).

8. 나는 세금을 적절히 속여서 낼 수 있다(30%).

9. 나는 사랑하는 사람을 질병의 위험에 빠지게 할 수도 있다. 잠자리가 좀 어지러운 편인데, 안 그런 사람이 있는가(31%)?

10. 나는 데이트 기간에 강간을 할 수 있다. 그것은 여자들도 원하는 것이다 (20%가 데이트 도중에 강간을 당했다).[6]

회색 지대로 뛰어들기

400년 전에 어떤 보통 시민이 이런 이야기를 들었다면 심장 박동이 멈추었을지도 모른다. 오늘날에는 너무도 흔한 일이라 대수롭지 않게 여긴다. 어쩌면 그렇게 단호하게 옳고 그름에 대한 개념들을 한쪽으로 밀어제치고들 있는지?

서구 세계에서는 한때 대다수의 사람들이 하나님 중심의 보편적으로 동일한 도덕률 가운데 살았던 적이 있다. 옳은 것이란 그분께서 옳다고 가르치신 것이었다. 그른 것이란 그분께서 그르다고 알려주신 것이었 다. 성경은 어떤 사람이 행위나 동기를 판단하는 절대적인 기준이었다.

1600년대로 돌아가 보면, 그 당시의 사람들 대부분은 하나님께서 부여하신 분명한 도덕적인 행동 지침이 있다는 사실을 모두 순순히 받아들였다.

도덕적 기준이란 절대적이므로 모든 사람들이 장소나 시간, 환경에 상관없이 적용해야 했다. 사람들은 그러한 기준을 계시를 통해 발견했다. 그것은 외부 세계로부터 하나님의 계시된 말씀인 성경을 통해 우리에게 전해진 것이었다.

그런데 지금 우리는 스스로를 발견할 수 있는 그곳으로 어떻게 돌아갈 수 있을까? 한때 인류 사회를 붙잡아 매었으나 그 동안 잃어버렸던 도덕적인 닻을 어떻게 다시 올릴 수 있을까?

계몽주의적 낙관주의와 독립심

우리 사회와 도덕적인 닻, 곧 성경을 이어주는 닻줄이 1600년대 말과 1700년대에 발전했던 계몽주의적 낙관주의라는 풍랑에 점차 풀어졌다. 이 시기는 인간의 타고난 능력에 대한 확신이 하늘을 치솟던 때였다. 거의 매일 과학적 발견의 소식이 울려 퍼졌다. 기술이 눈부신 발전을 거듭했다. 사회에 상호 모순적인 충격이 날마다 가해지는 듯했다. 의학의 발전은 가히 괄목할 만한 수준이었다. 인간은 하늘 꼭대기에 올라가 있었고, 인류의 자부심과 들뜬 기운이 극치에 달했다. 우리가 할 수 없는 게 도대체 무엇이 있단 말인가?

이런 사조 때문에 인간이 위대한 동시에 타락했다는 성경적 확신은 무시되었다. 타락, 원죄, 전적인 또는 우주적인 부패라는 개념은 내팽개쳐졌다. 남아 있는 것이라고는 인간의 무한한 능력과 잠재력뿐이었다. 무소불위의 낙관주의가 사람들의 마음을 사로잡았다. 이것은 인본주의의 꽃이 활짝 핀 것이었으며, 사람들의 그러한 표현은 인간의 이성적인 능력에 대한 확신을 반영하는 것이었다.

이러한 새로운 관점에 따르면, 인류는 그들의 이성적 능력을 분명히 신뢰할 수 있으며, 자신들의 방식대로 옳고 그른 것을 판단할 수 있었다. 사람들이 모든 세부적인 사항에까지 동의하지는 않았겠지만, 어떤 경향성이 생겨나 그 당시의 문화적 상황들을 다른 것으로 대치시키고 있었다. 그러나 그들은 적어도 일반적으로 동의할 수 있는 도덕률이 있다고 믿었다.

그래서 존 로크와 토머스 홉스(Thomas Hobbs)와 같은 사람들은 각 개인의 권리를 보호하고 각 사람의 이익을 극대화할 수 있는 일련의 도덕 지침들을 발전시키는 일에 착수했다. 그들은 이것을 사회 계약이라고 불렀는데, 서로에 대한 특정한 권리를 보장하기 위한 일종의 사회적 공감대였다. 서로의 생명을 보호한다든지, 서로의 재산을 존중한다든지, 서로의 자유를 보장한다든지 하는 것들이다. 나는 내 의무를 다하고, 당신이 당신의 의무를 다하도록 돕겠다. 당신이 나의 권리를 존중한다면, 나도 마찬가지로 당신의 권리를 존중하겠다.

아주 합리적이다. 그러나 책임과 절대적인 도덕률에 근거한 도덕과는 달리, 권리를 토대로 한 도덕은 이내 자신의 유익을 구하는 데 먼저 초점을 맞추고 다른 사람들을 이용하려는 경향으로 나타났다.

한 가지 실례를 들어 설명해 보겠다. 어느 날 샤론과 나는 뉴잉글랜드의 가을 분위기를 즐긴 후, 저녁에 버몬트 시내의 황홀경을 구경하면서 외식을 하러 간 적이 있다. 거기에서 상대방의 음식이 서로에게 너무 근사하게 보였기 때문에 우리 둘은 자기가 먹는 것을 서로 조금씩 나누어 주기로 했다. 그래서 맛있어 보이는 조각을 포크로 찍어 상대방을 향해 동시에 식탁 위로 팔을 뻗었다. 그런데 재미있는 일이 벌어졌다. 자기 포크가 상대방에게 닿기도 전에 우리의 시선이 자기가 주는 음식보다는 식탁 맞은편에서 상대방이 건네주는 음식 쪽으로 먼저 쏠렸다. 서로 입만 벌리고 기다리고 있었던 것이다. 물론 그 순간에 각자의 포크는 허공을 맴돌고 있었다. 주는 것에 우리의 눈길을 주기보다는 받는 것에 초점을 맞추고 있었던 것이다. 그것이 계몽주의가 남겨놓은 유산이다.

인간성에 대한 낙관적인 견해는 당위성을 가지고 어떤 일에 도전할수 있는 능력을 우리에게서 빼앗는다. 도덕적인 권위에 대한 이성에 근거한 관점은 보편적인 도덕률에 대한 최소강령주의자(minimalist) 집단의 사상에 편승하여 계시에 기초한 절대성을 무시한다. 그리고 권리에 근거한 관점은 책임을 우선적으로 고려하기보다 자신의 이기적인 필요를 채워 주는 것이 옳다는 식으로 생각하게 만든다. 닻줄이 닻에서 막 풀어지려고 하는 순간이다.

윌리엄 제임스와 실용주의

도덕적인 선으로부터 일이 되는 방향이면 무슨 짓이든 하는 쪽으로의 변화는 윌리엄 제임스(William James)의 가르침 때문에 더욱 심화되었다. 그는 심리학자이자 철학자로서 책과 강의를 통해 20세기로의 전환기에 미국인들의 주목을 받았다. 그의 중심 사상은, 특히 생애 후반부에는 실용주의였는데, 이는 무엇이 옳고 진리인가를 결정하는 새롭고 급진적인 방법이었다.

실용주의는 어떤 생각이 사람들의 삶에 실제적인 변화를 주는 만큼만 선하다고 주장한다. 절대적인 것은 없다. 궁극적인 것도 없다. 진리란 사람들이 귀중하고 중요하며 실용적이며 유용하다고 말하는 바로 그것이다.

도덕에 있어서도 한계선이란 없다. 무엇이 해야 할 옳은 일인가? 그것은 효과적인 일이다. 무엇이 좋은 것인가? 그것은 나에게 좋은 것이다. 내가 무엇을 해야 하나? 가장 유익한 결과를 내는 일이면 무엇이든 하라.

실용주의는 상황에 따라 합리적으로 생각하는 대다수 미국인들의 전형적인 사고 방식에 잘 들어맞는다. 그것은 유연하며 교리적이지도 않다. 제임스나 다른 실용주의자들 덕분에, 이제 미국인들은 어떤 행위가 옳은지의 여부를 실제적인 결과에 따라 판단하게 되었다. 그리고 어떤

상황에서든지 적용할 수 있는 옳고 그름에 대한 보편적인 도덕적 토대
는 없다. 그를 대신하여 편의주의적인 관심사가 자리를 차지하게 되었
다. 윌리엄 제임스의 실용주의는 도덕적인 닻에서 닻줄이 풀어지게 만
들었다.

실존주의와 그 진정한 강령

실존주의의 등장으로 닻줄은 완전히 닻에서 벗어났다. 실존주의는 장
폴 사르트르(Jean Paul Sartre)와 알베르 카뮈(Albert Camus)와 같은
사상가들의 철학으로 1900년대 중반에 대중적인 지지를 얻었다.

실존주의는 인생이 무의미한 것이라고 주장한다. 우주는 불합리하다.
하나님은 없으며, 그래서 인생의 본래적인 의미나 목적은 없다. 당신이
존재한다는 사실보다도 더 확고하게 신뢰할 수 있는 것은 아무것도 없
다. 이런 이유로 인해 삶을 의미 있게 만드는 것은 당신 자신에게 달려
있다. 사르트르의 결론은 이것이다. 의지의 행위에 따라 당신의 삶을 입
증하라. 어떤 일을 하기로 결정한 다음 그냥 실행하라. 그것이 무엇인가
는 문제가 되지 않는다. 옳으냐 그르냐, 합리적이냐 비합리적이냐, 합법
적이냐 불법이냐 하는 문제는 서로 무관한 것이다. 중요한 것은 당신이
스스로 삶의 불합리에 맞서 의지의 순전한 행위를 통해 자신을 입증하
는 일이다.

실존주의로 인해 사람들은 닻에서 자유롭게 벗어나 사회·도덕적 무
질서(anomie)라고 불리는 상태로까지 표류하기 시작했다. 무법천지에
다 사람들을 다스리는 도덕적 기준이 철저히 부재한 상태가 되었다.

사르트르와 카뮈의 도덕률은 다른 어느 누구보다도 더욱 현재 우리가
살고 있는 세계의 모습으로 변화되게끔 만들었다. 60년대와 70년대에
그들의 다양한 주장이 무정부 상태로 이끌어 갔던 것은 여러 방식으로
대중적인 차원에서 실존주의가 뒤늦게 만개한 현상에 지나지 않는다.
이러한 문화적 태풍이 휩쓸고 간 구호들을 생각해 보라. "느낌이 괜찮다

면 하라." 그리고 "너의 배를 띄우게 하는 것이라면 무엇이든지 하라."
다른 것뿐만 아니라 실존주의도 대체로 이와 같이 요약할 수 있다. 그들
은 또한 현대 문화의 도덕적 경향을 요약해 주고 있다.

1940년대에 역사가 아놀드 토인비(Arnold Toynbee)는 21가지의 문
명을 연구한 바 있다. 그리하여 그는 사회를 붕괴시키는 다섯 가지 특성
들에 주목하게 되었다. (1) 붕괴되는 사회에서는 삶이 무의미하고 통제
불능의 상태, 곧 될 대로 되라는 식이 된다는 것이다. (2) 그렇기 때문에
이런 사회에서는 나태와 도피주의와 유흥이나 오락에 빠져드는 경향이
만연해진다. (3) 이런 사회의 사람들은 방향성을 잃고 난잡한 종류의 사
고와 분별력 없이 무엇이든 다 수용하는 경향에 젖어든다. (4) 그와 관
련하여 그들은 도덕적으로 방탕하게 되고, 도덕 기준에 대한 신뢰를 접
고 자신들의 욕망에 따라 살아가게 된다. (5) 마지막으로, 그들은 도덕
적 방탕함에서 오는 엄청난 무게의 죄책감과 자기 혐오감에 시달리게
된다.

토인비는 현대인들의 도덕적인 상황을 너무나 잘 묘사하고 있다.[7]

새로운 도덕성: 네 자신이나 신경 쓰라

현대 문화에서도 옳고 그름이라는 단어는 계속해서 사용된다. 그러나
대부분 이들 단어가 가지고 있는 원래의 의미로는 더 이상 쓰이지 않는
다. 새로운 도덕성이 현대인들을 이끌어 가고 있다. 미국인들은 무엇이
옳고 그르냐를 혼자서 결정한다. 한 연구에 따르면 93%가 무엇이 도덕
적인가 아닌가를 스스로 결정한다고 말했다.[8]

그러한 결과는 나의 경험과도 일치한다. 박사 과정에 있을 때 나는 두
명의 동료 학생과 함께 사람들이 무엇을 믿고 있는지를 조사하기 위해
비디오카메라와 질문이 가득한 클립보드를 들고 보스턴과 케임브리지

의 거리로 나간 적이 있다. 우리가 질문한 것들 중의 하나는 '당신은 어떻게 옳고 그른 것을 결정하는가, 절대적인 도덕이 존재하는가'였다. 우리는 만장일치의 대답을 받아냈다. 여기에 몇 가지만 그 내용을 소개하고자 한다.

버몬트에서 온 두 명의 대학생은 확고했다. 한 학생은 "절대적인 것과 같은 것은 없다고 생각해요. 그리고 사회가 무엇이 옳고 그른가에 대한 신념을 사람들에게 강요하려는 경향이 있지만, 정말 도덕적으로 옳은 것이 무엇인지는 각자가 알아서 결정해야 한다고 생각해요."

다른 학생도 같은 생각이라는 듯이 고개를 끄덕였다. "무엇이 옳고 그른가에 대한 신념이 사람들마다 그 마음속에 다 있다고 생각해요. 경찰이 요구하는 것이라든지, 판사가 말하는 것이라든지, 또는 다른 어떤 것이 될 수 없어요. 그것은 사람들이 내면에서 느끼는 것이에요. 그것은 자신이 하는 일에 대해 스스로 옳다고 생각하면 옳고, 그르다고 생각하면 그른 것이죠."

보스턴 출신의 30대 흑인 남자도 역시 이 말에 동의했다. "내가 나에게 옳은 것과 그른 것을 판단해야 해요. 어떤 목회자나 설교자도 내게 이래라저래라 할 수 없어요."

공항에서 비행기를 기다리고 있던 젊은 여인은 다음과 같이 말했다. "나는 절대적인 도덕이 있다고 생각하지 않아요. 각 개인은 자신들이 원하는 것을 할 수 있어야 하며, 그들이 하고 싶어했기 때문에 그것을 합리적으로 설명할 수 있어야 한다고 생각해요. 나는 옳고 그른 어떤 것이 이미 존재한다고는 전혀 생각하지 않아요."

유일한 절대적인 도덕이란 사람들의 선택이다. 패터슨과 김의 전국적인 연구 조사의 결과에 반영되었듯이, 그들은 이러한 경향을 발견했다. "무엇이 옳고 그르냐는 질문에 대답하기 전에 우리 스스로에게 물어 보아야 한다."[9]

미국인들은 점차 성경과 그것의 도덕적 권위로부터 한 걸음씩 물러나기 시작했다. 그 자연스런 결과는 도덕이 상대적이라는 것이다. 도덕은 절대적인 것도 아니고 보편적인 구속력을 가진 것도 아니다. 당신은 당신의 기준을 세우고, 나는 내 기준을 세운다. 내 기준은 오직 나에게만 적용되고, 당신의 것은 당신에게만 적용된다. 당신이 나에게 당신의 도덕적 기준에 따라야 할 얼마간의 책임이 있다고 주장한다면 그것은 거만한 짓이고 용납할 수 없는 일이다.

도덕적 상대주의란 정치인들이 아주 정중하게 "저는 개인적으로 낙태가 잘못이라고 믿지만, 사람들이 그러한 권리를 사용하는 것을 금지하는 법안을 통과시키려고 생각하지는 않고 있습니다."라고 말할 때와 마찬가지로 일종의 이상한 윤리적 경향으로 인해 생겨난 것이다.

새로운 도덕 기준은 자기 만족이라는 윤리이고, 또한 여론 조사가인 다니엘 얀켈로비치(Daniel Yankelovich)가 "자기 의무감에 충실한 윤리"라고 부른 것이다.[10] 현대인의 가장 우선적이 도덕적 의무는 전적으로 자신에게 달려 있다. 이러한 새로운 윤리로 무엇이 옳고 그른가를 결정하게 될 때, 우리가 사용하는 몇 가지 표준이 여기에 있다.

옳게 느껴지는 것

느낌이 이 세상을 지배하고 있다. 감정이 우리의 언어 세계를 사로잡고 있다. 우리는 "나는 생각한다"든지 "나는 믿는다"고 말하는 대신에 "나는 느낀다"고 말한다. 어떤 일을 결정하거나, 어떤 믿음을 변호하거나, 어떤 행위를 합리화할 때, 확증을 얻는 것은 바로 우리의 감정 상태이다. 느낌이 좋으면 그것을 하라. 어니스트 헤밍웨이(Ernest Hemingway)가 한 말이 떠오른다. "도덕적인 것이란 그 일을 한 후에 느낌이 좋은 것이다."

자제력을 발휘하여 감정을 부차적인 것으로 활용하며 확신에 근거하여 자신의 삶을 영위하는 사람들은 거의 없다. 자기 표현이나 자기 만족이라는 개념이 지배하는 세상에서 자기 부인이나 자기 절제와 같은 개

넘은 골동품이나 마찬가지이다. 그것을 충족시키기 위해 얼마나 애쓰고 있는데 내 감정을 왜 무시해야 되는가?

현대인들은 자신이 하고 싶은 것을 해야 한다는 의무감을 느낀다. "그들의 욕망을 충족시켜 주는 것이 도덕적 의무"라고 사람들이 느끼게 되었다고 얀켈로비치는 말한다.[11]

지난 몇 년 동안 그러한 감정적인 문제 때문에 결혼이 엉망이 된 좋은 친구를 네 명이나 보았다. 그들은 자신의 욕망에 굴복하여 아내를 내버리고 다른 여자를 쫓아갔다. "나는 단지 그녀를 더 이상 사랑하지 않아."라고 그들은 차례로 말했다. 네 명 모두 그리스도인이었다. 그들 중 두 명은 내가 주례를 섰던 사람이고, 결혼하기 전에 상담을 했던 사람이다. 그들은 모두 나와 탁자에 마주앉아 성경의 결혼관에 대해 분명히 말하던 사람들이었다. 그것은 평생 동안 지켜져야 하는 것이다. 이혼은 우리를 향한 하나님의 뜻에 위배되는 것이다. 간음은 잘못된 것이다. 그러나 네 명 모두 그런 길을 갔다. 그들의 감정이 옳다는 대로 어처구니없는 길을 갔다. 그들은 자신의 소욕에 굴복당하여 지적으로 옳다고 알고 있는 모든 것을 거스르면서까지 감정에 따라 행동을 했던 것이다.

좋은 결과를 가져오는 것

어떤 일이 좋은 결과를 얻는다면(다시 말해 그것이 유익하고, 유리하며, 유용하고, 편리하다면), 그것은 해도 좋은 것으로 여겨진다. 영화 〈퀴즈 쇼(Quiz Show)〉는 텔레비전이 등장한 초기에 꼭 이런 종류의 사고 방식이 빚어낸 부정적인 행위를 묘사하고 있다. 이 영화에서 스무고개라는 인기 있는 게임 쇼의 순위가 떨어지기 시작하자, 찰스 반 도렌이라는 젊은 대학 교수가 채용되어 당시에 크게 유행을 떨치고 있는 명사인 허브 스템플로부터 정상을 탈환하려는 시도가 이루어진다.

"선생님이 이 쇼에 출연하시게 되면, 스무고개에 출연하시면 말이에요, 선생님이 알고 계신 질문들을 던지는 거예요. 오늘 아침에 테스트한 문제 가운데서 선생님이 정답을 맞추신 그 질문들을 사용하는 거예요."

프로듀서가 이렇게 제안하자, 반 도렌은 아주 당황한다. "저로서는 그렇게 하기 힘들 것 같군요. … 저는 문제 은행에 있는 것들을 사용하는 줄 알았는데요."

"물론, 그렇죠. 때에 따라서는. 잘할 수 있으시죠?"

"글쎄요. 차라리 정직하게 가는 게 어떨까요?"

"어떤 게 정직하지 못하다는 거죠? 그레고리 펙이 낙하산으로 적진 깊숙이 침투하는 장면이 나올 때, 그게 진짜 그레고리 펙이라고 생각하세요? 아이젠하워가 쓴 그 책이요, 실은 대필자가 쓴 거라고요. 하지만 아무도 상관하지 않잖아요. 우리가 직접 선생님에게 해답을 다 가르쳐 드리는 것 하곤 좀 다르죠. 우리는 다만 선생님이 잘 알고 계시는 문제를 드리는 것뿐이에요."

얼마 전까지만 해도 '결과가 수단을 정당화한다'는 말은 일차적으로 부정적인 의미로 사용되었다. 우리는 어떤 한계를 넘어서는 짓을 하는 사람들을 경시하기도 했다. 그러나 현재 이것은 의사 결정을 위한 정상적이고도 완벽한 원리로 자리잡았다.

필요한 것은 좋은 것이라고 믿게 되었고, 마찬가지로 그러한 필요를 채워 주는 모든 수단은 좋은 것이라고 생각한다. 이것 봐요, 어떤 수단을 통해서면 어때요?

속임수에 대해 전국적인 여론 조사를 한 결과, 10세에서 18세까지 학생의 78%가 시험을 볼 때 부정 행위를 한 적이 있다고 인정했다. 조사에 응한 로라라는 이름의 열세 살짜리 학생은 이와 같이 자기 세대의 생각을 대변했다. "원하는 것을 얻기 위해 해야 하는 일을 하는 거예요. … 합당한 이유가 있다면, 무엇이든 상관없어요."[12]

어린이들을 상대로 한 또 다른 조사는 그들이 옳고 그른 것을 판단할 때 교사, 목회자, 부모와 상의하지 않고 친구들과 의견을 나누며 주변에서 얼어나는 일들을 지켜보고 결정한다는 사실을 보여 주었다. 대다수

의 십대들은 다른 어떤 것보다도 "일이 잘 풀리는 쪽이나 느낌이 좋은 쪽으로" 선택을 한다.[13]

한때는 다른 사람들이 우리의 도덕 세계에서 중심적인 위치를 차지했으며, 그 세계는 하나의 통일된 도덕 기준, 곧 하나님이 예시하신 선과 악에 의해 지배되었다. 오늘날 우리의 도덕 세계에는 오직 한 사람, 곧 내가 자리잡고 있으며 나의 필요를 채워 주는 것들에 의해 지배되고 있다.

다른 사람들이 옳다고 말하는 것

콜로라도 주 푸에블로 군의 군청 건물에는 "백성의 소리는 하나님의 소리(Vox populi, vox Dei)"라는 글이 새겨져 있다. 이것은 대부분의 사람들이 선악을 결정할 때 사용하는 개념이다. 여론 조사가 유행하는 나라에서 우리는 점점 더 공감대에 의해 옳고 그른 것을 결정한다. 다른 모든 사람들이 어떻게 생각하는가? 다른 모든 사람들은 어떻게 행동하고 있는가? 다른 사람들도 그렇게 하고 있다면, 그것은 틀림없이 괜찮은 거야. 반대로 나만이 그렇게 하고 있다면, 내가 잘못하고 있는 게 틀림없어. "왜 나만 속도 제한을 지켜야 되지? 다른 사람들은 모두 그보다 더 빨리 달리고 있는데?" "왜 나만 소득 신고를 제대로 해야 되지? 아무도 그렇게 하고 있지 않는데?" "왜 나만 영업 실적을 정직하게 말해야 되지? 경쟁자들은 아무도 그렇게 하지 않잖아. 그렇게 하면 오히려 나는 엄청나게 불리해지는데 말이야." "여러 남자들이랑 잠자리를 함께 하는 게 뭐 그리 대수야? 다들 그렇게 하잖아. 도대체 처녀가 이 세상에 어디 있느냐 말이야."

유명인 따라 하기는 이런 세태를 보여 주는 하나의 특별한 형태이다. 시트콤 스타인 로즈앤(Roseanne)이 자신의 사타구니를 붙잡고 있는다든지, 가수 마돈나(Madonna)가 속옷만 입은 채로 돌아다닌다든지, 농구 수퍼스타 찰스 버클레이(Charles Barkley)가 상스런 말로 상대 선수들에게 욕설을 퍼붓는다든지, 농구 선수 데니스 로드맨(Dennis Rod-man)이 코치에게 투덜거리며 말대꾸를 한다든지, 코미디언 앤드루 다이스 클레이(Andrew Dice Clay)와 에디 머피(Eddie Murphy)가 외설적이고 천박하고 판에 박힌 내용의 코미디로 정상의 인기를 누린다든지, 이런 것들이 미국 문화의 행동 기준이 되고 있다.

몇 년 전에 고등부의 인솔자로서 청소년 선교 여행단을 이끌 때 나도 이와 같은 경험을 했다. 집결지로 가는 길에 나는 학생들 몇 명을 차에 태워 주었다. 내 옆에 앉은 녀석이 워크맨을 듣고 있었다. 내가 무엇을 듣고 있냐고 묻자, 그는 헛기침을 하며 우물거리더니 이야기를 다른 데로 돌리려고 했다. 그가 결국에는 실토하도록 했는데, 그것은 다름 아닌 인기 그룹의 랩송이었다. 나는 그 테이프를 카 오디오에 틀어 놓고 우리 모두가 들은 뒤 서로 이야기를 나눌 수 있게끔 했다. 그 내용은 분노와 무자비, 경찰관 살해나 집단 강간을 당하는 여자에 대한 생생한 묘사로 가득했다. 왜 이런 종류의 음악을 듣는지 물었을 때, 그의 대답은 다른 친구들도 모두 듣는다는 것이었고 이런 비트의 음악이 좋다는 것이었다.

하루 종일 운전을 한 뒤 목적지에 도착했고, 그날 밤 그 친구들은 공동 기숙사의 한쪽 편에 있는 커다란 방에 여장을 풀었는데, 반대편에는 여학생들 방이 있었다. 다른 인솔자들과 나는 중간 방에서 책을 읽고 있었는데, 여학생 하나가 짧은 티셔츠와 속옷만 입고서 남학생들과 이야기를 하기 위해 그쪽 방으로 걸어가는 모습을 보았을 때, 나는 도저히 믿기지가 않았다. 우리는 그 아이를 멈춰 세웠으나 뭐가 잘못되었느냐는 식이었다. "왜요, 뭐가 잘못됐나요? 다른 애들도 다 이렇게 하는걸요!"

며칠 후 아주 모범생이던 남학생이 자판기 앞에서 친구들과 생생한 음담패설을 늘어놓는 순간에 내가 남자 기숙사에 들어섰다. 내가 그를 불러 세우자 그 아이는 운 나쁘게 걸렸다는 태도를 보였다. 그런데 그 정도의 농담은 별 문제가 아니었다. 그날 밤 우리는 전체가 모여 장기자랑을 했다. 남학생 둘이 나와서 "토요일의 야한 밤에(*Saturday Night Live*)"라는 프로그램을 흉내냈는데, 도저히 봐줄 수가 없을 지경이었다. 나는 중간쯤에 그들을 중단시켜야만 했다.

이것은 내가 얼마나 관대해야 하느냐의 문제가 아니다. 그것과는 거리가 멀다. 또한 우리 아이들이 완전히 삐뚤어졌다고 말하는 것도 아니다. 그들은 모두 건실한 가정에서 자랐기 때문에 내가 말하는 높은 도덕 기준을 이해하고 있었다. 그들은 다만 무엇이 온당한 것인지를 잘 모를 뿐이었다. 분별력이란 문제가 그 이후 6개월 동안 우리 고등부의 주제가 되었다는 것은 놀랄 일이 아니다.

이게 어디 십대들만의 문제인가. 전반적인 미국 문화가 남들도 다 한다는 정신에 빠져들고 있다. 우리는 모두 예절 감각을 상실하고 있다.

그래서 여기에 자기 만족의 윤리를 측정할 수 있는 기준치를 제시하고자 한다.

- 느　낌: 느낌이 좋군. (난 그것을 하고 싶어.)
- 편의성: 그것은 좋은 결과를 낸다. (그걸 하면 유익하겠군.)
- 공감대: 다른 사람들도 좋다고 생각한다. (다른 사람들이 하기 때문에 나도 하겠어.)

이런 것들이 완전한 악과 분명한 선 사이에 놓인 광활한 지대를 가로지를 때 과연 그것이 적절한지를 판단할 수 있는 기준이라고 사람들이 믿는 개념이다. 개인주의적이고, 자기 위주이며, 가변적이고, 강요받지 않고… 또한 믿을 수 없을 정도로 빗나간 것들이다.

제12장
길 잃은 세상에 하나님의 말씀 전하기

그리스도인이 된다는 것이 어떤 의미인지를 가지고 씨름하고 있는 한 독신 남자와 햄버거를 손에 든 채 나는 마주 앉아 있었다. 어느 순간에 그는 나를 쳐다보면서 민감한 질문을 던졌다. "어떤 문제에 대해 조언을 부탁드려도 되겠습니까?

"말해 보세요."

"뭐랄까, 저는 지금 상당히 난처한 입장에 처해 있습니다. 설명하기도 좀 힘들지요. 같은 직장에서 일하는 여자가 한 명 있는데, 저를 좋아하는 것 같아요. 그리고 저 역시 그녀를 좋아하는 것 같고요. 우리는 잘 어울리고, 서로 만나기도 하며, 같이 데이트도 몇 번 했지요. 그런데, 그녀는 아이를 갖기 원해요. 그녀는 어느 날 저에게 정자 기부자가 되어 주겠냐는 요구를 해왔어요. 어떻게 해야 할지 모르겠어요."

나는 고개를 끄덕였다. "여보게. 해답은 분명하군, 그래."

"글쎄요. 아직 제 이야기가 끝난 게 아니에요. 그녀는 단지 시험관 아기 같은 것만을 말하는 게 아니거든요. 그녀와 잠자리를 같이 한 뒤 임신을 시켜 달라는 거예요."

"아이고, 이 사람아. 그런 문제라면…."

"잠깐만요. 아직 더 있어요. 그녀는 유부녀이고 남편이 정말 바보지요. 그녀는 더 이상 남편을 사랑하지 않지만, 이혼과 같은 소동을 겪고 싶어하진 않아요. 며칠 전에는 그 집에서 잤는데, 그녀가 부엌으로 나를 끌고 가더니 다음 아기의 아버지가 되어 달라고 하더군요. 제가 어떻게 해야 할까요? 기독교는 이런 문제에 대해 뭐라고 말하나요?"

훌륭한 질문이다. 성경이 침묵하고 있는 문제에 대해, 옳고 그름이 애매하거나 동떨어진 개념으로, 도덕적인 기준들이 불명확하고, 실제 생활을 위한 윤리적인 지침들이 옳은 것을 선택하도록 인도하기보다 우리의 필요를 채우기 위한 방편으로 보이기만 하는, 그런 세상에 사람들이 알아듣도록 성경의 도덕적 진리를 어떻게 전해야 할까?

거울을 높이 치켜들어라

아마도 그러한 세상에 전해야 할 가장 중요한 것은 죄와 도덕적 실패의 실상일 것이다.

순도 99.44%의 아이보리 비누를 사용한다고 해도 인간의 죄성을 씻어낼 수 없다. 인간이 선하다고 하는 계몽주의적인 개념은 폐기되어야 한다. 우리는 그 사상의 허점을 드러내야 한다. 최초의 낙관주의 사상가 중의 한 사람인 에밀 루에(Emile Loué)는 1930년대에 이렇게 말했다. "날마다 일마다 나는 더욱 좋아지고 있다."

터무니없는 소리이다. 그것은 인간이 선하고 점점 나아지고 있다고 주장하기 위해 우리를 그릇되게 묘사한 것에 불과하다. 솔로몬은 말하기를 "선을 행하고 죄를 범치 아니하는 의인은 세상에 아주 없느니라." (전 7:20)고 했다. 뒤틀린 동기, 이기적인 관계, 타협된 대안, 부정직한 거래 등이 비일비재하다. 우리가 겉으로는 선한 척할 수 있고 어떤 부분에서는 인간 고유의 모습을 그럴 듯하게 유지하고 있기도 하지만, 우리의 전체적인 삶을 살펴볼 때 우리가 선하다고 하는 것은 그렇게 되고 싶다는 우리의 희망을 반영하는 것이라고 결론지을 수밖에 없다.

문화 전반에 대해 좀더 광범위하게 살펴보아도 현실은 마찬가지이다. 진보와 낙관주의를 주장할 수 있는 유일한 방법은 그와 반대되는 엄청난 사실을 무시하는 길밖에 없다. 가령 정치적인 부패, 인종 분쟁, 집단 폭력, 주식 시장의 내부 거래, 터무니없는 랩 음악, 세계 도처의 국지전 등 이루 다 말할 수 없다.

신문을 한 번만 주의 깊게 살펴본다면 인간의 본성에 대한 장밋빛 환상을 갖고 있는 사람들에게 도전할 만한 충분한 자료를 얻을 것이다. 보통의 남녀들과 한 시간만 앉아서 같이 이야기를 해보더라도 상황은 마찬가지일 것이다. 그러나 실제로 꼭 그런 것만은 아니다. 대부분의 현대인들은 대체적인 사회 분위기가 그와는 반대로 흘러가고 있을지라도 스스로 꽤 수준 높은 관점들을 여전히 유지하고 있다.

우리가 스스로의 결점을 솔직히 드러내기 어렵도록 만드는 몇 가지 요인이 있다고 생각한다. 먼저, 외적인 것을 강조하는 경향으로 인해 우리로 하여금 그저 좋게 보이기만 하면 쉽게 좋다고 생각하도록 만든다. 외모에 신경 쓰는 데 엄청나게 많은 시간과 에너지를 소비하며, 겉모습에 대해 주기적인 점검을 실시한다. 가령 옷이 잘 어울리며 유행에 뒤떨어지지 않았나(점검), 배가 나와 보이지 않도록 거들을 제대로 차려 입었나(점검), 얼굴의 흠을 화장으로 잘 가렸나(점검), 이를 잘 닦아서 아침 식사 후에 어떤 이물질이 남아 있지 않나(점검) 등등.

우리는 외부에 대해서는 속속들이 안다. 반면 우리의 내부에서 무슨 일이 일어나고 있는지에 대해서는 무신경하다. 우리는 내면의 어두운 부분을 관리하지 못한다. 왜냐하면 우리의 관심사가 온통 외모를 손질하는 데 집중되어 있어 내면의 창을 통해 그곳을 살펴보는 일이 거의 없기 때문이다.

결점투성이의 본성을 솔직히 드러내는 일을 방해하는 두 번째 요소는 우리가 완전히 선하든지 완전히 악하다고들 말하는 어떤 영역의 중간 지대에 있어야 될 것 같다고 느끼는 것이다. 완전히 선하다는 영역은 현실과 잘 어울리지는 않지만, 완전히 악하다고들 하는 영역에 머무는 것보다 훨씬 유쾌하기는 하다(하나님의 맹렬한 진노하심으로 영원한 저주를 받은 벌레 같은 비참한 인간의 이야기를 읽어 보라). 어느 누구도 우리 대부분이 믿는 바 진리에 합당한 처분을 받을 만큼, 솔직히 말하자면, 선한 일만 하고 산 사람은 없을 것이다. 우리는 어느 정도 선하기도 하고 어느 정도 악하기도 하다.

성경의 진리를 전하는 사람은 구도자들을 도전하여 기독교에서는 우리가 왜 현재와 같은 모습으로 살아가야 하는지에 대한 설득력 있는 설명을 해준다는 사실을 깨닫도록 해야 한다. 영광 가운데 창조되었지만 전적인 타락으로 깨어진 모습의 인간, 위엄 있는 존재인 동시에 추한 존재, 광대하면서도 하잘것없는 존재로 살아가고 있는 인간에 대해서 말이다. 만일 사람들이 왜 지금과 같은 모습으로 살아가고 있는지를 제대로 깨닫기만 한다면, 그 자리로부터 그러한 문제를 해결하고 이전의 영광을 회복하기 위해 해야 할 일들이 무엇인지에 대한 설명으로 나아가기까지는 그렇게 먼 거리가 아니다.

우리가 스스로에 대해 낙관적인 견해를 가지고 있는 세 번째 이유는 자신을 다른 사람들과 비교하여 얼마나 선한가의 여부를 결정하는 데에 있다. 날마다 읽는 신문이나 뉴스 보도를 보면서 사회에 만연한 폭력에 비하면 자신은 이런 악한 경향의 절반 수준에도 미치지 못하는 것 같다. 사실 우리에게는 그런 대로 선한 향기가 난다. "그럼요. 난 적어도 거액의 은행돈을 횡령하거나 연쇄 살인을 자행하지는 않거든요!"

구도자에게 할 수 있는 가장 소극적이면서도 중요한 일은 그가 자신의 도덕적 연약함을 직시할 수 있도록 도와주는 것이다. 그런 일은 세심한 탐색 질문을 던지거나 때때로 불편한 대화도 감수할 때 일어날 수 있다. 척 콜슨(Chuk Colson)은 아주 재미있는 이야기를 하고 있는데, 그것은 홍콩의 은행 및 금융계의 거물들이 모인 점심 식사에 관한 것이다. 열 명이 최고층의 호화로운 방에서 한 테이블에 둘러앉았다. 그들 중에는 균형 잡힌 세련된 영국 여성도 참석했는데, 런던 로이드 은행 회장의 아내였다. 도중에 그녀가 콜슨 쪽으로 몸을 기울이며 말했다. "콜슨 선생님, 당신은 아주 지적이고 박식해 보이시는군요. 선생님은 지옥 불과 형벌에 관한 설교를 하는 그런 분은 아니시리라 생각하는데, 그렇죠?"

무슨 말이냐고 콜슨이 묻자, 그녀는 이렇게 말했다. "가령, 사람들을 죄인이라고 부른다든지, 뭐 그런 거 말이에요." 콜슨은 테이블 너머로 물끄러미 바라보면서 그녀에게 물었다. "당신 자신에 대하여 생각해 본 적이 있으신가요?" 식탁 주변의 다른 참석자들도 점차 조용해졌다. 빈 그릇을 치우자 긴장이 감돌기 시작했다. 콜슨이 계속했다. "당신도 알다시피, 인간은 도덕적으로 중간 상태에 있지 않습니다. 당신도 죄에 속하거나 선에 속하거나 둘 중에 하나입니다. 자, 20세기의 역사를 한번 살펴보세요. 그리고 선에 속한 사람들이 누구인지 말씀해 보세요."

그녀는 잠시 생각에 잠기더니 말을 이었다. "글쎄요. 저는 인간이 도덕적으로 중립적이라고 생각하는데요." 콜슨이 대꾸했다. "두 사람의 유대인 심리학자가 미국에서 범죄자들의 성격에 관해 실시한 아주 훌륭한 연구가 있습니다. 거기서 그들은 인간이 악에 속해 있다는 사실을 발견했지요. 만일 한 사람을 어떤 방에다 집어넣고 모든 문을 잠근 뒤에 아무도 보는 사람이 없다는 것을 주지시킨다면, 두 가지 선택권을 주었을 때 그는 언제든지 그른 쪽을 택할 겁니다."

그녀는 피식 웃었다. "저는 그걸 조금도 믿지 않아요. 저는 좋은 사람이에요." 콜슨이 머리를 흔들었다. "저는 이 점심 식사 분위기를 망치는 일은 하고 싶지 않습니다. 하지만 이 말씀은 꼭 드려야겠군요. 당신이 잠시만 곰곰이 생각해 본다면 자신이 예수 그리스도를 닮기보다는 아돌프 히틀러를 더 많이 닮았다는 걸 알 수 있을 겁니다." 결국 그녀는 포크를 내려놓고야 말았다. 그러고는 고급 도자기 그릇에 은제 포크가 쨍그

랑 부딪히는 소리가 온 방 안에 울려 퍼졌다. 그녀는 더 이상 음식에 손을 대지 않았다.[1]

외면적인 것에 정신이 팔린 이 세상에서, 내면을 들여다볼 수 있는 방법을 사람들이 이해하도록 도와주는 질문을 던질 때 우리는 그들에게 커다란 선물을 하고 있는 것이다.

궁극적으로 그들의 도덕적인 부패상에 직면할 수 있도록 사람들을 돕는다는 것은 그들이 움켜잡아야 할 기준이 전국의 도덕적인 평균치가 아니라 하나님의 도덕적인 완전함에 이르는 것이라는 점을 깨닫도록 도와준다는 의미이다. 그런 완전한 기준으로 비교해 볼 때, 우리는 그 중심으로부터 아주 멀리 떨어져 있다. 그것은 전혀 외면적인 문제가 아니다. 다른 사람들과 비교했을 때 얼마나 잘 하는가의 문제도 아니다. 그것은 성경에서 밝히 말하고 있는 하나님의 성품과 그분의 완전한 도덕 수준에 우리가 얼마나 합당하게 사는가의 문제이다. "그러므로 하늘에 계신 너희 아버지의 온전하심과 같이 너희도 온전하라."고 마태복음 5장 48절에서 예수님은 말씀하신다. 그것은 아주 높은 기준이다. 우리의 도덕적 낭패감이란 우리가 하나님이 누구인지를 직시할 때에만 느낄 수 있다. 그분은 거룩하고 광대하시며 도덕적으로 완전하시다.

우리는 하나님이 어떤 분인지 알 수 있도록 사람들을 도와주며, 그런 빛 아래에서 그들 자신이 누구인지 깨달을 수 있도록 도와주어야 한다. 그것은 또한 예수님이 누구인지, 그리고 왜 그분이 오셨는지를 알 수 있도록 사람들을 도울 수 있는 방법이다.

얼마 전에 바로 이런 목적을 가지고, 곧 사람들이 하나님의 거룩하심을 맛보고 인간의 죄성을 깨닫고 그리스도 안에서 하나님의 섭리 가운데로 나아갈 수 있도록 돕는 예배를 준비한 일이 있다. 우리는 여호와의 존귀하심과 광대하심을 묘사하는 시편 96편을 읽는 것으로 시작했다. 그리고 이 시편을 읽은 뒤에 하나님의 완전하심에 대한 찬양을 함께 하면서, 그와 대조적으로 인간에게는 거룩한 성품이 얼마나 결여되어 있는지로 초점을 옮겨갔다. 하나님과의 관계에서 죄의 실제와 그 죄의 결과에 대해 내가 간단하게 요점만 언급하는 메시지를 전했다. 이어서 적어도 5분 정도 침묵의 시간을 가졌는데, 그러면서 사람들에게 하나님의 완전한 도덕적 기준에 따라 살지 못한 일들을 머리 속으로 헤아려 보라고 초청했다. 이 예배의 3부에서, 나는 또 하나의 짧은 메시지를 전했는데, 그 시간에는 그리스도 안에서 발견할 수 있는 은혜와 용서에 관해서였다. 구도적인 사람들에게 그리스도에게로 나아오도록, 그리고 믿는 자들에게는 성찬에 참여하도록 초청하면서 예배를 마쳤다.

첫번째 간단한 메시지에서, 나는 우리가 외모에 얼마나 신경을 쓰면서 지내는지에 대한 이야기로 시작했다. 그러고는 이렇게 말했다. "그러나 외모에 대한 그러한 관심은 하나님과의 사이를 크게 멀어지게 합니다. 사무엘서에는 '사람은 외모를 보거니와 나 여호와는 중심을 보느니라.'(삼상 16:7)고 기록되어 있습니다. 우리에게는 외모가 아주 중요합니다. 그러나 하나님에게는 외모는 아무것도 아닙니다. 그분에게는 내면의 성품이 중요한 것입니다. 그리고 하나님께서 우리의 외모와 중심을 살피실 때, 그분은 보이는 대로 판단하지 않으십니다."

"그래서 하나님은 우리가 외적인 것을 뛰어넘어 마음의 중심을 볼 수 있는 거울을 만드셨습니다. 어느 정도 흐릿한 불빛 아래에서 적당한 거리로 멀리 떨어져 있으면 우리 각자는 자신이 기본적으로 선한 존재이며, 나름대로는 꽤 괜찮은 족속이며, 올바른 선택을 할 수 있으며, 서로 돌아보며 자기를 돌보지 않는 사랑으로 섬길 수 있는 존재라고 확실히 느끼게 됩니다. 지금 우리 주변처럼 부드러운 백열등이 비추는 세상에서는, 우리 모두가 그런 대로 괜찮아 보입니다."

"그러나 하나님의 거룩한 불빛으로 날카롭게 비추는 할로겐 불빛 아래에서 하나님께서는 좀 다른 시각으로 보십니다 … 그리고 그분이 우리를 바라보실 때 어떤 것을 보시는지 우리가 알 수 있는 거울로서 하나님은 그분의 말씀을 사용하십니다."

〈아웃브레이크(Outbreak)〉라는 영화를 보면, 살인 바이러스가 온 나라에 퍼집니다. 사람들의 얼굴에 조그만 상처를 낼 뿐 처음에는 전혀 해가 없는 것처럼 보이지만, 24시간이 지나면 그 사람을 죽게 만듭니다. 치료할 수 있는 방법은 전혀 알려져 있지 않습니다. 영화가 어느 시점에 이르면, 이 바이러스에 대항하여 싸우는 주인공들 가운데 한 사람이 환자에게서 혈액을 채취하다가 오염된 바늘로 자신의 손가락을 찌르게 됩니다. 그녀는 개의치 않고 겉으로는 태연하게 과중한 업무를 처리합니다. 그러나 한참 후에 화장실로 가서 거울 앞에 섰습니다. 방독면을 벗고 얼굴을 자세히 살펴봅니다. 그런데 조그만 상처가 막 생기기 시작하는 것이었습니다."

"하나님의 말씀은 이 거울과 같습니다. 그것을 들여다볼 때 우리는 스스로를 바라보게 됩니다. 그리고 더 자세히 들여다보면 우리 내부에서 치명적인 질병이 활동하고 있는 증거를 찾을 수 있습니다. 그러나 이 질병에는 분명한 치료책이 있습니다."

그런 뒤 나는 이사야 59장 3절에서 8절까지를 펴고는 말했다. "이 단락은 우리 마음과 영혼을 전체적으로 다 볼 수 있는 거울과 같습니다. 여기에서는 여러분과 저와 똑같은 사람들을 묘사하고 있습니다. 우리의 진짜 모습이 어떤 것인지를 말해 주고 있습니다. 과연 뭐라고 말하는지 한번 읽어 봅시다."

우리는 도덕적으로 당황해하는 사람들과 자신의 죄성에 무감각하다는 사실을 공공연히 드러내는 사람들을 도와야 한다. 시의 적절한 질문으로, 용의주도한 설명으로, 개인적으로 정직한 모범을 보임으로, 그리고 조용히 묵상하는 시간을 통해, 우리의 메시지를 통해, 청중에게 자신의 영혼을 세심하게 살펴보는 기회를 제공함으로써 그들의 심중을 면밀히 탐색하도록 도울 수 있다.

그러나 막상 내면을 탐색하기 시작할 때 대부분의 사람들은 어떻게 해야 할지 잘 알지 못한다. 우리에게 영혼 깊숙이 어두움의 영역들로 어뗳게 여행해야 할지 제대로 이해하여 이야기를 나눌 수 있는 결정적인 방법이 있는 것은 아니다. 내가 유혹을 받는 것은 무엇인가? 내가 열정을 갖는 일은? 내가 동기부여를 받는 것은? 그러나 이런 질문을 통해 성경의 가르침을 전하는 자들은 청중에게 내면적인 언어, 자기를 점검하고 고백할 수 있는 언어를 제공함으로써 도울 수 있다.

초대교회와 중세 교회의 사려 깊은 그리스도인들은 그들이 보기에 가장 흔히 범하면서도 타격이 큰 죄악의 목록을 작성하기도 했다. 그들은 그것을 일곱 가지 치명적인 죄악이라고 불렀다. 곧 교만, 분노, 탐욕, 욕망, 시기, 식탐 및 나태(영적인 무관심) 등이다. 이 목록은 구체적인 행위를 지적하지는 않는다. 모두 동기와 기질에 관련된 것이다. 이들은 죄가 뿌리를 내리는 토양인 것이다.

일곱 가지 치명적인 죄악을 분명히 인식하는 것이 기도와 묵상을 도와준다는 사실을 나는 발견했다. 그것들은 수중탐지기 같은 것으로 내 마음의 음침한 밑바닥에 있는 것을 직시할 수 있도록 했다. 최근 며칠 동인 때때로 생각에 잠기면서, 이런 종류의 치명적인 죄악들이 두대체 내면의 어디에 잠재하고 있는지 보여 달라고 주님께 구했다. 이렇게 하니까 그것들은 나의 죄를 고백하기 위한 뼈대를 세우는 데 유용한 범주를 제공했다.

어떻게 그것들이 내부로 들어올 수 있는지에 대해 다소 염려하는 가운데 나는 최근에 일곱 가지 치명적인 죄악에 대해 시리즈로 설교를 했다. 그 결과는? 이 설교를 한 뒤에는 이전의 어떤 설교 시리즈보다 더 많은 테이프가 팔렸다. 청중은 그들의 내면에서 활동하는 열정과 동기들에 대해 이해할 수 있기를 갈망한다.

자신의 타락성과 도덕적인 실패를 이해하지 않으면, 십자가는 영원히 우리에게 비밀에 싸여 있을 것이고 복음은 단지 자기 이익만을 구하는 프로그램으로 남아 있을 것이다. 이제 우리는 후식 식단표 정도로 밀려나 있는 죄(sin)라는 단어를 되찾아 어떤 실질적인 의미를 부여할 때이다.

우리의 행동 방향을 정하기

우리는 지금 도덕적인 방향성을 상실한 세계에 살고 있다. 죄에 대한 경각심을 일깨우는 일을 도외시하고서, 도덕적인 방향 감각을 되찾도록 이 세상을 인도하고자 할 때 다른 어떤 것을 명심해야 할 것인가?

어떻게 전하고 가르칠 것인가

│ 조건 없이 수용하라 │ 우리가 가장 민감하게 기억해야 할 중요한 사실은 믿지 않는 사람들이 우리와 동일한 도덕률을 갖고 있지 않다는 점이다. 예수를 믿지 않는 사람들에게 그들과 친해지기도 전에 그리스도인들과 같이 행동하라고 요구하는 것은 공평하지 못한 처사이다.

많은 그리스도인들과는 달리, 교회를 다니지 않는 대부분의 사람들은 도덕적으로 견실한 삶을 산다. 그들의 행동은 자신들의 도덕적인 기준과 일치한다. 잠자리가 문란하다든지, 노를 발한다든지, 세금을 속인다든지, 낙태를 한다든지, 직장의 물품들을 슬쩍한다든지 등등 이런 종류의 행동은 성경적인 도덕률 아래에서 살지 않는 사람들도 제대로 의식하고 있는 문제이다.

보통 사람들의 의식으로도 그러한 선택이 옳지 않다는 것을 안다. 비그리스도인들도 궁극적으로는 하나님의 기준에 여전히 책임이 있다. 그들이 그것을 인정하든 하지 않든 말이다. 그러나 우리의 입장에서 그들의 행위를 판단할 수 있으며, 그들이 하는 선택을 인정할 수 없기 때문에 멀리할 수 있는 문제인가? 혹시 이들이 우리의 사랑과 용납을 가장 필요로 하는 사람들이 아닐까?

황금 시간대의 프로그램들 중의 하나에서, 우리는 "동정심에 어떤 일이 일어났는가?"라는 연극을 보여 주었다. 이 연극에서 그리스도인 대학생인 제니는 HIV 양성 반응을 보이는 친구를 집으로 데려왔는데, 그녀의 가족들이 어찌할 바를 몰라했다. 결국 그녀의 어머니가 선을 그었다.

"나는 동성연애자를 우리 집에 머무르게 하고 싶지는 않아."라고 그녀는 선언했다.

제니가 대꾸했다. "그런 식으로 반응하는 게 그리스도인다운 행동이에요? 정죄하고 판단하는 마음으로? 그건 겁쟁이들이나 하는 생각이에요."

"내 말은 부도덕한 사람들과 어울리지 않겠다는 거야." 어머니가 말했다.

"그런 식으로 예수님을 팔지 마세요. 그분은 확실히 오늘날의 그리스도인들처럼 행동하지는 않았어요. 오히려 부정한 창녀들과 세리들과 그런 부류의 사람들과 어울리면서 많은 시간을 보냈어요. 예수님의 부모도 그분이 그런 사람들과 어울리는지를 알고 계셨을까요?"

제니의 아버지가 나서서 그런 식으로 대꾸하지 말라고 하자, 그녀는 더욱 화가 나서 말했다. "아빠, 저는 지금 빈정대고 있는 게 아니에요. 우리가 이런 식으로 중요한 걸 놓치고 있다고 생각할 뿐이에요. 우리 모두가 말이죠. 나도 포함해서요. 아빠도 알다시피, 예수님은 여인들이 돈을 벌기 위해 몸을 파는 일을 하지 말라고 하셨잖아요. 그러나 그분은 그럼에도 창녀들과 어울리셨어요. 그분은 그들을 받아들였고 사랑하셨어요. 세리들에게도 마찬가지였죠. 그들이 사람들로부터 과중한 세금을 거두는 것에 대해서도 분명히 지적하셨어요. 그러나 그분은 여전히 그들을 환대하고 그들과 어울렸지요. 그런데 언제 그리스도인이 된다는 의미가 우리가 인정하지 않는 사람들을 내모는 것으로 되어 버렸나요?"[2]

용납은 죄를 묵인하는 것을 의미하지 않는다. 자기 만족이라는 윤리를 따르는 사람들에게 그러한 도덕률은 적절한 것이 아니며 성경의 도덕관을 따르는 것이 훨씬 유익하다는 사실을 우리는 가르쳐 주어야 할 책임이 있다. 그러나 우리가 불신자들에게 그리스도인이 되어야 한다고 말할 때 흔히 좀 지나치게 행동한다는 생각을 한다. 우리의 책임은 단지 그들의 모습 그대로를 받아들이고, 은혜와 이해심을 발휘하여 하나님의 도덕 기준을 말해 주고, 하나님께서 그들의 죄를 경책하시는 유일한 분 이라는 사실을 알려 주는 것이다.

│ 지혜롭게 성경을 사용하라 │ 이 세상의 도덕률과 싸울 때 염두에 두어 야 할 두 번째 것은 영접을 하거나 도덕적인 문제에 대한 메시지를 전하 기 위해 성경을 소개할 기회가 왔을 때 민감하고 지혜로워야 한다는 점 이다. 그렇다고 사람들에게 성경이 그들의 도덕적인 상태에 대해 어떻 게 말하고 있는지를 들려주기 위한 기회를 잡는 데에 주저해서도 안 된 다. 그것은 우리가 해야 할 가장 중요한 일이다. 왜냐하면 그들에게는 필사적으로 성경의 메시지를 들어야 할 필요가 있기 때문이다. 그러나 우리는 그 일을 사려 깊게 수행해야 한다. 이것은 성경에 있는 사실들을 명심해야 한다는 뜻이다. 왜냐하면 그것들은 진리이며 돌아갈 수 있는 다른 길은 없기 때문이다.

하나님의 도덕 기준은 아주 합리적이다. 하나님께서는 도시의 대로에 도로 표지판을 세운 것과 동일한 이유로 계명들을 주셨다. 그것들은 우 리가 가야 할 길을 지시하는 동시에 그 과정에서 우리를 지켜 주고 다른 사람들을 안전하게 보호해 준다. 마음만 먹으면 그것들을 어기고 인도 로 뛰어들 수도 있지만, 그렇게 할 때에는 안전하지도 않으며 치러야 할 대가도 엄청나다. 사람들이 하나님의 도덕률에 순종하여 얻는 유익을 깨달을 수 있도록 도와주는 일이 너무나 중요하다.

살아가면서 성경의 기준을 진지하게 생각해 보지 않았던 사람들의 마 음에 부담을 주지 않으면서도 그것을 소개할 수 있는 방법이 여기에 있 다. 함께 살고 있는 남자로 인해 큰 고민을 안고 있는 비그리스도인 여 자와 여러 번 이야기를 나눈 적이 있었다. 그 남자와 결혼을 해야 하는 지 아니면 헤어져야 하는지, 그녀는 아주 혼란스러워했다. 그 남자에 대 한 자신의 감정을 정리해 보는 동안 그에게서 잠시 떠나 있도록 말해 보는 게 어떻겠느냐고 그녀를 권면했다. 그러나 이렇게 말하지는 않았다. "이것 보세요, 아가씨. 성경은 말이에요, 당신이 하고 있는 일을 죄라고 말합니다. 그 남자를 차 버리고 회개하세요." 그녀가 그리스도인이었다 면, 그러한 기준에 따른 다른 명확한 제안(분명히 더욱 은혜로운)도 적 절했을 것이다. 그러나 자라나면서 교회에 대해 많은 상처를 겪었던 카 렌의 경우에는, 그렇게 했다면 기독교와 거리가 더 멀어졌을 것이다.

그 대신에 나는 이런 식으로 말했다. "카렌도 알다시피, 성적인 관계 를 가질 정도로 친밀한 관계에 빠져들었다면 이미 물이 많이 흐려졌다 고 봐야겠죠. 성이라는 것은 아주 강력한 힘이 있어서 실제로 어떤 일이 일어나고 있는지를 제대로 볼 수 없게 만들어요. 내가 이 사람을 사랑하 는 걸까, 아니면 이 사람과 함께 있을 때의 느낌을 즐기고 있는 걸까? 우 리가 정말 친밀해진 걸까, 아니면 단지 밤에 잘 때 누군가 옆에 있다는 사실 때문에 그렇게 느끼는 걸까? 느낌에는 온갖 잡다한 것들이 섞여 있어서, 결혼에 이르고서야 그 느낌 대신에 한 사람을 얻게 돼요."

"함께 살 때 생길 수 있는 다른 문제는 그것이 시험처럼 된다는 점이 지요. 상대방이 내 필요를 채워 줄 수 있는가? 상대방이 정말 근사한가? 그렇다면 결혼하고, 그렇지 않으면 여기서 헤어지자. 이런 식으로 관계 를 시작하는 것은 곤란한 방법이에요. 왜냐하면 그런 식으로 나의 기준 을 채우려는 태도는 결혼을 파국으로 몰고 갈 거예요. 그런 태도는 대체 로 용납이나 용서에 기반을 두는 대신에 외형적인 것에만 기초한 것이 죠. 잘못 선택한 결혼이라면 2년(혹은 2주) 후에 도대체 어떤 일들이 벌 어질까요?"

"이런 사실을 알고 있는지 모르겠지만, 동거한 적이 있는 결혼한 부부 와 그렇지 않고 결혼한 사람들을 비교해 보면, 아주 놀라운 사실을 발견 할 수 있어요. 연구에 따르면 동거를 했던 부부들은 결혼 생활에 별로 행복을 느끼지 못한다는 거예요. 성 관계도 크게 즐기지 않고, 자신들의 배우자에 대해 비판적이 되기가 훨씬 쉽다는 것이죠. 결국 그들의 결혼

은 이혼으로 끝나 버리기가 아주 쉽죠. 바로 이런 이유 때문에 성경은
사람들에게 결혼 전에는 동거하지 말 것과 성 관계를 하지 말라고 훈계
하고 있다고 생각해요. 하나님께서는 우리에게 가장 좋은 것이 무엇인
지 잘 알고 계세요. 그분은 한밤중의 열정 같은 것이 아닌 진정한 관계
를 세워가는 데 필요한 것들이 무엇인지 알고 계실 뿐만 아니라, 어떤
일이 일어나든지 서로의 곁에 머물러 있을 수 있는 무조건적인 헌신을
가능하게 하는 것이 무엇인지도 알고 계시죠."

도덕성에 관해 대화할 때 하나님의 말씀을 활용하는 일에 주저하지
마라. 그러나 그렇게 할 때에는 항상 왜 그런 이야기들이 따라다녀야 하
는지를 설명하라.

┃ 신앙 고백에 어울리는 삶으로 모범을 보여라 ┃ 세 번째로 염두에 두어
야 할 사실은 그리스도인들마다 특정한 도덕률에 남달리 헌신적이라는
것이다. 그들은 저마다 높은 수준의 도덕률에 가장 합당한 삶을 살아내
는 영역이 있다. 우리 각자가 열심을 내는 자기만의 도덕률을 가지고 있
는 게 사실이라면 세상에는 무엇이라고 말해야 할 것인가?

어느 날 나는 교회 사역을 통해 여러 번 만난 적이 있는 비그리스도
인인 민디에게 물었다. 그녀가 왜 기독교를 좀더 심각하게 받아들이지
않는지에 대해서 말이다. "내가 왜 그래야 돼요? 내가 알고 있는 대부
분의 그리스도인들은 모두 얼간이란 말이에요!" 그리스도인들의 행동
이 기독교를 믿지 않는 가장 커다란 이유가 된다면 뭔가 잘못되었다는
뜻이다.

우리의 주변 세계는 우리에게 자신이 확신하는 바에 합당한 방식으로
살아가기를 기대하고 있다. 그렇지 못하다면 우리의 신앙을 심각하게
생각해 보아야 하는 이유는 무엇일까? 나를 가장 낙담시키는 이야기들
중의 하나는 우리가 선택하는 바와 살아가는 방식에 있어서 그리스도인
들이 비그리스도인들과 분명하게 구별되지 않는다고 들었을 때이다. 여

러 가지 사례들 중의 하나로, 맥도웰(Josh McDowell)은 복음주의 교회에 활발히 참여하는 수천 명의 십대들을 조사했다. 이 조사가 진행되는 3개월 동안, 세 사람 중 두 명이 부모에게 거짓말을 한 적이 있으며, 세 사람 중 한 명이 시험 중에 부정 행위를 했으며, 네 사람 중 한 명이 담배를 피웠으며, 다섯 사람 중 한 명이 다른 사람들에게 상처를 입혔으며, 아홉 사람 중에 한 명은 술에 만취한 적이 있다고 말했다. 반수 이상은 열여덟 살이 되기 전에 이미 적극적으로 성적인 경험을 했다는 것이다. 성인 그리스도인들도 마찬가지의 유형을 따르고 있는데, 도덕적으로 혼합적인 분위기가 만연하고 있다.[3]

여기에 무언가가 잘못이 있다. 복음이 우리를 완벽하게 만드는 것은 아니다. 그러나 복음 때문에 우리는 그리스도를 믿지 않는 우리 주변의 사람들과 현저히 다른 삶을 살아야 한다. 여러분들도 다음과 같은 자동차의 범퍼 스티커를 본 적이 있을 것이다. "그리스도인들은 완벽하지 않습니다. 다만 용서를 받았을 뿐입니다." 그것은 절대적으로 옳은 말이다. 불행하게도 우리 중의 많은 사람들은 스티커에 다음과 같이 씌어 있는 것처럼 살아간다. "그리스도인들도 전혀 다르지 않습니다. 다만 용서받았을 뿐입니다." 다른 모든 사람들과 마찬가지로 행동한다면, 우리는 그들에게 뭐라고 할 말이 없다. 좀더 정확히 말한다면, 아무도 우리의 이야기를 듣지 않을 것이다.

"저 안에 거한다 하는 자는 그의 행하시는 대로 자기도 행할지니라."고 사도 요한은 말한다(요일 2:6). 우리는 강물을 거슬러 올라가도록, 현대 문화의 흐름을 역행하여 살아가도록 부름받았다. 세상과 합하는 교회들은 아무것도 평계하지 못할 것이다.

어떻게 신앙을 나눌 것인가

사람들이 우리가 가진 의식의 근원을 숙고할 수 있도록 하라 내가 최초로 기독교에 대해 적극적으로 고려하기 시작했을 때, 누군가 내게 루이스(C. S. Lewis)가 쓴 『순전한 기독교(Mere Christianity)』를 건네주었다. 그가 말하는 것은 전부 내가 듣고 싶은 이야기와 완전히 배치되는데도 불구하고, 그 책을 손에서 놓을 수가 없었다. 그런데 그렇게 할 수밖에 없었던 이유는 그것이 아주 훌륭한 저작이라는 차원을 넘어 책의 서두에 있는 논쟁 때문이었다. 그것은 도덕적인 문제에 대해 사람들이 그리스도를 바라보도록 강권하기 위한 용도로 사용되었다.

현대 문화는 우리에게 공유할 만한 도덕적인 공감대가 없다는 식으로 교만을 떨고 있다. 루이스는 동의하지 않는다. 사람들이 싸우는 모습을 잘 보라고 그는 말한다. "'누군가 당신에게도 이런 일을 했다면 어떻겠소?', '그건 내 자리요. 내가 먼저 거기에 있었잖소.', '그 사람을 그냥 내버려두세요. 별짓 안 할 거예요.', '왜 먼저 미는 거요?', '당신 오렌지 좀 주시오. 그러면 내 것도 좀 주겠소.', '이러지 마세요. 약속했잖아요.'"

"지금 내가 이 모든 말들에서 관심을 가지는 것은, 그런 말들을 하는 사람은 다른 사람들의 행동이 자기 마음에 들지 않는다는 것을 그냥 지적하고 있지는 않다는 점이다. 그는 다른 사람도 마땅히 알아야 하는 어떤 종류의 행동 기준을 제기하고 있는 것이다. 그런데 상대방은 별로 대응을 하지 않는다. '흥, 그건 당신 기준일 뿐이야.'"라고 루이스는 말한다.

루이스는 일상 생활에서 그런 관찰을 통해 대부분의 사람들이 소유하고 있을 법한 도덕률 혹은 옳고 그름에 대한 원칙이 있음을 주장하고자 한다. 그런 것들을 잘 준수하며 살아가고 있지는 못하지만, 그것이 존재하는 것만은 사실이며 우리는 그것을 다른 사람들과 더불어 살아가기 위한 근거로써 사용한다. 우리의 도덕 의식이란 본능은 아니며, 흔히 본능적인 행동이라고 생각되는 것들과는 상충되는 경우가 있으며, 어떻게 더불어 살아갈 것인가에 관한 단순한 공감대 정도를 말하는 것도 아니다. 그것은 훨씬 더 고차원적인 것이다. 이런 의식, 곧 그럴듯한 행동 원칙은 우리의 외부 세계로부터 온 듯하다. 우리가 그것을 만들어 내지는 않았지만, 우리는 그것에 순종해야 한다는 것을 안다.

그런 뒤 루이스는 초점을 이렇게 옮겨간다. 그는 이 우주의 존재(현재)와 생성(과거)에 관한 이해 방식으로 두 가지가 있다고 지적한다. 하나는 물질주의적인 관점으로 공간과 물질이 그저 우연히 존재하게 되었다는 것이다. 다른 하나는 종교적인 관점으로 우주의 창조 뒤에는 지적인 존재가 있으며, 그 지적인 존재는 인격적인 목적과 기호를 가지고 있다고 주장한다. 전통적인 과학으로는 어떤 견해가 옳은 것인지 분별할 수 없다. 과학은 어떤 현상들에 관해서는 설명을 하지만, 그들의 존재 이유와 다른 모습 대신에 왜 굳이 현재와 같은 형태로 존재하는지에 대해서는 아무런 해답을 주지 못한다.

그렇다면 해답을 얻기 위해서는 어디를 살펴보아야 할 것인가? 바로 우리들 자신이다. 루이스는 이렇게 결론을 맺는다. "우주의 바깥에 어떤 주관하는 힘이 있다면, 집이라는 건축물이 겨우 벽이나 계단이나 벽난로로 구성된 조합체에 불과하다는 시각으로밖에 우리는 그 우주를 볼 수 없다. 우리가 우주를 그 자체로 제대로 볼 수 있는 유일한 방법은 어떤 방식으로 행동하도록 우리를 이끄는 영향력이나 명령이 우리 내부에서 오는 것이어야 한다는 것이다. 그렇다. 그것은 바로 우리가 내부에서 발견할 수 있는 것들이다. 이런 방식이 예외 없이 우리의 의심만을 가중시키겠는가?"

우리 모두가 소유하고 있는 옳고 그름에 대한 천부적인 감각인 양심은 루이스가 주장하는 것처럼 자신이 만드신 사람들에게 흔적을 남겨 놓으신 인격적인 하나님이 계시다는 강력한 증거이다.[4]

▌도덕적인 모호성이 빚어내는 결과를 탐구하라 ▌ 어떤 공통된 도덕 기준이 존재하는 것은 아니라고 주장하는 사람들에게 복음을 증거하는 또 다른 방법은 그들로 하여금 단순히 자신의 필요만을 충족시키며 살아갈

때 초래되는 불만족스런 삶의 양상들을 직시할 수 있도록 도와주는 것이다. 살 만한 가치가 있는 삶은 자신만을 먼저 생각하는 사고 방식의 토대 위에서는 세워질 수 없다. 그렇게 산다면 잠시 동안은 재미있을 것이다. 그러나 결국 자신만을 위해 살아가는 사고 방식에는 공허감이 밀려올 것이며, 그러한 공허감이 위력을 발휘하게 될 것이다.

도덕적인 범주들을 비켜 가면서 편의적인 것들을 토대로 의사결정을 내리면서 살아간다고 한들 도덕적인 문제들이 사라지겠는가! 영화 〈쥬라기 공원(Jurassic Park)〉에서 대혼란 이론을 주창한 제프 골드블룸은 몇 가지 과학적인 실험에 지대한 관심을 보인다. "우리는 끊임없이 우리가 무엇을 할 수 있는지(could)를 질문했지만, 결코 무엇을 해야 하는지(should)에 대해서는 묻지 않았죠." 영화에서 보여 주는 것처럼 그 결과는 재앙일 뿐이었다. 우리가 하나님의 도덕 질서를 무시하고 살아간다면, 결국 도덕적인 비상 사태와 윤리적인 파산 상태를 경험하게 될 것이며, 그런 뒤에는 억지로라도 멈추어 서야 하고, 활짝 열린 믿음의 문으로 내몰리게 된다.

존이 갑자기 교회로 뛰어들어왔을 때가 생각난다. 그를 만난 것은 바로 그 전 주일이었으며, 예배가 끝난 후에 그와 기독교에 관해 간단하게 이야기를 나눌 기회를 갖기도 했다. 그런데 며칠 후 그는 단단히 화가 난 상태로 교회에 찾아와 주변에 있는 물건들을 집어던지며, 자기의 여자 친구와 도망친 룸메이트를 죽여 버리겠다고 위협하고 있었다. 존은 어떤 일이라도 저지를 것 같았다. "왜 나라고 못해? 나는 자기들 마음대로 행동하고 멋대로 나를 대하는 사람들에게 질렸소. 선생은 하나님을 이야기하지만, 하나님은 나를 잊어버리셨단 말이오. 그분도 이런 일들이 일어나도록 내버려두고 있잖소. 그분은 신경을 쓰지 않고 계신단 말이오. 그러니까 나도 그만한 대가를 지불하고 말 거요."

나는 도대체 뭐라고 말해야 할지 몰랐지만, 결국 이렇게 말했다. "존, 지금까지 당신은 무엇이 옳고 그른지를 말했소. 나도 동감하오. 당신의 룸메이트가 저지른 일은 옳지 못한 것이오. 그건 정말 추잡한 일이지. 하지만 존, 그렇다고 룸메이트를 죽이겠다는 생각을 한다면, 그것이 옳다고 생각하오? 그것이 당신에게는 좋고 정당한 일일지 모르겠지만, 그게 정말 옳다고 느끼느냐 이 말이오. 룸메이트와 똑같은 짓을 했다는 사실을 깨닫게 된다면 무슨 명분으로 당신은 살아가겠소? 그 친구는 감정에 따라 행동했소. 그는 다른 사람에 대해서는 신경을 쓰지 않았소. 그냥 하고 싶은 대로 했을 뿐이오."

"그런데, 당신도 똑같은 방법을 사용하여 똑같은 짓을 한다면 도대체 어떻게 되겠소? 당신도 똑같은 사람이 되고 싶다면, 이대로 가서 그를 없애 버리시오. 그 친구는 그렇게 했을지라도 또 그렇게 하는 것이 당연했을지 몰라도, 당신도 그렇게 하는 것은 옳은 일이 아니라는 소리가 내면으로부터 들려 오지 않소? 그것은 당신이 할 일은 아닌 것 같지 않소?"

"성경은 하나님께서도 우리가 가진 옳고 그름에 대한 기준과 똑같은 방식을 사용하신다고 말하고 있소. 사실, 그분이 우리에게 그런 기준을 부여하신 거지요. 그리고 그분은 이렇게 약속하고 있죠. 우리가 행한 어떤 잘못된 행위든지, 어떤 부정한 행동이든지 반드시 징계하신다고 말이오. 이 말은 하나님께서 당신의 룸메이트가 저지른 일에 합당한 벌을 반드시 내리신다는 뜻이오. 존, 좀 어렵긴 하지만, 이 문제를 하나님께서 처리하시도록 맡겨야 한다고 생각하오."

하나님의 은혜로 존은 이 말을 듣고 수용할 수 있게 되었다. 설득이 효과를 발휘했던 것이다.

이성을 되찾자 존은 자기가 여섯 살 때 부모가 이혼했다고 내게 말했다. 아이들을 누가 맡을 것인지를 판사가 결정해야 할 때에 이르자, 존의 부모는 다른 아이들을 모두 나누어 가진 후 벤치에 앉아 있는 존을 그냥 남겨 두었다. "저 아이는 어쩌죠?" 하고 판사가 묻자, "저 아이는 싫어요."라고 존의 아버지가 말했다. 그러자 그의 어머니도 고개를 흔들며 "저도 싫어요."라고 말했다. 그 후로 존은 그런 거절당한 고통 가운데 살아왔던 것이다. 그런데 이제 그는 다시금 그 구렁텅이에 내팽개쳐진 것이었다. 이번에는 그가 처음으로 사랑에 빠졌던 여인으로부터였다. 그가 진정으로 없애 버리고 싶어했던 것은 룸메이트가 아니라 그러한 고통, 곧 거절당하는 고통이었다.

계속되는 대화를 통해 나는 존에게 다음과 같이 말씀하시는 하나님을 소개할 수 있었다. "내가 과연 너희를 버리지 아니하고 과연 너희를 떠나지 아니하리라"(히 13:5). 이제 존은 그리스도인이 되었다.

자기 만족이라는 윤리는 윤리가 아니라 단지 똑딱거리는 시한폭탄일 뿐이다. 조만간 이 폭탄은 폭발할 것이다. 그리고 그것이 폭발한 후에라야 우리는 희망을 이야기할 수 있을 것이다.

무엇을 전할 것인가

▌ 신앙과 도덕성의 관계 ▐ 미국인들이 가진 신화들 중의 하나는 기독교가 실제로 정직과 성실에 대해 예의 바르고 올곧은 삶만을 말하는 것으로 알고 있다는 것이다. 우리가 잘 알다시피 성경은 그렇게 말하고 있지 않다. 우리 주변의 사람들이 도덕적인 삶과 기독교와의 관계는 맥주의 거품과 내용물과의 관계와 같다는 사실을 들어야 할 필요가 있다. 필요한 성분들이 제대로 혼합되어 있으면, 맥주에는 언제든지 그런 것들이 생겨난다. 표면에 거품이 막 일어나면 사람들은 언제나 제일 먼저 이것을 맛보게 된다. 그러나 거품이 진짜 내용물은 아니다. 그것은 부산물에 불과하다. 도덕적인 삶에도 똑같은 현상이 일어난다.

기독교는 처음부터 예의바른 삶을 살라고 하는 게 아니라, 자신과 같은 반항적인 사람들을 대신하여 그분의 아들을 죽이심으로 그 사랑을 보여 주신 하나님 아버지와의 관계를 회복하는 것을 의미한다. 하나님과 우리 사이의 관계를 이처럼 회복하기 위해서 우리는 아무것도 할 일이 없다. 이것은 우리가 하나님과 협력하여 얻게 되는 하나님의 보상이 아니라, 우리가 분명히 아무것도 할 수 없기 때문에 우리에게 주어지는 하나님의 선물이다. 우리의 행위가 아니라 하나님의 선하신 일하심에 대한 믿음으로 인해 우리는 하나님과 올바른 관계로 나아갈 수 있는 것이다. 성령의 인도하심을 따라 우리의 삶을 그리스도께로 의탁하기만 하면 그분은 평생 동안 점점 더 그분의 장성한 분량에 이르기까지 우리를 변화시키는 일을 시작하신다. 도덕적인 삶이란 이처럼 그리스도에게 반응하여 그분과의 관계를 통해 맺게 되는 열매이지, 그러한 관계를 맺기 위한 전제가 도덕적인 삶인 것은 아니다.

‖ *죄의 정의* ‖ 도덕적인 수렁 속에 빠져 있는 사람들과 연계될 때마다 우리는 죄(sin)라는 단어를 주의 깊게 사용하고 그것이 무슨 의미인지 제대로 정의해 줄 필요가 있다. 내가 말하는 것은 우리가 혹시나 다른 사람들의 자존심을 건드리지 않을까 하는 우려감 때문에 우리 문화의 경계선으로 걸어다녀야 한다고 말하는 것은 아니다. 죄에 대해 논의할 필요가 있다는 것이다. 단도직입적으로 꺼내기 힘든 이야기들을 해야만 할 필요가 있다는 것이다. 그러나 그런 말들은 오해의 소지가 크기 때문에 아주 조심스럽게 꺼내야 한다. 우리는 죄(sin)라는 말이 의미하는 바에 대한 공감대를 잃어버렸다.

어떤 사람들에게 그 말은 규칙을 언급하는 것처럼 들리기 때문에 해야 할 일과 하지 말아야 할 일을 규정해 놓은 임의적인 목록을 떠올릴 것이다. 이와 같은 대중 가요가 떠오를지도 모른다. "술을 마시지 마라. 담배를 피우지 마라. 나쁜 짓을 하지 마라. 그런 부류의 소녀들과는 어울리지 마라." 그렇지 않으면 사람들은 카톨릭 교회에서 금요일에 고기를 먹지 못하게 하는 금지 규정이나 피임을 하지 못하게 하는 규율 같은 것을 떠올릴 수도 있는데, 이와 같은 두 가지 규정을 현대인들은 이해하지 못한다. 이런 사람들에게 죄란 말도 안 되는 사소한 규정을 어기는 것을 의미하며, 제자리에 놓여 있지 않은 경계선을 뛰어넘는 것일 뿐이다. 패터슨과 김의 연구에 따르면, 미국인 6명 중에 5명은 자신들의 생각에 잘못이라고 여기지만 사회적 관행으로 자리잡은 어떤 종교적인 규례를 어기는 것에 대해 전혀 양심의 가책을 느끼지 않는다는 것이다.[5]

한편 어떤 사람들에게 죄란 십계명과 같이 아주 심각한 문제로 다가온다. 우리가 잘 아는 대로 십계명은 이렇게 말한다. '살인하지 마라. 무엇도 하지 마라. 무엇도 하지 마라. 글쎄, 살인하지 마라.' 이런 사람들에게 죄(sin)란 대문자 죄(Sin), 곧 원죄(original sin)를 의미한다. 그것은 누군가의 발목을 굳게 잡고서 그를 강물에다 내던질 정도로 위력적인 것이기도 하다.

대부분의 사람들이 동의할 수 있는 유일한 한 가지는 죄란 우리가 저지르고 있는 일이라는 점이다(그렇게 해서는 안 되지만 어쨌거나 그렇게 하고 있는).

성경에서는 죄란 그 이상의 의미를 가지며, 그보다 더 심오한 것이다. 그 뿌리를 살펴보자면 죄는 행위의 문제가 아니라 태도의 문제이다. 내가 교회의 회중들에게 자주 말하는 것처럼, 죄의 본질은 삶의 중심에서 하나님을 밀어내고 그분이 차지해야 마땅한 자리를 우리가 대신해서 차지하려는 시도이다. 그것은 하나님에게 다음과 같이 말하는 아주 교만하고 반항적인 행위이다. "이봐요, 하나님. 범사에 감사해요. 하지만 나는 내 삶을 어떻게 꾸려가야 할지 하나님보다 더 잘 알고 있다고 생각해요. 그리고 기타 등등. 이제 나에 대한 관심은 끊으세요." 하나님으로부터 떨어져 나가려는 이런 중심적인 죄는 수만 가지로 번져나가 사람들로 하여금 날마다 잘못된 선택과 사고와 행위를 하게끔 한다.

┃ 자백과 회개 ┃ 많은 사람들에게 자백이란 어두컴컴한 구석의 숨막히는 밀실에서 따분한 사제와 거행하는 일종의 신비스러운 의식이다. 그러나 성경에서 말하는 자백이란 우리의 잘못을 숨김없이 인정하는 것이다. "물론이에요. 그건 당연해요. 더 잘할 수는 없어요. 이번에는 어떻게

했는지 들어 보세요."라고 하나님이나 다른 사람들에게 말하는 것은 오래된 관행이다. 대개 자백이란 일반적인 양식에 어긋나는 것으로, 우리가 그것을 드러낼 때 도망을 가 숨고 싶거나 다른 사람을 탓하고 싶어진다. 그러나 하나님께 우리의 죄를 자백하는 것은 그와는 정반대로 하는 것이다. 그것은 하나님께로 나아가 우리가 저지른 모든 것을 그분께 말하고 책임을 지는 일이다.

복음을 분명히 이해하지 못한 사람이라면 이것이 전혀 이해되지 않을 것이다. 그러나 복음은 우리의 삶이 엉망진창이 되었을 때 하나님께서 은혜 가운데 개입하는 것이라는 점을 기억한다면, 왜 자백이 그렇게 중요한지 알게 될 것이다. 그것은 우리의 수치심을 가리고 은혜로 감싸심으로 우리를 구원하시는 분께 가까이 다가가는 길이다. "만일 우리가 우리 죄를 자백하면 저는 미쁘시고 의로우사 우리 죄를 사하시며 모든 불의에서 우리를 깨끗케 하실 것이요"(요일 1:9).

성경은 하나님에게뿐만 아니라 서로에 대해서도 자백할 것을 우리에게 촉구한다. 그 이유는? 우리가 실제의 모습보다 더 그럴듯하게 보이려는 태도를 방지하기 위해서이고, 우리의 고통을 혼자서 지고 가지 않도록 우리를 자유롭게 하기 위해서이며, 우리의 죄를 빛 가운데 드러낼 수 있도록 하기 위해서이며, 앞으로 어떤 그릇된 선택을 할 때 우리를 책임질 수 있도록 다른 사람을 초청하기 위해서이다.

회개는 자백과 동일한 것으로 또 다른 아주 귀중한 성경적인 가르침이다. 회개는 단순히 '뒤로 돌아'를 하는 것, 곧 180도로 도는 것을 의미한다. 사도행전 3장 19절에는 회개의 중요성이 설명되어 있다. "그러므로 너희가 회개하고 돌이켜 너희 죄 없이 함을 받으라 이같이 하면 유쾌하게 되는 날이 주 앞으로부터 이를 것이요." 회개란 나 자신을 위해 살던 삶으로부터 단호히 돌아서서 하나님을 향한 삶으로 발걸음을 옮기는 것이다. 자백은 "이것은 잘못이다."라고 말하는 것이며, 회개는 "나는 변하고 싶다. 뭔가 달라지기로 결심했다."라고 말하는 것이다.

│ 도덕 기준의 근원이신 하나님 │ 우리는 하나님께서 도덕 세계의 중심에 계신다는 사실과 우리가 옳고 그름을 판단하는 기준을 취하는 곳도 하나님이라는 사실을 전해야 한다. 모든 도덕 지침과 윤리 기준은 그분으로부터 나온 것이다. 하나님은 도덕적으로 완전하신 분이기 때문에 우리의 도덕적인 기준은 그로부터 연유한다. 우리 앞에 놓인 윤리적인 지침들은 전혀 변덕스럽거나 불안정하지 않다. 하나님은 그것들을 아무렇게나 만들어내지 않았다. 선함, 순결, 유용성 및 의와 같은 말은 같은 것을 다르게 표현한 것일 뿐이다. 곧 그것들에 대한 하나님의 일하심을 나타낸다. 그리스도인들에게 '도덕적'이라는 말과 '경건한'이란 말은 같은 것이다. 이것은 예수님께서 산상수훈에서 도덕성과 관련한 논쟁을 이렇게 마무리하신 이유이다. "그러므로 하늘에 계신 너희 아버지의 온전하심과 같이 너희도 온전하라"(마 5:48).

그렇다면 십계명도 시대에 뒤떨어진 도덕률이 결코 아니다. 그것은 어떤 도덕적인 초상을 제공하면서 하나님이 누구인지를 보여 주고 있다. 그러기에 그것은 유용하며 하나님이 어제나 오늘이나 영원토록 동일하신 것같이 십계명도 여전히 오늘날의 우리에게 유효하다. ABC 방송국의 "나이트라인(*Nightline*)" 진행자인 테드 코펠(Ted Koppel)은 몇 년 전 듀크 대학교의 졸업 연설에서 다음과 같이 지적했다. "모세가 시내산에서 가지고 내려온 것은 열 가지 제안이 아니라 십계명입니다. 과거의 것이 아니라 현재의 것입니다."[6]

│ 섬김으로 표현되는 도덕성 │ 도덕적이 된다는 말은 기독교의 강조점을 다시금 다른 사람들에게로 주장한다는 것을 의미한다. 나에게 옳은 것은 무엇인가 하는 질문에 대답하기 위해 세워진 도덕 기준은 한 사람 이상이 살고 있는 지구에는 전혀 맞지 않는다. 하나님의 도덕 기준은 항상 다른 사람을 포함한다. 성경의 관점에서 윤리란 일차적으로 관계성을 말하고, 빌립보서의 다음과 같은 구절에 묘사된 태도로 시작된다.

"마음을 같이하여 같은 사랑을 가지고 뜻을 합하며 한마음을 품어 아무 일에든지 다툼이나 허영으로 하지 말고 오직 겸손한 마음으로 각각 자기보다 남을 낫게 여기고 각각 자기 일을 돌아볼 뿐더러 또한 각각 다른 사람들의 일을 돌아보아 나의 기쁨을 충만케 하라"(빌 2:2~4).

바울 서신에서 '서로'라는 말이 나오는 단락은 도덕적이고 윤리적인 의무의 구체적인 부분을 덧붙이고 있다. 서로 돌보라, 서로 섬기라, 서로 세우라. 서로 사랑하라, 서로에게 호감을 가지라, 서로에게 진리를 말하라. 서로 용납하라, 서로 용서하라, 서로 인내하라. 그리스도를 경외함으로 피차 복종하라.

도덕이란 혼자 감행하는 모험이 아니다. 그것은 결코 혼자서는 도달할 수 없는 것이다.

│ 느낌의 위치 │ 느낌으로 소비하고 느낌을 좇아 몰려다니는 세상에, 우리는 거듭거듭 무엇이 진리이며 무엇이 옳은지를 구분하기 위해 자신의 느낌을 신뢰해서는 안 된다고 말해야 한다. 잠언은 자신의 직관이나 느낌을 의존해서는 안 된다고 우리에게 경고하고 있다. 그 대신 우리의 외부로 눈을 돌려 하나님을 바라보고 그분께서 우리가 무엇을 해야 할지를 인도하시도록 맡겨야 한다(잠 3:5~6). 우리의 느낌은 하나님의 선물이며 귀중한 것이다. 그러나 현대 문화가 이를 좇으라고 요구할지라도 그 느낌을 따른다고 자유를 맛보지는 못한다. 느낌은 우리를 잘못 인도할 수 있으며, 주의하지 않으면 우리를 노예로 만들 뿐이다. 이것이 바로 베드로가 언급한 우리의 실수이다. 그는 열정을 좇으라고 부추기면서 그렇게 하는 자들은 자유를 경험하게 될 것이라고 약속하는 거짓 교사들에 대해 경고하고 있다. 그러나 우리가 감각적인 것을 좇는다면, 결국에는 자유를 잃고 말 것이다. "누구든지 진 자는 이긴 자의 종이 됨이니라"(벧후 2:17~19).

오직 하나님의 말씀만이 옳고 그른 행위가 무엇인지 확실하게 알려

줄 수 있다. "청년이 무엇으로 그 행실을 깨끗게 하리이까 주의 말씀을 따라 삼갈 것이니이다"(시 119:9).

하나님께서 우리에게 던져 놓은 속박의 굴레 안에서 살 때 엄청난 자유를 만끽할 수 있게 된다. 언젠가 대출을 받으려고 신청서를 작성하러 갔을 때, 나는 대출 담당자인 릭과 보증 문제를 상의해야 했다. 그는 계속해서 지켜야 할 선을 넘은 동료 사업자 이야기를 나에게 했다. 그 사람은 대출해 준 돈에 대한 보증금을 떼이기도 했는데, 그 이유는 주기적으로 현재의 금리를 무시했다는 것이다. 언제나 그 도시에서 최저 이자율을 매겼기 때문에 믿을 수 없을 정도의 성공을 거두었다. 그러나 그에게 돈을 빌려준 사람들에게 그는 상당한 위험 인물이 되었다. 그의 비윤리적인 행실 때문에 대출에 대한 채무 불이행을 당한 사람이 한둘이 아니었다.

릭은 탁자 건너편에서 나를 쳐다보면서 말했다. "그는 부자로 죽을 겁니다. 나는 가난뱅이로 죽겠지요. 하지만 나는 웃을 수 있어요."

제11장과 제12장에 대하여

[주요 개념들]

· 도덕적 절대주의(moral absolutes): 우리의 외부로부터 주어지는 것으로 장소와 시간과 환경에 상관없이 모든 사람들에게 적용되는 도덕 관념들.

· 사회 계약(social contract): 서로의 권리를 보장하기 위한 사회적 협약.

· 실용주의(pragmatism): 실제적인 결과만으로 진리나 어떤 사상의 가치를 결정하는 철학. 도덕에 적용되었을 때 이 사상은 가장 효율적인 것이 행할 수 있는 선하고 옳은 행위라고 말한다.

· 실존주의(existentialism): 1900년대 초반에서 중반까지 유행했던 세계관으로 삶은 불합리하며 의미 없는 것이라고 주장한다. 존재가 본질에 우선히며(우리는 인간성이라든지 의미 등과 같은 어떤 중요한 관념에 뿌리를 둔 사람들이 아니라, 단순히 존재할 뿐이라는 것이다), 그러므로 우리의 삶은 의지에 따라 무엇이든 행함으로써 그 존재가 입증될 수 있다는 것이다.

· 아노미(anomie): 무법천지. 사람을 지배하는 도덕 관념이 부재한 상태.

· 도덕적 상대주의(moral relativism): 도덕이란 절대적이지 않고 보편적인 구속력을 가질 뿐이며, 전적으로 개인이나 그 개인의 환경에 달려 있는 것이라는 신념 체계. 나에게 옳은 것이 상대방에게는 옳을 수도 있고 그렇지 않을 수도 있다.

· 자기 만족의 윤리(ethic of self-fulfillment): 개인적으로 선택하는 것만이 절대적이며, 느낌, 편의주의, 공감대 같은 것들이 옳고 선한 것에 대한 기준으로 작용하는 새로운 도덕적 표준.

[추천 도서]

· 콜리어, 제임스 링컨(Collier, James Lincoln). 『미국에서 이기주의의 발흥(The Rise of Selfishness in America)』. 뉴욕: 옥스퍼드

대학, 1991. 사려 깊은 연구와 더불어 쉽게 읽을 수 있도록 엮은 이 책은 빅토리아 시대에 두드러졌던 자기 절제라는 도덕률에서부터 현재의 자기 만족이라는 도덕률에 이르기까지 현대 문화의 움직임에 대한 연구서이다.

· 피터스, 테드(Peters, Ted). 『죄: 영혼과 사회 내의 급격한 죄악(*Sin: Radical Evil in Soul and Society*)』. 그랜드래피즈: 어드만, 1994. 이 책은 죄악에 대한 아주 중요한 지형도를 제공한다. 여기에는 염려에서부터 난잡한 범죄에 이르기까지 심성이 악해지는 7가지 단계를 도표화했다.

· 플랜팅거, 코넬리우스(Plantinga, Cornelius). 『그것은 마땅한 방법이 아니다: 죄에 대한 일과 기도서(*Not the Way It's Supposed to Be: A Breviary of Sin*)』. 그랜드래피즈: 어드만, 1995. 플랜팅거는 매력적인 방식으로 하나님의 원래 창조 의도가 무엇인지, 죄가 어떤 방법으로 그런 원래의 평화를 깨뜨리기 위해 음모를 꾸몄는지에 대한 그림을 아름답게 전개하고 있다.

· 스티버스, 리처드(Stivers, Richard). 『냉소주의 문화: 쇠퇴하는 미국의 도덕성(*The Culture of Cynicism: American Morality in Decline*)』. 케임브리지, 매사추세츠: 블랙웰, 1994. 스티버스는 도덕과 통합적인 삶에 대한 관심에서 행복, 권력, 기술, 자기 도취에 대한 관심으로 현대인들이 어떤 방식으로 옮겨갔는지 도표를 사용하여 설명한다.

· 웰즈, 데이비드 F(Wells, David F.). 『도덕의 상실: 왜 교회가 도덕적인 비전을 회복해야 하는가(*Losing Our Virtue: Why the Church Must Recover Its Moral Vision*)』. 그랜드래피즈: 어드만, 1998. 웰즈 박사는 현대 문화가 보여 주는 도덕 의식의 상실을 자세히 그리고 있으며, 교회가 느슨해진 사회 구조 내에서 그 자신의 도덕적인 특성들을 회복해야 할 필요성을 강력하게 제기하고 있다.

· 얀켈로비치, 다니엘(Yankelovich, Daniel). 『새로운 규범: 혼돈의 세상에서 자기 성취감 찾기(*New Rules: Searching for Self-Fulfillment in a World Turned Upside Down*)』. 뉴욕: 랜덤 하우스, 1981. 현대의 변화하고 있는 도덕 기준들에 대한 탐색적인 성찰로 20년 이상에 걸친 광범위한 여론 조사를 담고 있다.(절판이긴 하지만 찾아볼 만한 가치가 있다.)

이런 도덕성과 사회의 문제를 깊이 있게 통찰하고 있는 세 가지 고전적 소설 작품을 추천하고자 한다.

· 도스토예프스키, 표도르(*Dostoevsky, Fyodor*). 『카라마조프의 형제들(*The Brothers Karamazov*)』. 뉴욕: 반탐, 1981

· _____. 『백치(*The Idiot*)』. 뉴욕: 반탐, 1981.

· 골딩, 윌리엄(Golding, William). 『파리왕(*Lord of the Flies*)』. 뉴욕: 리버헤드 북스, 1997.

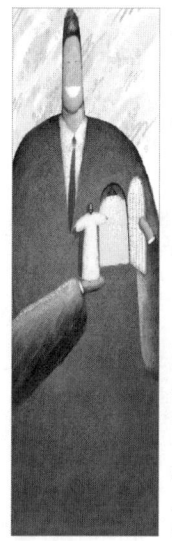

내가 무엇을 믿고 있는지 모르겠다.
만약 믿는다면, 어떤 고차원적인 권력이 존재한다는 것을 믿지 않을까 생각한다.
그러나 잘 모르겠다.
지금 현재와 같이 나는 내가 무엇을 믿고 있는지도 모르는 지점에 와 있지만,
나는 모든 것에 열려 있다. 그러므로 나는 모든 것을 믿고 싶다.
왜냐하면 내가 진정으로 믿어야 할 것을 알지 못하기 때문이다.
– 등에 가방을 멘 20대, 보스턴의 거리 인터뷰에서

만일 연로한 하나님께서 세상을 떠나신다면,
모든 소비적인 신앙에 어떤 일이 일어날 것인가?
… 그 연로하신 하나님께서 돌아가신다면,
사람들은 파리나 술병에라도 기도를 할 것이다.
– 돈 드릴로, 「마오 2(Mao II)」

제13장

의미에 매달리지 말기

1995년 가을에, 텔레비전에서 아주 희귀한 일이 있었다. 심각한 주제가 시트콤에서 취급되었던 것이다. "사이빌이 삶의 새로운 의미를 발견하다(*Cybill Discovers the Meaning of Life*)"라는 이 쇼는 황금 시간대의 프로그램으로서는 보기 드문 안목을 가지고, 우리의 삶에 만족을 주고 거기에 새로운 의미를 부여하려고 노력하는 새로운 방법들을 탐색하는 내용이었다.

이 프로그램은 사이빌이 자신의 활동적인 생애 가운데 어떤 중요한 위기에 부딪힌 것으로 시작한다. 분통을 터뜨리면서도 그녀는 친구인 머라이언과 깊이 생각하는 시간을 갖는다. 인생이란 자기가 어떻게 되었으면 하고 희망하는 그런 식으로 언제나 이루어지는 것은 아니다. 그녀는 생애에서 실패를 겪고 있었다. 원하던 모습대로 엄마 역할을 하고 있는 것도 아니고, 결혼 생활은 엉망이 되고 있고, 그러면서 날마다 나이만 먹고 있었던 것이다.

"머라이언, 옛날엔 그런 꿈을 꾸고는 했는데. 지금의 나는 늙어빠진, 나약하고 감상적인, 너절한 실패자에 불과해. 나는 내가 누구인지, 내 인생이 어디쯤 가고 있는지를 분명히 알고 있었는데, 이제는 무력감에 빠지곤 해. 아마도 정신과 의사를 찾아가야 할까 봐."

"골드 박사가 내게는 늘 용하더라고." 머라이언이 싱긋이 웃는다.

"넌 벌써 치료를 받으러 의사를 찾아가는구나!"

"그럼, 최고야. 너에게도 소개해 줄게." 머라이언은 지갑에서 비자카드(골드)를 꺼낸다. "사이빌, 골드 박사를 만나 봐."

어느 날 오후에 쇼핑, 외식, 발톱 손질, 얼굴 마사지, 안마 등을 한 후, 머라이언이 한숨을 쉬며 말한다. "야, 너무 멋있었어. 이를 테면, 하나님과 더 가까워진 느낌이랄까."

"그것은 네게 그와 같은 신용 한도가 있기 때문이야!" 사이빌이 비웃는다.

그때 머라이언은 사이빌에게 그녀가 늘상 갖고 싶어했던 고급스런 지갑을 선물로 준다. "훌륭한 골드 박사에게 행복 처방을 받아 보는 걸 한번 생각해 봐."

사이빌은 몹시 즐거워한다. 그러나 자기 딸이 그녀에게 "장난감 지갑이네."라는 말을 툭 던졌을 때, 사이빌은 소리친다. "이건 장난감이 아니야. 아주 근사하고 세련된 거란 말이야." 그러고는 이내 시무룩해져서 중얼거린다. "그리고 비어 있고 쓸모 없지, 내 인생처럼."

그녀가 낙심한 채 그 자리에 서 있을 때 가족들은 뿔뿔이 집에서 나와 파티장에 가거나 낚시 여행을 떠나고 있었다. 사이빌이 머라이언에게로 눈길을 돌린다.

"여기에서 무슨 일이 벌어졌는지 보았지? 내 삶에 연관된 모든 사람들은 나와 상관없는 자신들만의 삶을 살고 있어. 나는 한낱 그들의 액세서리에 불과해."

머라이언은 앉아 있던 식탁에서 고개를 들고는 잠시 친구에 대해 생각한다. 그러고는 그녀에게 잔을 내민다.

"아이고 이 가엾은 친구야. 이것 좀 마셔 봐. 술이야. 이걸 마시면 좀 괜찮아질 거야."

사이빌은 혼란스러웠고 좌절감을 맛본다.

"아니야! 더 이상의 술도, 더 이상의 음식도, 더 이상의 쇼핑도 아니야. 이것들은 옷장이나 채우고 배만 부르게 할 뿐이야. 영혼과는 아무 상관이 없어. 머라이언, 난 공허해. 가족들도 이 공허감을 채우지 못해. 일도 그렇고… 난 뭘 해야 하는지를 알고 있어. 여기에서 빠져 나가야 해. 산만하지 않고 해답을 찾을 수 있는 곳으로, 완전히 혼자인 곳으로 가야만 해."

"아이고, 저런!" 머라이언은 가볍게 받아넘긴다. "어디로 가는 거야?"

"영적인 휴식을 위해, 광야로!"

그들이 광야에 이르자, 사이빌은 자리를 깔고 털썩 주저앉아 무언가를 시작하려고 애를 쓰지만, 머라이언은 전혀 내키지 않는 표정이다.

"자! 이리와 앉아 봐. 그리고 마음의 문을 열어! 광야란 아주 근사한 곳이야. 두고 봐, 너도 감사하게 될걸. 우리는 묵상도 하고, 금식도 하고…."

머라이언이 그녀를 쳐다본다. "'금식'이라니 그게 도대체 무슨 말이야? 지금 '우리'라고 그랬니?"

사이빌이 눈을 감고 묵상을 시작하자, 머라이언은 조용히 지갑에 손을 넣어 사탕 과자를 꺼낸다. 부스럭거리는 소리를 듣자 사이빌이 눈을 뜨고 쳐다본다. "야, 이 친구야! 도대체 지금 뭐 하는 거야? 넌 내가 금식하는 걸 그냥 두고 보질 못하는구나."

사이빌은 사탕 과자를 빼앗아 어둠 속으로 던져 버린다. 머라이언은 질겁을 한다. "난 네가 이러는 걸 도저히 이해할 수가 없어!"

"초콜릿을 입에 가득 물고는 영적인 체험을 할 수가 없어."

머라이언은 고개를 가로젓는다. "그건 크림 과자 가게에서라면 가능한 일이지."

그들은 계속해서 그런 이야기를 주고받다가, 결국에는 그러한 조그만 말다툼이 진짜 큰 싸움으로 진전되었다. 사이빌이 잽싸게 한마디를 던진다. "이것 봐. 네가 여기 없었더라면 아주 깊이 묵상할 수 있었을 거야."

"그래. 그럼, 차 열쇠나 줘. 여기서 사라질게. 난 공허한 삶에 대한 해답이나 찾아야 하는 그런 한심한 존재는 아니야."

"글쎄, 언젠가는 너도 그렇게 될 거야."

"뭐라고? 그게 도대체 무슨 말이야?"

"몰라서 묻니? 네가 하루 종일 한 일이 뭐야? 쇼핑하고, 머리나 매만지고, 그리고… 그저 겉모양만 다듬기에 바빴지 않니?"

"그래도 너처럼 공허한 건 아니야. 바쁘게, 아주 바쁘게 그런 일에 마음을 쏟을 수 있단 말이야."

친구와의 싸움으로 인해 묵상을 하려는 시도는 중단되었으며, 사이빌은 결국 묵상을 포기하고 친구와 화해한다.

"네가 옳았어. 내가 무엇을 기대했겠니? 맹목적인 통찰력? 어떤 고대의 영이 땅으로부터 솟아올라 내게 삶의 의미를 말해 주는 것?"

머라이언이 사이빌을 끌어안고 말한다. "한 가지는 네가 옳았어. 내 삶도 우울하고 공허하기는 마찬가지야. 내가 하는 일이라고는 멋진 의상을 고르기 위해 쇼핑을 하고 최고의 식당에서 식사를 한 뒤 최고의 살롱에서 마음껏 노는 게 전부야." 껴안고 있던 팔을 풀고 하늘을 쳐다보고서 그녀는 소리친다. "왜 나예요, 하나님?"

그들은 돗자리를 말아 가지고 집으로 향한다. 결국 아무런 해답도 얻지 못했다는 결론을 가지고서 말이다. 그래도 인내심을 가지고 삶을 살아갈 수 있도록 한 것은 아마 친구가 곁에 있었기 때문일 것이다.

일벌레처럼 우리의 삶이란 바쁘고 분주한 일상들로 가득 차 있다. 해야 할 일들과 가야 할 곳들과 만나야 할 사람들로 넘쳐난다. 우리들 대부분은 공허한 삶의 정반대가 온갖 일정으로 빽빽한 삶이라고 확신하는 듯이 끊임없는 압박을 잘도 감수하며 살아가고 있으며 깊이 있는 질문들을 회피하면서 살아간다. 아마도 우리는 자신의 삶이 한계에 부딪히는 것을 너무나 두려워할 뿐만 아니라 조용히 멈춰 서서 그런 심각한 질문을 던졌을 때 결국 만족스럽지 못한 해답을 찾을까 봐 두려워하고 있다.

〈금지된 사랑(Say Anything)〉이라는 영화에서 한 아이가 다른 아이에게 그냥 생각 없이 사는 게 얼마나 쉬운지를 설명한다. "넌 인생이 얼마나 짧은지 그리고 모든 게 얼마나 덧없는지 생각해 봐야 해. 왜냐하면 자고 일어나면 아침에 햄버거를 데워야 하고, 그러다 보면 금세 나이가 60이 되고 70이 된단 말이야. 그러고는 인생을 마치는 거지. 난 그런 모든 일들을 단지 생각하고 싶지 않을 뿐이야."

대학 2학년생이었을 때 나는 교내 대항 스포츠 경기에 참여했으며, 일단 낙하(Chute Once, 대학생들은 대개 단번에 모든 것을 하려고 한다)라고 불리는 신나는 탐험 클럽에 가입했으며, 학생 상담실에서 워크숍 담당자로 일했고, 우수 학생들로 구성된 몇몇 학생 단체에 참여하기도 했으며, 신입생 기숙사에서 상주 조교를 맡기도 했다. 내 삶은 그런대로 잘 나가며 바쁜 편이었다. 어느 날 밤 나는 한 젊은 여성을 방문하고 있었다. 그런데 그때 그리스도인이었던, 나중에야 이 사실을 알았지만, 그녀가 나를 쳐다보면서 말했다. "데이비드, 무엇 때문에 그렇게 열심히 달려가는 거예요?" 그때는 그녀가 무슨 소리를 하는 것인지 이해하지 못했다.

별로 웃기지도 않는 유머

우리는 왜 여기에 있는가? 보스턴 공항에서 한 여승무원에게 이런 질문을 던졌을 때, 그녀는 허공을 쳐다보더니 한참 동안 아무 말도 하지 않았다. "내 삶의 목적이 무엇일까?" 이렇게 말하고 멈춘 뒤 그녀는 다시 긴 침묵을 지켰다. 나는 계속해서 이런 질문을 했다. "인생을 살 만한 가치가 있도록 만드는 것은 무엇인가요?" 그녀는 어색하게 웃었다. 어느 새 근심 어린 눈이 되어 그녀는 대답했다. "아직 그 문제를 생각해 본 적이 없어요. 전 매일 아침에 일어나서 하루 일과를 잘 보내고, 매일 저녁 감사 기도를 드리면서 잠자리에 드는 게 고작이었어요. 전 삶을 가치 있게 살도록 만드는 일이 무엇인지 모르겠어요."

사람들이 잘 하지 않는 일이긴 하지만 우리가 시간을 가지고 자세히 살펴보면, 우리의 삶이 활동들로 가득 차 있지만 목적 의식은 결여되어 있다는 것을 깨닫게 된다.

티셔츠와 텔레비전 광고에 등장하는 다음의 문구들은 본질을 잃어버린 현대인들의 삶에 대한 한결같은 주장을 잘 보여 준다.

그냥 해 버려라.

인생은 짧다. 그러니 열심히 놀아라.

인생은 짧지 않다. 다만 죽음이 아주 길 뿐이다.

아무리 많은 오락을 즐길 수 있는 사람이라도 결국은 죽는다.

나를 괴롭게 만드는 것은 삶의 여정이 아니라 종착점에서의 급작스런 정지이다.

현대인의 삶에 의미가 결여되어 있다는 사실은 특히 현대 예술에서 분명히 드러나는 현상이다. 나는 워싱턴 D.C.에 있는 국립 미술관을 방문할 기회가 있었는데, 겨우 두 시간이 주어졌다. 그때 나는 좀 색다른 방법으로 미술관을 둘러보기로 마음먹었다. 인상파 작품들, 곧 르네상스 초기의 작품들을 먼저 보는 대신에, 미술관의 마지막 부분에 전시되어 있는 중세 미술품들을 보러 갔다. 그리고는 쉬지 않고 시대적인 순서를 따라 전체 미술관을 죽 둘러본 뒤 현대 미술품들에서 관람을 마쳤다. 때때로 여러분도 동일한 방법으로 주위에 있는 박물관을 관람할 것을 나는 권하고 싶다. 그러한 경험은 침착한 상태로 관람할 수 있도록 도와주기도 하며 당황스럽게 만들기도 한다.

중세의 모든 미술 작품들은 단순하고 심지어 순진하기까지도 하다. 장면들이 수수하고, 조용하고, 아름답고, 하나님에 대한 내용들로 가득하다. 천사들, 예수, 마리아와 성자들이 거듭해서 나타난다. 그런데 르네상스 시대에 들어서자마자, 여러 가지 변화들을 주목할 수 있을 것이다. 그것은 아마 책을 읽다가 1950년대의 대작 영화를 보는 것과 마찬가지이다. 이제 작품들이 화려해지고, 더욱 정교해지고, 세련되고, 품위 있으며, 삶의 진실성을 담고 있다. 자연과 인간들이 전면에 부상했고 성경의 이야기나 신들에 관한 전설은 이제 단순히 배경에나 등장하게 되었다. 낭만주의 시대의 웅대한 작품들에 다가갈 즈음에는, 사람들의 근육이나 전쟁터나 변방을 암시하는 장면들이 거대한 화폭에 넘쳐난다. 인간이 점점 거대한 모습으로 등장한다.

인상파를 거쳐서 낭만주의로부터 현대 미술로 넘어갈 때 다음의 변화가 분명히 눈에 띈다. 우리는 세실 드밀(Cecil B. DeMille, 영화 〈십계〉를 제작한 감독—역주)에서 MTV로 갑자기 바뀐 것 같은 분위기를 접하게 된다. 현대 미술은 현실 세계를 외면한다. 급격한 변화의 소용돌이 가운데에서 원대한 주제들이 사라지고, 초점을 잃고, 실제 삶과의 유사성을 상실하고, 일관된 하나의 관점을 버리고, 결국에는 작품이 통일성을 결여하게 되었다. 무질서하고 변칙적이며 어둡기 때문에 그것은 눈길을 산만하게 한다든지, 나쁜 생각이 일어나게 한다든지, 마음이 찢어지게 만드는 분위기를 자극하고 유발한다.

윌리엄 바렛(William Barrett)이 쓴 현대 미술에 관한 간단한 비평서는 내가 읽은 것들 중에 가장 훌륭한 것이다. 여기에는 미술 영역에서 일어난 변화들을 관찰하는 것뿐만 아니라 현대 세계의 변화들에 대해서도 자세히 언급하고 있다. 현대 세계에서처럼 현대 미술은 공간 개념을 무의미하게 만들고, 서로간의 원근감을 파괴시킨다. 이것은 시간 개념마저도 무너뜨린다는 것을 의미하여, 과거와 현재의 개념이 희미해진다. 이에 못지 않게 중요성이라는 개념도 사라진다. 시작과 중간과 결말이 없어진다. 배경과 주제가 똑같이 중요해진다. 줄거리와 절정이 사라지고, 그와 더불어 예술이란 어떤 것이든 이해할 만한 것이라는 공감대가 형성된다. 경계가 희미해지고 연관성이 없어짐에 따라 미술은 가해성(可解性)을 상실한다. 종국에 이르면 현대 미술은 가치 개념을 무시하게 된다. 중요한 것과 중요하지 않은 것이 서로 혼합되고, 정상적인 것과 비정상적인 것이 서로 뒤섞이게 된다. 문제가 되지 않는 것에서 문제가 되는 것이 무엇인지를 가려낼 방도나 체계가 더 이상 존재하지 않게 된다.[1]

거의 동일한 현상들이 MTV에서도 위력을 발휘하여, 거기에서는 논리나 이성이 배제되어 어떤 일이든지 일어날 수 있다. MTV에는 영상 이미지들이 뒤죽박죽이 되어 이어지는 이야기도 없고, 현실과의 연관성도 전혀 없다. 오로지 불연속적인 감각이나 감정의 격정적인 혼합이 있을 뿐이다. 고요하게 전달되는 것은 아무것도 없다. 카메라는 오르락내리락하고, 줌을 당겼다 밀었다 하며, 빙글빙글 돌기도 하고, 흔들리는 그래픽들이 나타났다가 사라지기도 하고, 각도가 변화무쌍하며, 주제들이 순간적으로 뒤바뀌기도 하고, 장면들이 급작스럽게 비약하기도 하고, 초점이 들어갔다 나왔다 한다. 생각해 볼 만한 연속성도 없고 요점도 없고 시간도 없다. 그저 우리를 휩쓸고 지나가는 영원만이 존재할 뿐이다. 영화 평론가인 리처드 콜리스(Richard Corliss)는 MTV가 세상에 파고드는 방식을 잘 설명하고 있다. "모든 MTV 비디오 장면들은 이렇게 말한다. '3, 4분만에 나는 당신의 두뇌에 대대적인 공습을 감행하겠다.' 다음 장면들도 똑같고, 그 다음이나 또 그 다음에 이어지는 장면도 마찬가지이다. MTV는 숨을 내쉴 만한 겨를도 없이 계속 이어진다."

이 세상은 한 번 휙 내뿜은 담배 연기나 다름없이 더 이상 실체가 없는 스쳐 지나가는 이미지들로 뒤범벅이 되고 있다. 도대체 요점이 무엇인가?

이것은 하나님 아버지의 세계관이 아니다

몇 세기 전만 하더라도 인생의 목적은 신비스러운 것이 아니었다. 웨스트민스터 교리 문답집의 첫번째 질문은 어떤 세대의 인간들이라도 알아야 할 진리에 대해 요약하고 있다. "인간의 최고 목적은 하나님을 영화롭게 하는 것이며 영원토록 그를 즐거워하는 것이다." 우리는 하나님을 사랑하고 영예롭게 하고 그분을 위한 삶을 살기 위해 존재한다.

그러나 세월이 지나면서 사람들이 하나님을 중심에 둔 세계관에서 벗어나자, 인간은 거기에 물음표를 던지기 시작했다. 우리가 하나님을 위한 삶을 살도록 창조되었다고? 오, 나는 그렇게 생각하지 않아.

오랜 세월에 걸쳐 서구 문명은 실제를 파악하는 세 가지 주요 방법을 형성해 왔다. 전형적으로 전근대적인 세계관이라고 언급되는 첫번째 것은 하나님 중심의 성경에 근거한 조망으로서, 주로 4세기에 시작돼 문화를 형성했다. 이 관점에서는 우리가 자아와 타자와 우주에 대한 이해를 넓히도록 돕는 규정적인 실제로서의 역할을 하는 분이 하나님이다.

그 후에 첫번째 세계관의 변화가 시작되었는데, 이런 변화의 경향들은 르네상스에서 시작되어 계몽주의 기간 동안 절정에 이르렀다. 인본주의와 물리 세계가 그 어느 때보다 더욱 거대한 모습으로 등장하여 점점 더 그림의 중심으로 이동하기 시작했으며, 한편 하나님은 처음에는 가장자리로 밀려나기 시작하더니 결국 무대에서 완전히 사라져 버렸다. 그러한 혼란한 상황들이 잠잠해지자, 우리는 새로운 안경을 쓰고 자신을 바라보게 되었으며 현대적인 세계관이라고 불리게 된 관점에 사로잡히게 되었다. 초자연적인 것에 대한 여지를 남겨 두지 않는 자연주의적인 세계관인 현대적인 관점은 자기에 의해 지배되는 것으로, 자신이 무대 중앙을 차지하게 되었고 이성이 새로운 권위를 가지게 되었다.

그런 뒤에 두 번째 변화가 시작되었는데, 그것은 낭만주의의 풍부한 표현력에서 출발하여 인생의 황혼기에나 나타날 것 같은 무엇이든 괜찮다는 관용주의로 결말을 맺었다. 이 즈음의 현대 세계는 포스트모던 세계라는 새로운 존재에 의해 점차 그 자리에서 밀려나고 있는 상황이었다. 초자연적인 것을 흔쾌히 받아들이지만 하나님이 없는 세계를 선도했던 포스트모더니즘은 다양한 기회들을 제공하나 어떤 고유한 의미를 부정하고, 다른 사람들에 대한 책임은 자기 만족이라는 윤리로 대체되고, 최종적인 권위로서 직관이나 감정을 선호하기 때문에 이성을 배격한다.

하마가 욕조에 뛰어드는 것과 마찬가지로, 이 새로운 세계관의 도래로 인해 모든 것이 재배치되는 상황을 맞이하게 되었다. 그대로 남아 있는 것이라고는 아무것도 없었다.

뿌리가 없는 것들의 뿌리

의미로 충만한 삶에서 무의미한 삶으로의 이러한 움직임은 우리에게 어떤 영향을 미칠게 될 것인가?

'신은 죽었다'고 말한 니체와 확실성의 상실

1900년대로 이끈 몇십 년 동안에 저술된 일련의 침울한 작품들 가운데, 프리드리히 니체(Friedrich Nietzsche)는 기독교와 하나님 중심적인 세계관을 무장 해제시키기 시작했다. 그가 보기에 기독교는 좋은 것이 아니었다. 이 세상에서 일어나는 많은 문제들은 기독교 신앙에 그 뿌리를 둔 것이었다. 자기 희생과 타자에 대한 관심이라는 기독교의 윤리로 인해, 기독교는 인간성의 거대한 잠재력을 손상시킬 수밖에 없었고, 그리하여 인간성을 고양시키기보다는 오히려 침체되도록 했다. 기독교는 우리를 자유롭게 만들지 않았으며, 그 대신 인간을 속박하고 짓누르고 끝어내렸다.

니체는 말하기를 이제 우리에게서 하나님에 대한 개념과 그를 둘러싸고 세워진 세계관을 제거해야 할 때가 되었다는 것이다. 그 주인의 그림자로부터 벗어나서, 그 대신 우리의 그림자에 그 주인을 머무르게 해야 할 때라는 것이다. 하나님은 단지 편리한 신화에 불과했으며, 없애 버려야 할 신화라는 것을 인정해야 할 때가 되었다는 것이다.

그러한 사상이 남긴 것은 목적도 없고, 중심도 없고, 근원도 없고, 희망도 없는 세계이다. 이것은 허무주의이고, 의미 있는 존재는 아무것도 없다는 관점이다. "우리는 지금 끝도 없는 무의 세계를 헤매고 있지는 않은가?"라고 니체가 쓴 책에 등장하는 한 인물은 절규한다.[2]

이 부정적인 사상가에 따르면, 하나님이 죽었기 때문에 의미란 부여되는 것이 아니다. 의미란 우리에게 수여되는 본질적인 어떤 것이 아니다. 그것은 우리 자신의 손으로 만들어 내는 것이다. 이렇게 되면 우리는 순전한 의지의 행위에 따르는 새로운 초인간을 만들어 내야만 한다.

니체의 철학은 또한 확실성이 결여된 인간의 삶에 대해 논의한다. 그 당시는 회의하지 않고 알 수 있는 것이 무엇인지에 대한 논쟁이 가열되던 시기였다. 모든 사람들에게 확실하고 비인격적이고 객관적인 진리가 있는가? 어떤 사람들은 그러한 객관적인 진리가 존재하며 이성으로 그 진리에 도달할 수 있다고 말했다. 다른 사람들은 우리의 오감을 사용한 실험적인 증거들을 통해서만 확실성이 있는 것들을 파악할 수 있다고 주장했다. 니체는 양쪽이 모두 잘못이라고 말했다. 그는 주장하기를 객관적인 진리와 같은 것은 존재하지 않는다는 것이다. 인간은 그들 자신의 조망을 뛰어넘는 것에 도달할 수 없다. 사실이란 존재하지 않으며 해석만이 있을 뿐이다. 이것은 일종의 관점주의(perspectivism)로 인간은 세상에 대해 여러 가지 다양한 조망을 할 수 있지만, 어떤 것도 객관적이지 않으며 어떤 것도 다른 것보다 더 유용하다고 볼 수는 없다는 견해이다.

정신 착란으로 고생을 하고 별스럽고 의기소침한 사람이었던 니체는 당대에는 별로 주목을 받지 못했다. 그러나 그 후로 세상이 점점 발전되자 그의 사상은 실제로 거의 모든 사상 체계에 등장하게 되었고, 이제 오늘날과 같은 포스트모던 시대를 형성하게 되었다. 하나님을 결여한 세계관, 이것은 자연스럽게 받아들여졌다기보다 의도적으로 형성되었음을 의미한다. 그리고 진리란 당신이 처해 있는 입장에 따라 다를 수 있다는 개념 등은 오늘날에 흔한 관점들이다.

수학과 물리학에서 모호성 이론

갈릴레오와 망원경이라든지 뉴턴과 사과에까지 죽 거슬러 올라가는 초창기 시절의 현대 과학 이래로, 과학적인 도전을 통해 예측 가능한 자연법칙 아래에서 운행되는 정상적이고 예측 가능한 세계에 대한 개념이 정립되어 왔다. 그 세계는 견고하고, 선은 곧으며, 시간은 언제나 일정하다는 것이다.

그러나 이러한 확고한 흐름이 1905년에 알버트 아인슈타인(Albert Einstein)이 상대성 이론을 발표하자 흔들리기 시작했다. 그는 말하기를 공간과 시간은 절대적인 것이 아니라 상대적인 것으로, 설명할 수 없는 방식으로 팽창하기도 하고 수축하기도 한다고 했다. 어떤 환경에서든 물질과 에너지는 연관되어 있기 때문에, 빛이 굴절되며 길이가 짧아지며 공간이 구부러지며 시간이 느려지게 된다는 것이다. 어느 순간에든 우리는 고정된 지점에 서 있을 수 없으며, 어떤 것도 우리가 확실하게 붙잡을 수 있는 것은 없다. 모든 것이 움직이며, 아무것도 확실한 것은 없다. 명확한 방식으로는 아니지만, 아인슈타인은 니체가 제기한 허무주의를 확증해 준 것 같다. 인류는 두 발을 굳게 딛고 서 있을 만한 어떤 확고한 반석을 상실한 채 혼자 표류하게 되었다.

얼마 후 1920년 원자 물리학에 관한 연구로 세계는 훨씬 더 당혹스러움에 빠지게 되었다. 베르너 하이젠베르그(Werner Heisenberg)는 빛에 관한 연구에서 원자 내 미립자의 위치와 속도를 결정하는 것은 불가능하다는 사실을 발견했다. 한 방법으로 측정해 보니 빛은 전자 입자들로 구성된 것으로 드러났다. 그러나 다른 방법으로 실험했을 때에는 빛이 분명히 일련의 전자기적인 파동이었다. 빛을 관찰하는 방법에 따라 빛이 변하는 것처럼 보였다. 양자역학의 미립자 세계에서는 어떤 것도 객관적인 측정을 할 수 없었다. 곧, 무엇이 진리인가 하는 것은 완전히 각자의 관점에 따라 달라졌다. 이것이 하이젠베르그의 불확정성 원리인데, 이 원리는 니체의 관점주의만큼이나 사람들에게 혼란스러운 소리였다. 관점이 가장 중요한 것이 되었으며, 우리가 확실하게 알 수 있는 것은 아무것도 없어졌다.

물리학에서와 마찬가지로 수학은 언제나 2 더하기 2는 4와 같은 예측 가능한 영역을 다루곤 했다. 그러나 최근에 수학자들은 과학과 마찬가지로 수학도 그렇게 확실한 영역인 것만은 아니라는 사실을 인식하기 시작했다. 이론 물리학의 어떤 분야에서는 결과가 전혀 확실하지 않고 예측 불가능하며 우연이나 임의로 일어나는 것 같아 보인다. 이 분야를 연구하는 수학자들은 이것을 무질서 이론이라고 부르며, 이처럼 새로운 분야를 연구하는 수학자들이 등장하여 무질서 연구가로 불리기도 한다. 그러나 아인슈타인의 상대성 이론과 하이젠베르그의 불확정성의 원리와 더불어, 무질서 이론은 서서히 자신의 영역을 확대해 갔으며 점차 더 많은 대중들의 사고에 각인되고 있다. 삶이란 통제가 가능한 것이 아니다. 모든 것은 우연의 결과이다.

상대성. 불확정성. 무질서. 우리가 예측할 수 있었던 세상은 도대체 어떻게 되어 가고 있는가? 우리가 서 있는 곳은 더 이상 확실한 장소가 전혀 아니다.

100여 년 전에 쓴 작품이긴 하지만 니체의 말은 무시무시할 정도로 일일이 파악하기 힘든 방식으로 여러 시대의 정신을 사로잡고 있다. "여전히 오르락내리락하는 것이 있는가? 우리는 무한한 무를 통하여 제대로 가고 있지 않느냐? 텅 빈 공간의 숨결을 느끼지 못하느냐? 그것이 더 차가워지지는 않았느냐? 밤이 우리에게 계속적으로 마무리를 요구하고 있지는 않느냐?"[3]

너무나 오랫동안 우리는 이 우주에 대하여 안전하게 우리의 발걸음을 뗄 수 있는 지속적이고 확실한 구조로 생각해 왔다. 그런데 이제 갑작스럽게 널따란 강 위에 뻗어 있는 현수교가 흔들흔들하며 삐걱거리면서 무너져 내리고 있는 것 같다.

포스트모더니즘의 도래

보스턴과 케임브리지의 거리에서 사람들과 인터뷰를 하는 과정에서, 우리는 스스로를 포스트모더니스트라고 밝히는 한 젊은 여자와 이야기를 나누었다. 하나님이 어떤 분일 거라고 생각하느냐고 묻자 그녀는 이렇게 대답했다. "저는 철학을 전공했어요. 전 니체와 가다머(Gadamer) 등과 같은 사람들이 20세기에 심대한 영향을 미쳤다고 생각해요. 솔직히 말씀드리자면 저도 신은 죽었다고 믿고 있거든요. 그리고 종교와 같은 것이 중요하긴 하지만, 천국이 있다거나 그런 어떤 곳으로 올라간다거나 모든 것을 감찰하는 하나님이 있다는 등 그런 생각들에는 동의하지 않아요. 어떤 존재가 있기는 하지만, 모든 것의 근본은 아무것도 아닌 것, 곧 무라고 생각해요. … 사람들이 초월적인 어떤 존재가 없다는 사실을 두려워할 뿐이라고 생각하죠. 그럴 필요가 없는데도 말이에요. 그들은 자신의 행복에 대해 이 생을 초월한 어떤 것에 기대를 걸죠. 그러나 그들은 이 세상에서 행복해야 한다고 봐요. 왜냐하면 이 세상이 존재하는 것의 전부이기 때문이죠."

'포스트모더니즘을 환영합니다.' 이것은 우리 시대의 철학이 부르짖는 구호이다. 우리는 이것을 무너져 내리는 현수교 위에서 춤을 추고 있는 철학이라고 보아도 무방할 것이다. 포스트모더니즘의 근저에는 절대적인 것은 없다는 사실을 인정하고 있다. 포스트모더니즘은 어떤 새로운 세계관이 아니라 어떤 일관된 세계관을 부정하고 있을 뿐이다.

포스트모더니즘은 현대 세계의 계몽주의 사상, 합리주의 및 낙관주의를 배격한다. 목적, 설계, 객관적인 진리, 절대적인 것, 그리고 지배적인 '변형된 설화(metanarratives)'나 '전체주의적인 강론(totalizing discourses)'에 대한 어떤 개념도 폐기된다. 그 대신 포스트모더니즘은 니체의 허무주의와 관점주의 및 사르트르의 실존주의를 수용한다. 삶에서 일관된 의미나 목적이 없으며 진리도 존재하지 않는다.

그러나 포스트모더니즘은 여기에서 멈추지 않는다. 포스트모더니즘은 실존주의와 허무주의와 관점주의를 다원주의, 다문화주의, 해체주의라는 또 다른 세 가지 현대적인 사상들과 결합시킨다.

해체주의는 문학을 바라보는 관점주의자의 한 방법인데, 20세기 중반부터 형성된 접근법이다. 해체주의자들에게 실제란 의미 없는 것인 동시에 알 수 없는 것이며, 그러므로 언어는 겉으로 드러나는 것에 대해서 아무것도 말하지 못한다. 그렇게 할 수가 없다. 반면에 언어는 단지 권력의 문제일 뿐이다. 왜냐하면 언어란 어떤 것이 중요하며 어떤 것이 그렇지 않은지를 공표하며 이를 분류하여 명칭을 붙임으로써 현실의 무질서를 조종하는 수단으로 작용하게 된다. 이런 사고 방식은 소위 의미에 대한 독자 반응 이론이라고 불리는 것을 등장시켰다. 이것은 우리가 어떤 것을 읽을 때 작가가 그것을 무슨 뜻으로 썼는지 확실히 알 수 있는 방법은 전혀 없다고 말하는 다소 터무니없는 이론이다. 의미란 독자들에 의해 결정된다. 예수님이 "아무든지 나를 따라오려거든 자기를 부인하고 날마다 제 십자가를 지고 나를 좇을 것이니라."(눅 9:23) 하고 말할 때 내가 그 의미를 결정한다. 아무것도 분명하지 않다. 아무것도 확실하지 않다. 모든 것은 해석이다.

다원주의와 다문화주의는 한 걸음 더 나아가 어떤 하나의 방식으로 세상을 이해하는 것에 대해 맹공을 퍼붓는다. 다원주의는 모든 신앙 체계가 똑같이 진리라는 입장을 견지한다. 다문화주의는 모든 문화가 동일하게 가치가 있는 것이라고 주장한다. 모든 것이 관점의 문제이기 때문에, 기독교의 가르침만을 진리에 관한 유일한 종교라고 주장한다면 혹은 서구 세계의 역사나 문화를 가장 연구할 만한 가치가 있는 것이라고 주장한다면, 이와 같은 흐름을 역행하는 것이다. 어떠한 우월한 문화도 존재하지 않는다. 우리는 그들 모두를 포용해야 한다. 물론 이러한 태도는 우리 사회의 가장 중요한 미덕으로 관용이나 용납을 배가시킬 것이다. 그러나 모든 것이 관점의 문제이기 때문에 누가 나에게 자신만이 옳고 나를 잘못되었다고 말할 수 있겠는가? 우리 모두가 똑같이 옳으며, 혹시 당신이 다른 식으로 주장한다면 그것은 거만한 행동이며 판단을 하는 것이다. 스탠포드 대학의 어느 그리스도인 교수는 그러한 도전을 다음과 같이 요약한다. "그런 방식으로는 어차피 진리를 찾지 못할 테지만, 한번 해볼 테면 해보라."[4]

결국 허무주의와 해체주의의 혼합물인 포스트모더니즘은 깜깜한 곳에서 하는 말장난에 지나지 않으며, 타이타닉 호의 갑판 위에서 낙서 대회를 하는 것이나 마찬가지이다.

일은 일어난다. 어떤 일이건.

다음의 말들이 지금 우리가 처해 있는 상황을 잘 묘사하고 있다.

하나님은 없다. 하나님은 죽었다.
의미라든지 목적이란 없다. 삶이란 불합리한 것이다.
예측 가능한 것은 없다. 세상은 무질서하다.
그리고 진리란 없다. 관점이 가장 중요하다.

찢어진 세상의 파편들

지금까지 이 모든 것들은 아주 추상적이고 개념적이었다. 포스트모던 시대의 지성이 일상 생활 속에서 어떻게 명확하게 드러나는지에 대해 몇 가지 중요한 실제적인 방식을 살펴보자. 무엇보다 포스트모더니즘은 그 자체로 의문을 드러내고 있는데, 우리 주변에서 표면적으로 거품을 내기 시작했다. 포스트모더니즘은 어떤 일관된 해답을 제시할 수 없기 때문에 초시간적인 확실성이 이제 당황스런 회의나 고통스런 질문으로 대체되고 있다.

내가 왜 여기에 있나?

삶에서 발견되는 어떤 의미가 있다면, 그것은 우리 자신의 외부로부터 온 것이 아니다. '바깥세계'에는 눈을 돌릴 만한 것이 아무것도 없다. 우리는 우리 자신일 뿐이다. 의미라는 게 어디로부터 우리에게 전달되는 것은 아니다.

〈강가에서(River's Edge)〉라는 영화에서 한 십대는 뻣뻣하게 서서 이렇게 말한다. "난 이런 철학을 갖게 되었어. 너도… 그러면 끝이야. 그러면 너는 죽는 거야."

올터너티브 록 그룹인 "나쁜 종교(Bad Religion)"는 자기들의 노래 가사에 이 시대에 만연한 목표 상실감을 반영한다. "우리 모두를 위한 어떤 목적이 있다면, 그것이 나에게는 비밀에 싸여 있을 뿐이야."5)

삶이 재미도 없는 우스갯소리쯤으로 느껴지기 시작한다. 그러한 느낌이 점차 엄습해 오다가 어느 순간에 꼴사납고 앞뒤가 맞지 않는 종착점에 도달하게 되는 것이다. 마지막 십여 쪽이 찢겨진 어중간한 소설책처럼, 우리의 삶에 해답이 보이지 않는다.

나는 누구인가?

오늘날 현대인들은 점차 정체성을 상실하고 있다. 첫인상이라든지 외모에서 드러나는 것을 지나치게 강조한다. 광고들은 무엇을 입느냐(어떤 차를 모느냐, 무엇을 먹느냐, 또는 얼굴에 어떤 치장을 했느냐)에 따라 우리의 가치가 결정된다고 말한다. 성형 수술로 자신을 '더 멋있게 보이도록' 하기 위해 빨아들이거나 감싸거나 다듬거나 돋우는 것이 가능하다. 운동 기구를 광고하는 문구는 이런 식이다. "꽃은 모든 면에서 완벽하다. 하지만, 당신은 좀 손을 대야 한다." 유행이 달마다 바뀌고, 유명 연예인들은 매주 자신의 이미지를 재고하고, 텔레비전 광고는 거의 매일 바뀌는 상황에서, 우리는 점점 더 우리가 정말 누구인가에 관해 당황스러워하고 있다.

로버트 제이 리프턴(Robert Jay Rifton)은 현대인들이 변화무쌍한 삶을 살고 있다고 말한다. 멧돼지에서 용으로, 불로, 물로 자유자재로 변신이 가능했던 그리스 신화의 바다 신인 프로테우스처럼, 우리는 스스로를 계속하여 새로운 유행에 맞추어 가고 있다. 한 인격과 다른 인격으로, 그들 사이에 분명한 관련성도 없이 그저 지속되는 존재의 흐름 속에 갇혀 있을 뿐이다.[6]

어떤 것을 확실하다고 할 수 있을까?

회의주의와 의심이 삶의 한 방편이 되고 있다. 어떻게 무엇을 알 수 있을까? 그것은 어쨌든 모두의 의견은 아니지 않은가? 내 말은 당신이 옳고 내가 잘못이라고 말하는 당신은 누구냐는 것이다. 혹은 누군가를 잘못이라고 말하는 당신은 누구인가?

두 사람이 전혀 다른 것을 믿을 수 있으며 둘 다 옳을 수도 있다는 사실을 우리는 당연한 것으로 받아들인다. 우리는 더 이상 이성적이고 논리적이며 이해할 만한 것에 얽매이지 않는다. 우리가 지금 인정하는 사실은 많은 사람들이 많은 생각을 가지고 있으며, 그런 대로 모든 사람들이 옳다는 것이다.

한 이웃 사람과 점심 식사를 함께 한 적이 있는데, 그때는 그가 아직 그리스도인이 되기 전이었다. 흔히 하는 것처럼 우리는 종교적인 이야기를 하게 되었는데, 나는 그에게 이런 질문을 했다. "그레이, 영적인 문제에 대해 무엇이 진리인지에 대한 해답을 당신은 어디에서 얻습니까? 그것을 당신의 내면에서 찾습니까, 또는 느낌이 오는 어떤 것이라고 하겠습니까, 아니면 당신이 이해할 만한 어떤 것이라고 말하겠습니까? 혹은 그러한 해답이 당신의 외부 세계에서 온다고 보십니까, 성경이나 그와 같은 어떤 것에서 찾을 수 있다고 보십니까?"

"아, 예. 그것은 내가 옳다고 느껴지는 것에 근거하고 있다고 말할 수 있어요. 당신도 알다시피, 우리 안에 있는 바로 그 감각 체계에 근거한 것이죠."

나는 재치 질문했다. "만약 당신이 옳다고 느끼는 것과 어떤 사람이 옳다고 느끼는 것이 다르다는 사실을 발견한다면, 어떻게 하시나요? 그러한 모순을 어떻게 다루시나요?"

그레이는 어깨를 으쓱했다. "그것은 내게 문제가 되지 않아요. 내 말은, 만일 어떤 사람이 자기가 믿는 바에 신실하다면, 내가 누군데 그에게 그가 믿는 것을 잘못이라고 말할 수 있느냐는 뜻이지요. 나는 할 수 없어요. 나는 단지 나 스스로에게만 이야기할 수 있는 것이죠."

"하지만 그레이, 만일 어떤 사람이 하나님은 인격체라고 믿고 다른 사람은 하나님이 인격체가 아니라고 믿는다면, 혹은 어떤 사람은 하나님께서 완벽하게 선하시다고 생각하고 다른 사람은 하나님이 선과 악의 창조자라고 생각한다면, 아무리 이 두 사람이 자기가 믿는 바에 신실하다고 하더라도 그들 중의 한 사람은 잘못이라고 말할 수 있지 않겠어요?"

"반드시 그럴 필요는 없죠."

"그러나 어떤 것이 동시에 진리이거나 동시에 진리가 아니거나 할 수는 없지요!"

"아마 천국에서는 그럴 수 있겠지요."

그레이는 다루기 어려운 사람이 아니다. 그는 아주 쾌활한 사람으로 그와 함께 있는 것은 대단히 즐거운 일이다. 그는 단지 주변의 회의적이고 비이성적이며 다원주의적인 세계의 혼돈을 표현했을 뿐이다. 진리가 그렇게 중요한 문제는 아니며, 모순이 생겨도 마찬가지이다. 단지 중요한 것이라고는 자신이 개인적으로 믿는 바이다.

1991년에, 조사 대상 미국인 3명 중 2명 꼴로 사람들은 다음과 같은 진술에 동의를 표했다. "절대적인 진리는 없다. 여러 사람들이 상이한 방식으로 진리를 규정한다고 하더라도 여전히 그것은 옳다."[7]

곳곳에서 유행하는 '뭐든지' 라는 말은 다른 어떤 것보다도 더 확실하게 이 시대의 정신을 반영하는 단어이다. 이 말은 무엇이 진리인가에 대한 우리의 신념, 우리의 도덕 기준, 우리의 평가 기준을 요약하고 있다.

어디가 끝인가?

사물이 고정되어 있다고 생각하던 시절이 있었다. 우리가 보는 것을 신뢰할 수 있었다. 모든 것이 확실하고 예측 가능했었다. 탁자는 서로의 주변을 회전하는 원자 입자가 아닌 그냥 나무로 만들어졌다고 알고 있으면 편했다.

이제 세계는 오즈의 마법사가 살고 있는 신비스런 땅처럼 보인다. 표준적인 것은 아무것도 없으며, 예측 가능한 것도 없고, 알 수 있는 것도 없고, 확실한 것도 없다. 시간과 질서와 감각이 서로 붕괴되어 가고 있으며, 만사가 더 이상 서로에게 얽매이지 않게 되었다. 우리는 컴퓨터 중독, 이성(異性)의 복장 착용, 블랙홀과 같은 예측 불가능한 세계를 살아가고 있으며, 캔자스의 고요한 세계로 되돌아가기를 갈망하기도 한다. 확실성을 상실한 현대 문화는 돈 드릴로의 소설 『하얀 소음』에서 비가 오는 날에 차를 몰고 등교하는 길에 잭 글래드니와 그의 아들 하인리히 사이에 오가는 대화에서 그 모습을 여실히 드러낸다. 하인리히는 자동차 앞 유리에 빗방울이 떨어지고 있는 것에는 아랑곳하지 않은 채, 라디오에서 그날 밤까지는 비가 내리지 않을 것이라고 했다고 자기 아버지에게 계속해서 말한다. 아이의 아버지는 실망한다.

"일기예보 때문에 우리 오감의 증거로 판단할 수 있는 부분을 거부할 필요는 없단다."

"우리의 오감이라고요? 우리의 감각은 정확할 때보다도 잘못될 경우가 훨씬 더 많아요. 이것은 실험실에서 증명된 사실이에요. 그럴듯하게 보이는 수많은 공리들도 아무 의미가 없다는 사실을 모르세요? 우리의 마음 바깥에는 과거나 현재나 미래가 없어요. 소위 운동 법칙이라는 것들도 아주 커다란 속임수에 불과해요…."

"지금 비가 오고 있지, 그렇지 않니?"

"저는 그것을 굳이 말로 표현하고 싶지 않아요."

"누군가… 비옷을 입고 뿌연 안경을 낀 어떤 사내가 너의 머리에 총구를 들이댄다면 어떻게 하겠니? 그가 네 머리에 총구를 들이대면서 '비가 오니 안 오니? 네가 진리를 말한다면 나는 총을 버리고 다음 비행기로 여기를 떠나겠다.' 라고 말한다면 말이야."

"그가 원하는 진리란 어떤 거예요? 그는 거의 광속으로 다른 은하계를 여행하고 있는 사람의 진리를 원하나요? 아니면 중성자성의 궤도를 돌고 있는 사람이 말하는 진리를 원하나요? 이 사람들이 망원경으로 우리를 본다면, 아마 우리는 개미보다 작을 것이고 지금 오고 있는 비는 오늘 오는 것이 아니라 어제 오는 것일 수도 있어요."

"그는 네 머리에 권총을 겨누고 있단다. 그는 너의 진리를 원해."

"내 진리가 무슨 소용이에요? 나의 진리는 아무 의미가 없어요. 그 남자가 태양계와는 전혀 다른 행성에서 왔다면 어쩔 거예요? 우리가 비라고 부르는 것을 그는 비누라고 부를 수도 있어요. 그러니 내가 그에게 뭐라고 말하면 좋을까요?"

"그의 이름은 프랭크 스몰리이고 세인트 루이스에서 왔단다."

"그가 지금 이 순간에 비가 오는지 안 오는지를 알고 싶어한단 말이에요?"

"지금 여기에서. 그래 맞아… 여기에, 바로 이 지역에 비가 오고 있니? 네가 이 질문에 대답하는 앞으로 2분 동안이 어떤 시간대에 속하든지 말이야."

"만일 아빠가 이처럼 분명히 움직이고 있는 자동차 안에 있으면서 현재의 정확한 위치를 논하려고 한다면, 그것이 바로 우리의 토론이 안고 있는 문제라고 생각해요."

"그냥 대답만 말해. 알겠니, 하인리히?"

"내가 할 수 있는 최선의 방법은 추측일 뿐이에요."

"비가 오고 있니, 아니면 오지 않니?"

"맞아요. 그게 바로 제 이야기의 요점이에요. 아빠도 추측할 수 있잖아요. 둘 중의 하나, 확률은 50%."

"하지만 너는 비가 오고 있는 걸 보고 있잖니!"

"아빠는 태양이 하늘에서 움직이는 걸 보고 있죠. 하지만 정말 태양이 하늘에서 움직이고 있나요, 아니면 지구가 돌고 있나요? … 아빠가 비라고 하는 것이 진짜 비인지 어떻게 알 수 있어요? 그리고 도대체 비가 뭐예요?"

"비란 하늘에서 떨어지는 것으로, 그것을 맞으면 네가 젖게 되는 거야."

"저는 젖지 않았는데요. 아빠는 젖었어요?"[8]

아무것도 우리를 더 이상 현실에 붙들어 매지 않는다. 고정핀이 풀려 잘못 놓이게 되었고, 그래서 모든 것이 떨어져 나갔다. 우리는 방황하며 유리된 존재로 정처 없이 떠돌아다니게 되었다. 정상적인 삶이 더 이상 불가능해 보이고, 정상적인 상태의 언저리를 배회하고 있다. 정신 분열증 전문가인 루이스 사스(Louis Sass)는 한 흥미로운 연구에서 현대 문화와 광란성 사이의 유사성에 주목한다. 우리는 자유롭고 자발적인 상태에서는 우리의 세계를 어떻게 적절히 연관시켜야 할지 알지 못한다. 우리는 주저하고 있으며, 유리되어 있으며, 지나치게 남의 이목을 의식하고 있다. 우리는 자신이 우리의 감정과는, 다른 사람들과는, 외부 세계와는 분리되어 있음을 발견한다. 우리는 이런 관점 저런 관점을 넘나들고 있으며, 지적이고 냉철하게 초연한 모습을 보이기도 하며 광적이고 비이성적으로 개입하기도 한다.[9]

내가 본 티셔츠에도 이러한 혼란상들이 아로새겨져 있는데 이러한 문구가 적혀 있었다. "사람은 무언가를 믿어야 한다. 나는 한 잔의 맥주를 믿겠다."

그러한 당혹감은 인기 있는 음악가인 스팅(Sting)이 만든 "내가 당신에 대한 믿음을 잃어버리기라도 한다면(If I Ever Lose My Faith In You)"이라는 노래에도 역시 등장한다.

내가 과학과 진보를 믿는 신앙을 잃어버렸다고 당신은 말할 수도 있어요.
내가 거룩한 교회를 믿는 믿음을 잃어버렸다고 당신은 말할 수도 있어요.
내가 방향 감각을 상실했다고 당신은 말할 수도 있어요.
그래요, 당신은 이 모든 것보다 더한 비난도 할 수 있어요.[10]

목적 상실이나 환멸감이 저출생률 세대나 13세대나 X세대로 알려진 사람들에게 유난히 두드러진 것 같다. 그 영향력의 범위는 온건한 냉소주의로부터 시작하여 노골적으로 어두운 색조를 고른다든지, 광란 상태의 언저리를 배회하는 데서 오는 좌절감이라든지, 무의미한 존재라고 단정하는 데에 이르기까지 다양하다. 우리는 이런 현상을 검은 옷이나 검은 머리, 검은 립스틱에서 찾아볼 수 있다. 우리는 이것을 24시간 계속하여 스테레오로 울려 퍼지는 음악에서 들을 수 있다. 이것은 아주 인기를 끌고 있는, 몸에 구멍을 뚫는다든지, 문신을 새긴다든지, 낙인을 찍는다든지 하는 일들의 배후에서 엿볼 수 있다. 몸에 구멍을 뚫고 15년 동안이나 거리를 배회한 것에 대해 후회하지 않느냐고 묻는다면, 그는 피식 웃고 말 것이다. "나는 15년을 배회했다고 생각하지 않아요."[11]

우디 앨런(Woody Allen)은 우리 시대의 경향을 간파하고는 다음과 같이 기록했다. "문명이 이제 교차로에 서 있다. 한쪽 길로 내려가면 실망과 좌절감이요, 다른 쪽 길로 내려가면 전멸 상태로 나아가게 된다. 우리가 올바른 길을 선택할 수 있도록 기도하자."

"신앙은 이제 그만(Faith No More)"이라는 음악 그룹은 희망에 대한 상실감을 이렇게 요약하고 있다.

> 한번 생각해 보세요. 그것은 절대로 끝나지 않아요…
> 고통, 고문과 학대, 신성 모독 행위, 혐오감, 고난, 변절, 재난.
> 당신은 이것을 피할 수 없어요.[12]

삶의 궁극적인 질문에 직면하여, 하나님이 없는 세상은 궁극적으로 텅 빈 손으로 드러날 것이 뻔하다.

어디에 가서 해답을 찾을 것인가?

오랜 기간 동안 영적인 차원을 무시했기 때문에, 우리는 오늘날 영적인 부분에 대한 거대한 반향이나 인류의 궤도를 수정하기 위한 거대한 자극들을 목격하게 된다.

오늘날은 실제로 신성의 시대이다. 삶의 일상적인 부분에도 영적인 영역이 파고들고 있으며, 우리는 신성한 것들이 우주의 모든 측면과 연관되어 있음을 발견할 수 있다. 영적인 차원에 대해 너무 오랫동안 무지한 상태로 있다가 우주는 이제 비상한 것들, 정상을 뛰어넘는 것들, 초자연적인 것들, 형이상학적인 것들로 가득 차 있다고 믿게 되었다. 정상을 초월하는 것, 밀교(密教), 점성술, 동양의 신비주의 및 뉴에이지 운동에 대한 관심은 이러한 차원에 대한 모든 경향들을 반영하는 것이다.

이 우주는 무슨 일이 일어나고야 말 것 같은 유령이 자주 출몰하는 집, 마술적이고 신비적이며 영적인 존재들로 가득한 영역이 되었다. 모든 것에 상상의 분진들이 가득하다. 유령과 귀신, 천사와 외계인, 미신과 영의 인도, 크리스털과 채널, 별점과 조화로운 집합점, 초감각적 인식과 엘비스(Elvis) 등은 모두 이런 놀라운 존재들의 일부이다. 이와 같은 영적 존재들의 모습에서 유일하게 하나님만이 들어설 자리가 없다.

오늘날 천사에 대한 인기가 치솟고 있는 것은 이러한 부적절한 측면을 제거한 영성의 직접적인 결과이다. 외계인이 세속적인 현대 세계에서 하나님을 완벽하게 대체할 수 있는 존재라면, 천사들은 영적인 포스트모던 세계에서 하나님을 이상적으로 대체할 수 있는 존재이다. ≪뉴스위크(Newsweek)≫의 특파원인 낸시 깁스(Nancy Gibbs)는 다음과 같이 적은 바 있다. "하나님과 그분의 통치에 대해 너무 쉽게 답답해하는 사람들을 위해, 천사들은 아주 손쉬운 타협점이며 사람들을 매우 들뜨게 만들며 달콤하고 상냥하며 불공평한 판단을 하지 않는 존재들이다."[13] 그들은 잘 돌봐 주며 위로하면서 모든 사람들을 도와주며 아무것도 강요하지 않는다.

우리는 영적인 의미를 찾는 도중에서 아우성치고 있다. 이 세대는 하늘 문을 향해 돌진하고 있으며, 우리가 발을 디디고 살아가고 있는 땅보다도 훨씬 더 큰 어떤 것과의 연관성을 찾으려 하고 있다. 그러나 그들의 영혼이 갈망하는 것은 하나님인데, 많은 사람들은 하나님이 더 이상 그들의 선택 사항이 아니라고 결정했다. 『미지의 하나님에게 드리는 찬양(Hymns to an Unknown God)』이라는 책을 저술한 샘 킨(Sam Keen)에 따르면 그 두 가지 생각은 전혀 색다른 것이 아니다. 종교란 인지할 수 있는 하나님으로부터 오는 계시나, 인식 가능한 목적지를 찾아갈 수 있도록 분명한 지도를 제시하거나 질문들에 대한 권위 있는 해답을 제시하는 말에 근거한 것이다. 종교에서 말하는 중요한 미덕은 순종이며, 그 모든 것을 한마디로 요약하자면 종교란 권위에 대한 것이다.

킨의 견해로 볼 때 영성이란 꼭 그와 반대이다. "한 개인에게 확실했던 모든 것이 증발해 버리듯 날아가는 영적인 '블랙홀'에 빠질 때 탐구가 시작된다. 확실성이 사라지고, 권위가 의문시되며, 종교가 부여하던 모든 통상적인 위로와 확신은 희미해지며 그러한 통로들도 자취를 감춘다."[14]

탐험이란 계시로부터가 아닌 회의에서 시작되며 그러한 모험의 주된 미덕은 개방성이다. 여기에서 중요한 것은 어떤 외적인 권위가 아니라 내적인 욕구이며, 초월적인 것을 체험하려는 신비적인 탐구 정신이다.

우리 시대에 영성은 번성하는 반면 종교는 허둥대고 있다. 우리는 다시금 하늘 나라에 살고 싶지만, 하나님을 따르는 일에는 요구 사항이 너무 많다. 너무 교리적이고, 지나치게 배타적이고, 너무 요구하는 게 많고, 지나치게 멀리 있어 접근하기 힘들다. 우리는 좀더 친근하고 좀더 편안하며 사용하기 편한 어떤 것을 원한다. 과거의 하나님은 이제 홍보를 좀 하실 필요가 있다. 그분은 넥타이를 좀 풀고, 좀더 명랑해지고, 햇빛에 피부를 좀 태울 필요가 있다. 유황불은 이제 그만 내다 버리고, 딱딱한 계명들을 내던지자. 새로운 상표의 하나님이 필요한 시기이다. 곧 덜 요구하고 느낌이 끝내 주는 그런 하나님 말이다.

1980년대의 텔레비전 쇼인 "월광(*Moonlighting*)"에서 데이비드 애디슨(David Addison)은 서구의 영적 추구에 대한 분위기를 잘 설명했다. "저는 지금 대부분의 서구 종교들에 대하여 잠시 생각해 보고자 합니다. 저는 도덕성에 대해 좀더 유연하고, 휴일에 대해 좀더 관대하고, 입문하는 데 너무 긴 시간을 요구하지 않는 어떤 것을 찾고 있지요."

영혼의 갈망을 채우기 위해 우리는 탐욕스러울 정도로 영적인 것을 추구하지만 하나님이 선택 사항이 아닐 때에는 어떤 일이 일어나는가? 혼합주의적인 규율을 만드는 종교가 그 결과물이다. 이처럼 신앙에 혼합물을 섞는 접근은 다음과 같은 경고에 봉착하게 될 뿐이다. "하나님은 너무도 광대하기 때문에 어떤 한 종교에 예속될 수 없다." 어느 한 신앙의 진리와 제자도에 자신을 복종시키기보다, 우리는 다양한 전통을 뒤섞어 비빔밥을 만든다. 가령 이슬람 의식 두 가지, 참선 방법 한 가지에다 자기 방어 심령술을 조금 보태고, 미국 원주민의 영성을 혼합하는 식이다.

사람들은 점점 더 이런 식으로 영적인 문제에 접근한다. 케네스 우드워드(Kenneth Woodward)는 ≪뉴스위크≫에 시리즈로 실은 "신성한 것을 향한 추구: 영적인 의미에 대한 미국의 탐색"이라는 제목의 기사에서 종교 다원주의적인 풍조에 대하여 다음과 같이 말한다. "영적인 것을 추구하는 많은 미국인들은 이런 전통에서 저런 전통으로 날아다니면서 오늘은 이 전통의 지혜에서 달콤한 꿀을 빨아먹고 내일은 저곳에서 꿀을 찾는다. 그러나 대부분의 시간을 그들은 나비처럼 허공에서 보낸다."[15]

어쨌거나, 이것이 포스트모던 세계이다. 우리는 고독하고 혼란스럽고 미몽에 사로잡혀 표류하고 있다. 우리는 목마름으로 인해 죽어 가고 있으나 생명의 확실한 근원으로부터는 멀어지고 있다. 하나님은 죽었고 엘비스는 살아 있다고 말하는 사회에다 우리는 무엇을 전할 것인가?

제14장

표류하는 세상에 하나님의 말씀 전하기

1983년 봄에 나는 포트 로더데일의 해변으로 대학생들과 함께 그리스도를 전하러 갔었다. 첫날 밤 그곳에서 짤막한 훈련 시간을 가진 뒤 우리에게는 간단한 과제가 부여되었다. 술집들이 있는 다운타운으로 가서 적어도 세 사람과 대화를 하고 오라는 것이었다.

순종하는 마음으로 그러나 두려운 마음으로 나는 호텔을 나와, 손에 맥주를 들고서 거리의 구석에 서 있는 20대 중반의 청년에게 곧바로 달려갔다. 그는 검은 가죽옷을 입고 있었고, 모호크 족이나 신는 오렌지색 스파이크화에다 코에는 링을 하고 있었다. 그때는 머리에 노란색, 갈색, 검은색, 회색 등 네 가지 색깔을 기본으로 물들이기 시작하던 시절이었다. 펑크 운동이 미국에 막 상륙하던 시기였기 때문에 나는 이 사내에게 어떻게 접근해야 할지 몰랐다.

그런데 그도 나를 어떻게 하지는 못할 것이란 생각이 언뜻 들었다. 카키색 반바지에다 단정하게 단추를 잠근 셔츠를 입고 리복 신발을 신은 채 거기에 서 있는 나를 말이다. 여하튼 우리는 따뜻한 대화를 주고받았다. 저녁 내내 그와 시간을 보내면서 그의 삶에 대하여 그리고 복음에 대하여 이야기를 나눌 수 있었다. 그것은 지금까지 내 인생에서 가장 흥미로운 대화였다.

크레이그라는 이름의 그 청년은 필라델피아에서 나와 비슷한 처지의 가정에서 자라났다. 중류층에다 교회를 다녔고 교외에 살았다. 그러나 그의 가정은 깨어졌고, 그는 그 가정을 싫어했다. 가정 생활은 수렁과 같았고, 중류층의 교외 생활이 그에게는 진실하지도 만족스럽지도 못하다고 느껴졌다. 그는 고통스럽고 피상적인 존재에 갇혀 있고 감금되어 있었다. 그러던 어느 날 그는 재킷을 집어들고 고속도로로 걸어 나와 지나가는 차를 얻어 타고 플로리다로 향했다. 그때로부터 1년 반이 지난 후에도 자신이 어디에 있는지, 잘 살고 있는지에 대해 그는 여전히 부모님에게 알리지 않고 있었다. 그는 지금 다른 펑크족들과 함께 허름한 아파트에서 살고 있는데, 그들이 매일 나가는 펑크 술집에서 겨우 맥주 몇 병을 살 수 있는 일당을 받으며 일하고 있었다.

이 술집에서 그들은 목청껏 노래를 부르고 마음껏 춤을 추곤 했다. 그러나 그들이 춤이라고 부르는 것은 우리가 흔히 이야기하는 그런 종류의 것과는 사뭇 달랐다. 두 사람이 홀의 양쪽 구석에 나란히 선 다음, 최대한 빠른 속도로 돌진하여 상대방의 머리와 정면으로 부딪치는 것이다. "그 고통이 꽤나 느낌이 좋더라고요." 크레이그는 피식 웃었다. "그러고는 상대방이 여전히 생생한지 확인하지요, 알겠어요?"

대화의 후반부에 나는 그에게 물었다. "가출을 해서 여기까지 오는 동안 하나님에 대한 생각은 어떻게 바뀌었어요?"

"나는 교회에 다니면서 자라났지요. 하지만 그런 쓰레기는 오래 전에 버렸어요. 고향에서 알았던 모든 사람들은 여전히 하나님 안에 있지만, 그들은 내가 본 사람들 가운데 가장 심한 위선자들이었어요. 알다시피, 그들은 자신들의 안위에만 신경을 쓰거든요. 그것은 골프 클럽과 은행과 교회를 모두 하나로 섞어 놓은 것 같았어요. 이젠 다 잊어버렸지만."

"그런데 펑크족들의 환경에 빠져든 이후로 나는 가인과 아벨의 이야기 속으로 들어온 느낌이에요. 이것은 최고로 재미있는 이야기죠. 가인

이 자기 동생을 돌로 쳐서 죽이면, 하나님은 그를 저주하고 이마에다 표시를 남기는 거죠. 가인은 다른 모든 사람들과는 아주 달랐고, 사람들은 그에게 가까이 오지 않았죠. 하나님께서 왜 그를 떨어뜨려 놓으셨는지 아세요? 하나님은 그를 다르게 만드셨거든요. 가인은 다른 모든 사람들보다 뛰어난 사람이었던 거예요. 나도 이런 상황과 너무 비슷한 거 같아요. 이건 아주 재미있는 거죠. 그처럼 하나님의 저주를 받는다니, 너무 신나지 않아요?"

내가 뭐라고 대답했는지는 기억나지 않는다. 말을 많이 했던 것 같지는 않다. 나는 우울한 기분으로 얼떨떨해져, 나의 세계관과는 너무도 다른 어떤 사람의 세계관에 대해 뭐라고 말해야 할지 생각이 나지 않았다. 하나님을 거부하고, 성경을 내버리며, 선악에 대한 전통적인 견해들을 비웃고, 다른 사람들의 얼굴에 상처를 내는 일이 재미있다고 생각하며, 자신이 이 세상을 살아온 사람들 중에 가장 외롭고 버림받은 자라고 규정하는 사람과 어떻게 복음을 나눌 것인가? 도대체 어디에서 시작할 수 있을까?

의미를 제시하는 자

이러한 세월을 거치면서 그 무엇보다도 어려운 도전은 포스트모더니즘과 관련한 것이라고 나는 여전히 생각한다. 그 어느 때보다도 성경에 대해서 어떤 이야기를 듣는 것에 대한 장애물이 훨씬 더 많아진 것 같다. 아주 역설적인 말이긴 하지만, 이 세상에서 의미가 상실되어 가는 방식 때문에 그 이전보다도 성경에 대해서 듣고 반응할 수 있는 기회의 문은 훨씬 더 활짝 열렸다고 볼 수 있다.

그러면 어디에서 시작할 수 있을까? 다른 어떤 것보다도 가장 중요한 것은 포스트모던 세계와 의사소통을 하려고 할 때 일관성 있고 마음을 끌 만한 기독교적 세계관을 견지하는 일이라고 믿는다. 누가 우리를 만들었으며, 우리는 왜 존재하는가, 우리는 어떻게 살아가야 하는가, 죽은 뒤에 무슨 일이 일어날 것인가와 같은 질문에 대한 대답으로 성경적인 방법을 가지고 사람들을 초대할 수 있는 특권과 도전을 우리는 가지고 있다.

하나님이 기껏해야 멀리 있는 신비로운 존재일 뿐이고, 현대 세계의 많은 사람들에게 신물나는 농담거리일지라도, 삶이 의미 있는 것이 되어야 한다는 믿음과 그러한 신념을 따라 사는 삶을 경험하려는 욕망이 둘 다 우리 각자의 깊은 내면에 자리잡고 있다. 〈빠삐용(Papillon)〉이라는 영화에서, 평생 동안 감옥살이를 살았던 주인공은 판결을 내리는 법정 앞에서 이리저리 끌려 다니는 꿈을 꾼다. 그는 자신에게 씌워진 혐의에 대해 결백하다고 판사에게 탄원한다. 그러나 판사는 단호하게 그의 말을 자르면서 이야기하기를, 지금 받고 있는 판결은 그가 저지른 범죄에 대한 것이 아니라고 했다. 대신에 인류의 가장 흉악한 범죄 때문에 고소를 당하고 있다는 것이다. 빠삐용은 긴장하면서 판사를 쳐다보고는 그게 뭐냐고 묻는다. 판사가 대답한다. "인생을 허비한 죄." 그제서야 빠삐용은 울음을 터뜨린다. "그래, 맞아. 나는 죄인이야." 그는 이렇게 소리친다.

표류하는 이 세상에 우리가 줄 수 있는 가장 큰 선물은 진정한 의미를 이해하도록 돕는 것이다. 다음과 같은 아주 멋있는 방식으로 이야기하는 도널드 포스터스키(Donald Posterski)의 말을 들어 보라. "우리는 그리스도인 의미 제시자(meaning-makers)가 되어야 한다. 의미 제시자란 삶의 의미를 이해하는 사람들, 하나님을 명확히 이해하는 사람들, 오늘날과 같은 모호성 가운데에서도 분명한 삶을 살아가는 사람들, 오늘날의 세상에 예수님의 죽음이 생명력 있는 삶의 근원이라는 사실을 자신들의 삶과 입으로 드러내며 사는 사람들을 말한다."[1]

이 세상은 단순히 하나님이 계시기 때문에 의미 있는 물결이 일어난다. 바로 그 하나님의 존재하심은 그분이 만드신 만물에 의미와 목적을 부여하신다는 뜻이다. 삶이란 무의미와는 가장 거리가 먼 것이다. 그러나 아주 많은 사람들에게 의미는 하나의 신비로 남아 있다. 하나님께서는 그러한 사람들을 우리에게 이끄셔서 우리가 그들에게 하나님이 이미 부여하신 의미를 가르쳐 주도록 하신다. 신앙을 전하고, 말하고, 나누는 것보다 우리에게 더 중요한 일은 없다.

의미 제시자가 된다는 것은 단순히 좋은 질문을 던지고 그런 다음에는 경청하는 일, 좀더 깊은 질문을 던지고 좀더 경청하는 일, 그리하여 깊은 어두움의 영역에까지 곧바로 나아가는 일로부터 시작된다고 생각한다. 이런 방식을 사용할 때 우리는 서서히 다른 사람들의 세계관으로 파고들 수 있다. 어떤 준거틀이 이 사람이 현재와 같은 삶을 살도록 만들었는가? 이 사람은 유신론자로서 인격적인 하나님을 믿고 있는가? 자연주의자(혹은 물질주의자)로서 물리적인 세계만이 존재하는 모든 것이라고 믿고 있는가? 아니면 일원론자로서 하나님과 자기 자신과 세계가 하나라고 믿고 있는가? 혹은 이 사람은 완고한 포스트모더니스트로서 아무것도 진리가 아니며 모든 것은 관점의 문제라고 믿고 있는가?

그러한 기본적인 확신들을 깊이 파고들 수 있다면, 우리는 그것이 지니고 있는 결점들을 깨닫도록 도울 수 있을 것이다. 프랜시스 쉐퍼(Francis Schaeffer)가 "지붕을 걷어내기"라고 묘사한 과정이라든지,[2] 데이비드 웰즈(David Wells)가 황폐한 땅을 옥토로 바꾸는 영상에 사로잡히는 과정에서,[3] 우리는 사람들로 하여금 자신들이 누구인지에 대한 그들의 믿음을 올바로 깨달아, 아마 생전 처음으로 자신들의 불완전성을 인식할 수 있도록 도와야 한다.

예를 들면, 우리는 세속적인 인본주의자에게 이 세상이나 자신 안에 존재하는 모든 악에 대해 어떻게 이해하고 있으며, 사람들은 선하다든가 세상이 점차 진보되고 있다는 자신의 믿음이 어디로부터 온 것인지 물을 수 있다. 혹은 시간과 물질과 우연이 합쳐서 인간과 같은 아주 복잡한 존재가 어떻게 탄생했는지에 대해 과학은 설득력 있는 설명을 할 수 없다는 사실을 우리는 과학적인 세계관을 견지하고 있는 자연주의자들이 깨달을 수 있도록 도울 수 있다. 또는 일원론적 성향을 지닌 뉴에이지 운동가들과 이야기를 나눈다면, 흔히 발생하는 질병에서 자신을 지키는 일이라든지, 우리 주변의 여러 가지 사건들로부터 초연해진다든지, 스스로 영원히 살 수 있도록 만드는 일에 대해 무능하다고 느낄 때는 우리 자신이 하나님이라고 믿기가 다소 힘들지 않느냐고 물어볼 수 있다.

좋은 토양이 준비되었다면 우리는 이제 씨를 뿌려도 된다. 일단 많은 질문을 던져 다른 사람의 세계관에 어떤 불완전함이 있는지 확인했다면, 우리는 그 사람을 성경 본문으로 끌어들여 성경이 인간의 존재와 우주의 존재에 대해 얼마나 잘 설명하고 있는지를 보여줄 수 있다. 오직 기독교만이 삶에 대한 적절하고도 일관된 설명을 할 수 있다.

현재 이 세상을 온통 뒤덮고 있는 영상들과 감성들과 경험들의 뒤범벅 속에서, 우리에게는 그러한 의미를 드러낼 수 있는 특권이 있다.

잠재적으로 무의미한 삶을 경험하면서 살아가는 사람에게 의미 있는 삶을 제시하기 위해 성경이 어떻게 사용될 수 있을지에 대해 실례를 들어 보겠다. 우리 교회의 교인이었던 서른아홉 살의 김(Kim)이라는 사람은 라켓볼을 치다가 쓰러졌다. 그는 그 자리에서 죽었는데, 그 원인은 심장마비였다. 장례 예배 메시지를 준비하다가 나는 대부분이 불교도로 대가족을 이루고 있는 그의 여러 식구들과 종교적인 문제에는 아주 무관심한 많은 직장 동료들이 장례식에 올 것이라는 사실을 깨달았다. 다음은 내가 그 자리에서 삶의 의미를 다루었던 방법이다.

"김 선생은 돌아가셨습니다." 나는 이 말로 메시지를 시작했다. "오늘 오후에 우리는 그의 삶이 마감되고 죽음으로 돌아갔다는 사실을 추모하기 위해 이 자리에 모였습니다." 나는 그의 행복했던 인생 역정과 그 사람에 대한 우리의 특별한 기억들을 간단하게 나누었다.

그런 다음 나는 말했다. "김 선생은 훌륭한 삶을 사셨습니다. 그러므로 그의 죽음은 생각하기가 힘들 정도였습니다. 하지만 이제 모든 것이 끝나 버렸습니다. 39세의 나이에 결혼한 지 10년째로 어린 두 자식을 남겨 둔 채로 말입니다. 이분은 기나긴 삶을 남겨 놓은 채 요절해 버린 느낌입니다."

"사실, 이렇게 짧은 삶과 예기치 못한 죽음은 우리에게 죽음이 무엇을 의미하는지 잘 보여 줍니다. 죽음은 곧 훼방꾼이자 방해꾼이며 파괴자입니다. 죽음은 항상 우리 주변을 맴돌고 있으며 날마다 그 소식을 듣고 살아가지만, 여전히 죽음은 외부로부터의 급작스런 침입자이자 침해자입니다. 우리 안의 모든 것들은 생명을 추구하며 우리 안의 모든 것들은 죽음을 싫어합니다."

"왜 그럴까요? 그것은 우리에게 아주 어처구니없는 종말을 맞이하게 만들기 때문입니다. 죽음은 음울하고 다루기 힘들며 비켜갈 수 없는 것입니다. '나는 죽기를 두려워하지는 않는다. 다만 죽는 순간에는 그 자리에 있고 싶지 않을 뿐이다.'라고 이야기한 우디 앨런의 말을 우리는 연상할 수도 있습니다. 죽음은 모든 면에서 최후의 순간에 이르게 합니다. 아무도 거부할 수 없는 운명적인 힘을 가지고 죽음은 가족들을 갈라놓고, 친구들을 떼어놓고, 모든 육체를 멈추게 하며, 모든 생명이 끊어지게 만듭니다."

"이 세상에는 시간과 역사를 바라보는 두 가지 커다란 방법이 있습니다. 동양적인 사고로는 역사를 순환하는 것으로 봅니다. 시간은 끝이 없는 궤도 안에서 끊임없이 오고 가며 나타났다 사라지는 것을 반복합니다. 그러한 사고 방식을 가지고 있다면 처음에는 우리가 죽음을 담대하게 맞이할 수 있을 것입니다. 사람의 생명이 끊어지고 방해를 받기는 하지만, 이 세상 삶의 어떤 것도 다음 세상으로 이어지지 않습니다. 어떤 기억이나 인격도 연장되지 않으며, 단지 가장 순수한 생명 형태만 지속될 뿐입니다. 어떤 사람이 바로 옆집에서 환생한다 하더라도 아무도 그 사실을 알지 못하며 그 자신도 이런 사실을 알지는 못합니다. 그러나 죽음에 대해 우리에게 위로를 주기보다는, 동양의 수레바퀴 모델은 일종의 덫처럼 느껴지기 시작하고 점점 싫증이 나는 다람쥐 쳇바퀴처럼 됩니다. 거기에서 벗어날 수 있는 방법은 없습니다. 돌고 또 돌고, 계속 돌아가야 합니다. 여기에는 아무런 소망도 없습니다."

"역사를 바라보는 서구의 시각은 훨씬 더 절망적입니다. 잭슨 폴록(Jackson Pollock)의 그림처럼 도화지에다 마음대로 물감을 튀기는 것처럼 생명을 취급합니다. 전체적인 설계나 어떤 의미나 어떤 목적지를 향한 움직임도 없습니다. 다만 지속적으로 물감을 튀기는 것처럼, 무작위로 선별된 개인들이 이 생에서의 짧은 생애에 대해 의미를 찾으려고 미친 듯이 씨름을 하고 있거나, 일 또는 다른 어떤 것, 의약품을 사용하여 죽음의 공포로부터 벗어나 죽음과 그로 인한 종말이라는 현실을 외면하려고 미친 듯이 애를 쓰고 있습니다. 서구의 현대적인 역사관은 생명에는 아무런 목적도 없으며 죽음은 단지 간결한 분상의 미지막을 장식하는 냉엄하고 경직된 마침표와 같다는 것입니다. 여기에도 역시 희망이 없기는 마찬가지입니다."

"죽음에 직면했을 때 우리가 보이게 되는 유일한 반응이 절망감이라는 데에는 별다른 이견이 없는 것 같습니다. 그러나 우리 주위의 죽음에 대한 모든 혼란과 두려움 가운데로 하나님께서는 생명과 죽음을 바라보는 세 번째 관점을 보여 주셨습니다. 그것은 끝없는 순환이라는 동양적인 사고와 고통스런 임의성이라는 서양적인 사고를 정면으로 반박하는 것입니다. 다음과 같은 성경 구절에서 여러분은 이러한 관점의 일단을 보실 수 있습니다. '형제들아 자는 자들에 관하여는 너희가 알지 못함을 우리가 원치 아니하노니 이는 소망 없는 다른 이와 같이 슬퍼하지 않게 하려 함이라'(살전 4:13). 기독교적인 관점에서는 죽음을 아주 특별한 시각으로 봅니다. 즉 그것을 절망적으로 보는 것이 아니라 소망을 갖고 바라봅니다. 김 선생을 잃은 것은 물론 우리에게 너무나 깊은 슬픔을 안

겨다 주는 일입니다. 그가 떠났기 때문에 우리는 허전함을 맛볼 수밖에 없습니다. 그러나 그리스도인들에게는 소망이 있습니다. 왜 그렇습니까?"

"'우리가 예수의 죽었다가 다시 사심을 믿을진대'(살전 4:14)라고 이 단락은 이어지고 있습니다. 이 구절은 거의 2천 년 전의 어느 주일 아침에 팔레스타인의 조그만 나라에서 한 죽은 사람이 살아서 무덤으로부터 걸어 나왔다고 말하고 있습니다. 3일 전에 그의 시신이 십자가에서 내려져 무덤 속으로 장사지낸 바 되었는데… 그가 다시 사셨다는 것입니다! 하나님의 아들이신 예수께서 죽음을 정복하셨습니다."

"그런데 이 말이 우리에게 무엇을 의미할까요? 이 단락은 다음과 같이 이어지고 있습니다. '우리가 예수의 죽었다가 다시 사심을 믿을진대 이와 같이 예수 안에서 자는 자들도 하나님이 저와 함께 데리고 오시리라'(살전 4:14). 예수를 믿는 자들, 예수 안에 자기의 신뢰와 소망을 두는 자들은 예수와 함께 부활할 것입니다. 십자가에서 죽으심과 무덤에서 부활하심을 통하여 예수는 죽음의 종말성을 뒤흔들어 버렸습니다. 그분은 자신을 얽어맸던 죽음의 권세를 깨뜨려 버렸으며, 우리가 그분을 믿고 따를 때 그분은 우리를 얽어매고 있는 죽음의 권세도 마찬가지로 깨뜨려 주실 것입니다. 시간과 역사에 대한 기독교의 관점은 직선적입니다. 개인적인 역사에 대해서도 마찬가지입니다. 그 선은 죽음을 통해서 마치 존재하지 않는 것처럼 끊어질 수 있지만, 그 생명선은 죽음에도 불구하고 전혀 방해를 받지 않습니다."

이어서 나는 김 선생이 어떻게 그리스도인이 되었는지에 관한 이야기를 계속한 뒤에 이렇게 메시지를 마무리했다. "저는 빙긋이 웃으면서 김 선생이 하늘 나라에 도착했을 때의 첫 모습을 생각해 봅니다. 그는 라켓볼을 치다가 운명을 달리했습니다. 봅이 앞의 벽면을 향해 힘껏 공을 쳐 내자 김 선생이 그 공을 받아치려고 달려갔습니다. 그런데 갑자기 그는 전혀 다른 코트로 줄달음치고 있는 자신을 발견하게 됩니다. 저는 주위를 둘러보면서 점차로 얼굴에 미소를 짓고 있는 김 선생의 모습을 그릴 수 있습니다. 김 선생은 죽지 않았습니다. 그는 살아난 것입니다."

"우리 기독교적인 관점으로는 죽음이 공항에서 비행기가 활주로를 떠나는 모습을 보는 것과 같습니다. 우리는 손을 흔들면서 작별의 인사를 합니다. 비행기는 활주로를 힘차게 내달리다 하늘로 날아오른 뒤에 점차로 사라지게 됩니다. 그것은 아쉬운 작별입니다. 그러나 하나님께서는 우리에게 상기시켜 주십니다. 믿는 자들이 '벌써 비행기가 사라져 버렸어.'라고 말하는 바로 그 순간에 저 멀리 다른 도성에 있는 누군가가 아득한 수평선에서 그것을 발견하고서 이렇게 말할 것이라고 말입니다. '저기 온다! 저기 온다!'"

"김 선생이 돌아가신 날에 그의 딸 멜리사와 저는 여러 가지 이야기를 나누었습니다. 그녀는 저를 바라보고는 말했습니다. '목사님, 오늘이 제 인생에서 가장 슬픈 날이에요.' 저는 조용히 그녀를 감싸안으며 말했습니다. '그래, 맞아. 네가 살아오면서 가장 힘든 날일 거야.' 더 이상 아무 말도 하지 않고서 그녀를 감싸고 있다가 말을 이었습니다. '멜리사, 하지만 이 점을 알아야 해. 아빠의 인생에서는 가장 행복한 날이었을 거야.'"

"김 선생은 죽지 않았습니다. 그는 살아나셨습니다."

하나님은 우리를 이 무의미한 세상에서 의미를 부여하는 자로 부르신다. 무의미한 것들을 의미 있게 만들고, 이미 오래 전에 나누어진 파편들을 다시 붙이고, 갈 길을 찾지 못하고 있는 곳에서 길을 제시하는 것이 우리의 의무이다.

콜로라도에 살 때 하루를 지내기 위해 내가 즐겨하는 방법은 산으로 하이킹을 가는 것이었다. '4,000고지 점령자', 곧 콜로라도의 4000미터가 넘는 최고봉들 중에서 정상을 하이킹하는 것은 아주 짜릿한 일이었다. 그러나 고지를 하이킹하는 것은 일종의 모험이었다. 흙을 밟을 수 있는 산의 아래에는 길이 대체로 잘 나 있고 걸어다니기도 쉽다. 그런데

일단 3600고지를 넘어서는 수목한계선을 지나면 오솔길조차 없는 상황
이다. 이때쯤이면 알아서 길을 선택하면서 험준한 돌밭을 지나 정상까
지 힘겨운 발걸음을 옮겨 놓아야 한다. 이러한 모험에서 좌절감을 느낄
수도 있다. 특히 어느덧 구름 속에 접어들거나 갑작스런 눈사태를 만나
앞이 잘 보이지 않고 어디로 가야 할지 그 길을 발견할 수 없을 때에는
더욱 그렇다. 여기에다 고지에서 겪게 되는 기온 강하라든지 산소량 감
소라는 상황을 맞이하게 되면, 훨씬 불편해지고 혼란스러우며 심지어
위험스럽기까지 하다.

포스트모던 세계에서 사람이 갈 길을 찾으려고 노력하는 것은 수목한
계선 위에서 산을 하이킹하는 것과 같다. 냉랭하고 방향을 잃고 용서를
모르는 시대에 그 길이란 아무 곳에서도 보이지 않는다. 여러분은 혼자
서 정처 없이 비틀거리면서 절망적인 상황에 몰려 있기 때문에 그 길을
제시해 줄 누군가가 필요하다.

몇 년 전에 하이커들은 길을 낼 수 없는 고지대의 지형지물을 사용하
여 길을 만드는 방법을 개발했다. 오를 수 있는 길을 따라 조그만 원추
형 돌무덤을 10여 미터 간격으로 만들어 놓는 것이다. 이런 방법을 사용
하여 심지어 최악의 상황에서도 앞에 있는 돌무덤 이정표를 찾아내 길
을 개척해 나가는 것이 가능해졌다. 그것들은 생명을 구해 주는 역할을
한다.

하나님은 우리가 바로 그 이정표가 되라고 부르신다. 그리스도인이
되고서 머지않아 나는 다음과 같은 방식으로 기도하게 되었다. "오, 주
님! 제가 바로 그 이정표가 되게 하소서. 그러나 그 방향은 당신을 향하
도록 하소서."

진리를 말하는 자

우리가 의미 제시자가 되려고 애쓸 때, 다른 어떤 것보다 더욱 커다란 장애물은 진리에 관한 포스트모던적인 개념이다. 너는 너의 진리를, 그리고 나는 나의 진리를 가지고 있다고 생각하는 관점주의(perspectiv-ism, 진리는 객관적이고 보편적인 것이 아니라 경험적이고 개인적이라는 니체의 철학에서 출발한 개념-역주)가 판을 치고 있는 세상에서 우리는 무슨 말을 해야 할까? 그리고 왜 그런 노력을 기울여야 할까?

빌라도가 "진리가 무엇이냐"(요 18:38)고 물었던 것처럼 산만한 마음 자세로 질문하고 있는 사회를 향해 대답을 해주기는 간단치 않다. 그럼에도 불구하고 대답은 있게 마련이다. 그리고 그러한 대답을 제공하는 일은 그들의 기본적인 신앙을 형성했던 곳으로 사람들을 다시금 데리고 오는 것으로부터 시작된다.

종교적인 문제에 대해 어떤 것을 확신하는 일이 불가능하다고 수상하는 사람에게는 그에 대해 좀더 심도 있는 질문을 던지는 것이 도움이 될 수 있다. "어떻게 그런 생각을 하게 되었습니까? 제가 어떤 부분을 놓치고 있을 수도 있지만, 당신의 말은 종교적인 문제에 대해서 확실하게 알 수 있는 유일한 사실은 확실한 게 아무것도 없다는 것처럼 들리는군요." 왜 진리는 전혀 선택 사항이 될 수 없는가?

다원주의의 배후에 숨어 있는 명백하고도 중대한 실수를 지적하는 것도 도움이 된다는 사실을 발견했다. 너무나 많은 사람들이 다양성이라는 사실에서부터(선택할 수 있는 신앙이 많이 있으며, 그런 모든 신앙은 진실된 것으로 수천 명의 사람들에 의해 받아들여지고 있다) 다원주의라는 믿음으로(모든 사람의 신앙이 동일하게 타당하며 진리이다) 쉽게 비약한다.

당신이 만약 초등학교 1학년생들에게 4 더하기 4는 얼마냐고 물어서 7가지 다른 대답을 듣는다면, 각자의 대답이 진실되기 때문에 그들 모두가 그 나름대로 진리를 말했다고 할 수 있겠는가? 아니면 각자의 대답이 자기 나름의 관점을 반영할 뿐이고 대체로 참인 것과 별 관계가 없기 때문에 그들 모두가 진리를 말하지 못한 것인가? 여기에 나타나는 논리적 비약을 알 수 있겠는가? 모두가 다 옳다거나 아무도 옳지 않다고 믿는 믿음 이외의 대답이 있을 수 있다는 사실을 도외시하는 것은 사리에 닿지 않는 말이다.

이런 사실을 좀더 깊이 숙고해 본다면, 화성에 생명체가 있는가에 관한 논쟁이 끊임없이 재연된다는 점을 당신은 인식하고 있을 것이다. 이제 내가 직접 당신에게 화성에 생명체가 있는지의 여부를 묻는다면 당신도 어떤 의견을 개진할 것이라고 생각한다. 단지 토론을 위해서 당신은 화성에 생명체가 존재하지 않는다는 믿음을 가지고 있다고 가정해 보자. 이제 내가 다른 누군가에게 이 질문을 했는데, 그녀는 화성에 생명체가 있다고 믿는다고 가정해 보자.

나는 두 사람 모두 자신의 믿음에 진실하다고 확신한다. 그러나 한 사람은 아니라고 믿고 다른 사람은 그렇다고 믿는다면, 둘 중의 어느 하나는 정말로 잘못된 믿음을 가지고 있는 것이다. 화성에 실제로 생명체가 존재하든지 존재하지 않든지. 진리는 현실과 일치하는 그 무엇이다.

영적인 세계에서도 마찬가지 원리가 적용된다. 한 분의 인격적인 하나님이 존재하든지 존재하지 않든지. 죽고 난 이후에도 생명이 지속되든지 그렇지 않든지. 예수 그리스도께서 죽음에서 부활하셨든지 그러지 못하셨든지. 현실에 비추어 볼 때, 대답은 '모든 것이 가능하다' 고 말할 수는 결코 없다.

그렇다면 우리는 어떤 신앙이 진리이고 어떤 것이 허위인지 어떻게 알 수 있을까? 대부분의 사람들은 이 질문에 한 가지 권위 있는 원천에 의뢰함으로써 대답을 하려고 시도한다. 곧 자기 자신이다. 그러나 그것은 자연스럽게 몇 가지 실제적인 문제를 내포하고 있다. 나는 화성에 생명체가 없다고 깊이 느낀다고 여러분에게 말할 수 있다. 아니면 내가 그 문제를 오랫동안 심사숙고해 보았는데, 화성에 생명체가 없다고 생각하는 것은 비합리적이라고 믿는다고 말할 수도 있다. 또는 나는 한 번도 화성인을 만난 적이 없다는 사실을 지적하면서 경험상 화성에는 생명체가 없다고 생각한다고 말할 수도 있다.

그러나 유일한 권위의 원천이 나 자신에게만 머물러 있을 경우 나라는 사람은 화성에 생명체가 존재하는지의 여부를 파악하기 위해 충분한 노력을 기울이지 않고 있는 것이다. 이성과 느낌과 경험이 나에게 무엇이 진리인지를 암시해 줄 수도 있지만, 신앙의 문제에 관한 한 그것들은 나에게 아무것도 분명하게 말해 주지 못한다. 저 멀리 붉은 행성의 여기저기를 돌아다니는 조그만 녹색인이 존재하는지를 결정하기 위해 나 자신만을 의존한다면 진리에 그만큼 접근하기 힘들 것이다. 그것은 또한 하나님의 존재 여부라든지, 하나님은 어떤 분인지, 하나님이 우리에게 요구하시는 것이 무엇인지를 알아보기 위한 아주 유치한 방법이다.

다른 유일한 대안은 우리 자신의 바깥에서 정보원을 찾아내는 것이다. 화성인이 존재하는지를 파악하려고 한다면 우주선을 타고 그곳을 가 보아야 한다. 그렇게 하지 않는다면 내가 가진 것은 모두가 현실과 거리가 먼 의견에 불과하다.

물론 문제는 개인적으로는 관찰이 쉽지 않다는 점이다. 지구상의 어떤 비행기도 아직은 그곳에까지 날아가지는 않기 때문이다. 신앙의 문제에 있어서도 마찬가지 원리가 적용된다. 어느 누구도 천국행이라고 쓰인 비행선을 타고 우리가 원하는 증거물들을 얻을 수 있는 상황은 아니다.

하나님이 존재하는지의 여부를 알기 위해서는 그 생각을 지지하는 여러 종류의 외부적인 증거가 필요하다. 과거의 견해나 느낌들, 추론된 사상들을 살펴보면서 외부의 증거를 찾으려고 할 때, 당신은 모든 것을 샅샅이 섭렵할 필요는 없다. 이 세계는 한 예술가의 설계와 기술을 반영하고 있지 않은가? 우주학자와 물리학자들은 바울이 로마서에 기록한 구절을 공감한다. "창세로부터 그의 보이지 아니하는 것들 곧 그의 영원하신 능력과 신성이 그 만드신 만물에 분명히 보여 알게 되나니"(롬 1:20).

역사상 하나님께서 인간사나 자연사의 여정에 영향을 끼쳤다고 볼 수 있는 그런 사건들이 있는가? 많은 것들 가운데 한 예로, 역사적으로 잘 증명된 예수님의 부활 사건은 자연스럽고 합리적인 설명이나 그에 근접한 설명이 이루어진 적이 없다. 바울에 따르면 500명 이상이 부활한 그리스도를 눈으로 목격했고, 그들 대부분은 그가 고린도전서를 기록하던 시기까지도 살아 있었다(고전 15:4~5).

하나님께서 우리와 대화를 하기 위한 노력을 기울이고 있음을 암시하는 어떤 증거들이 우리에게 있는가? 그것이 바로 성경에 담긴 내용이다. 그것은 하나님의 말씀, 곧 인간 저자의 단순한 기록물이 아니라 하나님의 거룩한 손에 의해 완성된 작품이다. "모든 성경은 하나님의 감동으로 된 것으로" 하고 바울은 디모데에게 전하고 있다(딤후 3:16). 천 년 이상의 세월에 걸쳐 기록되었음에도 불구하고 그 내용에서 신기할 정도의 일관성, 고고학적 발견으로 날마다 확인되는 놀라운 역사적인 정확성, 우리 삶의 경험과 일치하는 성경의 지혜 등은 바울의 주장을 심각하게 고려할 만한 충분한 근거를 제공한다.

하나님께서 오셔서 자신을 우리에게 직접 계시하셨음을 암시하는 증거가 또 있는가? 예수의 생애, 죽음, 부활은 인간사에서 다른 어떤 것과도 감히 비교할 수 없다. 그 증거는 많이 있다. "태초에 말씀이 계시니라 이 말씀이 하나님과 함께 계셨으니 … 말씀이 육신이 되어 우리 가운데 거하시매"(요 1:1, 14).

그리스도인으로서 우리에게는 하나님이 존재한다는 것과 그분이 성경을 통해 우리에게 말씀하신다는 것에 대한 명확한 증거가 부족할 수도 있다. 그러나 우리는 그 두 가지 가능성을 심각하게 고려할 만한 강력하게 설득력 있는 근거를 가지고 있다. 『사람들은 도대체 왜 무언가를 믿어야만 하는가?(*Why Should Anyone Believe Anything at All?*)』

라는 훌륭한 책에서 제임스 사이어(James Sire)는 여기에서 논할 수 있는 것보다 훨씬 깊이 있는 내용들을 파헤치고 있다. 나는 여러분과 그의 결론들을 함께 나누고 싶다. 확신을 금하면서 그는 어떤 것이 진리인지를 알아보기 위해서는 다음과 같은 질문들을 던져 보는 것이 최선의 방법이라고 제시한다.

- 그것은 합리적인가? 진리라고 받아들인 만한 충분한 이유가 있는가?
- 그것은 논리적인가? 그 자체에 모순은 없는가?
- 실험적인 증거는 존재하는가? 내가 알고 있는 다른 사실들과 일치하는가?
- 내가 그것을 경험한 적이 있는가? 나의 경험은 이 제안들이 기대하게 하는 바와 일치하는가?
- 마지막으로, 그것은 물리적인 세계와 인생의 어려운 질문들에 대해 가장 적절한 설명을 해주는가? 다른 말로 하자면, 그것은 세계와 우리 자신과 다른 사람들에 대해 가지고 있는 모든 자료와 일치하며 다른 어떤 설명보다 훨씬 훌륭한 설명을 하고 있는가?

사이어는 주장하기를—그리고 나도 그가 옳다고 확실하게 믿고 있다—정통적이고 성경적인 기독교는 이러한 질문에 다른 어떤 것보다 나은 설명을 하고 있다고 한다. 예수는 선포한다. "내가 곧 길이요 진리요 생명이니"(요 14:6).[4]

잃어버린 실마리를 찾아 주기

의미 제시자와 진리 전달자의 필요성이 실로 엄청난 것은 확실하지

348 · 세상을 따라잡는 복음

만, 우리는 또 다른 거친 도전에 직면하게 된다. 우리의 포스트모던 세계는 자기들의 신앙을 강요하는 사람들을 기피하며, 성경에 대하여는 회의적이고, 배타적인 대답을 요구하는 주장에 대해서는 노골적인 냉소를 퍼붓는다. 급속히 변화하는 세상에서 하나님의 진리를 전하는 몇 가지 방법을 소개하겠다.

어떻게 전하고 가르칠 것인가

| 갈등에 대해 정직하라 | 포스트모던 세계와 맞서는 일은 그들의 질문과 신념을 심각하게 받아들이고 그것들에 대해 허심탄회하고 정직하게 답변하는 것으로부터 시작된다. 우리 주변을 맴도는 그러한 질문의 분위기는 상당 부분 냉소주의와 혼합된 현실주의와 염세주의 사이를 오간다. 이 세상은 고통과 갈등으로 가득 차 있고 자라나는 세대는 사회의 폭발로 인해 겁에 질려 있다. 잦은 이동, 낮은 생활 수준, 힘겨운 취업, 이혼의 고통, 자살의 고통, 성적 학대에 따른 혼란은 오늘날에는 너무도 빈번하게, 아주 흔하게 경험하는 것이다. 거리에도, 집에도, 교회에도 상처를 가슴에 가득 안고 활보하는 사람들로 가득하다.

'예수 안에서 승리하는 삶을 위한 세 가지 간단한 방법' 등과 같은 이야기는 오늘날 사람들의 귀를 거의 사로잡지 못하는 경우가 비일비재하다. 현실적인 삶의 복잡다단한 문제에 대해 충분한 설득력을 갖지 못하는 손쉬운 대답들은 허망할 뿐이다. 우리는 대화 가운데 자신의 고민을 털어놓고 회의적인 것을 드러내고 손쉬운 대답을 피해야 할 필요가 있다. 존경받는 자리를 피하고, '당신'이란 언어를 버리고 그 대신 '우리'라는 언어를 사용하는 것은 냉소적인 사람들의 마음을 여는 데 도움을 줄 것이다. 그리스도인이 된 지 얼마 되지 않은 사람들에게 설교단이나 강단에서 메시지를 전할 때 신앙과 삶을 일치시키려고 하면서 겪는 갈등들을 이야기하도록 그들에게 기회를 준다면, 우리의 말에 대한 신뢰도를 높이게 될 것이다.

│ 그들의 눈높이에서 시작하라 │ 우리가 이야기를 나누고자 하는 사람들은 우리가 전하려는 이야기에 대한 준거틀이 없기 때문에 오히려 이를 좋은 기회로 선용할 수 있다는 점을 기억하는 일은 아주 중요하다. 성경이란 그들에게 탄자니아와 같은 이국적이고 생소한 장소이다. 우리의 이야기를 듣는 사람들이 신약성경에서 구약까지 두루 꿰고 있다고 추측하지 마라. 또 성경에서 어떤 부분을 쉽게 찾아낼 수 있을 것이라고 단정짓지 마라. 그들에게 쪽수를 알려주고 쉽게 찾을 수 있도록 앞뒤 설명을 덧붙여라. "사무엘상은 앞표지로부터 4분의 1 정도에 있고, 룻기 바로 뒤에 있습니다. 열왕기나 역대기를 펼치셨다면, 아주 가까이 다가가긴 했지만 너무 많이 가셨어요." 교리나 교회사나 예수의 일생에서 일어난 사건, 주일 예배 의식에 관해 설명할 때에도 이와 같은 자세한 안내를 해주어야 할 필요성이 있음을 알아야 한다.

│ 대중문화로부터 공감대를 형성하라 │ 아주 자주 시간을 할애하여 우리 문화 속으로 파고들라. 우리 사회에서 가장 인기 있는 라디오 방송 프로그램을 적어도 3가지는 들어라. 시청률이 가장 높은 텔레비전 쇼를 시청하라. 최고의 흥행을 기록하는 영화를 관람하라. 그리고 베스트셀러를 읽어라. 연말에 음악 채널에서 뮤직 비디오 인기 순위 100위권에 드는 사람을 집회에 초청하는 것을 고려하거나, 가끔씩 뮤직 비디오를 함께 볼 수도 있다.

왜 이렇게 해야 되는가? 두 가지 간단한 이유가 있다. 먼저, 대중매체는 우리 사회의 공감대를 형성한다. 끊임없이 변화하는 문화의 흐름에 대한 감각을 유지하기 위해서는 라디오나 텔레비전을 참고하는 것보다 더 좋은 방법은 없는 것 같다.

둘째로, 당신이 충분한 기간 동안 문화의 흐름에 귀를 기울이고 나면 텔레비전 쇼나 유행하는 노래가 사람들의 삶에 필요한 메시지를 가장 잘 반영하고 있다는 사실을 간파하게 될 것이다. 그러한 익숙한 준거점들을 활용할 때 우리와 듣는 사람들 간의 연결점이 생겨나게 된다. 바울이 아덴 사람들에게 강론할 때 사도행전 17장 28절에서 사용한 방법이 바로 이것과 동일하다고 생각된다. 먼저 그는 유명한 록 그룹의 인기 있는 노래 가사에서 첫 부분을 취한다. "우리가 그를 힘입어 살며 기동하며 있느니라." 그런 다음 저명한 주간 뉴스 잡지에서 인용한 언론인의 글귀를 이어간다. "너희 시인 중에도 어떤 사람들의 말과 같이 우리가 그의 소생이라." (실제로 여기에서 바울은 철학자 및 시인의 유명한 작품을 인용했다.) 우리가 대중문화에서 소통되는 언어로 생각을 전할 수만 있다면, 사람들은 귀를 열고 들을 것이다.

어떻게 신앙을 나눌 것인가

| 예수를 중심에 두라 | 사람들에게 대답해야 하는 가장 중요한 질문이 바로 '예수는 누구인가' 와 '그분은 나에게 어떤 의미를 갖는가' 이다. 이 책에서 다른 모든 것을 잊어버릴지라도 이것만은 마음속에 소중히 간직하기를 바란다. 당신이 사람들과 신앙에 관해 이야기할 때, 강단에서 하나님의 말씀을 전할 때, 이러한 중심적인 질문에 머물러 있어라. 예수는 누구이며 그분은 나에게 어떤 의미를 가지는가?

모든 사람은 하나님 및 영적인 일에 대하여 해답을 찾지 못한 질문들을 가지고 있으며, 그러한 질문들에 대해 우리는 주의 깊게 듣고 신실한 답변을 해야 한다. 하나님이 그렇게 좋은 분이라면 이 세상에는 왜 그렇게 좋지 못한 일들이 일어나는가? 교회 내에는 그렇게 많은 위선들이 난무하는데 내가 왜 기독교를 심각하게 고려해야만 하는가? 어떻게 예수가 유일한 길이라는 사실을 당신은 그렇게 열성적으로 주장할 수 있는가? 과학은 그것이 아니라고 하는데 왜 내가 성경을 믿어야 하는가?

"아주 좋은 질문이군요." 나는 종종 이렇게 말한다. "아주 훌륭한 질문이에요. 그런 문제로 당신과 이야기할 수 있어서 기뻐요. 하지만 그렇게 하기 전에, 그보다 훨씬 중요한 문제에 대해 말씀을 드려야 될 것 같군요. 그 모든 것을 한마디로 요약한다면, 기독교는 다음과 같은 한 가지 질문으로 귀결됩니다. 이 예수는 누구이며 그분은 나에게 어떤 의미를 가지는가? 질문하신 것에 대해 말씀드린 뒤에, 그에 대해 좀더 이야기를 할 수 있을까요?"

우리가 대화 중에 갈릴리 출신의 이 위대한 사람에게 더욱 초점을 맞출수록 우리의 전도는 더욱 효과적이 될 것이다. 사람들과 대화하는 가운데 해결해야 할 다른 중요한 과제들도 많이 있다. 곧 교회의 역할이라든지, 하나님의 성품이라든지, 신앙과 과학은 어떤 면에서 상반되는지, 악의 문제라든지, 환경 문제 등. 그러나 우리가 예수로부터 시작하여 그 중심 출발점에서 외적인 문제를 해결할 때 가장 효과적이다.

▎전도 방법을 재고해 보라▎ 지금이 전도를 위한 전통적인 방법을 재고해 볼 때이다. 과거의 복음 전도를 위한 2단계 접근 방식, 곧 한 사람을 선택해 그에게 복음을 강요하는 방식은 효과적이지 못하다. 현대인들은 뻔한 대답에는 식상해 있고, 자신들의 사생활을 보호하려고 하며, 공격적인 '종교 행태'에 대해 관용적이지 못하다. 그것이 어떤 종류의 종교이든 자신들에게 부담을 주는 것은 싫어한다.

모든 권위가 의심을 받으며 아무것도 확실하지 않은 다원주의적이며 관점주의적인(일종의 상대주의적인) 세상에서 다음과 같은 다섯 가지 원칙을 지킨다면 사람들의 귀를 여는 데 큰 도움이 될 것이라고 믿는다.

① 친한 친구 관계를 형성하라

비그리스도인들과 진실된 친구 관계를 발전시키는 것에서부터 시작하라. 오늘날처럼 경계심이 많은 분위기에서 아무런 관계도 형성되어 있지 못하다는 말은 누구도 귀를 기울이게 하지 못한다는 의미이다. 진정한 친구 관계라는 상황 속에서만 우리는 누구에게 귀를 기울여 달라고 요청할 수 있는 권리를 얻게 된다. 그리스도에게 친숙해지도록 만들기 위해 우리의 우정을 단순히 이용하지 말고, 그 대신에 다른 사람들과의 친구 관계를 맺을 때 흔히 필요한 것과 똑같은 방식으로 약점과 장점 및 정직에 근거한 진솔한 관계성들을 맺어야 한다.

어느 시점에서는 복음을 나누기 위한 기회를 삼으려는 특별한 의도로 비그리스도인과 친구 관계를 형성하는 일에도 아무런 문제가 없다. 그러나 그러한 친구 관계가 종교적인 논쟁으로 얼룩진다든지, 그 친구에게 복음을 제시했을 때 제대로 반응하지 않은 직후에 곧바로 균열이 일어난다면, 아마도 무엇인가 잘못된 것이다.

쿠르트가 그리스도인이 된 지 얼마 지나지 않아 그는 나에게 이렇게 말했다. "목사님, 저는 무엇이 날 변화시켰는지에 대해 많은 생각을 해봤어요. 그게 뭔지 아세요? 당신이 너무 열정적인 친구가 되었다는 사실이었어요. 제가 당신에게 동의하든지 않든지 한결같이 우정을 지켜 준 그런 친구는 한 번도 본 적이 없어요." 우리는 복음을 나눌 기회를 만들기 위해서 우정을 강요해서는 안 된다. 만약 그렇게 한다면 우리의 인간 관계는 친구처럼 느끼는 사이에서 벗어나 어떤 성급한 의도를 달성하려는 느낌을 가지도록 만든다. 현대인들은 아주 영악하기 때문에 종교적인 의도를 가진 사람에 대해 아주 멀리 떨어져 있어도 냄새를 맡을 수 있다. 우리는 생각을 넓혀 그리스도를 나누는 것이 단순히 말을 전하는 게 아니라 삶을 전하는 것을 의미한다는 사실을 깨달아야 한다.

② 매력적인 삶을 살아라

친구들에게 행복한 삶을 살아가는 모습을 보여 주라. 우리 주위에 있는 대다수 사람들의 삶은 음악 채널에 나오는 모습과 같다. 서로 뒤엉켜 있는 실타래처럼 어떤 해결의 실마리가 보이지 않는 엄청나게 복잡한 영상처럼 말이다. 중심을 잡고 살아가는 의미 있는 삶을 영위할 때, 사람들은 멈춰 서서 그러한 삶을 주목하게 된다. 이 혼란한 세상에서 무엇이 당신의 삶을 그렇게 균형 잡히게 만드는가? 혼돈과 불확실성의 시대에 올곧게 살아가는 삶은 전기가 나간 캄캄한 밤에 밝게 빛나는 촛불처럼 두드러지게 된다.

며칠 전에 한 친구가 아내와 나에게 이렇게 말했다. "만약 예수께서 자네를 그런 모습으로 살아가게 만든다면 나도 그렇게 살고 싶네." 우리 주변의 세상에 하나님의 빛을 비추는 그런 삶을 살도록 우리는 부르심을 받고 있다.

③ 적절한 질문을 던져라

사려 깊게 질문을 던지고 주의 깊게 대답을 경청하라. 어떤 사람과 복음을 나눌 시간이 10분 정도 있다면, 1분을 질문하는 데 보내고 나머지는 듣는 일에 사용하라. 그런 후라야만 우리는 정곡을 찌르는 대화를 나눌 수 있게 된다. 듣기보다 말하기를 더 많이 한다면, 그것은 캄캄한 밤에 연을 날리는 일이나 마찬가지이다. 우리가 수많은 말을 내뱉기는 하지만, 그것들이 전혀 효과적이지는 못할 것이다. "우리는 종종 자신을 훌륭한 설교자나 좋은 전도자라고 착각하지만, 먼저 좋은 경청자가 되어야 한다."고 레이튼 포드(Leighton Ford)는 말했다.

부드럽고 끈기 있게 탐색을 하라. 이 사람은 하나님에 대해 어떤 믿음을 견지하고 있는가? 그의 하나님은 존재하는가, 부재하는가, 사망했는가? 그리스도와 유리된 사람의 삶에서 드러나는 공허감을 어떤 곳에서 찾을 수 있는가? 깨어진 관계 속에서, 비틀거리는 가치관에서, 무력감에서? 어떤 종류의 영적인 문제로 당신의 친구는 갈등하고 있는가? 그 사람의 마음과 개인적인 이력을 파악하라. 이런 일을 잘 할수록 당신은 적절한 시간이 되었을 때 복음을 전할 수 있는 준비를 더욱 잘 갖추게 되는 것이다.

④ 당신의 경험을 나누라

그리스도에 대한 자신의 경험을 열린 마음으로 솔직하게 이야기하라.

전도용 소책자를 꺼낸다든지 성경책을 확 펼치면 상대방은 불안감을 느낀다. 종교적인 교리를 전달하려고 한다면 그 사람의 마음 문은 단숨에 닫히고 말 것이다. 그러나 아무도 당신의 경험을 부인할 수는 없다. 심지어 아무리 열렬한 뉴이지 운동가든지 아무리 완고한 과학론자라도 거부할 수 없다. 진리는 별 의미가 없으며 경험이 가장 중요하다고 외치는 세상에서 예수께서 우리의 인생을 어떻게 뒤바꾸어 놓았는지를 신선한 방법으로 설명하는 우리의 간증은 사람들에게 복음을 전하는 가장 중요한 수단이다. 나는 이것을 생활 전도라고 부른다. 곧 복음의 진리를 현재 친구 관계에 있는 사람에게 위협적이지 않게 전하는 간접적인 방식이다.

우리가 처음 믿을 때에도 그랬던 것처럼 이러한 나눔의 시간을 가질 때, 복음에 대해 간단한 설명을 덧붙인다면 그 효과는 배가될 것이다. 예를 들어 보자. "그런데 존은 '누군가 예수님이 십자가에서 돌아가신 의미를 나에게 설명해 준 적이 있느냐'고 물었어요. 아니오, 아무도 그런 적이 없어요. 그래서 그는 그 이유를 상세히 설명해 주었죠. 왜냐하면 우리 모두는 하나님께로 돌아오도록 택함을 입었기 때문입니다…." 등등. 그들에게 직접 복음을 전하려고 하면 (당신은 오늘 그리스도를 영접해야 합니다. 왜냐하면…) 대화를 중단하는 회의적인 사람들이라도 개인적인 간증은 열심히 들을 것이다(저는 그리스도를 영접해야 할 필요를 절실히 깨닫게 되었습니다. 왜냐하면…). 다른 사람들과 함께 우리 경험의 발자취를 걸어갈 때, 그들은 우리가 느끼는 것과 같은 감정들을 느낄 수 있을 뿐만 아니라, 그들의 마음은 우리와 같은 길을 걸어갈 수 있으며 그들의 귀는 진리에 관해 동일한 소리를 들을 수 있게 된다. 그러면 그들의 영혼은 동일한 믿음의 발걸음을 뗄 수 있을 것이다.

우리의 친구가 지금 고전하고 있는 갈등과 질문들이 우리가 그 과정을 지나면서 겪었던 것들과 똑같다는 사실을 보여 줄 때, 그리스도인의 경험을 나누는 것은 강력한 힘을 발휘할 수 있다. 친구에게 우리가 기독교와 맞서서 갈등했던 사실과 그것들을 헤쳐 나간 이야기들을 들려줄 때, 그 사람이 다른 사람에게도 거리낌없이 동일한 일을 할 수 있다.

⑤ 친구가 성경을 읽도록 권장하라

적절한 시기가 오면, 친구가 직접 성경을 읽도록 하고 그 자체의 권위를 확신할 수 있도록 초청하라. 과거에 우리는 함께 성경책을 펼치기도 전에 왜 성경을 심각하게 고려해야 하는지를 사람들에게 설명하느라 시간을 허비하곤 했다. 경험상 그것은 거의 성공을 거두지 못한다. 사람들은 성경의 권위를 신뢰할 수 없는 이유들을 엄청나게 찾아내기 때문에 우리가 그들에게 아무것도 확신시키지 못할 뿐만 아니라 성경책의 표지도 펼쳐 보지 못하게 만든다. 그러나 다음과 같이 단순하게 질문을 던진다면 무슨 일이 벌어질까? "성경이 예수님에 대해 뭐라고 말하는지 나와 함께 살펴보지 않겠어요? 우리는 그분에 대해 많은 이야기를 나누었지만, 한 번도 그분께서 뭐라고 말씀하셨는지 그리고 어떤 일을 행하셨는지 성경의 기록을 직접 살피는 데 시간을 할애한 적은 없군요. 어디 한번 시작해 볼까요?" 또는 이렇게 말할 수도 있다. "당신이 견지하고 계시는 기독교에 대한 회의적인 시각은 이해할 만하군요. 그러나 무조건 거부만 하지 마시고, 당신이 믿지 못하겠다고 말하는 이유를 찬찬히 찾아보는 것이 온당한 처사가 아닐까요? 복음서의 이야기를 함께 좀 읽어 보는 것은 어떨까요?" 내가 그리스도인이 된 이유 중의 하나는 누군가 나에게 이런 종류의 초청을 했기 때문이다.

나는 지금 복음을 그리고 복음이 우리의 삶에 요구하는 것들을 직접적으로 전해서는 안 된다고 말하는 것이 아니다. 물론 우리는 그렇게 할 수 있다. 우리가 진리에 합당한 삶을 사는 것을 강조하기보다 오히려 진리 그 자체를 선포하려고 할 수도 있다. 그리고 나는 단순히 듣는 이들의 필요나 감정을 만족시켜야 한다거나 복음을 '팔아야' 한다고 말하고 있는 것이 아니다. 그렇게 해서는 안 된다. 우리는 진리를 전하는 자들이지 영적 전쟁의 사냥꾼이 아니다. 내가 말하고자 하는 것은 단지 전도의 대상자들에게 민감해야 한다는 것이다. 대화에 있어서 가장 기본적인 원리는 우리가 원하는 바라든지 우리가 서 있는 위치가 아니라 듣는 사람들의 입장에서 출발하는 것이다.

현대인들은 우리가 자리잡고 있는 자리의 가까이에 전혀 서 있지 않다. 그들에게는 진리도 없고 하나님도 없고 확실성도 없고 권위도 없고 객관적인 실체도 없고 목적도 없다. 포스트모던 시대를 살아가는 사람들에게 가장 확실한 것 하나는 자신의 경험일 뿐이다.

그러므로 우리는 그곳, 즉 듣는 사람들의 경험과 우리의 경험에서 출발해야 한다. 전도를 위한 대화를 시작할 때 하나님의 존재에 관한 기존 지식이나 이미 최종적인 권위를 가진 것으로 받아들여진 하나님의 말씀에서 출발하면 좋겠지만, 그렇게 해서는 안 된다. 세상은 점점 변화하고 있고, 그렇기 때문에 전통적인 방식으로 복음을 제시하면 그 메시지는 열어 보지도 않은 채 발송자에게 되돌아오고야 만다. 기존의 관행에 얽매여 메시지를 전하고 있을 수만은 없다. 현재 상황에 맞게 그것은 재구성되어야만 한다. 이런 원리들을 더욱 발전시키기 위하여 부록을 참고하라. 거기에 더 자세한 내용이 제시되어 있다.

│ 배타성의 문제에 대해 분명한 입장을 취하라 │ 가장 핵심적인 논점에 도달하기도 전에 대화를 너무 깊은 곳까지 끌고 가는 모험을 해서는 안 된다. 이 세상은 진리의 개념에 관해 싸움을 걸기를 좋아하기 때문에, 구원이 오직 그리스도에게만 있다는 기독교의 주장(요 14:6; 행 4:12)에 대해 조롱과 분노가 뒤섞인 반응을 보인다.

모든 종교는 각기 다른 방법으로 동일한 정상에 오른다든지, 같은 다이아몬드의 다른 측면을 보는 것과 같다든지, 동일한 컴퓨터 파일에 상이한 비밀 번호를 부여한 것으로 생각한다는 사람에게 우리는 무슨 말을 해야 할까?

이런 이야기를 하는 사람들이 있다면, 먼저 그들은 대개 (면밀히 검토해 보지도 않은 채) 모든 종교가 기본적으로 동일한 가르침을 준다고 추측한다. 정말로 그렇다면 그것은 옳다. 모든 종교에서 신앙적인 부분은 배제한 채 해야 할 것과 하지 말아야 할 것에 관한 윤리적인 가르침만을 취한다면 그 말은 맞다. 당신이 세계의 종교들을 도덕적인 교훈 정도로 치부한다면, 그들은 놀랍게도 별 차이가 없다. (하나님께서 우리 모두의 심령에 동일한 도덕 감지 기능인 양심을 심어 놓았다는 사실을 기억한다면 그것은 그리 놀랄 만한 일도 아니다.)

그러나 윤리적인 문제를 재빨리 매듭짓고 세계관의 차이—시간, 실제, 하나님, 인간, 죽음, 물질, 초자연에 관해 어떤 것이 진리인가—에 관해 논의하기 시작하면, 다양한 종교들의 가르침에 커다란 차이가 난다는 사실을 곧바로 알게 된다. 대부분의 사람들은 그 가르침이 엄청나게 차이가 난다는 것을 깨닫고 놀랄 것이다. 그러한 차이를 한번 인시하고 나면 더 이상 상호 모순적인 그 관점들이 모두 진리라는 주장을 계속 견지하기는 힘들다. 어떤 것은 말도 안 되기 때문이다. 그들 중의 일부는 명백한 오류임이 확실하다.

그렇다면 이러한 질문을 할 수 있다. 만일 어느 한 종교만이 옳다면 어떻게 그렇게 많은 사람들이 오류에 빠질 수 있을까? 그런 모든 거짓 종교들은 어디로부터 기원한 것인가? 그런 질문에 대답하기 위해 내가 사용하는 방법은 모든 문화에는 그들 나름대로의 하나님을 향한 신앙을 내포하고 있다는 점을 지적한다. 창조주께서 우리 모두 안에 영적인 갈망을 심어 놓았고, 그와 더불어 그분만이 그러한 갈증을 만족시킬 수 있음을 느낄 수 있는 감각을 주셨다. 그러나 아무도 하나님을 본 적이 없다. 그분은 멀리 계시고 우리 일상 생활의 일부가 아니다. 그러한 문제를 해결하기 위한 노력의 일환으로 사람들은 하나님께 더 가까이 나아갈 수 있다고 자신들이 생각하는 여러 가지 방안들을 고안해 낼 수밖에 없었다는 점은 이해가 된다. 이것이 다양한 세계 종교들의 기원이 되지 않았을까?

당신이 그들 종교를 연구해 보면 바로 이런 점들을 깨달을 수 있으리라고 생각한다. 놀라운 사실은 하나를 제외한 모든 주요 세계 종교들은 개략적으로 인간의 개념, 행위를 통하여 하나님처럼 되는 것 등 똑같은 결론에 도달한다는 점이다. 우리가 일을 한다든지, 금식을 한다든지, 명상을 한다든지, 자기 나름대로의 방식을 좇든지 함으로써 하나님의 선하신 은혜로 나아갈 수 있다는 것이다.

기독교는 그와는 반대 방향에서 하나님의 은혜에 접근한다. 그 일을 행하시는 분은 우리가 아니라 하나님이다. 개략적으로 말한다면, 오직 기독교만이 우리에게 하나님의 은혜에 이르는 길을 여는 책임을 다하기 위하여 친히 하나님께서 인간이 되었다는 믿음을 간직하고 있다. 모든 다른 종교들의 주장과는 달리, 그러한 특징은 기독교를 주의 깊게 고려해 볼 만한 것으로 만든다. 우리가 초월자에 대해 기대하는 바와 너무도 다르다는 사실은 분명한 가능성을 제공하며 좀더 세밀한 관찰을 하도록 초대하고 있다.

무엇을 전할 것인가

| 우리의 정체성은 하나님 안에서만 발견된다 | 우리는 정체성을 찾아 여기저기 좇아다닐 필요가 없다. 나무 위에서 끊임없이 자신의 색깔을 바꾸는 카멜레온처럼 말이다. 정체성이란 피조물인 우리의 존재 안에 빚어지게 된다. 문제는 우리의 정체성을 만들어내는 데 있는 것이 아니라 그 정체성을 발견하는 데 있다. 예술가가 예술 작품을 평가하는 방식과 동일하게 하나님은 우리를 기뻐하시고 귀하게 여기신다. 우리는 그분의 지으신 바요 그분의 독특한 걸작품으로 주께서 "조직하셨"으며 그 지으심이 "신묘 막측하다"(시 139:13~14).

그러나 우리가 누구인가는 궁극적으로 예수 그리스도를 통해 하나님

과 올바른 관계를 어떻게 형성하고 있는가에 의해 규정된다. 그런즉 그
리스도 안에서 확실히 거하는 자는 이제 그분 안에서 새로운 피조물로
살아간다(고후 5:17). 좀더 넓은 성경적인 관점으로 본다면 우리는 '완
전히 새롭게' 창조되는 것이 아니라 하나님께서 처음부터 우리에게 의
도하셨던 전인적인 사람으로 회복되는 것이다. 그것이 바로 하나님의
말씀이 선포하는 내용의 전부이다. "우리가 그를 전파하여 각 사람을 권
하고 모든 지혜로 각 사람을 가르침은 각 사람을 그리스도 안에서 완전
한(성숙하고 완벽하며 전인적이고 회복되어 충만한) 자로 세우려 함이
니"(골 1:28).

하나님은 우리를 위한 자리를 남겨 두신다 우리는 속이 비어 있는
나선 구조로만 만들어지지 않았다. 하나님의 의도는 우리가 하나님과
다른 사람들과의 사이에서 분명한 토대를 가지고 살아가는 것이다. 우
리는 하나님의 가족으로(엡 1:5), 하나님의 자녀로(요일 3:1) 입양되었
다. 서로 형제와 지매가 되었다(벧전 2:17). 이러한 관계성 속에서 우리
는 우리 자신이 되며 서로를 섬기며 감싸주고 돌보며 성숙을 향하여 따
뜻한 자세로 권면할 수 있는 안전한 토대를 발견한다. 실제로 죄가 그리
스도의 몸을 더럽히고 있지만, 하나님의 성령께서는 우리가 타락했음에
도 불구하고 여전히 서로에게서 안전을 발견할 수 있도록 허락하신다.

하나님은 우리에게 의미를 주신다 마지막으로 우리는 의미나 목적
과 소망을 찾아 헤맬 필요가 없다. 의미란 이 세상에 천부적으로 주어진
것이다. 왜냐하면 하나님은 세상을 자신의 의도대로 지으셨기 때문이
다. 우주는 최초의 분자가 형성되는 것에서부터 아기라는 완전한 형태
의 피조물에 이르기까지 하나님의 의도를 드러내는 풍성한 증거들로 가
득하다. 그리고 우리는 모든 피조물이 지닌 목적의 일부가 되고 그것을
발견하고 참여하도록 초청받고 있다. "곧 창세 전에 그리스도 안에서 우

리를 택하사 우리로 사랑 안에서 그 앞에 거룩하고 흠이 없게 하시려고 그 기쁘신 뜻대로 우리를 예정하사 예수 그리스도로 말미암아 자기의 아들들이 되게 하셨으니"(엡 1:4~5).

하나님의 존재는 우주에 의미를 제공하며, 그러한 의미가 우리 각자에 대한 목적으로 해석된다. "저가 모든 사람을 대신하여 죽으심은 산 자들로 하여금 다시는 저희 자신을 위하여 살지 않고 오직 저희를 대신하여 죽었다가 다시 사신 자를 위하여 살게 하려 함이니라"(고후 5:15, 고전 10:31, 골 3:17 참조). 그리스도 안에서 우리는 우리의 인생을 향한 하나님의 사명을 발견한다.

그리고 우리를 향한 하나님의 목적에 대한 확신은 캄캄한 세상과 불확실한 미래에 과감히 맞설 수 있도록 격려를 받을 만한 이유가 된다. 목적에 대한 분명한 깨달음은 소망의 씨앗을 뿌려 주며 그 씨앗에 생명이 움트게 한다. "나 여호와가 말하노라 너희를 향한 나의 생각은 내가 아나니 재앙이 아니라 곧 평안이요 너희 장래에 소망을 주려 하는 생각이라"(렘 29:11).

제13장과 제14장에 대하여

[주요 개념들]

· 허무주의(nihilism): 하나님의 존재를 무시한 채로 인생에 의미를 주는 것은 아무것도 없다고 보는 세계관.

· 객관적인 진리(objective truth): 모든 사람들이 확실하며 보편적이고 누구나 참이라고 받아들일 수 있는 진리라고 동의하는 어떤 것.

· 관점주의(perspectivism): 세상을 향한 수많은 주관적인 조망이 가능하다고 생각하는 믿음 체계로, 어떤 것도 객관적으로 진리일 수 없고 어떤 것도 다른 사람들의 관점보다 더 유용한 관점은 없다고 본다.

· 포스트모더니즘(postmodernism): 절대적인 것은 없으며 객관적인 진리도 없으며 본래적인 의미도 없으며 인생의 모든 문제는 조망의 문제라고 주장하는 현대 철학의 세계관.

· 해체주의(deconstructionism): 모든 언어는 주관적이며, 객관적인 의미를 전달할 수 없으며, 독자의 해석에 달려 있디는 문하비평의 현대적인 관점.

· 의미에 대한 독자 반응 이론(reader-response theory of meaning): 어떤 주어진 작품의 의미는 작가가 아니라 독자에 의해 결정된다고 보는 해석의 한 방법론.

· 다원주의(pluralism): 믿음의 다양성과 자신이 원하는 것을 믿어야 한다는 개인의 권리를 주장하는 사회적인 분위기로, 이것은 모든 믿음 체계가 똑같이 유용하며, 진리는 다른 것들을 배제한 채 단 하나의 믿음 체계에서 발견될 수 있는 것이 아니며, 관용과 무비판적 수용이 가장 중심적인 사회의 미덕이라고 주장하는 철학으로 변질될 수 있다.

· 다문화주의(multiculturalism): 모든 문화 유산이 동등하게 유용하며 가치가 있고, 모두가 동일하게 연구와 탐구의 대상이 될 만큼 소중하며, 어떤 것도 다른 문화보다 고결하다거나 고귀하여 연구의 대상이 될 만하다고 고양해서는 안 된다는 세계관.

· 비모순 법칙(law of noncontradiction): 어떤 것이 동시에 x이면서 x가 아닐 수는 없다고 주장하는 비공식적인 논리 법칙.

[추천 도서]

· 뷰도인, 톰(Beaudoin, Tom). 『가상 신앙: X세대의 불경한 영적인 탐색(*Virtual Faith: The Irreverent Spiritual Quest of Generation X*)』. 샌프란시스코: 조시-바스, 1998. 뷰도인은 종교에 대한 의심, 영적인 경험에 대한 갈망, 불명료한 것들에 대한 용납 등 현 세대의 신학을 규정하는 주제들뿐만 아니라 그것을 형성하는 대중문화의 중요한 역할을 매력적으로 설명하고 있다.

· 드릴로, 돈(DeLillo, Don). 『하얀 소음(*White Noise*)』. 뉴욕: 펭귄, 1984. 이것은 아주 탁월한 소설로 우리 사회의 얄팍한 소비주의에 대한 풍자적인 관찰과 포스트모던 지성의 어두운 측면을 안목 있는 통찰력으로 가득 채우고 있다.

· 저겐, 케네스(Gergen, Kenneth). 『포화 상태의 자아: 현대인의 삶과 정체성 혼란(*The Saturated Self: Dilemmas of Identity in Contemporary Life*)』. 뉴욕: 베이직, 1991. 기독교적인 관점을 담지 않고 저술 활동을 펼치는 사람으로, 포스트모던 사회의 발전을 열성적으로 주장하고 있는 이 책은 우리 시대를 사로잡고 있는 포스트모던한 지성의 틀에 관한 막강한 안내서이다.

· 하위, 닐과 빌 스트라우스(Howe, Neil, and Bill Strauss). 『13번째 유전자: 중지, 재시도, 무시, 실패?(*Thirteenth Gen: Abort, Retry, Ignore, Fail?*)』. 뉴욕: 빈티지, 1993. 이 책에는 오늘날 무대의 전면으로 떠오르고 있는 세대들에게 분명한 빛을 비춰 주는 매력적인 인용들과 특징들로 가득하다.

· 넷랜드, 해럴드(Netland, Harold). 『불협화음: 종교 다원주의와 진리의 문제(*Dissonant Voices: Religious Pluralism and the Question of Truth*)』. 그랜드래피즈: 어드만, 1991. 이 면밀한 연구를 통해 넷랜드는 다원주의를 개괄적으로 다룬 뒤에 다양한 세계 주요 종교들의 생생한 주장들을 개별적으로 언급한다. 그리고 진리에 대한 기독교의 배타적인 주장을 믿어야 하는 이유들을 밝힌다.

· 퍼시, 워커(Percy, Walker). 『영화광(*The Moviegoer*)』. 뉴욕: 포셋 콜럼바인, 1989. 현대인의 자리 및 정체성 상실감을 탁월한 소설적 언어로 표현하는 동시에 현대인을 사로잡고 있는 결과적인 불안감에 대해서도 다룬다.

· 루프, 웨이드 클라크(Roof, Wade Clark). 『구도자들의 세대: 베이비 붐 세대의 영적 여행(*A Generation of Seekers: The Spiritual Journeys of the Baby Boom Generation*)』. 샌프란시스코: 하퍼 샌프란시스코, 1993. 미국 전역에 걸친 광범위한 조사에 기초한 아주 중요한 책으로, 미국인들이 영적인 문제를 이해하는 다양한 방식들을 정리한 귀중한 자료이다.

· 사이어, 제임스(Sire, James). 『사람들은 도대체 왜 무언가를 믿어야만 하는가?(*Why Should Anyone Believe Anything at All?*)』. 다우너스 그로브, 일리노이: IVP, 1994. 사이어는 각종 진리 주장에 대해 사람들이 불신하는 이유를 묘사하면서 기독교의 진리 주장을 확신하는 합리적인 이유를 탁월하게 설명하고 있다.

· 스트로머, 찰스(Strohmer, Charles). 『복음과 새로운 영성: 영적 구도자들의 세상에 진리를 전하는 방법(*The Gospel and the New Spirituality: Communicating the Truth in a World of Spiritual Seekers*)』. 내슈빌: 토머스 넬슨, 1996. 스트로머는 이 책에서 뉴에이지 시대의 정신에 대한 신실한 개관을 하고 있다. 또한 영적인 성향이 있는 사람들과 효과적으로 의사소통을 하는 전반적인 귀중한 제안들을 많이 하고 있다.

· 비스, 진 에드워드(Veith, Gene Edward). 『포스트모던 시대: 현대 사상과 문화에 대한 기독교적인 가이드(*Postmodern Times: A Christian Guide to Contemporary Thought and Culture*)』. 휘튼: 크로스웨이, 1994. 기독교적인 조망으로 포스트모더니즘을 바라본 분명하고 통찰력 있는 안내서.

하늘과 땅 사이에 다리 놓기

하나님의 말씀과 복음의 내용은 수천 년 전에 선포될 때와 마찬가지로 오늘날에도 진리이며 소중하다. 자기만을 신뢰하고 자신에게 만족하는 세상에서 우리는 복음이 얼마나 필요한지를 잊고 살아가기도 한다. 그리고 회의주의와 상대주의가 우리에게 끊임없이 손짓하는 세상에서 우리는 움츠러들거나 변명으로 일관할 수도 있다.

이런 식으로 자신에 대해 자격지심을 가지기 십상이다. 하나님의 말씀을 전하는 일이 이렇게 애를 써야 할 정도로 중요한가?

그 대답은 물론 예이다. 두말할 나위도 없다. 우리 시대의 퉁명스럽고 변덕스런 외침에 오도되지 마라. 그런 소리는 우리의 영혼을 좀먹고 생명을 앗아가게 만든다. 성경의 말씀보다 더 타당하고 더 시의 적절하며 더 긴요한 것은 없다. 성경은 단순히 선포되어야 한다.

겉으로 드러나는 우리 시대의 개략적인 특징을 대략 세 가지로 설명한 뒤에 그 핵심으로 들어가 보자.

많은 사람들이 더글라스 커플랜드(Douglas Coupland, 1961년생)를 저출생률 세대(baby busters' generation)의 대변자로 생각한다. 그는 늘 빈정대는 유머와 아주 교묘한 냉소와 퉁명스러운 말투를 구사한다.

그러나 때로는 자신의 속내를 드러내기도 한다. 그의 책 『하나님 이후의 삶(*Life after God*)』의 마지막 단락에서 놀라울 정도로 거리낌없는 어투를 보라. "자, 여기에 저의 비밀이 있습니다. 마음을 열어 놓고 솔직히 말씀드리건대, 내가 다시 이런 상태에 도달할 수 있을지 의문입니다. 그래서 내 말을 여러분이 들을 수 있도록 조용한 곳으로 가기를 기도합니다. 그 비밀은 나에게 하나님이 필요하다는 것입니다. 나는 나약한 존재이며 더 이상 혼자일 수가 없습니다. 나에게는 무언가를 줄 수 있도록 돕는 하나님이 필요합니다. 나는 더 이상 무엇을 줄 수 있는 존재가 아니거든요. 나에게는 친절하도록 도와주는 하나님이 필요합니다. 나 스스로는 더 이상 친절할 만한 능력이 없기 때문이죠. 나에게는 사랑할 수 있도록 도와주는 하나님이 필요합니다. 사랑은 나의 능력 밖이기 때문이랍니다."[1]

록 밴드 "스틱스(Styx)"의 리드 싱어인 데니스 드영(Dennis De-young)은 "나에게 길을 가르쳐 주세요(Show Me the Way)"라는 인기 곡을 썼다. 여기에 잊혀지지 않는 노랫말을 몇 줄 소개하겠다.

매일 밤 나는 기도를 하지요
하늘 나라가 있다는 소망을 가지고
그러나 날마다 더욱 혼란에 빠져요 …

그리고 내면에 있는 이 공허한 자리
너무나 두려운 나머지 믿음이 흔들릴 것만 같아요
나에게 길을 가르쳐 주세요[2]

이제 갑자기 인기를 모은 조안 오스본(Joan Osborne)의 가사를 한번 생각해 보자. "우리 중의 하나(One of Us)"라는 곡으로 오스본은 두 번이나 그래미상 후보로 지명을 받았고, 1996년 그래미상 시상식이 생중

계될 때 적어도 십만 명 이상의 시청자들 앞에서 공연을 하기도 했다.

만약 하나님에게 이름이 있다면, 그것은 무엇일까
그리고 그분의 면전에서 그 이름을 부를 수 있을까
만약 찬란한 영광 가운데 그분을 만난다면,
단 한 가지 질문만 허락될 때 뭐라고 물을 것인가?

만약 하나님에게 얼굴이 있다면, 어떤 모습일까
하나님을 본 뒤에 반드시
천국과 같은 것을 믿어야 한다면
그리고 예수님과 성자들과 그 모든 선지자들을 믿어야 한다면
그래도 그분을 보고 싶을까?

만약 하나님이 우리들 중의 하나라면?[3]

이것들은 현대 문화의 심장부에서 솟아나는 갈망과 갈증을 반영하는 수백 가지 유사한 표현들 가운데 단 몇 가지에 불과하다.

하나님의 말씀은 현대인을 위한 말씀이기도 하다. 성경에는 현대인들이 그토록 목말라하는 해답들이 들어 있다. 그 안에는 변화무쌍한 미래에 현대인들이 과감히 맞설 수 있는 힘이 있다. 거기에는 번갯불과 같은 희망과 의미와 새로운 생활에 대한 번뜩이는 약속이 샘솟는다. 그리고 우리가 좁은 길을 꿋꿋이 걸으며 신실하게 말씀과 세상을 연결시켜 나아갈 때, 하나님의 말씀은 능력 있게 사람들 가운데 퍼져 나가 그들에게 감동을 주게 된다.

그것이 우리에게서 이 세상 사람들이 갈망하는 것이다. 역사상 가장 적나라한 무신론자였던 알베르 카뮈의 다음과 같은 탁월한 표현들은 실로 의미심장하다. "세상 사람들이 그리스도인들에게 기대하는 바는 …

가장 평범한 사람들의 마음에서 의심, 더 나아가 가장 조그만 의심조차도 결코 일어나지 않는 방법으로 … 그리스도인들이 크고 분명하게 외쳐야 한다는 것이다."[4]

그러나 때때로—대개 너무나 자주—하나님의 말씀을 전할 때, 우리는 지나치게 미약한 모습을 보인다. 엄청난 힘을 발휘할 수 있는 에너지를 생산해 내지 못한다. 겨우 조그만 초인종이나 누를 정도이지 커다란 반향을 일으키지는 못한다.

어렸을 적에 내가 즐겨 하던 놀이 중의 하나는 집에 있는 카펫에다 발을 끌며 춤을 추다가 손을 전기 스위치나 여동생에게 갖다 대는 것이었다. 전기 스위치 나사와 내 손가락 끝 사이에서 발생하는 자줏빛 스파크가 너무 재미있었다.

번개와 정전기 쇼크는 어떤 면에서는 하나이며 같은 것이다. 이런 현상은 음극 영역과 양극 영역 사이에서 일어나는 방전 효과 때문에 나타난다. 그러나 유사성은 여기에서 그친다. 정전기는 삭은 불꽃이 튀면서 조금 불쾌감을 줄 뿐이다. 내가 아는 바로는 아무리 강한 정전기 쇼크일지라도 2분의 1줄(joule)밖에 되지 않는다. 이 에너지는 보통 건전지로 가는 시계를 4분의 1초 정도 움직일 수 있는 양이다.

반면, 1인치 정도의 번갯불은 1조 1천억 줄에 해당하는 힘을 가지고 있으며, 온도로 치면 거의 50,000도에 다다른다. 그것은 태양 표면의 온도보다 5배나 더 뜨겁다는 것을 의미한다. 한 번씩 치는 번갯불은 차를 가지고 미국 대륙을 종횡으로 세 번이나 왕복할 수 있는 에너지를 포함하고 있으며, 전기 시계를 1,712년 동안이나 사용할 수 있는 에너지 양이다.[5]

정전기는 사람을 즐겁게 하거나 성가시게 하는 정도이다. 그러나 번갯불은 파괴력을 가지고 있으며, 엄청난 에너지를 발생시키며, 거대한 변화를 일으킨다.

우리는 하나님 나라의 해방자들이다. 믿음을 전하고 가르치고 나누기 위하여 성경을 사용할 때, 우리는 하늘과 땅을 연결하고 있는 것이다. 하나님께서 하시는 말씀을 사용하여 우리는 시간과 영원 사이에 놓인 간격을 메우는 다리의 역할을 하는 것이다. 문제는 우리가 입을 열 때 거기에서 나오는 것이 무엇이냐 하는 것이다. 엄청난 번개가 터져 나올 것인가? 아니면 미미한 정전기가 되고 말 것인가? 이 세상에 하나님의 말씀을 전할 때, 그로 인해 세상이 불쾌하게 여길 것인가, 아니면 파괴력을 가지고 엄청난 힘을 불어넣으며 거대한 변화를 일으킬 것인가?

다음의 두 가지가 전혀 다른 결과를 초래할 것이라고 생각한다.

먼저, 여러분은 세상을 얼마나 잘 알고 있는가? 여러분이 말씀을 전하려는 사람들을 얼마나 분명하게 이해하고 있는가? 당신이 성경을 아는 만큼 청중들을 알고 있다면, 하나님의 말씀은 그들의 심중을 제대로 파고들 것이며 번갯불과 같은 결과가 일어날 것이다. 기상학자가 구름의 모양만 보고도 일기를 예측할 수 있는 것처럼, 정원사가 자기 땅의 토질을 꿰고 있는 것처럼, 정비사가 엔진 소리만 듣고도 차의 상태를 파악할 수 있는 것처럼, 어머니가 아기의 소리를 아는 것처럼, 당신의 주변 세계를 알라. 주변 세계를 배우는 데 열정적이 되라.

둘째, 여러분은 얼마나 분명하게 하나님을 드러내고 있는가? 당신이 알리는 바로 그 하나님은 얼마나 광대하신가? 결과적으로 우리는 하나님의 말씀과 이 세상을 그렇게 연계시키고 싶어하지 않지만, 우리는 그 둘을 잘 연결해야만 한다. 우리가 가르치고 전파하고 나누는 그 하나님이 왜소하다면, 우리의 말이 가진 영향력도 그렇게 미미해질 것이다. 〈존 덴버의 할렐루야(*Oh, God*)〉에서 조지 번스(George Burns)의 연기로 묘사된 것보다 —가까이에서 넋을 놓고 계신, 그러나 다소 접촉하기 어려운—우리가 하나님을 더 왜소하게 만든다면, 우리의 목소리는 성가신 정전기처럼 잔소리에 지나지 않을 것이다.

사람이 하나님을 의식했던 이전의 시대에는 분명한 구분이 있었다. 하나님은 거대하고 광대하시며 그의 존엄과 권능으로 우주를 채우고 계셨다. 그분이 말씀하셨기에 세상이 존재하게 되었다. 그분이 판단하셨기에 열방은 잠잠할 수 있었다. 그분이 운행하셨기에 전체 인류사(史)는 그분을 따라 움직일 수 있었다. 이와는 대조적으로 한 인간은 벌레같이 작고 유한한 존재이며 의존적이고 연약한 존재였다. 하나님의 심중에 있는 순수성과 인간의 마음을 지배하는 어두움에 대한 깨달음 때문에, 인간은 두려움과 고해하는 심정으로 하나님께 나아갔다. 인간은 자신에 대한 초라한 한계와 하나님의 무한한 능력을 의식하고서, 깊은 신뢰와 의뢰하는 마음으로 하나님께 나아갔다. 그리스도께서 십자가 위에서 주신 선물이 얼마나 위대한 것인지—인간이 얼마나 무가치한 존재인지—를 명심하고서, 인간은 결과적으로 주님께 자신의 삶을 헌신하도록 이끌어 주신 데 대해 말할 수 없는 감사로 하나님께 나아갔다.

이런 것은 어제의 이야기이다. 세상이 하나님과 충돌하고 있는 오늘날과는 거리가 먼 과거의 이야기이다. 그분은 모든 만물의 근본이 아니다. 하나님은 고리타분한 옛날에나 등장하는 티끌만도 못한 존재가 되었다. 과거 500년간 서구의 역사가, 다른 어떤 요인보다도 더 다음과 같은 한 가지 원동력에 의해 형성되었다고 말한다면 논란의 여지가 있다고 생각한다. 그 원동력이란 하나님의 존재는 축소시키고 그와 동시에 인간의 존재는 확대시키는 것이었다. 이것은 우리의 논의를 이끌어 온 중심적인 주제이다. 하나님은 안전하고 편리하게 마음대로 이용할 수 있는 신으로 전락했다. 한편, 인간의 존재는 엄청난 규모로 부풀려져 우리는 이제 광장에 높이 솟은 거대하고 속이 텅 빈 애드벌룬과 같이 되었다.

그것이 우리가 오늘날 처해 있는 위치이다. 자신에게 몰두하고 개인주의적인 소비자들과 방관자들이 하나님의 존재라든지, 선악이라든지, 의미와 목적에는 관심을 기울이지 않고 행동하는 시대에 도대체 영적인 삶이란 어떤 것이겠는가? 그것은 기괴하게 뒤틀린 모습으로 다가갈 것이고, 결국에는 이런 식으로 귀착된다. "좀더 나은 것을 발견할 때까지 나는 내가 좋아하는 것이면 무엇이든 할 거야. 그리고 하나님이라, 어…

하나님, 음… 글쎄, 하나님이 나에게 어울리는지는 잘 모르겠는데."

이런 식으로 우리의 내면에 자리잡고 있는 실용주의를 교정할 수 있는 유일한 수단은 그분이 만드신 모든 사람들에게 최고의 영광과 존엄과 무한하심을 드러내시는 하나님을 다시금 소개하는 것이다. 지금이 바로 이 세상이 제자리로 돌아가야 하며 하나님께서 자신의 위치를 회복해야 할 때이다.

그리고 우리가 서 있어야 할 최선의 위치는 한 손에는 말씀을, 다른 손에는 세상을 들고 천국과 이 땅을 잇는 다리 역할을 하는 좁은 길과 최후의 보루가 되는 것이다.

인간의 딜레마

나는 복음의 내용을 전하는 우리의 방법이 바뀌어야 한다고 믿는다. 『4영리(*The Four Spiritual Laws*)』라든지 『하나님과 화평을 누리는 길(*Steps to Peace with God*)』이라든지 『다리(*The Bridge*)』 등의 소책자가 수십 년 전에 쓰여질 때, 저자들은 그 당시의 문화를 잘 이해하고 있었다. 그때에는 대부분의 사람들이 인격적인 하나님을 믿었고 성경이 하나님의 말씀이라는 사실을 확신했다. 단지 부족한 부분이 있다면 사람들에게 복음의 내용을 정확히 제시하는 능력이었다. 그래서 저자들은 복음의 기본적인 진리들을 직접적으로 전달하는 방법을 개발했던 것이다. 기독교를 전하는 데 탁월한 도구로 사용된 위에서 소개한 세 가지 소책자들은 그 결과물이다. 그것들은 성경을 기본으로 하고 있으며, 수천 명의 사람들을 주님께로 인도하는 데 사용되었다. 하나님께서는 그것들을 유용하게 활용하셨으며, 오늘날에도 여전히 귀중한 자료임에는 틀림이 없다.

그러나 몇 가지 이유로 인하여 복음의 내용을 전하기 위해 새로운 방법, 곧 그러한 것들과 더불어 사용할 수 있는 접근 방법을 고안할 때가 되었다고 믿는다. 위의 소책자들은 모두 인격적인 하나님으로부터 시작하는데, 오늘날의 세계는 그러한 존재에 대해 회의를 품고 있다. 그것들은 영적인 '법칙'을 말하지만, 세상은 그러한 절대적인 것이 있다는 개념 자체를 부인한다. 그리고 그것들은 성경을 권위의 원천으로 부적절하다고 폐기해 버린 세상에서 성경의 권위에 의존하게 만든다.

이처럼 복음 전도를 위해 사용된 도구들은 오늘날과는 다른 세상에 사로잡힌 사람들의 마음과 심령에 호소하기 위해 고안되었다. 하나님으로부터 떨어져 나갔으며 구속력이 있는 법의 개념을 내팽개쳤으며 성경을 진부한 신화쯤으로 여기는 사회적 환경 속에서, 그처럼 동일한 접근 방법으로 사람들의 마음을 사로잡기란 힘든 일이다.

그렇다면 무슨 대안이 있을까? 오늘날 사람들에게 가장 권위가 있는 것은 자신의 경험밖에 없다고 나는 생각한다. 그러므로 우리가 청중의 위치에서 시작해야만 한다는 사실을 깊이 인식한다면, 그것은 사람들의 경험으로부터 시작해야 하며 거기로부터 복음의 내용으로 사람들을 이끌고 와야 한다는 것을 의미한다.

이렇게 할 수 있는 한 가지 방법을 소개하겠다.

인간의 딜레마에 대한 7가지 차원

그리스도와 관계를 맺고 있지 않은 사람은 모두 그러한 연결 고리가 없는 데서 오는 부정적인 결과들을 경험하게 된다. 하나님과의 관계가 심각하게 손상되어 있으며, 다른 사람들과의 관계도 정상 궤도를 벗어나 있으며, 삶은 수렁에 빠지게 된다. 나는 이것을 '인간의 딜레마 (human dilemma)'라고 부른다. 이것은 그리스도와 유리된 인간 존재의 필연적인 결과이다.

이런 문제들을 곰곰이 생각해 보니까 이과 같은 인간의 딜레마는 7가지 영역 또는 차원으로 심화되는 것 같다

· 다른 사람들로부터 소외됨: 우정에 금이 가기 시작하며, 긴장감이 가득하고, 끊임없이 갈등을 빚게 된다.
· 나쁜 경험들: 뼈아픈 손실과 불공평한 삶의 경험들이 우리를 반복적으로 넘어지게 한다.
· 의지와 행위 사이의 갈등: 하고 싶은 것들은 안 하고, 해서는 안 될 것들을 계속해서 하게 된다.
· 방향성을 상실한 삶: 우리의 삶에 어떤 지향점이 있다면, 나는 그러한 분명한 목표를 상실했다.
· 자존감 위기: 과연 나는 가치 있고 귀중하며 특별한 존재인가?
· 불확실한 미래: 죽은 후에 나에게는 어떤 일이 일어날까?
· 하나님 부재: 하나님은 멀리 계신 듯하고, 그분은 침묵하고 계시며, 매일 삶의 경험에서 그분은 사라지고 만다.

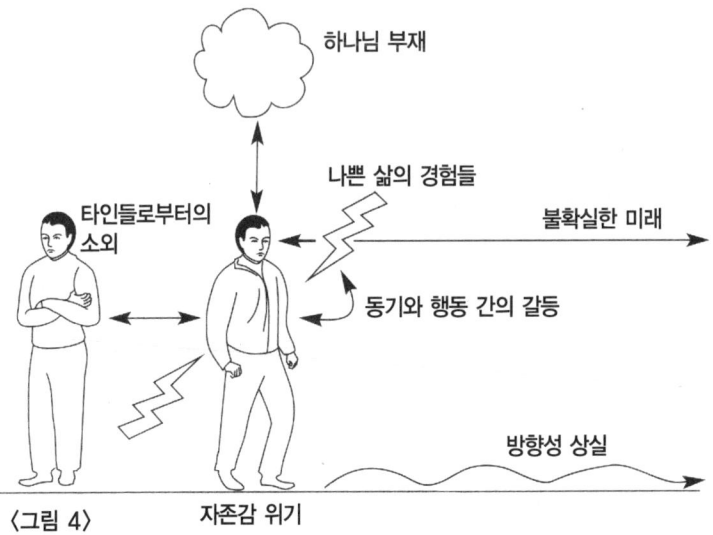

〈그림 4〉

출발점과 네 가지 반응들

이러한 접근 방법은 하나님을 가리키는 것이 아니라 인간 딜레마의 7 가지 양상들 중에 어느 것이 우리가 말하고자 하는 사람에게 가장 사실적인가를 규명함으로써 전도를 시도해 보자는 것이다. 어떤 사람의 삶 가운데에 위에서 언급한 갈등의 양상들 중 어떤 것이 가장 분명히 드러나기 시작했는가? 여기에 답하기 위해서는 충분한 시간을 가지고 통찰력 있는 질문을 던지고 기꺼이 듣고자 하는 마음이 있어야 한다.

그리스도와 유리된 모든 사람들은 인간 딜레마의 이러한 양상을 경험하지만, 모든 사람들이 이것을 깨닫고 있지는 못하다. 적절한 질문은 우리에게 어떤 사람의 삶에서 그가 처한 상황이 어떤 것인지를 발견할 수 있도록 하고, 더 나아가 우리가 말하고자 하는 사람들이 처한 갈등이 어떤 것인지를 깨달을 수 있도록 한다. 그러한 질문은 그리스도에 관한 우리의 경험을 나눌 수 있도록 문을 열어줄 뿐만 아니라 그가 걸어온 인생과 우리의 삶과의 차이점이 드러나게 해준다.

인간의 딜레마가 실존하고 있다면, 왜 세상이 우리에게 해답을 찾아 몰려오지 않을까? 한 가지 이유는 사람들이 자신의 삶에서 벌어지고 있는 일들을 외면하는 데 전문가이기 때문이다. ("문제? 무슨 문제 말이오?") 더 나아가 사람들은 너무나 자기 의존적이어서 최후의 수단으로서만 도움을 요청할 뿐이다. ("난 괜찮아요. 나 스스로 해결할 수 있어요. 난 모든 것을 통제하고 있어요.") 내가 그리스도인이 되기 전에는 그러한 이유가 나에게도 분명히 옳은 것이었다.

이러한 이유 때문에 어떤 사람에게 문제가 발생했을 때, 그는 다음과 같은 네 가지 반응을 할 수 있으리라고 생각한다.

부인: 문제가 있는 것처럼 보이긴 하지만, 아무 문제 없어.
단념: 문제가 있기는 하지만, 아무것도 할 수 있는 일이 없어.

노력: 문제가 있기는 하지만, 열심히 대처하면 나의 노력으로 해결할
   수 있어.
도움 요청: 문제가 있어. 나는 스스로 해결할 수 없으니 도움을 청해
   야겠군.

네 번째 반응은 대개의 경우 최후의 수단이 되며, 일반적으로 다른 방
법들이 다 동원된 이후에나 선택된다. 〈그림 5〉는 앞의 세 가지 반응이
어떻게 나타나는지를 잘 표현하고 있다.

인간 딜레마의 어느 차원에 어떤 사람이 가장 민감한지를 전혀 모를

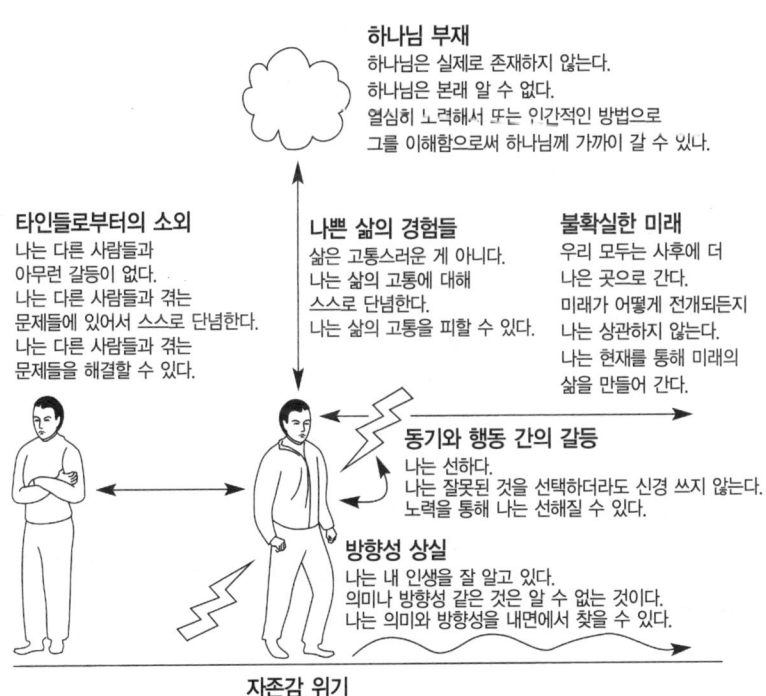

하나님 부재
하나님은 실제로 존재하지 않는다.
하나님은 본래 알 수 없다.
열심히 노력해서 또는 인간적인 방법으로
그를 이해함으로써 하나님께 가까이 갈 수 있나.

타인들로부터의 소외
나는 다른 사람들과
아무런 갈등이 없다.
나는 다른 사람들과 겪는
문제들에 있어서 스스로 단념한다.
나는 다른 사람들과 겪는
문제들을 해결할 수 있다.

나쁜 삶의 경험들
삶은 고통스러운 게 아니다.
나는 삶의 고통에 대해
스스로 단념한다.
나는 삶의 고통을 피할 수 있다.

불확실한 미래
우리 모두는 사후에 더
나은 곳으로 간다.
미래가 어떻게 전개되든지
나는 상관하지 않는다.
나는 현재를 통해 미래의
삶을 만들어 간다.

동기와 행동 간의 갈등
나는 선하다.
나는 잘못된 것을 선택하더라도 신경 쓰지 않는다.
노력을 통해 나는 선해질 수 있다.

방향성 상실
나는 내 인생을 잘 알고 있다.
의미나 방향성 같은 것은 알 수 없는 것이다.
나는 의미와 방향성을 내면에서 찾을 수 있다.

자존감 위기
나는 무한한 가치와 잠재력을 가진 존재이다.
나는 무가치하거나 중요하지 않은 존재이다.
나는 스스로의 노력으로 중요한 존재가 될 수 있다.

〈그림 5〉

때, 우리는 고통이나 좌절의 상황에 그 사람이 어떤 반응을 하는지 탐색해 보는 것으로 출발점을 삼을 수 있다. "이것이 당신의 삶에서 아주 힘든 부분이라는 생각이 드는군요. 그것을 어떻게 처리하시나요? 그로 인해 어떤 변화가 생기나요?" 그 사람으로 하여금 처음의 세 가지 선택 중 어떤 것도 진정한 해결책이 될 수 없다는 사실을 깨달을 수 있도록 더욱 상냥하게 도와줄수록, 그 사람은 더욱 쉽게 도움을 요청할 수 있게 된다. 그러면서 우리 자신이 그리스도에게 나아간 경험들을 나누면서 그 다음 단계에서는 무엇을 해야 하는지 보여줄 수 있다.

우리의 경험과 예수의 해답

다음 단계는 그 사람과 함께 인간 딜레마의 똑같은 차원에 처했던 우리의 경험을 나누는 것이다. 나는 어떻게 그것을 경험했는가? 나는 그에 대해 어떤 조처를 취했나? 그것은 얼마나 효과적이었나? 그러한 특별한 갈등 상황에서 나는 어떻게 그리스도를 해답으로 찾게 되었나? 그리고 그리스도인이 된 이래로 지금까지, 내 삶의 그러한 영역에서 그리스도께서 어떻게 변화시켜 주셨는가? 사람들 가운데 내가 겪었던 커다란 갈등이 이 사람과는 다를 수도 있지만, 어쨌거나 그것은 하나의 갈등이었으며 그러한 경험을 나눌 수 있다.

여러 차원에서 그리스도가 어떻게 변화를 일으키셨는가에 대해 지나치게 단순화시킨 이야기를 전달한다면 오히려 역효과를 거둘 수도 있다. 때때로 예수께서 우리의 삶을 급격하게 변화시키기도 한다는 것은 사실이다. 대개는 그러한 양상들이 수년 동안 갈등 상황을 계속 초래할 수도 있으며, 심지어 우리의 나머지 인생을 그런 문제와 싸우며 보낼 수도 있다. 그러나 그러한 와중에서 예수는 그것에 맞설 수 있는 용기를, 변화를 일으킬 수 있는 힘을, 언젠가는 그런 갈등에서 벗어날 수 있다는

—이생에서든 영원에서든— 희망을 주신다. 지나치게 단순화시킨 이야기로는 복음을 잘못 설명할 수 있으며(우리의 필요를 충족시키기 위한 일시적인 해결책으로서 그리스도께로 나올 수는 없다), 그리스도인이 되기만 하면 기대하는 바를 모두 성취할 수 있다는 오도된 인상을 심어 줄 수 있다(삶이란 갑작스럽게 완전해지거나 편안해지거나 편리해질 수는 없는 것이다).

갈등을 이겨내기

지금까지 우리는 경험이라는 영역에서 논의를 진행해 왔다. 이제 우리의 현실적인 경험에 적절한 해답을 제공하는 성경에 초점을 맞춤으로써 진정한 해결책이 무엇인지에 관심을 기울여야 하겠다. 성경을 펼쳤을 때 우리가 발견하는 것은 그리스도께로 나오기만 하면 인간 딜레마의 어느 차원에 빠져 있든지 정상 궤도를 회복하리라는 약속이다.

앞에서 7가지 차원을 이야기할 때, 사실 명예욕이나 자유로운 수입 또는 개인적인 평안에 대한 욕구 등과 같은 표면적인 필요들을 언급하지 않았다. 각각의 차원은 하나님으로부터의 소외가 낳은 가장 밑바닥의 영적 결과이다. 그러한 차원들은 타락의 직접적인 결과이다. 모두가 성경에서 공개적으로 언급되는 주제들이며, 이를 위해 성경은 해결책을 제시한다.

- 타인으로부터 소외되는 문제에 있어서 예수님은 용서와 화해를 가져다 준다.
- 나쁜 경험으로 인한 고통에 대해서 예수님은 평안과 궁극적인 정의를 약속한다.
- 의지와 행위 사이의 갈등에 대해 예수님은 통일성과 죄의 용서를

선포한다.
·방향성 상실에 관해 예수님은 삶의 의미와 목적을 제시한다.
·자존감 위기에 대하여 예수님은 사랑받는 존재라는 확신을 준다.
·불확실한 미래에 관하여 예수님은 영생에 관한 소망을 제공한다.
·하나님과의 유리된 삶에 대하여 예수님은 우리를 구속하신다. 곧
하나님과 인간 사이는 그리스도를 통해 바로 세워진다.

일단 어떤 친구에게 그리스도 없이 사람의 고통을 경험하는 일차적인
원인을 확인한 뒤 해답을 찾기 위해 자신을 의존하는 일이 얼마나 부질
없는가에 대해 알도록 했다면, 다음 단계로 우리는 성경이 그 해답, 곧
예수 그리스도를 어떤 방식으로 제시하는지를 보여줄 수 있다.

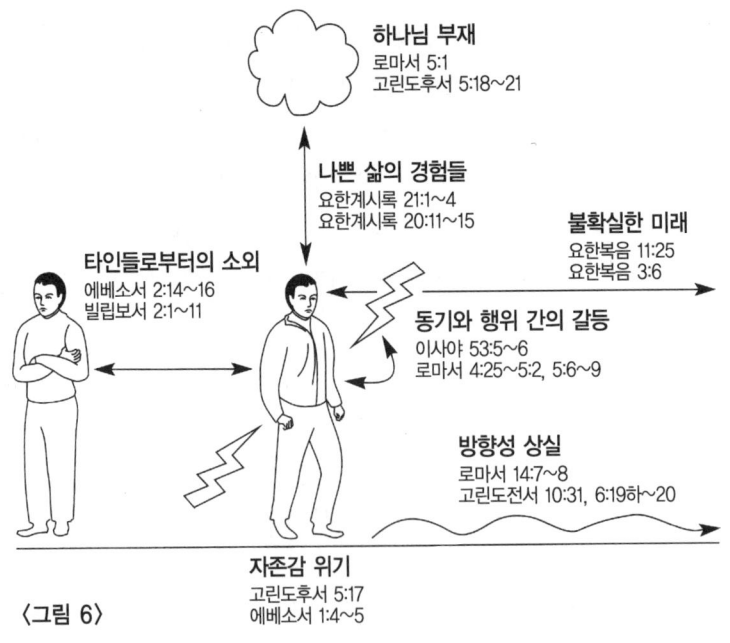

하나님 부재
로마서 5:1
고린도후서 5:18~21

나쁜 삶의 경험들
요한계시록 21:1~4
요한계시록 20:11~15

불확실한 미래
요한복음 11:25
요한복음 3:6

타인들로부터의 소외
에베소서 2:14~16
빌립보서 2:1~11

동기와 행위 간의 갈등
이사야 53:5~6
로마서 4:25~5:2, 5:6~9

방향성 상실
로마서 14:7~8
고린도전서 10:31, 6:19하~20

자존감 위기
고린도후서 5:17
에베소서 1:4~5

〈그림 6〉

인간의 딜레마에 대한 해결책

이 과정에서 마지막 단계는 그 사람에게 잃어버린 부분을 채워 주는 것, 곧 복음으로 마무리짓는 것이다. 우리가 상대하고 있는 그 사람은 인간 딜레마의 이런 양상들에 대한 해답이 예수님이라는 사실을 그분이 어떤 방식으로 주장하는지를 살펴보았다. 이제 우리는 뒤로 한 발 물러나 예수님이 누구이며 왜 이 세상에 왔는지에 대해 좀더 상세하게 설명할 필요가 있다. 바로 이 시점이 『4영리』라든지 『하나님과 화평을 누리는 길』이라든지 『다리』 등에서 설명하는 복음의 내용을 제시할 수 있는 최상의 시기이다.

또는 이 시점에서 대화 가운데 다음과 같은 방식으로 토론을 이끌어 가고 싶을지도 모르겠다. 나는 대체로 이런 식으로 기독교의 기본 진리를 설명힌다.

1. 하나님은 우리가 그분을 위해 살도록 만드셨다. 하나님이 우리를 창조하셨기 때문에 그분은 우리에 대해 마땅한 권리를 갖고 계시다. 우리는 그분의 것이다.

2. 그러나 우리는 그분을 위해 살기보다는 자신을 위해 살기로 결정하셨다. 우리는 삶의 중심에서 그분에게 적절한 자리로부터 하나님을 내몰았다. (이것을 우리는 죄(sin)라고 부른다.)

3. 그 중심에서 하나님을 몰아내기로 한 우리의 결정에 대한 결과는 이중적이다. 첫째, 우리는 우리의 삶을 엉망으로 만들었다. 하나님이 제자리에서 내몰렸기 때문에 삶이 제대로 영위되지 못한다. 이해할 수 없을 정도로 지속적인 갈등이 이어진다. 우리는 하나님을 위해 살도록 지음받았다. 그러므로 그렇게 하지 않을 경우의 결과들을 알기 위해서 멀리 갈 필요가 없다. 인간의 딜레마는 그리스도와 동떨어져 살아가는 우리 모두가 경험하는 것이다. 둘째, 우리는 하나님을 반역했다. 우리는

자신을 창조한 분과의 관계를 단절해 왔기에 이제 하나님의 진노와 징계를 받기에 합당한 존재가 되었다는 사실을 깨닫는다. 우리는 우리의 삶을 엉망으로 만들었다.

4. 엉망이 된 우리의 삶을 위해 그리고 하나님과의 단절된 관계를 위해 예수님은 하나님의 해결책으로서 우리에게 오셨다. 예수님은 우리를 향한 하나님의 원래 의도를 회복시키기 위해 오셨는데, 그것은 우리가 다시 하나님을 위한 삶을 살아가도록 돌이키도록 함으로써 성취된다. 그리고 그분은 우리에게 합당한 징계를 십자가 위에서 대신 짊어지심으로 하나님과 우리의 관계를 회복시키기 위해 오셨다.

5. 우리는 두 가지 방식으로 반응해야 한다. 첫째, 우리는 아주 멀리 떠났던 하나님 아버지와의 올바른 관계를 회복하기 위한 유일한 길이 예수님이라는 사실을 믿어야 한다. 둘째, 우리는 더 이상 자신을 위해 살지 않고 그러한 행실에서 돌이켜 지금부터라도 복종과 신뢰와 순종 가운데 그분을 위해 살겠다고 결심해야 한다.

이 모든 것은 그 사람을 주님께서 원하시는 새로운 경험으로 인도할 것이다. 곧 그리스도 안에서 새롭고 총체적이며 올바르게 되는 것 말이다.

주(註)

제1장 적절성이라는 좁은 길을 걸어가기

1) 친구인 빌 티버트(Bill Tibert) 덕분에 이런 멋있는 유추가 가능했다.

2) 헤이든 로빈슨(Haddon Robinson), 학교 강의, 1993년 5월 25일.

3) 포시스(P. T. Forsyth), 『긍정적인 설교와 현대 지성(*Positive Preaching and the Modern Mind*)』(그랜드래피즈: 베이커, 1980), 207.

4) 로빈슨, 학교 강의, 1993년 5월 17일.

제2장 진리로 세상을 사로잡기

1) 스테판 크레인(Stephen Crane), "갑판 없는 배", 『문학에서의 미국 전통(*The American Tradition in Literature*)』, 제6판, 조지 퍼킨스 등 편집(뉴욕: 랜덤 하우스, 1985), 1046.

2) 로이 클레멘츠(Roy Clements), "주해 설교의 특징", 〈컨택트 19(*Contact 19*)〉, 제2권(1990년 여름), 4.

3) 포시스, 『긍정적인 설교와 현대 지성』 8, 131.

제3장 소비자 제조하기

1) 마이론 매그넷(Myron Magnet), "사회", 〈포춘 6(*Fortune 6*)〉(1987년 7월), 26.

2) 줄리엣 쇼(Juliet B. Schor), 『과로한 미국(*The Overworked America*)』(뉴욕: 베이직, 1992), 107.

3) "관광객이 즐겨 찾는 5대 지역", 〈리액트(*React*)〉(1995년 9월 25일~10월 1일), 5.

4) 이런 생각에 대한 케네스 룩스(Kenneth Lux)의 유용한 설명을 〈아담 스미스의 실수(*Adam Smith's Mistake*)〉(보스턴: 샴발라, 1990), 13~27쪽에서 참고하라.

5) 조나단 러너(Jonathan Lerner), "남부: 35가지 매력적인 요소", 〈반구(*Hemispheres*)〉(1995년 3월), 27.

6) 제임스 링컨 콜리어(James Lincoln Collier)는 『미국에서 이기주의의 발흥(*The Rise of Selfishness in America*)』(뉴욕: 옥스퍼드 대학교, 1991), 19~48쪽에서 이런 발전 단계를 잘 다루는 훌륭한 일을 하고 있다. 또한 『현대 미국 문화(*Modern American Culture*)』, 미크 기들리(Mick Gidley) 편집(런던: 롱맨, 1993), 166~188쪽에서 "산업화, 사업, 소비주의"라는 기사를 참고하라.

7) 수 엘린 스캘레타(Sue Ellyn Scaletta), "파묻히기 전에 편지를 정리하는 게 낫다", 〈가제트 전보(*Gazette Telegraph*)〉(1993년 11월 16일), D3.

8) 조지 리처(George Ritzer), 『미국의 맥도날드화(*The McDonaldization of America*)』(사우전드 오크, 캘리포니아: 파인 포즈, 1993), 29.

9) 톰 헤이만(Tom Heymann), 『어느 평범한 날에(*On a Average Day*)』(뉴욕: 포셋 콜럼바인, 1989), 102.

10) 스티븐 라거펠드(Steven Lagerfeld)는 〈월간 대서양(*The Atlantic Monthly*)〉(1995년 11월), 110~120쪽의 "주요 도로의 쇼핑몰로부터 배울 수 있는 것"이라는 기사에서 이것 외에도 다른 쇼핑몰 방법을 묘사하고 있다.

11) 로렌스 셰임즈(Laurence Shames), 『더 가지려는 욕망(*The Hunger for More*)』(뉴욕: 빈티지, 1991), 33.

12) 헤이만, 앞의 책, 101.

13) 톰 파커(Tom Parker), 『어느 날엔가(*In One Day*)』(보스턴: 휴튼 미플린, 1984), 47.

14) 헤이만, 앞의 책, 154. 좀더 최근의 조사는 이 숫자가 3, 4천에 이른다고 말한다.

15) 에릭 클라크(Eric Clark), 『욕구를 창출시키는 사람들(*The Want Makers*)』(뉴욕: 펭귄, 1988), 62.

16) 콜리어, 앞의 책, 243.

17) "당신은 알았나요?" 〈가제트 전보〉(1993년 1월 24일), A2.

18) 이를 위해 광고주들이 사용하는 시간의 길이에 대해서는 레슬리 사반(Leslie Savan)의 위대한 수필을 보라: "내키지 않는 것이 더 많다", 『후원으로 사는 삶(*The Sponsored Life*)』(필라델피아: 템플 대학교, 1994), 43~46.

19) 클라크, 앞의 책, 27.

20) 위의 책, 23~24.

21) 크리스토퍼 라시(Christopher Lasch), 『자기 도취의 문화(*Culture of Narcissism*)』(뉴욕: 워너, 1979), 138.

22) 폴 와첼(Paul Wachtel), 『풍요 속의 빈곤(*The Poverty of Affluence*)』(필라델피아: 뉴 소사이어티, 1989), 39.

제4장 불만이 가득한 세상에 하나님의 말씀 전하기

1) 토머스 모리스(Thomas Morris)는 그의 뛰어난 작품인 『파스칼과 삶의 의미: 그 모든 것을 이해하기(*Making Sense of It All: Pascal and the Meaning of Life*)』(그랜드래피즈: 어드만, 1992), 109~127쪽에서 파스칼 사상의 이러한 측면(그의 사상에 대해 많은 다른 측면들도 역시)을 탁월하게 소개하고 있다.

제5장 구경꾼에게 초점 맞추기

1) 빌 맥키븐(Bill McKibben), 『정보 상실의 시대(*The Age of Missing*

Information)』(뉴욕: 플룸, 1993), 18.

2) 돈 드릴로(Don DeLillo), 『하얀 소음(*White Noise*)』(뉴욕: 펭귄, 1985), 22.

3) 1992년을 기준으로 99%의 가정이 텔레비전 수상기를 가지고 있으며, 그 중 3분의 2 정도는 두 대 이상을 소유하고 있고, 58%는 케이블 TV를 보고, 70%는 VCR을 가지고 있다. 돈 R. 펨버(Don R. Pember), 『미국의 대중 매체(*Mass Media in America*)』, 제6판(뉴욕: 맥밀란, 1992), 300.

4) 콜로라도스프링스 주택건설업자 협회의 베릴 굴야(Beryl Gulya)와 콜로라도스프 링스 지역의 부동산 중개인인 빌 포시스(Bill Forsyth) 및 마이크 로버츠(Mike Roberts)와의 대화.

5) 대략적인 시간의 범위는 1주일에 25시간에서 30시간 사이지만, 대부분의 지역에 서는 28시간이다. 패트릭 바위즈(Patrick Barwise)와 앤드루 에렌버그(Andrew Ehrenberg), 『텔레비전과 시청자들(*Television and Its Audience*)』(뉴베리 파 크, 캘리포니아: 세이즈, 1988), 12.

6) 위의 책.

7) 톰 헤이만, 『어느 평범한 날에』, 183.

8) 위의 책, 202.

9) "관광객이 즐겨 찾는 5대 지역", 〈리액트〉(1995년 9월 25일~10월 1일), 5.

10) 닐 포스트만(Neil Postman), 『죽도록 즐기기(*Amusing Ourselves to Death*)』 (뉴욕: 펭귄, 1985), 64~80 및 다니엘 부스틴(Daniel Boorstin), 『이미지(*The Image*)』, (뉴욕: 빈티지, 1961), 12~14쪽에서 닐 포스트만과 다니엘 부스틴의 탐 색적인 분석을 참고하라.

11) 포스트만, 위의 책, 69.

12) 위의 책, 76.

13) 워커 퍼시(Walker Percy)는 자신의 책 『우주 미아: 최후의 스스로 돕기 책(*Lost in the Cosmos: The Last Self-Help Book*)』(뉴욕: 눈데이 출판사, 1983), 70 쪽에서 18세기까지는 그러한 단어가 우리의 언어 생활에 편입되지 않았다고 말 한다.

14) 위톨드 리비친스키(Witold Rybczynski), 『주말 기다리기(*Waiting for the Weekend*)』(뉴욕: 펭귄, 1991)에서 우리가 여가 시간을 활용하고 조망하는 방법 에 대한 탁월한 토론을 참고하라. 특별히 관련된 부분은 132~144쪽에 있다.

15) 제임스 링컨 콜리어(James Lincoln Collier)는 자신의 책 『미국에서 이기주의의 발흥(*The Rise of Selfishness in America*)』(뉴욕: 옥스퍼드 대학, 1991), 93~104, 168~180, 239~245쪽에서 이러한 발전 과정을 시대적으로 나열하는 훌륭한 작업을 마쳤다.

16) 맥키븐, 앞의 책, 54~55쪽을 참고하라.

17) 제임스 B. 트위첼(James B. Twitchell), 『축제 문화: 미국적 취향의 폐기 (*Carnival Culture: The Trashing of Taste in America*)』(뉴욕: 컬럼비아 대학교, 1992), 197.

18) 로버트 쿠베이와 미할리 칙첸트미할리(Robert Kubey and Mihaly Csikszentmihalyi), 『텔레비전과 삶의 질(*Television and the Quality of Life*)』 (힐스데일, 뉴저지: 로렌스 얼바움 연합, 1990), 74.

19) 위의 책, 171.

20) 콜로라도스프링스의 폭스 21에서 방송 매니저로 일하는 래리 더글라스(Larry Douglas) 덕분에 이러한 통찰이 가능하게 되었다.

21) 켄 마이어스(Ken Myers), 『텔레비전과 기독교적 제자도(*Television and Christian Discipleship*)』, 오디오테이프(포와탄, 버지니아: 마스 힐 강의).

22) 헤이든 로빈슨, 박사 과정 강의, 고든-콘웰 신학교, 1994년 5월 17일.

23) "마약 상용자의 나쁜 습관을 버려야 할 때", 〈가제트 전보〉(1995년 10월 4일), A4 로부터.

24) 쿠베이와 칙첸트미할리, 앞의 책, 79, 104, 134.

제6장 산만한 세상에 하나님의 말씀 전하기

1) 브라운 배니스터(Brown Bannister)와 에이미 그랜트(Amy Grant), "동화", 『아버지의 눈(*Father's Eyes*), 에이미 그랜트(홈 스위트 홈 프로덕션)에 의해.

2) 복음을 전하기 위한 드라마의 역할과 다른 창조적인 접근에 대한 상세한 정보를 위해서는 5355 Astronomy Court, Colorado Springs, CO 80917의 스탄 누스바움(Stan Nussbaum)에게 편지를 쓰든지 그의 이메일 주소인 stan@gmi.org 로 연락하라.

제7장 개인을 발견하기

1) 존 로크(John Locke), 『시민 정부에 대한 두 번째 논문(*The Second Treatise of Civil Government*)』(뉴욕: 하프너, 1964), 122~124.

2) 랠프 월도 에머슨(Ralph Waldo Emerson), "역사적인 비망록" 및 "자기 의존", 『랠프 월도 에머슨 전집(*The Complete Writings of Ralph Waldo Emerson*)』 (뉴욕: 윌리엄 와이즈, 1929).

3) 데이비드 헨리 소로우(David Henry Thoreau), "월도파", 『문학에서의 미국적 전통(*The American Tradition in Literature*)』, 제6판, 조지 퍼킨스 등 편집(뉴욕: 랜덤 하우스, 1985).

4) 월트 휘트먼(Walt Whitman), "열린 길의 노래", "나 자신의 노래" 및 "확신", 『잔디의 잎사귀(*Leaves of Grass*)』(보스턴: 스몰과 메이나드 주식회사, 1897).

5) 이 시는 1979~1980년 마이애미 대학교의 메리 루스 렘브라이트(Mary Ruth Lembright)가 가르치는 지도력 강의에서 수업 유인물에 포함되어 있었다. 출처 불명.

6) 칼 로저스(Carl Rogers), 『인간이 되는 것에 대하여(*On Becoming a Person*)』 (보스턴: 휴튼 미플린, 1961), 130.

7) 이것은 "복음주의 지성의 스캔들", 〈최고의 것들(*First Things*)〉(1995년 3월), 41 쪽의 기사에서 로버트 우스노우(Robert Wuthnow)가 쓴 글에서 나온 구절이다.

8) 제임스 패터슨(James Patterson)과 피터 김(Peter Kim)에 따르면, 72%가 옆집 의 이웃들과 친밀한 관계를 맺지 않고 있으며, 45%는 그들과 저녁 식사를 해본 적 이 전혀 없으며, 27%는 이웃의 가정에 전혀 방문해 본 적이 없으며, 15%는 이웃 의 이름조차 모른다. 『미국이 진리를 말했던 날(*The Day America Told the Truth*)』(뉴욕: 프렌티스-홀, 1991), 172.

9) 예를 들자면, 안드레스 타피아(Andres Tapia)("최초의 후기-기독교 세대에게 다 가가기", 〈현대 기독교 38(*Christianity Today 38*)〉, 제10권(1994년 9월 12일), 18~23쪽을 참고하라)와 디어터 잰더(Dieter Zander)("X 세대를 위한 복음", 〈지 도력 16(*Leadership 16*)〉, 제2권(1995년 봄), 36~42쪽)가 있다.

10) 온라인에 자리잡고 있는 정체성 왜곡의 실례들에 대해 더 알기 원한다면, 셰리 터 클(Sherry Turkle), 『스크린 위의 인생: 인터넷 시대에서의 정체성(*Life on the Screen: Identity in the Age of the Internet*)』(뉴욕: 사이몬과 슈스터, 1995)을 참고하라. 가상 공간에서의 관계, 온라인 성관계 및 정체성 위기 등에 대한 기사 는 〈가상 도시(*Virtual City*)〉 1996년 겨울호(34~42, 56~58쪽) 및 〈네트(*The Net*)〉 1996년 2월호(제1권, 9호, 44~57쪽)에서 찾을 수 있다.

11) 1988년 로퍼(Roper)의 여론 조사에 의한 것이다. 이 세상에 대한 이런 종류의 귀 중한 통찰들은 랠프 케이즈(Ralph Keyes)의 근사한 책 『시한 자물쇠(*Time lock*)』(뉴욕: 하퍼 콜린스, 1991), 149쪽에서 찾을 수 있다.

12) 폴 라인버그(Paul Leinberger)와 브루스 터커(Bruce Tucker), 『새로운 개인주의 자들(*The New Individualists*)』(뉴욕: 하퍼콜린스, 1991), 232-239.

13) 다니엘 얀켈로비치(Daniel Yankelovich)는 자신의 책 『새로운 규범: 혼돈의 세 상에서 자기 성취감 찾기(*New Rules: Searching for Self-Fulfillment in a world Turned Upside Down*)』(뉴욕: 랜덤 하우스, 1991), 86쪽에서 사람들이 어 떤 방식으로 도덕적 의무를 충동적인 심리에 굴복시키는지 설명하고 있다.

14) 이러한 사고는 토니 월터(Tony Walter)의 책 『필요: 새로운 종교(*Need: The New Religion*)』(다우너스 그로브, 일리노이: IVP, 1985), 1~10쪽에서 강력히 제 기되고 있다.

제8장 단절된 세상에 하나님의 말씀 전하기

1) 윌프레드 M. 맥클레이(Wilfred M. McClay), 『방랑하는 사람들: 현대 미국에서 자기와 사회(The Masterless: Self and Society in Modern America)』(채플 힐: 북캐롤라이나 대학교, 1994), 67쪽에서 인용된 "휘트먼의 원고들" 및 "내 인생의 바다에서 조수가 빠질 때"로부터.

제9장 하나님을 한쪽으로 밀쳐 두기

1) 조지 갤럽 2세(George Gallup Jr.)와 짐 카스텔리(Jim Castelli), 『사람들의 종교: 90년대 미국인의 신앙(The People's Religion: American Faith in the Nineties)』(뉴욕: 맥밀란, 1989), 45.

2) 조지 바나(George Barna), 『미국인들은 무엇을 믿는가: 미국 가치관과 종교관에 관한 연례 조사(What Americans Believe: An Annual Survey of Values and Religious Views in the United States)』(벤추라, 캘리포니아: 리갈, 1991), 207.

3) 갤럽과 카스텔리, 앞의 책, 21.

4) 스테판 L. 카터(Stephen L. Carter), 『불신앙의 문화: 미국의 법과 정치는 어떤 식으로 종교적인 헌신을 진부한 것으로 만드는가(Culture of Disbelief: How American Law and Politics Trivialize Religious Devotion)』(뉴욕: 베이직, 하퍼콜린스, 1993), 15.

5) 클립톤 파디만(Clifton Fadiman) 편집, 『리틀 브라운 일화집(The Little, Brown Book of Anecdotes)』(보스턴: 리틀 브라운 주식회사, 1985), 343.

6) 카터, 앞의 책, 24.

7) 로버트 프로스트(Robert Frost), "정원의 개똥벌레", 『로버트 프로스트 시선(The Poetry of Robert Frost)』, 에드워드 코너리 라심(Edward Connery Lathem) 편집(뉴욕: 헨리 홀트 주식회사, 1969).

8) 카터, 앞의 책, 22.

제10장 고독한 세상에 하나님의 말씀 전하기

1) 도널드 수눅지안(Donald Sunukjian), 1994년 5월 17일 고든-콘웰 신학교의 박사 과정 강의.

2) 헤이든 로빈슨, 1993년 5월 24일 고든-콘웰 신학교의 박사 과정 강의.

3) 같은 곳에.

4) 이러한 실례들은 1993년 5월 24, 27일 및 1994년 5월 24일 학교 강의 시간 중에 여러 번 로빈슨에 의해 소개되었다.

5) 해리 블래마이어즈(Harry Blamires), 『세속주의자 이단: 20세기 복음의 침식 (The Secularists Heresy: The Erosion of the Gospel in the Twentieth

Century)』(런던: SPCK, 1956), 13~14.

6) 이 구절은 위의 책 31~32쪽의 부연 설명이다.

7) 워커 퍼시, 『우주 미아: 최후의 스스로 돕기 책』, 262.

8) 폴 데이비스(Paul Davies), 『우리는 혼자인가? 외계 생명의 발견에 대한 철학적 함의(*Are We Alone? The Philosophical Implications of the Discovery of Extraterrestrial Life)*』(뉴욕: 베이직, 1995), 136. 안소니 만수에토(Anthony Mansueto), "국제 도시의 환상들: UFO 열풍은 우리에게 하나님이 필요하다는 것을 반영하는가?" 〈옴니 17(*Omni 17*)〉, 제1권(1994년 10월), 64~69, 110쪽을 참고하라.

9) 우주를 바라보는 관점의 변화에 대한 인류학적 원리와 증거는 로버트 M. 아우그로스(Robert M. Augros)와 조지 N. 스탄시우(George N. Stanciu), 『과학에 대한 새로운 이야기: 지성과 우주(*The New Story of Science: Mind and the Universe)*』(뉴욕: 반탐, 1984), 53-82쪽에서 그리고 휴 로스(Hugh Ross), 『하나님의 지문(*The Fingerprint of God)*』(오렌지, 캘리포니아: 약속 출판사 주식회사, 1989) 전반에서 제시되고 있다.

10) 기적의 확률에 대한 논의는 찰스 홈멜(Charles Hummel)의 훌륭한 책 『갈릴레오 커넥션: 과학과 성경 사이의 갈등 해결하기(*Galileo Connection: Resolving Conflicts between Science and the Bible)*』(디우너스 그로브, 일리노이: IVP, 1986)에서 찾아볼 수 있다.

11) 특히 진화 논쟁에 관한 이례적인 배경을 알기 위해선 필립 존슨(Phillip Johnson), 『도마 위의 다윈(*Darwin on Trial)*』(워싱턴 D. C.: 레그너리 게이트웨이, 1991)를 참고하라.

제11장 선악의 문제는 제쳐 두기

1) "절대적인 도덕 기준이 회복되고 있다", 〈가제트 전보〉(1994년 12월 29일), A1.

2) "상스러운 프로포즈", 〈퍼레이드 잡지(*Parade Magazine*)〉(1993년 7월 14일), 17.

3) 제임스 패터슨과 피터 김, 『미국이 진리를 말했던 날(*The Day America Told the Truth)*』(뉴욕: 프렌티스-홀, 1991), 66.

4) "누가 저렇게 말했나?" 〈가제트 전보〉(1993년 6월 18일), A2.

5) "득점표와 섹스", 〈타임(*Time*)〉(1993년 4월 5일), 41.

6) 패터슨과 김, 앞의 책, 25~26.

7) 역사가 아놀드 토인비(Arnold Toynbee)의 통찰력은 진 에드워드 베이스 2세(Gene Edwards Veith Jr.), 『포스트모던 시대: 현대 사상과 문화에 대한 기독교적인 가이드(*Postmodern Times: A Christian Guide to Contemporary*

Thought and Culture)』(휘튼: 크로스웨이, 1994), 44~46에 요약되어 있다.

8) 패터슨과 김, 앞의 책, 27.

9) 위의 책, 6.

10) 얀켈로비치, 『새로운 규범: 혼돈의 세상에서 자기 성취감 찾기』, 245.

11) 위의 책, 6.

12) "누가 속임수를?" 〈리액트〉(1995년 10월 23~29일), 10~11.

13) "아이들: 하지만 모든 사람들이 그걸 해요", 〈가제트 전보〉(1990년 9월 30일), 그리고 "도덕이 아니라 자기 만족감이 아이들의 행동을 좌우한다", 〈가제트 전보〉(1990년 11월 4일).

제12장 길 잃은 세상에 하나님의 말씀 전하기

1) 척 콜슨(Chuck Colson), 『하나님이 없는 미국?(*America without God?)*』(휘튼: 틴데일, 1993), 오디오카세트, 테이프 1, 2면.

2) 딘 라이딩스(Dean Ridings)와 데이비드 헨더슨(David Henderson), "동정심에 어떤 일이 일어났는가?(*Whatever Happened to Compassion)*" 장면 6.

3) 조시 맥도웰(Josh McDowell), "악으로부터 선을: 진리를 위한 캠페인", 〈부모의 삶(*Parent life)*〉(1995년 6월), 30~32.

4) C. S. 루이스(C. S. Lewis), 『순전한 기독교(*Mere Christianity)*』(뉴욕: 맥밀란, 1981), 3~28. 3쪽과 21쪽에서 인용.

5) 제임스 패터슨과 피터 김, 앞의 책, 27.

6) "목재 세대가 상대주의를 뉘우치다", 〈가제트 전보〉(1994년 2월 4일).

제13장 의미에 매달리지 말기

1) 윌리엄 바렛(William Barrett), "현대 예술의 증언", 『비이성적인 인간: 존재론적 철학에 관한 연구(*The Irrational Man: A Study in Existential Philosophy)*』(뉴욕: 앵커, 1958), 185. 이런 주제를 더 깊이 연구하는 데 관심이 있다면, 다음의 세 책을 참고하라. H. R. 룩마커(H. R. Rookmaaker)는 기독교적인 관점에서 현대 예술의 웅대한 역사와 그에 관한 비평을 전개하고 있다. 『현대 예술과 문화의 죽음(*Modern Art and the Death of a Culture)*』(휘튼: 크로스웨이, 1970). 유사한 계통으로, 프란시스 셰퍼(Frances Schaeffer)는 『그러면 우리는 어떻게 살아야 할 것인가?(*How Should We Then Live?)*』(올드 테이판, 뉴저지: 레벨, 1976)를 저술해 고대 그리스와 로마 문화에서 현재에 이르기까지 예술과 문화의 역사를 역시 기독교적인 관점으로 논하고 있다. 마지막으로, 루이스 사스(Louis Sass)는 『광란과 현대주의: 현대 예술, 문학과 사상으로 조명한 광기(*Madness and Modernism: Insanity in the Light of Modern Art, Literature, and*

Thought)』(케임브리지: 하버드 대학교, 1992)라는 작품을 썼다. 28~36쪽에서 그는 바렛처럼 현대 문화의 특징에 관한 일련의 통찰을 제시하고 있다.

2) 프리드리히 니체(Friedrich Nietzsche)의 『유쾌한 지혜(*The Joyful Wisdom)*』라는 책 125절에서, 윌리엄 바렛, "현대 예술의 증언", 『비이성적인 인간: 존재론적 철학에 관한 연구(*The Irrational Man: A Study in Existential Philosophy)*』(뉴욕: 앵커, 1958), 185쪽에서 인용.

3) 프리드리히 니체, 『유쾌한 과학(*The Gay Science)*』, W. 카우프만 역(뉴욕: 랜덤하우스, 1974), 181.

4) 메리 K. 윌슨(Mary K. Wilson), 팀 스태포드(Tim Stafford) 인용, "캠퍼스의 그리스도인들과 새로운 사상 경찰", 〈현대 기독교(*Christianity Today)*〉(1992년 2월 10일), 19쪽에서 인용.

5) 데이브 그래핀(Dave Graffin), "신경을 건드려라", 『증오에 대한 처방전(*Recipe for Hate)*』, 나쁜 종교(대서양).

6) 케네스 저긴(Kenneth Gergen), 『포화 상태의 자아: 현대인의 삶과 정체성 혼란(*The Saturated Self: Dilemmas of Identity in Contemporary Life)*』(뉴욕: 베이직, 1991), 248~249쪽에서 인용.

7) 66%는 그런 진술에 다소 혹은 강하게 동의했다. 복음주의 교회에 다니는 사람들 가운데 53%가 동의했고, 23%는 강하게, 30%는 다소 동의했다. 조지 바나, 앞의 책, 83~85.

8) 돈 드릴로, 『하얀 소음』, 22~24.

9) 루이스 사스, 『광란과 현대주의: 현대 예술, 문학과 사상으로 조명한 광기』, 37.

10) 스팅(Sting), "내가 당신에 대한 믿음을 잃어버리기라도 한다면", 『하나님의 들판(*Fields of God)*』(A&M).

11) 그레그 워딘(Greg Worthen), "구멍 뚫린, 금기시된, 낙인 찍힌, 상처난", 〈콜로라도스프링스 인디펜던트(*The Colorado Springs Independent)*〉 3, 제43권(1995년 10월 25~31일), 11~13.

12) 신앙은 이제 그만, "놀라운 일이군! 당신은 죽었어요!" 〈실제적인 문제(*The Real Thing)*〉(슬래시 레코드).

13) 낸시 깁스(Nancy Gibbs), "우리 가운데 천사들", 〈뉴스위크(*Newsweek)*〉(1993년 12월 27일), 56.

14) 샘 킨(Sam Keen), 『미지의 하나님에게 드리는 찬양: 일상 생활에서 성령에 대한 각성(*Hymns to an Unknown God: Awakening the Spirit in Everyday Life)*』(뉴욕: 반탐, 1994), 76~78.

15) 케네스 L. 우드워드(Kenneth L. Woodward), "다시 그 길로", 〈뉴스위크〉(1994년 11월 28일), 62.

제14장 표류하는 세상에 하나님의 말씀 전하기

1) 도널드 C. 포스터스키(Donald C. Posterski), 『복음주의 재창안: 현대 세계에 그리스도를 전하기 위한 새로운 전략들(*Reinventing Evengelism: New Strategies for Presenting Christ in Today's World*)』(다우너스 그로브, 일리노이: IVP, 1989), 15.

2) 프란시스 셰퍼, 『프란시스 A. 셰퍼 3부작』 중 『거기에 계신 하나님(*The God Who is There*)』(웨스트체스터, 일리노이: 크로스웨이, 1990), 40.

3) 이것은 1995년 5월 고든-콘웰 신학교에서 웰즈(Wells) 박사와 대화 가운데 나눈 이야기이다.

4) 제임스 W. 사이어(James W. Sire), 『사람들은 도대체 왜 무언가를 믿어야만 하는가?(*Why Should Anyone Believe Anyone at All?*)』(다우너스 그로브, 일리노이: IVP, 1994), 78~90.

에필로그: 하늘과 땅 사이에 다리 놓기

1) 더글라스 쿠플랜드(Douglas Coupland), 『하나님 이후의 삶(*Life after God*)』(뉴욕: 포켓, 1994), 359.

2) 데니스 드영(Dennis DeYoung), "나에게 길을 가르쳐 주세요", 〈금세기의 가장자리(*Edge of the Century*)〉(A&M 레코드).

3) 에릭 바질리안(Eric Bazilian), "우리 중의 하나", 『기호(*Relish*)』, 존 오스본(폴리그램).

4) 알버트 M. 웰즈 2세(Albert M. Wells Jr.), 『현대와 고전 가운데 영감 있는 인용들(*Inspiring Quotations Contemporary and Classical*)』(내슈빌: 토머스 넬슨, 1988), 35쪽에서 인용.

5) 나의 형제인 빌 헨더슨(Bill Henderson)에게 이와 같은 충격적인(또는 놀랍지 않은가) 정보들을 제공해 준 것에 감사를 드린다.